内蒙古通史

总目索引

总 主 编　郝维民　齐木德道尔吉

人民出版社

策划编辑:陈寒节
编辑统筹:侯俊智
责任编辑:陈寒节
装帧设计:肖　辉
责任校对:王　惠

图书在版编目(CIP)数据

内蒙古通史. 总目索引/郝维民,齐木德道尔吉 总主编.
　-北京:人民出版社,2012.10
ISBN 978 - 7 - 01 - 011062 - 2

Ⅰ.①内…　Ⅱ.①郝…②齐…　Ⅲ.①内蒙古-地方史-书目索引　Ⅳ.①K292.6

中国版本图书馆 CIP 数据核字(2012)第 163436 号

内蒙古通史 总目索引
NEIMENGGU TONGSHI ZONGMUSUOYIN
总主编　郝维民　齐木德道尔吉

人民出版社 出版发行
(100706　北京市东城区隆福寺街 99 号)

北京中科印刷有限公司印刷　新华书店经销

2012 年 10 月第 1 版　2012 年 10 月北京第 1 次印刷
开本:710 毫米×1000 毫米 1/16
印张:31.5　字数:499 千字

ISBN 978 - 7 - 01 - 011062 - 2　定价:80.00 元

邮购地址 100706　北京市东城区隆福寺街 99 号
人民东方图书销售中心　电话 (010)65250042　65289539

教育部人文社会科学百所重点研究基地
内蒙古大学蒙古学研究中心学术著作系列
TOMUS 23

《国家社科基金成果文库》
出版说明

国家社科基金研究项目优秀成果代表国家社科研究的最高水平。为集中展示这些优秀成果，全国哲学社会科学规划领导小组决定编辑出版《国家社科基金成果文库》。《文库》将按照"高质量的成果、高水平的编辑、高标准的印刷"和"统一标识、统一版式、统一封面设计"的总体要求陆续出版。

全国哲学社会科学规划领导小组办公室
2005 年 6 月

目　　录

第一部分　中文总目录

第一卷目录 …………………………………………………………………………… 3

第二卷目录 …………………………………………………………………………… 15

第三卷目录 …………………………………………………………………………… 22

第四卷目录 …………………………………………………………………………… 28

第五卷目录 …………………………………………………………………………… 33

第六卷目录 …………………………………………………………………………… 42

第七卷目录 …………………………………………………………………………… 50

第八卷目录 …………………………………………………………………………… 62

第二部分　英文总目录

CONTENS OF VOLUME　Ⅰ　…………………………………………………… 71

CONTENS OF VOLUME　Ⅱ …………………………………………………… 83

CONTENS OF VOLUME　Ⅲ …………………………………………………… 90

CONTENS OF VOLUME　Ⅳ …………………………………………………… 97

CONTENS OF VOLUME　Ⅴ …………………………………………………… 103

CONTENS OF VOLUME　Ⅵ …………………………………………………… 113

CONTENS OF VOLUME　Ⅶ …………………………………………………… 122

CONTENS OF VOLUME　Ⅷ …………………………………………………… 134

第三部分　索引

第一卷索引……………………………………………145

第二卷索引……………………………………………172

第三卷索引……………………………………………206

第四卷索引……………………………………………251

第五卷索引……………………………………………285

第六卷索引……………………………………………395

第七卷索引……………………………………………450

第八卷索引……………………………………………491

第一部分

中文总目录

第一卷目录

一　册

题　记 …………………………………………………………………………（1）

第一编　史料与研究概况

第一章　史料概况 ……………………………………………………（3）

第一节　唐代以前内蒙古地区史史料概述 ……………………（4）

第二节　先秦秦汉时期内蒙古地区史史料 ……………………（6）

第三节　魏晋南北朝隋唐时期内蒙古地区史史料 …………（27）

第四节　唐以前内蒙古地区历史的其他文献 ………………（39）

第二章　研究概况 …………………………………………………（44）

第一节　通论类 ……………………………………………………（44）

第二节　民族类 ……………………………………………………（48）

第三节　考古类 ……………………………………………………（54）

第四节　其他类 ……………………………………………………（60）

第二编　概　述

第三章　史前的内蒙古地区 ……………………………………（65）

第一节　旧石器时代 ……………………………………………（65）

第二节　新石器时代 ……………………………………………（69）

　　第三节　青铜时代 ……………………………………………………（76）

第四章　公元前 21 世纪至公元 3 世纪初的内蒙古地区 ………………（83）
　　第一节　公元前 21 世纪至公元前 3 世纪内蒙古地区的游牧民族……（83）
　　第二节　战国燕、赵、秦三国对内蒙古地区的经略和管辖 ………（88）
　　第三节　公元前 3 世纪初至公元 3 世纪初内蒙古地区的诸游牧
　　　　　　民族 …………………………………………………………（97）
　　第四节　秦汉王朝对内蒙古地区的统治…………………………（116）

第五章　3 世纪初至 6 世纪末的内蒙古地区 …………………………（134）
　　第一节　3 世纪初至 6 世纪末内蒙古地区各民族及其政权 ………（134）
　　第二节　3 世纪初至 6 世纪末内蒙古地区新出现的各民族 ………（164）
　　第三节　魏晋南北朝时期中原政权对内蒙古部分地区的统治……（176）

第六章　6 世纪末至 10 世纪初的内蒙古地区 ………………………（182）
　　第一节　6 世纪末至 10 世纪初内蒙古地区的北方游牧民族 ……（182）
　　第二节　隋唐王朝对内蒙古地区的统治…………………………（207）

二　册

第三编　专　题

第七章　石器至青铜时代内蒙古与周边地区的交流…………………（219）
　　第一节　发端于新石器时代早期的文化区分野…………………（219）
　　第二节　内蒙古中南部诸考古学文化与周边地区的交流………（225）
　　第三节　内蒙古东南部诸考古学文化与周边地区的交流………（242）
　　第四节　内蒙古北部草原地区细石器传统的长期延续…………（258）
　　第五节　中国北方长城文化带的形成……………………………（267）

第八章　10 世纪以前内蒙古地区考古学主要成果 …………………（278）
　　第一节　桃红巴拉类型与匈奴族源以及匈奴遗存的辨识…………（279）

第二节　战国秦汉考古 ………………………………………（285）

第三节　鲜卑遗存的发现与研究 ……………………………（295）

第四节　隋唐考古 ……………………………………………（305）

第五节　突厥、契丹早期和室韦考古 ………………………（309）

第九章　东胡系各族族名研究及其存在的问题 …………………（312）

第一节　东胡系各族族名研究 ………………………………（312）

第二节　东胡系各族族名研究中存在的问题 ………………（323）

第十章　中国古代北方游牧民族政权及其政治制度 ……………（325）

第一节　匈奴政权及其政治制度 ……………………………（325）

第二节　鲜卑的政权组织 ……………………………………（338）

第三节　乌桓的"大人制" …………………………………（353）

第四节　柔然政权及其政治制度 ……………………………（357）

第五节　突厥政权及其政治制度 ……………………………（364）

第六节　回纥政权及其政治制度 ……………………………（371）

第十一章　中原政权针对古代北方民族事务设置的军政建制 ………（376）

第一节　护乌桓校尉营 ………………………………………（376）

第二节　度辽将军营 …………………………………………（384）

第三节　使匈奴中郎将府 ……………………………………（392）

第四节　单于大都护府 ………………………………………（400）

第十二章　鲜卑考古所反映的西方文化因素 ……………………（409）

第一节　西方文化因素影响的历史背景 ……………………（409）

第二节　冠饰中的西方文化因素 ……………………………（413）

第三节　饰牌中的西方文化因素 ……………………………（419）

第十三章　契丹的族源地 …………………………………………（425）

第一节　"松漠"考辨 ………………………………………（426）

第二节 契丹族源地并非在"松漠之间" ·············· （428）

第三节 "松漠之间"实指库莫奚活动范围 ·············· （440）

第四节 契丹窜"松漠之间"为库莫奚活动地域的误植 ·········· （442）

第十四章 内蒙古地区古代草原城市的兴建 ················ （444）

第一节 新石器时代的环壕聚落和石城址 ·············· （444）

第二节 夏商西周时期的草原城市 ················· （447）

第三节 东周秦汉时期的草原城市 ················· （449）

第四节 鲜卑代魏时期的草原城市 ················· （453）

第五节 隋唐时期的草原城市 ··················· （454）

第六节 辽宋夏金时期的草原城市 ················· （456）

第七节 蒙古高原蒙元时期的草原城市 ··············· （459）

第八节 内蒙古明清时期的草原城市 ················ （460）

第十五章 10 世纪以前内蒙古地区的长城 ················ （462）

第一节 战国燕、赵、秦三国的北方长城 ·············· （462）

第二节 秦汉长城 ······················· （470）

第三节 北魏长城 ······················· （488）

第四节 其他长城 ······················· （492）

第五节 中国北方长城的形成及其历史意义 ············· （494）

第十六章 北方游牧民族的经济生活 ················· （501）

第一节 畜牧业及狩猎业 ···················· （501）

第二节 手工业方式及其诸形态 ················· （507）

第三节 农 业 ························· （512）

第四节 商品交换与交通运输 ··················· （520）

第十七章 中国古代北方游牧民族的文化习俗 ············· （529）

第一节 饮 食 ························· （529）

第二节 发 式 ························· （534）

第三节　婚　俗 ……………………………………………… (541)

第四节　葬　俗 ……………………………………………… (554)

第五节　语言文字 …………………………………………… (571)

第六节　原始宗教与信仰 …………………………………… (583)

第四编　人　物

第十八章　匈奴历史人物 ………………………………… (593)

头曼单于 ……………………………………………………… (593)

冒顿单于 ……………………………………………………… (593)

老上单于 ……………………………………………………… (595)

军臣单于 ……………………………………………………… (595)

伊稚斜单于 …………………………………………………… (595)

乌维单于 ……………………………………………………… (596)

且鞮侯单于 …………………………………………………… (596)

狐鹿姑单于 …………………………………………………… (597)

壶衍鞮单于 …………………………………………………… (597)

虚闾权渠单于 ………………………………………………… (597)

握衍朐鞮单于 ………………………………………………… (598)

乌藉单于 ……………………………………………………… (598)

屠耆单于 ……………………………………………………… (599)

呼韩邪单于 …………………………………………………… (599)

车犁单于 ……………………………………………………… (600)

呼揭单于 ……………………………………………………… (600)

郅支单于 ……………………………………………………… (601)

复株累若鞮单于 ……………………………………………… (601)

乌珠留若鞮单于 ……………………………………………… (602)

乌累若鞮单于 ………………………………………………… (602)

呼都而尸道皋若鞮单于 ……………………………………… (602)

蒲奴单于 ……………………………………………………… (603)

呼韩邪单于 …………………………………………………… (603)

胡邪尸逐侯鞮单于 ……………………………………………… （604）

休兰尸逐侯鞮单于 ……………………………………………… （604）

於除鞬单于 ……………………………………………………… （604）

安国单于 ………………………………………………………… （605）

亭独尸逐侯鞮单于 ……………………………………………… （605）

逢侯单于 ………………………………………………………… （606）

万氏尸逐鞮单于 ………………………………………………… （606）

乌稽侯尸逐鞮单于 ……………………………………………… （606）

去特若尸逐就单于 ……………………………………………… （607）

伊陵尸逐就单于 ………………………………………………… （607）

持至尸逐侯单于 ………………………………………………… （607）

呼厨泉单于 ……………………………………………………… （608）

休屠王 …………………………………………………………… （608）

金日磾 …………………………………………………………… （608）

乌禅幕 …………………………………………………………… （609）

须卜当 …………………………………………………………… （610）

须卜居次 ………………………………………………………… （610）

刘　豹 …………………………………………………………… （610）

刘　渊 …………………………………………………………… （611）

刘　聪 …………………………………………………………… （611）

刘　曜 …………………………………………………………… （612）

刘　虎 …………………………………………………………… （612）

刘务桓 …………………………………………………………… （613）

刘阏陋头 ………………………………………………………… （613）

刘卫辰 …………………………………………………………… （613）

刘库仁 …………………………………………………………… （614）

刘　眷 …………………………………………………………… （614）

沮渠蒙逊 ………………………………………………………… （614）

沮渠茂虔 ………………………………………………………… （615）

赫连勃勃 ………………………………………………………… （615）

跋　提 ……………………………………………………………（646）

匹候跋 ……………………………………………………………（646）

缊纥提 ……………………………………………………………（646）

丘豆伐可汗 ………………………………………………………（647）

牟汗纥升盖可汗 …………………………………………………（647）

处可汗 ……………………………………………………………（648）

受罗部真可汗 ……………………………………………………（648）

伏古敦可汗 ………………………………………………………（648）

侯其伏代库者可汗 ………………………………………………（649）

他汗可汗 …………………………………………………………（649）

豆罗伏跋豆伐可汗 ………………………………………………（649）

弥偶可社句可汗 …………………………………………………（650）

敕连头兵豆伐可汗 ………………………………………………（650）

侯吕陵氏 …………………………………………………………（651）

西魏悼后 …………………………………………………………（651）

第二十一章　突厥历史人物 …………………………………（653）

室点密可汗 ………………………………………………………（653）

乙息记可汗 ………………………………………………………（654）

佗钵可汗 …………………………………………………………（654）

阿波可汗 …………………………………………………………（654）

伊利俱卢设莫何始波罗可汗 ……………………………………（655）

莫何可汗 …………………………………………………………（655）

都蓝可汗 …………………………………………………………（656）

达头可汗 …………………………………………………………（656）

泥橛处罗可汗 ……………………………………………………（657）

射匮可汗 …………………………………………………………（657）

曷萨那可汗 ………………………………………………………（658）

启民可汗 …………………………………………………………（658）

颉利可汗 …………………………………………………………（659）

突利可汗 ……………………………………………（660）

颉跌利施可汗 ………………………………………（660）

泥涅可汗 ……………………………………………（661）

毗伽可汗 ……………………………………………（661）

登利可汗 ……………………………………………（661）

乌苏米施可汗 ………………………………………（662）

白眉可汗 ……………………………………………（662）

阿史那弥射 …………………………………………（662）

暾欲谷 ………………………………………………（663）

墨特勤 ………………………………………………（663）

阙特勤 ………………………………………………（663）

第二十二章　回纥历史人物 ……………………（665）

怀仁可汗 ……………………………………………（665）

牟羽可汗 ……………………………………………（666）

长寿天亲可汗 ………………………………………（666）

忠贞可汗 ……………………………………………（667）

奉诚可汗 ……………………………………………（667）

怀信可汗 ……………………………………………（667）

腾里可汗 ……………………………………………（668）

保义可汗 ……………………………………………（668）

崇德可汗 ……………………………………………（669）

昭礼可汗 ……………………………………………（669）

彰信可汗 ……………………………………………（669）

署飙可汗 ……………………………………………（670）

乌介可汗 ……………………………………………（670）

遏捻可汗 ……………………………………………（671）

叶户太子 ……………………………………………（671）

颉干迦斯 ……………………………………………（671）

第二十三章　沙陀和契丹早期历史人物 ……………………………… （673）

朱邪赤心 ……………………………………………………………… （673）

李克用 ………………………………………………………………… （673）

后唐庄宗 ……………………………………………………………… （674）

后唐明宗 ……………………………………………………………… （675）

后晋高祖 ……………………………………………………………… （675）

后汉高祖 ……………………………………………………………… （676）

窟　哥 ………………………………………………………………… （676）

李尽忠 ………………………………………………………………… （677）

李失活 ………………………………………………………………… （677）

李邵固 ………………………………………………………………… （677）

屈　列 ………………………………………………………………… （678）

涅　里 ………………………………………………………………… （678）

阻午可汗 ……………………………………………………………… （678）

耶澜可汗 ……………………………………………………………… （679）

鲜质可汗 ……………………………………………………………… （679）

痕德堇可汗 …………………………………………………………… （679）

第二十四章　汉族和其他族（乌桓、羯、氐、敕勒等）历史人物 … （681）

王昭君 ………………………………………………………………… （681）

蔡文姬 ………………………………………………………………… （682）

北燕太祖 ……………………………………………………………… （682）

北燕昭成帝 …………………………………………………………… （683）

高　欢 ………………………………………………………………… （683）

蹋　顿 ………………………………………………………………… （684）

后赵高祖 ……………………………………………………………… （684）

后赵明帝 ……………………………………………………………… （685）

后凉太祖 ……………………………………………………………… （685）

斛律金 ………………………………………………………………… （686）

真珠毗伽可汗 ………………………………………………………… （686）

第二卷目录

一　册

题　记 ………………………………………………………………………… （1）

第一编　史料及研究概况

第一章　史料概况 ……………………………………………………… （3）

　　第一节　文献资料的基本情况 ……………………………………… （3）

　　第二节　考古学资料 ………………………………………………… （8）

第二章　研究概况 ……………………………………………………… （14）

　　第一节　国内学界的研究概况 ……………………………………… （14）

　　第二节　国外学界的研究概况 ……………………………………… （30）

第二编　概　述

第三章　10 世纪初内蒙古地区的契丹政权 ………………………… （45）

　　第一节　迭剌部的迅速发展与遥辇氏世选传统的破坏 …………… （45）

　　第二节　10 世纪初的内蒙古及其周围地区的基本情况 …………… （57）

　　第三节　耶律阿保机君主专制政权的建立 ………………………… （68）

　　第四节　沙陀与契丹在内蒙古地区的争夺 ………………………… （79）

　　第五节　中原人口北徙及阿保机的民族统治政策 ………………… （90）

第四章　耶律德光时期及辽朝政权的建立…………………………（102）

　　第一节　"扶余之变"与耶律德光的帝位继承…………………（102）

　　第二节　辽太宗朝前期的政治特点……………………………（112）

　　第三节　辽太宗朝政治分治局面的形成………………………（123）

　　第四节　耶律德光时期内蒙古地区军政实力的发展…………（133）

　　第五节　契丹辽朝与后晋政权的关系演变……………………（149）

第五章　辽朝世宗穆宗时期的内蒙古地区……………………（167）

　　第一节　"栾城之变"与"横渡之约"………………………（167）

　　第二节　"祥古山之变"与穆宗即位…………………………（176）

　　第三节　辽世宗、穆宗时期的内蒙古地区……………………（187）

　　第四节　五代后期与辽朝政权的关系…………………………（197）

第六章　契丹辽朝中期的内蒙古地区…………………………（210）

　　第一节　"黑山之变"与景宗朝的基本状况…………………（210）

　　第二节　景宗朝与北宋政权的军事抗衡………………………（222）

　　第三节　圣宗朝与北宋对立局面的形成………………………（231）

　　第四节　辽朝中期对中原人口的迁徙与安置…………………（239）

第七章　契丹辽朝中晚期的封建统治局面……………………（248）

　　第一节　辽朝鼎盛时期的民族统治政策………………………（248）

　　第二节　辽朝鼎盛时期的政治体制……………………………（258）

　　第三节　"太子山之变"与耶律乙辛之乱……………………（268）

　　第四节　辽代的阻卜与辽末的漠北动荡………………………（278）

第八章　辽朝、西夏时期的内蒙古西部地区…………………（287）

　　第一节　辽朝与西夏在内蒙古西部地区的争夺………………（287）

　　第二节　内蒙古中西部地区在辽末政局中的特殊地位………（296）

第九章　12 世纪初期女真政权向内蒙古地区的发展…………（306）

第一节　女真人的起源与金朝的建立 ……………………………（306）

第二节　金太祖朝发动的灭辽战争 …………………………………（320）

第三节　女真政权对内蒙古地区的占领与统治 …………………（332）

第十章　金朝初期在内蒙古地区的统治政策 ……………………（346）

第一节　金朝初期对内蒙古地区的统治策略 ……………………（346）

第二节　金朝前期的漠南和漠北地区 ……………………………（355）

第三节　金朝前期的民族统治政策 ………………………………（364）

第十一章　金朝中期的内蒙古地区 ………………………………（372）

第一节　耶律撒八和耶律窝斡领导的契丹部落大起义 …………（372）

第二节　金朝鼎盛时期的经济政策 ………………………………（381）

第三节　金朝中期对漠北的统治与蒙古部落的崛起 ……………（389）

第十二章　金朝晚期的内蒙古地区 ………………………………（400）

第一节　金朝晚期女真政治势力从内蒙古地区的南移 …………（400）

第二节　蒙古族游牧文化圈的继续延展 …………………………（410）

第三节　金朝的灭亡 ………………………………………………（421）

二　册

第三编　专　题

第十三章　10 世纪之前的契丹发展史 ……………………………（429）

第一节　契丹史研究的主要悬疑：契丹族源问题的分析 ………（429）

第二节　唐朝与契丹部落发展的历史关系 ………………………（452）

第三节　晚唐时期契丹部落的历史发展趋向 ……………………（473）

第十四章　辽金时期的政治体制和统治方略 ……………………（493）

第一节　契丹辽朝双重政治体系的成因与基本结构 ……………（493）

第二节　契丹辽朝的政治体制 ……………………………………（516）

第三节 契丹辽朝前期的四楼、捺钵与斡鲁朵 ················ (550)

第四节 金朝对漠南草原的统治方略 ·························· (587)

第十五章 辽金时期的社会发展现象 ·························· (595)

第一节 辽金时期的社会与文化 ···························· (595)

第二节 契丹人的宗教神权观念 ···························· (632)

第三节 辽金时期内蒙古地区的聚落形态与城镇建设 ·········· (645)

第十六章 地区经济文化交流与对外联系 ···················· (677)

第一节 辽金时期与东亚的经济文化交流 ···················· (677)

第二节 辽金时期与北亚外高加索地区的经济文化交流 ········ (699)

第三节 辽金时期与中西亚的经济文化联系 ················· (703)

第十七章 契丹辽朝史料整理与研究 ························· (708)

第一节 从舍利到帝王：阿保机"化家为国"的历史
        背景与时代内涵 ································ (708)

第二节 契丹"盐池宴"、"诸弟之乱"与夷离堇任期问题 ······ (717)

第三节 契丹人的社会习俗与文化现象 ···················· (735)

第四节 耶律琮神道碑：贵族家世与辽初的分封制度 ·········· (756)

第十八章 契丹辽文化研究的历史定位与评价问题 ············ (762)

第一节 契丹辽朝文化的总体整合 ························· (762)

第二节 辽宋共存共亡的政治格局及其文化意义 ·············· (795)

第三节 宋辽夏与宋金夏鼎立局面的形成及其历史意义 ·········· (827)

第四编 人 物

第十九章 辽代历史人物 ·································· (849)

一、耶律阿保机的先辈们创造的历史 ···················· (849)

1. 雅里及其所创造的政治统治形式 ················· (850)

2. 毗牒与颏领 ································· (857)

　　3. 高祖耨里思和他的儿子们 ……………………………（862）

　　4. 曾祖萨剌德 …………………………………………（864）

　　5. 匀德实时代 …………………………………………（866）

　　6. 撒剌的时代 …………………………………………（869）

二、耶律阿保机的亲族 ……………………………………（875）

　　1. 阿保机的堂叔辖底父子与"诸弟之乱" ……………（875）

　　2. 耶律曷鲁及其家族 …………………………………（884）

　　3. 让国皇帝耶律倍 ……………………………………（889）

　　4. 耶律拔里得、耶律琮、耶律斡特剌与耶律察割 ………（896）

三、辽太祖的功臣集团 ……………………………………（913）

　　1. 辽太祖与他的"那可儿们" …………………………（913）

　　2. 遥辇氏家族的代表人物：耶律海里与耶律敌剌 ………（916）

　　3. 耶律图鲁窘与契丹世官世选制度 …………………（918）

　　4. 韩知古、康默记与韩延徽的历史贡献 ……………（920）

四、述律平及其家族 ………………………………………（924）

　　1. 述律平及其家世渊源 ………………………………（924）

　　2. 萧敌鲁及其家族 ……………………………………（928）

　　3. 萧阿古只及其家族 …………………………………（932）

五、一代英主耶律德光 ……………………………………（933）

　　1. 从天下兵马大元帅到嗣圣皇帝 ……………………（933）

　　2. 从约束后晋到取代后晋：辽朝的建立 ………………（940）

　　3. 耶律德光的子孙们 …………………………………（948）

六、辽朝蕃汉人物 …………………………………………（951）

　　1. 室昉 …………………………………………………（951）

　　2. 张俭 …………………………………………………（952）

　　3. 邢抱朴 ………………………………………………（954）

　　4. 耶律休哥 ……………………………………………（954）

　　5. 耶律斜轸 ……………………………………………（957）

　　6. 韩德让 ………………………………………………（958）

　　7. 萧孝穆 ………………………………………………（960）

第三卷目录

一　册

题　记 ……………………………………………………………… （1）

第一编　史料与研究概况

第一章　史料概况 …………………………………………… （3）
　第一节　基本史料 …………………………………………… （3）
　第二节　行记、诗文集及其他史料 ………………………… （7）

第二章　研究概况 …………………………………………… （22）
　第一节　20世纪20年代以后国内涉及元代蒙古地区历史的
　　　　　研究成就 …………………………………………… （22）
　第二节　蒙元史研究的新时期——内蒙古地区史研究的起步与
　　　　　发展概述 …………………………………………… （27）
　第三节　国外相关的蒙元史研究 ………………………… （41）

第二编　概　述

第三章　大蒙古国的建立 …………………………………… （57）
　第一节　内蒙古地区与蒙古民族族源 …………………… （57）
　第二节　辽金时代蒙古高原的主要部落 ………………… （65）
　第三节　元代以前蒙古语族各部的经济与社会状况 …… （84）

第四节 蒙古民族的兴起与蒙古高原的统一 …………………………… （92）

第四章 大蒙古国对内蒙古地区的经略 ………………………………… （101）
第一节 大蒙古国的建立及其基本制度 ……………………………… （101）
第二节 大蒙古国征服"林木中百姓"与灭西夏 …………………… （109）
第三节 蒙金战争与大蒙古国占领今内蒙古地区 ………………… （115）
第四节 成吉思汗时代大蒙古国在今内蒙古地区的领地分封 ……… （123）
第五节 窝阔台汗至蒙哥汗时期大蒙古国对内蒙古地区的经略 …… （140）

第五章 元代内蒙古地区的行政建置与诸王投下的领地 ……………… （155）
第一节 元代内蒙古地区的行省设立过程 …………………………… （156）
第二节 中书省直属的上都路与兴和路 ……………………………… （174）
第三节 中书省河东山西道宣慰司所辖诸路及汪古部领地 ………… （191）
第四节 中书省所辖弘吉剌部领地应昌路和全宁路 ………………… （196）
第五节 辽阳行省所辖各路与诸王投下领地 ………………………… （205）
第六节 陕西、甘肃行省所辖相关诸路 ……………………………… （215）
第七节 岭北行省的建立及其辖境 …………………………………… （220）
第八节 元代的投下分封制度及其封地的管理 ……………………… （226）

第六章 元代内蒙古地区的经济 ………………………………………… （238）
第一节 元代的马政与内蒙古地区的畜牧业 ………………………… （238）
第二节 元代内蒙古地区的农业 ……………………………………… （250）
第三节 元代内蒙古地区的手工业 …………………………………… （265）
第四节 元代内蒙古地区的商业和高利贷 …………………………… （276）
第五节 元代内蒙古地区的城镇 ……………………………………… （291）
第六节 元代内蒙古地区的交通运输 ………………………………… （305）
第七节 元代内蒙古地区的民族与人口 ……………………………… （312）

第七章 元代内蒙古地区的政局 ………………………………………… （328）
第一节 两都巡幸制度 ………………………………………………… （328）

第二节　元上都的政治生活 ……………………………………………（335）

第三节　忽必烈对阿里不哥的战争及元朝前期的统治 ………………（344）

第四节　南坡之变 ………………………………………………………（351）

第五节　两都之战 ………………………………………………………（359）

第六节　明文之争与元末权臣柄政 ……………………………………（364）

第七节　元代朝廷与东、西道诸王的斗争及元朝在内蒙古地区
　　　　边防的巩固（上） ……………………………………………（377）

第八节　元代朝廷与东、西道诸王的斗争及元朝在内蒙古地区
　　　　边防的巩固（下） ……………………………………………（396）

第九节　元朝末年内蒙古地区的政治局势 ……………………………（409）

第十节　元朝末年社会矛盾的激化与农民军在内蒙古地区的
　　　　活动 ……………………………………………………………（419）

第八章　元代内蒙古地区的文化教育与宗教 ………………………………（437）

第一节　元代内蒙古地区的文化 ………………………………………（437）

第二节　元代内蒙古地区的教育与科举 ………………………………（454）

第三节　元代内蒙古地区的宗教 ………………………………………（458）

二　册

第三编　专　题

第九章　祖宗故地与亲王出镇 ………………………………………………（465）

第一节　祖宗故地与亲王出镇（上） …………………………………（465）

第二节　祖宗故地与亲王出镇（下） …………………………………（475）

第十章　元代的东道诸王及其兀鲁思 ………………………………………（485）

第一节　元代的东道诸王及其兀鲁思 …………………………………（485）

第二节　东道诸王家族中的主要宗王 …………………………………（503）

第十一章　安西王家族 ………………………………………………………（531）

第一节　安西王忙哥剌、阿难答王及其与朝廷的关系……………… （531）

第二节　安西王家族的其他宗王与王府…………………………… （543）

第十二章　元代漠南弘吉剌部……………………………………… （550）

第一节　弘吉剌部统治家族………………………………………… （550）

第二节　漠南弘吉剌部首领家族…………………………………… （577）

第十三章　元代的亦乞列思部首领家族…………………………… （590）

第一节　元代的亦乞列思部首领家族（上）……………………… （590）

第二节　元代的亦乞列思部首领家族（下）……………………… （606）

第十四章　元代的汪古部统治家族………………………………… （616）

第一节　元代的汪古部统治家族（上）…………………………… （616）

第二节　元代的汪古部统治家族（下）…………………………… （628）

第十五章　蒙元时期的札剌亦儿部………………………………… （644）

第一节　札剌亦儿部族源…………………………………………… （644）

第二节　札剌亦儿部显贵世胄……………………………………… （647）

第三节　札剌亦儿部显贵分地、食邑和爵位承继………………… （666）

第四节　札剌亦儿部军队编制……………………………………… （685）

第五节　札剌亦儿部与成吉思汗黄金家族的关系………………… （696）

第六节　札剌亦儿部显贵婚姻与文化生活………………………… （708）

第十六章　元代蒙古人的风俗习惯………………………………… （718）

第一节　婚姻家庭…………………………………………………… （718）

第二节　衣食住行…………………………………………………… （721）

第三节　信仰习俗…………………………………………………… （729）

第四节　习尚禁忌…………………………………………………… （732）

第五节　丧葬习俗…………………………………………………… （734）

第六节　庆典娱乐…………………………………………………… （738）

第四编　人　物

第十七章　元代黄金家族 ……………………………………………… (745)

　　成吉思汗 ………………………………………………………………… (745)

　　窝阔台 …………………………………………………………………… (750)

　　贵　由 …………………………………………………………………… (753)

　　蒙　哥 …………………………………………………………………… (754)

　　元世祖忽必烈 …………………………………………………………… (757)

　　元成宗铁穆耳 …………………………………………………………… (761)

　　元武宗海山 ……………………………………………………………… (762)

　　元仁宗爱育黎拔力八达 ………………………………………………… (763)

　　元英宗硕德八剌 ………………………………………………………… (765)

　　泰定帝也孙铁木儿 ……………………………………………………… (767)

　　天顺帝阿剌吉八 ………………………………………………………… (768)

　　元明宗和世瑓 …………………………………………………………… (768)

　　元文宗图帖睦耳 ………………………………………………………… (769)

　　元宁宗懿璘质班 ………………………………………………………… (770)

　　元惠宗妥懽帖睦尔 ……………………………………………………… (770)

　　乃马真六皇后 …………………………………………………………… (772)

　　拖　雷 …………………………………………………………………… (775)

　　真金太子 ………………………………………………………………… (779)

　　皇子爱牙赤 ……………………………………………………………… (785)

　　定王药木忽儿 …………………………………………………………… (787)

　　豫王阿剌忒纳失里 ……………………………………………………… (792)

第十八章　元代的内蒙古地区名臣 ………………………………… (797)

　　博尔朮 …………………………………………………………………… (797)

　　博尔忽 …………………………………………………………………… (799)

　　失吉忽秃忽 ……………………………………………………………… (800)

　　赤老温 …………………………………………………………………… (804)

第四卷目录

题　记 ……………………………………………………………………（1）

第一编　史料及研究概况

第一章　史料概况 ……………………………………………………（3）

　　第一节　"遗留性史料" ………………………………………………（3）

　　第二节　"记述性史料" ………………………………………………（8）

第二章　研究概况 ……………………………………………………（17）

　　第一节　国内研究概况 ………………………………………………（17）

　　第二节　国外研究概况 ………………………………………………（43）

第二编　概　述

第三章　元廷北迁与明蒙对峙局面的形成 …………………………（55）

　　第一节　明军北伐与元廷北迁 ………………………………………（55）

　　第二节　"宣光中兴"与北元政权的稳定 ……………………………（58）

　　第三节　岭北之役后北元与明朝的战争 ……………………………（65）

　　第四节　北元汗廷的衰落与蒙古的分裂 ……………………………（70）

　　第五节　蒙古各部的分布与明朝的卫所 ……………………………（74）

第四章　蒙古内讧与短暂统一 ………………………………………（79）

　　第一节　阿鲁台、马哈木时期蒙古内讧及明朝的征伐 ……………（79）

第二节　明初对蒙古政策 ……………………………………… (84)

第三节　脱欢、也先的统一 …………………………………… (85)

第四节　15 世纪中叶明蒙关系与土木堡之变 ……………… (87)

第五节　也先败亡与东部蒙古的复兴 ……………………… (92)

第五章　达延汗的事业及其对内蒙古历史的影响 ……………… (96)

第一节　达延汗身世及主要事迹 …………………………… (96)

第二节　达延汗诸子的初封 ………………………………… (101)

第三节　达延汗子孙相互侵夺属民以及诸子初封格局的改变 …… (105)

第六章　蒙古各部南迁和在内蒙古地区的分布 ………………… (111)

第一节　兀良哈三卫南迁 …………………………………… (111)

第二节　兀良哈三卫南迁后的分布 ………………………… (114)

第三节　东部蒙古各部南下进驻河套 ……………………… (116)

第四节　亦卜剌入西海与蒙古右翼部落的分布 …………… (118)

第五节　明朝军事战略的变化与九边镇的形成 …………… (120)

第七章　俺答汗与西部内蒙古 …………………………………… (124)

第一节　吉囊、俺答汗时期东部蒙古右翼的扩张 ………… (124)

第二节　"俺答封贡"——东蒙古右翼与明朝贡市关系的建立 … (133)

第三节　俺答汗引进藏传佛教格鲁派 ……………………… (156)

第四节　库库河屯城的建立与汉族农民的定居 …………… (161)

第八章　打来孙汗时期蒙古左翼各部南迁内蒙古地区 ………… (166)

第一节　察哈尔、喀尔喀、科尔沁三部的南迁及其分布 ………… (166)

第二节　东部蒙古左翼各部与明朝的经济关系 …………… (179)

第九章　满洲爱新国的兴起与内蒙古各部的初步形成 ………… (184)

第一节　科尔沁部与爱新国 ………………………………… (184)

第二节　喀尔喀五部与爱新国 ……………………………… (194)

第三节　喀喇沁万户与爱新国 ……………………………………………（200）

第四节　阿鲁蒙古与爱新国 ………………………………………………（211）

第五节　察哈尔部与右翼蒙古投附爱新国 ………………………………（221）

第三编　专　题

第十章　内蒙古地区达延汗后裔所属各部及其牧地 ……………………（227）

第一节　察哈尔万户及其牧地 ……………………………………………（227）

第二节　喀尔喀万户及其牧地 ……………………………………………（235）

第三节　鄂尔多斯万户及其牧地 …………………………………………（239）

第四节　满官嗔——土默特万户及其牧地 ………………………………（242）

第五节　应绍卜——喀喇沁万户及其牧地 ………………………………（255）

第十一章　内蒙古地区成吉思汗诸弟后裔属部及其牧地 ………………（262）

第一节　合撒儿后裔属部及其牧地 ………………………………………（262）

第二节　哈赤温后裔属部及其牧地 ………………………………………（277）

第三节　别里古台后裔属部及其牧地 ……………………………………（282）

第四节　斡赤斤后裔属部的演变及其牧地 ………………………………（291）

第十二章　北元时期蒙古社会政治制度 …………………………………（307）

第一节　北元时期的政治制度 ……………………………………………（307）

第二节　北元时期的社会制度 ……………………………………………（321）

第十三章　北元时期内蒙古地区的藏传佛教 ……………………………（327）

第一节　藏传佛教在漠南蒙古的传播 ……………………………………（327）

第二节　呼和浩特地区的佛教寺庙 ………………………………………（333）

第三节　内蒙古佛教发展的特点 …………………………………………（350）

第十四章　北元时期蒙古宗教、历史与法律文献 ………………………（356）

第一节 北元时期蒙古宗教与历史文献 …………………………………… (356)

第二节 《俺答汗律令》 ……………………………………………………… (374)

第十五章 北元时期蒙古文学 ………………………………………………… (379)

第一节 《妥懽帖睦尔帝懊悔诗》 ………………………………………… (379)

第二节 长篇训喻诗《明照心志论》 ……………………………………… (382)

第三节 蒙译《甘珠尔经》及佛经跋诗 …………………………………… (387)

第四节 仪轨文《毗沙门斡布桑》 ………………………………………… (402)

第五节 佛教叙事诗《摩诃萨陲传》 ……………………………………… (409)

第六节 《乌善达拉传》 …………………………………………………… (415)

第七节 佛教诗作《绿度母传》 …………………………………………… (422)

第八节 宫廷歌曲 …………………………………………………………… (429)

第四编 人 物

爱猷识理达腊 ………………………………………………………………… (445)

脱古思帖木儿 ………………………………………………………………… (448)

阿鲁台 ………………………………………………………………………… (450)

脱脱不花 ……………………………………………………………………… (455)

也 先 ………………………………………………………………………… (459)

毛里孩 ………………………………………………………………………… (465)

乱加思兰太师 ………………………………………………………………… (468)

达延汗 ………………………………………………………………………… (471)

虎喇哈赤 ……………………………………………………………………… (477)

俺答汗 ………………………………………………………………………… (478)

三娘子 ………………………………………………………………………… (485)

索南嘉措 ……………………………………………………………………… (487)

云丹嘉措 ……………………………………………………………………… (490)

阿兴喇嘛 ……………………………………………………………………… (492)

东科尔呼图克图永丹嘉措 …………………………………………………… (494)

阿尤喜固什 …………………………………………………………………… (495)

迈达里呼图克图 ……………………………………………… （497）

卓尼曲吉金巴达吉 …………………………………………… （498）

博格达察罕喇嘛 ……………………………………………… （499）

锡埒图固什绰尔济 …………………………………………… （501）

萨迦端都布 …………………………………………………… （503）

库图克台彻辰洪台吉（切尽黄台吉） ……………………… （508）

那木岱扯力克洪台吉 ………………………………………… （512）

摆要把都儿台吉 ……………………………………………… （513）

鄂木布 ………………………………………………………… （519）

林丹汗 ………………………………………………………… （527）

苏不地 ………………………………………………………… （535）

奥 巴 ………………………………………………………… （542）

努尔哈赤 ……………………………………………………… （551）

皇太极 ………………………………………………………… （557）

多尔衮 ………………………………………………………… （562）

岳 託 ………………………………………………………… （565）

阿什达尔汉 …………………………………………………… （567）

主要参考文献 ……………………………………………… （569）

第五卷目录

一　册

题　记 ……………………………………………………（1）

第一编　史料及研究概况

第一章　史料概况 …………………………………………（3）
　　第一节　历史档案 ………………………………………（3）
　　第二节　官修史籍 ………………………………………（8）
　　第三节　私人著述 ………………………………………（15）
　　第四节　其他史料 ………………………………………（16）
　　第五节　报纸杂志 ………………………………………（18）
　　第六节　奏议、公牍汇编类史料 ………………………（19）
　　第七节　地方志 …………………………………………（22）
　　第八节　旅行日记 ………………………………………（24）

第二章　研究概况 …………………………………………（26）
　　第一节　清前中期历史研究概况 ………………………（26）
　　第二节　晚清内蒙古历史研究概况 ……………………（30）

第二编　概　述

第三章　内蒙古与清朝统一全国的战争 …………………（43）

第一节 清朝在内蒙古统治的确立 ……………………………（43）

第二节 漠南蒙古札萨克旗与蒙古八旗的建立 ……………（61）

第三节 内蒙古各部族对清朝统治的反抗 …………………（65）

第四节 内蒙古各部族在清朝统一全国战争中的贡献 ………（72）

第四章　内蒙古的民族分布新格局 ………………………（77）

第一节 内札萨克六盟四十九旗 ……………………………（77）

第二节 席埒图库伦札萨克喇嘛旗和套西额鲁特二旗………（136）

第三节 内属归化城土默特二旗与察哈尔八旗以及牧厂………（140）

第四节 呼伦贝尔诸旗 …………………………………………（154）

第五节 内蒙古的满族 …………………………………………（158）

第六节 内蒙古的回族 …………………………………………（161）

第五章　清统治蒙古的基本政策与内蒙古社会 ……………（173）

第一节 清统治蒙古的基本政策 ……………………………（173）

第二节 外藩蒙古的盟旗制度 ………………………………（178）

第三节 内属蒙古以及八旗蒙古 ……………………………（182）

第四节 将军都统与驻防八旗 ………………………………（184）

第五节 府厅州县的设立与旗县并存局面的形成 …………（185）

第六节 社会组织与阶级结构 ………………………………（194）

第六章　清中期内蒙古的社会与经济的发展 ……………（197）

第一节 内蒙古经济的复苏与发展 …………………………（197）

第二节 经济的多元化趋势 …………………………………（203）

第三节 农村的形成与城镇的出现 …………………………（209）

第四节 台站、卡伦、鄂博与驿站交通 ……………………（214）

第五节 清代内蒙古的人口 …………………………………（223）

第七章　清代内蒙古的城镇 ………………………………（228）

第一节 清代内蒙古城镇兴起的社会背景 …………………（228）

第二节　地方设治与内蒙古城镇 …………………………………（233）

第三节　清代内蒙古城镇的特殊类型 ……………………………（249）

第八章　内蒙古的城镇商贸、手工业、矿业与财政 ………………（266）

第一节　内蒙古城镇贸易 …………………………………………（266）

第二节　内蒙古的手工业 …………………………………………（276）

第三节　内蒙古的矿业 ……………………………………………（282）

第四节　清代内蒙古的财政 ………………………………………（297）

第五节　清代内蒙古的金融与货币 ………………………………（313）

第九章　晚清内乱外患对内蒙古的冲击和影响 …………………（330）

第一节　19 世纪下半叶的内外战争与内蒙古 …………………（330）

第二节　外国势力的侵略和渗透 …………………………………（343）

第三节　各族人民的反侵略反压迫斗争 …………………………（357）

第十章　清朝对蒙政策的转变与放垦设治 ………………………（375）

第一节　清末新政与清朝对蒙政策的转变 ………………………（375）

第二节　"放垦蒙地"政策的推行 ………………………………（383）

第三节　增设州县与筹划设省 ……………………………………（389）

第四节　蒙古族各阶层的反开垦、反改制斗争 …………………（400）

第十一章　清末内蒙古经济文化的演变 …………………………（417）

第一节　农业区的扩大与畜牧业的衰颓 …………………………（417）

第二节　商业贸易与城镇的发展 …………………………………（420）

第三节　工矿企业与交通邮电 ……………………………………（423）

第四节　新型文化教育事业的出现 ………………………………（436）

第五节　民族民主觉醒与同盟会革命活动 ………………………（439）

第十二章　清代内蒙古的宗教、文化与习俗 ……………………（450）

第一节　清代内蒙古地区的宗教 …………………………………（450）

第二节 清代内蒙古地区的文化 ……………………………………（471）

第三节 清代内蒙古地区的教育 ……………………………………（480）

第四节 清代内蒙古地区的风俗习惯 ………………………………（484）

第三编 专 题

第十三章 清初蒙古部落变迁及满蒙关系 ………………………（491）

第一节 科尔沁部与爱新国联盟 ……………………………………（491）

第二节 敖汉、奈曼部归附爱新国始末 ……………………………（509）

第三节 四子部落及其迁徙历程 ……………………………………（532）

第四节 乌喇忒部及其迁徙历程 ……………………………………（548）

第五节 腾机思事件 …………………………………………………（556）

二 册

第十四章 晚清治蒙思想 ……………………………………………（573）

第一节 清代前期的"因俗而治"与"分而治之" …………………（573）

第二节 19 世纪中叶以后的边疆危机与廷臣疆吏的治边论说 …（580）

第三节 晚清时期筹蒙议论 …………………………………………（587）

第四节 清末新政时期的"筹蒙改制"论 …………………………（608）

第十五章 内蒙古法律、军政制度与清末新政 …………………（641）

第一节 清代蒙古的法律制度及其演变 ……………………………（641）

第二节 清代呼和浩特地区军事 ……………………………………（690）

第三节 清代右卫和绥远驻防城关系 ………………………………（701）

第四节 城镇的政治功能与"新政"后发生的变化 ………………（711）

第五节 清末新政在绥远地区 ………………………………………（739）

第十六章 汉族移民与地域社会变迁 ……………………………（771）

第一节 东部蒙旗的农业与村落化 …………………………………（771）

第二节 喀喇沁地区移民开垦与社会变迁 …………………………（837）

第三节　科尔沁右翼后旗历史诸问题……………………………（873）

第四节　清代绥远地区的社会………………………………………（908）

第五节　汉族移民与鄂尔多斯社会变迁……………………………（958）

第六节　清代蒙旗奏放后套牧地及其社会适应 …………………（1050）

第七节　喀尔喀右翼旗社会变迁 …………………………………（1144）

第八节　清代呼和浩特地区社会救济 ……………………………（1188）

三　册

第十七章　财政经济贸易与工矿各业 ……………………………（1197）

第一节　清代的归化城土默特财政 ………………………………（1197）

第二节　清代内蒙古的畜牧业 ……………………………………（1271）

第三节　晚清农畜产品加工业 ……………………………………（1286）

第四节　旅蒙商及其商贸活动 ……………………………………（1309）

第五节　金属矿产开采 ……………………………………………（1365）

第六节　清代大青山各沟煤矿业 …………………………………（1372）

第七节　内蒙古中东部的煤矿开采 ………………………………（1389）

第八节　盐碱与林木开采 …………………………………………（1395）

第九节　水陆交通与邮电通讯 ……………………………………（1406）

第十八章　清代内蒙古的宗教 ……………………………………（1451）

第一节　康熙帝与多伦诺尔汇宗寺 ………………………………（1451）

第二节　二世哲布尊丹巴与多伦诺尔善因寺 ……………………（1460）

第三节　清代内蒙古寺院经济 ……………………………………（1470）

第四节　清代内蒙古的清真寺 ……………………………………（1519）

第五节　清真寺经堂教育及其组织管理形式 ……………………（1537）

第六节　清代绥远地区的基督教传播及相关问题 ………………（1544）

四　册

第十九章　清代内蒙古的教育 ……………………………………（1593）

　　第一节　官学（书院、学堂、庙学）……………………………（1593）

　　第二节　私学（私塾、义塾）……………………………………（1602）

　　第三节　教会学校…………………………………………………（1605）

　　第四节　清代绥远城的旗人教育…………………………………（1609）

第二十章　清代内蒙古民族及其文化……………………………………（1621）

　　第一节　清代内蒙古的满族及其风俗文化………………………（1621）

　　第二节　清代绥远城八旗蒙古……………………………………（1635）

　　第三节　清代内蒙古地区的回族及其风俗文化…………………（1646）

　　第四节　巴尔虎与呼伦贝尔………………………………………（1724）

　　第五节　清代达斡尔族及其文化…………………………………（1790）

　　第六节　清代鄂伦春族及其文化…………………………………（1807）

　　第七节　清代鄂温克族……………………………………………（1833）

第四编　人　物

博穆博果尔…………………………………………………………………（1871）

扎木苏………………………………………………………………………（1871）

乌木布尔代…………………………………………………………………（1871）

喀土瑚………………………………………………………………………（1872）

赛音察克……………………………………………………………………（1872）

候尔台………………………………………………………………………（1872）

博尔本察……………………………………………………………………（1873）

海兰察………………………………………………………………………（1874）

穆图善………………………………………………………………………（1876）

贵　福………………………………………………………………………（1876）

朱尔锛格……………………………………………………………………（1876）

巴西萨………………………………………………………………………（1877）

阿穆勒塔……………………………………………………………………（1877）

塔勒玛善……………………………………………………………………（1877）

由　屯………………………………………………………………………（1877）

奇 三 ………………………………………… (1878)

色尔衮 ………………………………………… (1879)

恒 龄 ………………………………………… (1880)

索布多尔扎布 ………………………………… (1880)

敖拉·昌兴 …………………………………… (1881)

花灵阿 ………………………………………… (1883)

业普铿 ………………………………………… (1883)

永 德 ………………………………………… (1884)

多隆阿 ………………………………………… (1885)

车 楞 ………………………………………… (1886)

都嘎尔 ………………………………………… (1887)

常星阿 ………………………………………… (1889)

温德勒克西 …………………………………… (1890)

格通阿 ………………………………………… (1891)

苏伦保 ………………………………………… (1892)

沙克都林扎布 ………………………………… (1892)

古柏礼 ………………………………………… (1893)

苏那穆策麟 …………………………………… (1894)

费扬古 ………………………………………… (1895)

王 昌 ………………………………………… (1897)

補 熙 ………………………………………… (1898)

舒 明 ………………………………………… (1899)

巴 禄 ………………………………………… (1900)

托明阿 ………………………………………… (1901)

德勒克多尔济 ………………………………… (1903)

定 安 ………………………………………… (1904)

善 庆 ………………………………………… (1905)

贻 谷 ………………………………………… (1906)

章嘉呼图克图 ………………………………… (1912)

锡埒图·固什·绰尔吉 ……………………… (1917)

席力图呼图克图 …………………………………………………（1919）

内齐托因呼图克图 ………………………………………………（1923）

吹斯噶巴迪彦齐呼图克图（博格达察罕喇嘛）………………（1930）

额尔德尼迪彦齐呼图克图 ………………………………………（1931）

额尔德尼莫日根洞科尔班第达呼图克图 ………………………（1931）

锡勒图库伦札萨克喇嘛旗札萨克大喇嘛 ………………………（1931）

额尔德尼察罕迪彦齐呼图克图 …………………………………（1932）

莫尔根格根罗卜桑丹毕扎拉桑 …………………………………（1932）

阿格旺丹达尔 ……………………………………………………（1934）

罗卜藏楚勒图木 …………………………………………………（1935）

囊都布苏隆 ………………………………………………………（1937）

旺钦巴勒 …………………………………………………………（1938）

僧格林沁 …………………………………………………………（1939）

哈斯宝 ……………………………………………………………（1945）

古拉兰萨 …………………………………………………………（1947）

尹湛纳希 …………………………………………………………（1947）

胡佰力 ……………………………………………………………（1948）

贺什格巴图 ………………………………………………………（1949）

伊希丹金旺吉拉 …………………………………………………（1950）

弥勒僧格 …………………………………………………………（1951）

白凌阿 ……………………………………………………………（1952）

王同春 ……………………………………………………………（1955）

丕勒杰 ……………………………………………………………（1961）

那木萨来 …………………………………………………………（1962）

贡桑诺尔布（贡王）……………………………………………（1963）

海　山 ……………………………………………………………（1974）

伯彦讷谟祜 ………………………………………………………（1975）

棍楚克苏隆（宾图王）…………………………………………（1978）

阿穆尔灵圭（阿王）……………………………………………（1981）

乌　泰 ……………………………………………………………（1984）

第六卷目录

一　册

题　记 ……………………………………………………………（ 1 ）

第一编　史料与研究概况

第一章　史料概况 ………………………………………………（ 3 ）

　第一节　历史档案 ……………………………………………（ 4 ）

　第二节　汇编史料 ……………………………………………（15）

　第三节　其他史料 ……………………………………………（19）

第二章　研究概况 ………………………………………………（30）

　第一节　国内研究概况 ………………………………………（30）

　第二节　国外研究概况 ………………………………………（41）

第二编　概　述

第三章　辛亥革命时期的内蒙古 ………………………………（51）

　第一节　清朝覆亡前后内蒙古的政治分野 …………………（51）

　第二节　民国初年内蒙古的"独立"、"自治"运动 …………（62）

第四章　北洋军阀政府统治时期的内蒙古 ……………………（74）

第一节 北洋政府对内蒙古的政策及措施 …………………………………（74）

第二节 日本侵略势力在内蒙古的扩张 …………………………………（81）

第三节 各族各界的反帝反封建斗争 …………………………………（84）

第四节 内蒙古革命运动的兴起 …………………………………（90）

第五节 内蒙古人民革命党领导的民族解放运动 …………………………………（98）

第五章 国民政府统治时期的内蒙古 …………………………………（108）

第一节 国民政府在内蒙古地区统治体系的确立 …………………………………（108）

第二节 内蒙古自治运动的兴起及其结局 …………………………………（117）

第三节 中国共产党和内蒙古人民的革命斗争 …………………………………（129）

第六章 日本殖民统治时期的内蒙古 …………………………………（142）

第一节 日本侵占内蒙古东部地区 …………………………………（142）

第二节 日本在内蒙古东部地区的殖民统治 …………………………………（145）

第三节 日本侵略内蒙古西部地区及建立蒙疆政权 …………………………………（155）

第四节 日本在内蒙古西部地区的殖民统治 …………………………………（161）

第七章 国民党统治下的内蒙古西部地区 …………………………………（172）

第一节 国民党在河套地区的统治 …………………………………（172）

第二节 国民党在伊克昭盟和阿拉善旗、额济纳旗的统治 …………（183）

第八章 内蒙古地区的抗日战争 …………………………………（197）

第一节 "七七"事变前内蒙古地区的抗日斗争 …………………………………（197）

第二节 "七七"事变后国民党军队在察绥地区的抗战 …………………………………（203）

第三节 中国共产党在内蒙古领导的抗日斗争 …………………………………（208）

第四节 内蒙古地区抗日战争的胜利 …………………………………（225）

第九章 抗战胜利后的内蒙古 …………………………………（233）

第一节 国共两党在内蒙古地区的战略部署与措施 …………………………（233）

第二节 内蒙古民族运动的高涨 …………………………………（244）

第十章　中国共产党领导的自治运动和自卫解放战争……………………（261）

　第一节　内蒙古自治运动的开展与统一………………………………（261）

　第二节　保卫和发展内蒙古解放区……………………………………（275）

　第三节　内蒙古自治政府的成立………………………………………（289）

　第四节　内蒙古解放区的社会改革运动………………………………（302）

　第五节　内蒙古骑兵部队的发展壮大…………………………………（315）

第十一章　内蒙古全境的解放…………………………………………（326）

　第一节　绥远地区的解放战争…………………………………………（326）

　第二节　国统区的蒙古民族自治运动…………………………………（335）

　第三节　绥远和平解放…………………………………………………（345）

　第四节　阿拉善、额济纳旗的和平解放………………………………（349）

第十二章　民国时期内蒙古地区社会、经济与文化…………………（352）

　第一节　社会……………………………………………………………（352）

　第二节　经济……………………………………………………………（354）

　第三节　文化教育事业…………………………………………………（365）

　第四节　宗教……………………………………………………………（376）

二　册

第三编　专　题

第十三章　中华民国政府对内蒙古的统治体制及其政策……………（387）

　第一节　北京政府对内蒙古的统治体制………………………………（387）

　第二节　北京政府对内蒙古的法规及政策……………………………（398）

　第三节　国民政府统治内蒙古的机构及体制…………………………（408）

　第四节　国民政府对内蒙古的法规及政策……………………………（423）

第十四章　民国时期内蒙古地区行政建制沿革………………………（441）

　第一节　民国时期内蒙古地区行政建制沿革概况……………………（441）

第二节　内蒙古自治政府 ……………………………………………（446）

第三节　热河省 ………………………………………………………（463）

第四节　察哈尔省 ……………………………………………………（468）

第五节　绥远省 ………………………………………………………（471）

第六节　阿拉善旗和额济纳旗 ………………………………………（483）

第十五章　日本对内蒙古地区的侵略及其统治 ………………………（485）

第一节　日本对内蒙古的侵略及其殖民统治的确立 ………………（485）

第二节　日本殖民统治时期内蒙古地区社会政治制度及其变化 ……（529）

第三节　日本在内蒙古地区的军警统治 ……………………………（557）

第十六章　内蒙古地区的抗日斗争 ……………………………………（590）

第一节　"九一八"后内蒙古抗日救亡斗争 ………………………（590）

第二节　抗战爆发后国民党军队在内蒙古地区的抗战 ……………（614）

第三节　中国共产党领导的内蒙古的抗战 …………………………（649）

第四节　内蒙古地区抗日战争的胜利 ………………………………（674）

第十七章　中国共产党领导的内蒙古革命斗争 ………………………（682）

第一节　大革命时期的革命斗争 ……………………………………（682）

第二节　土地革命时期的革命斗争 …………………………………（697）

第三节　抗战时期的革命斗争 ………………………………………（702）

第四节　全国解放战争时期的革命斗争 ……………………………（709）

第十八章　民国时期内蒙古地区的经济 ………………………………（768）

第一节　东北军在兴安区的屯垦 ……………………………………（768）

第二节　晋绥军在河套地区的屯垦 …………………………………（797）

第三节　民国时期内蒙古地区金融事业 ……………………………（831）

第四节　民国时期呼伦贝尔地区的商业贸易 ………………………（855）

第五节　日本殖民统治时期内蒙古地区的社会经济 ………………（883）

三　册

第十九章　民国时期内蒙古地区的社会问题 ……………………………（907）

　第一节　民国时期绥远地区的鸦片问题 ……………………………（907）

　第二节　民国时期内蒙古地区的匪患问题 …………………………（952）

　第三节　20 世纪 20 年代末绥远地区旱灾救济 ……………………（988）

　第四节　日本统治时期对东蒙古土地问题的处置和西部蒙旗

　　　　　社会变革 …………………………………………………（1019）

第二十章　民国时期内蒙古地区城镇发展 ………………………（1030）

　第一节　内蒙古地区城镇发展的社会背景 …………………………（1030）

　第二节　原有城镇及其类型 …………………………………………（1035）

　第三节　民国时期新兴的城镇 ………………………………………（1052）

　第四节　内蒙古地区城镇的各种功能 ………………………………（1060）

第二十一章　民国时期内蒙古地区的教育与科技 ………………（1078）

　第一节　民国时期蒙古族教育事业 …………………………………（1078）

　第二节　"满洲国"时期内蒙古东部地区教育事业 ………………（1089）

　第三节　蒙疆政权时期内蒙古西部地区教育事业 …………………（1104）

　第四节　抗战时期内蒙古西部国民党统治区教育事业 ……………（1138）

　第五节　内蒙古地区科学技术与医疗卫生事业 ……………………（1152）

第二十二章　民国时期内蒙古地区的文化 ………………………（1184）

　第一节　内蒙古地区新闻报刊事业 …………………………………（1184）

　第二节　内蒙古地区文化机构、团体及其事业 ……………………（1202）

　第三节　内蒙古地区方志编纂事业 …………………………………（1218）

　第四节　内蒙古地区公共图书馆事业 ………………………………（1232）

　第五节　日本殖民统治时期内蒙古地区的文化事业 ………………（1256）

第二十三章　民国时期内蒙古地区的宗教 ……………… （1286）

　　第一节　喇嘛教 ……………………………………… （1286）

　　第二节　萨满教 ……………………………………… （1319）

　　第三节　汉传佛教与道教 …………………………… （1327）

　　第四节　基督教 ……………………………………… （1334）

　　第五节　伊斯兰教 …………………………………… （1341）

第四编　人　物

阿尔宾巴雅尔 …………………………………………… （1349）

云端旺楚克 ……………………………………………… （1350）

沙克都尔扎布 …………………………………………… （1351）

德穆楚克栋鲁普 ………………………………………… （1352）

巴特玛喇布坦 …………………………………………… （1354）

玉　禄 …………………………………………………… （1355）

云　亨 …………………………………………………… （1356）

经　权 …………………………………………………… （1356）

李鸣钟 …………………………………………………… （1357）

郭象伋 …………………………………………………… （1358）

段履庄 …………………………………………………… （1359）

海　山 …………………………………………………… （1360）

巴布扎布 ………………………………………………… （1361）

旺丹尼玛 ………………………………………………… （1362）

锡尼喇嘛 ………………………………………………… （1364）

阿尤尔扎那 ……………………………………………… （1366）

嘎达梅林 ………………………………………………… （1367）

特睦格图 ………………………………………………… （1369）

克兴额 …………………………………………………… （1370）

凌　升 …………………………………………………… （1371）

卓特巴扎普 ……………………………………………… （1372）

纪松龄 …………………………………………………… （1373）

李海山 ································· (1374)

白海风 ································· (1375)

郭道甫 ································· (1376)

白云梯 ································· (1378)

福明泰 ································· (1379)

恩克巴图 ······························ (1380)

包悦卿 ································· (1380)

李守信 ································· (1381)

王　英 ································· (1382)

吴鹤龄 ································· (1383)

玛尼巴达喇 ···························· (1384)

傅作义 ································· (1385)

董其武 ································· (1386)

潘秀仁 ································· (1387)

博彦满都 ······························ (1388)

阿思根 ································· (1389)

达密凌苏隆 ···························· (1390)

荣耀先 ································· (1391)

朱实夫 ································· (1391)

李裕智 ································· (1392)

多松年 ································· (1393)

陈镜湖 ································· (1394)

贾力更 ································· (1394)

高凤英 ································· (1395)

高　桥 ································· (1396)

刘洪雄 ································· (1397)

姚　喆 ································· (1399)

奇俊峰 ································· (1400)

巴云英 ································· (1401)

关起义 ································· (1402)

第七卷目录

一　册

题　记 ………………………………………………………………（1）

第一编　史料与研究概况

第一章　史料概况 …………………………………………………（3）
　第一节　主要历史档案 …………………………………………（3）
　第二节　统计、年鉴、报刊资料 ………………………………（8）
　第三节　方志类资料 ……………………………………………（13）
　第四节　其他文献类资料 ………………………………………（17）

第二章　研究概况 …………………………………………………（20）
　第一节　综述 ……………………………………………………（20）
　第二节　通史类专著 ……………………………………………（21）
　第三节　概况类著作 ……………………………………………（24）
　第四节　相关著作 ………………………………………………（27）

第二编　概　述

第三章　内蒙古解放初期的形势与任务 …………………………（33）
　第一节　行政区划 ………………………………………………（33）
　第二节　政治形势 ………………………………………………（36）

　　第三节　经济形势 ·· (38)

　　第四节　民族问题 ·· (39)

第四章　绥远新区社会变革和恢复国民经济 ············· (44)

　　第一节　人民民主专政建设 ······························ (44)

　　第二节　新区社会民主改革 ······························ (86)

　　第三节　恢复国民经济与文化教育 ···················· (105)

第五章　内蒙古自治区的社会经济发展 ················· (114)

　　第一节　党政军领导机构的重大变更 ················· (115)

　　第二节　社会政治运动 ·································· (125)

　　第三节　经济文化教育的发展 ·························· (137)

第六章　内蒙古统一的民族区域自治的实现 ············· (146)

　　第一节　蒙绥合并　撤销绥远省建制 ················· (146)

　　第二节　察、热、甘三省蒙地划回内蒙古自治区 ····· (158)

　　第三节　鄂伦春、鄂温克、达斡尔等民族的自治 ····· (166)

　　第四节　党委、政府和人大、政协领导机构的统一 ··· (175)

第七章　第一个五年计划与社会主义改造 ··············· (196)

　　第一节　贯彻过渡时期总路线与内蒙古的第一个五年计划 ········· (196)

　　第二节　社会主义改造 ·································· (201)

　　第三节　国民经济长足发展 ···························· (231)

第八章　社会经济曲折发展的十年 ····················· (252)

　　第一节　整风运动与反右派斗争 ······················ (252)

　　第二节　"三面红旗"与"左"倾错误 ················ (277)

　　第三节　从纠"左"到反右倾 ·························· (296)

　　第四节　纠正"左"倾错误　实行调整方针 ············ (315)

　　第五节　社会主义教育运动 ···························· (348)

第六节　民族政策与民族工作 …………………………………… （366）

第七节　统战政策与统战工作 …………………………………… （384）

第八节　经济与社会曲折发展的历程 …………………………… （395）

第九章　"文化大革命"中的内蒙古 …………………………… （427）

第一节　从前门饭店会议到全区动乱 …………………………… （428）

第二节　全面夺权运动 …………………………………………… （434）

第三节　"挖肃、清队"与"新内人党"冤案 ………………… （439）

第四节　从"五二二"批示到全面军管 ………………………… （449）

第五节　艰难曲折的斗争与"四人帮"的覆灭 ………………… （454）

第六节　民族区域自治遭受破坏 ………………………………… （468）

第七节　动乱中的内蒙古社会经济 ……………………………… （475）

第十章　拨乱反正　开启新时期 ………………………………… （482）

第一节　揭批"四人帮"拨乱反正 ……………………………… （482）

第二节　平反冤假错案 …………………………………………… （493）

第三节　落实民族政策 …………………………………………… （502）

第四节　全面落实政策 …………………………………………… （518）

二　册

第十一章　新时期的政治建设与社会治理 ……………………… （539）

第一节　党政人大政协领导机构的恢复与完善 ………………… （539）

第二节　党政人大机构和人事制度改革 ………………………… （561）

第三节　纪检监察体制改革与强化社会治理 …………………… （567）

第四节　民族区域自治与民族事业 ……………………………… （589）

第五节　社会主义民主与法制建设 ……………………………… （623）

第六节　发展爱国统一战线 ……………………………………… （635）

第七节　社会主义精神文明建设 ………………………………… （674）

第十二章　经济发展　社会巨变 ……………………………………（697）

　第一节　经济建设方针与发展战略 ……………………………………（697）

　第二节　经济体制改革 …………………………………………………（708）

　第三节　国民经济发展的战略目标 ……………………………………（748）

　第四节　国民经济发展的辉煌成就 ……………………………………（754）

　第五节　社会事业的长足发展 …………………………………………（786）

第三编　专　题

第十三章　行政建制与党政军机构 ……………………………………（823）

　第一节　内蒙古自治区行政区域与建制演变 …………………………（823）

　第二节　中国共产党内蒙古自治区委员会 ……………………………（864）

　第三节　内蒙古自治区人民政府 ………………………………………（902）

　第四节　内蒙古自治区人民代表大会 …………………………………（925）

　第五节　中国人民政治协商会议内蒙古自治区委员会 ………………（963）

　第六节　中国人民解放军内蒙古军区 …………………………………（982）

　第七节　内蒙古武装警察部队 …………………………………………（1000）

第十四章　民族与宗教 ………………………………………………（1009）

　第一节　民族 ……………………………………………………………（1009）

　第二节　宗教 ……………………………………………………………（1037）

第十五章　民主党派与人民团体 ……………………………………（1055）

　第一节　民主党派 ………………………………………………………（1055）

　第二节　群众团体 ………………………………………………………（1070）

　第三节　社会团体 ………………………………………………………（1106）

三　册

第十六章　经济 ………………………………………………………（1115）

　第一节　畜牧业 …………………………………………………………（1115）

第二节　农业 ……………………………………………… (1146)

第三节　工业 ……………………………………………… (1172)

第四节　林业 ……………………………………………… (1198)

第五节　水利 ……………………………………………… (1205)

第六节　交通 ……………………………………………… (1212)

第七节　邮电 ……………………………………………… (1220)

第八节　商业 ……………………………………………… (1228)

第九节　建筑业 …………………………………………… (1245)

第十节　城镇建设 ………………………………………… (1250)

第十一节　财政金融 ……………………………………… (1258)

第十七章　教育 …………………………………………… (1279)

第一节　基础教育 ………………………………………… (1279)

第二节　高等教育 ………………………………………… (1371)

第三节　民族教育 ………………………………………… (1434)

第四节　师范教育 ………………………………………… (1459)

第五节　成人教育 ………………………………………… (1486)

第六节　中等职业教育 …………………………………… (1534)

第十八章　文化 …………………………………………… (1575)

第一节　概述 ……………………………………………… (1575)

第二节　民族文化 ………………………………………… (1594)

第三节　群众文化 ………………………………………… (1649)

第四节　公益文化 ………………………………………… (1670)

第五节　图书馆事业 ……………………………………… (1687)

第六节　文物考古事业 …………………………………… (1735)

第七节　出版事业 ………………………………………… (1766)

第八节　新闻事业 ………………………………………… (1790)

四　　册

第十九章　艺术 …………………………………………………… （1825）

　第一节　概述 …………………………………………………… （1825）

　第二节　少数民族艺术 ………………………………………… （1833）

　第三节　汉族民间艺术 ………………………………………… （1861）

　第四节　群众艺术 ……………………………………………… （1881）

第二十章　科学技术事业 ……………………………………… （1895）

　第一节　科技事业发展概述 …………………………………… （1895）

　第二节　科技队伍的建立与发展 ……………………………… （1909）

　第三节　自然科学研究 ………………………………………… （1913）

　第四节　社会科学研究 ………………………………………… （1947）

　第五节　科学技术普及工作 …………………………………… （1970）

第二十一章　医疗卫生 ………………………………………… （1988）

　第一节　卫生行政 ……………………………………………… （1988）

　第二节　疾病控制 ……………………………………………… （2015）

　第三节　医疗保健 ……………………………………………… （2042）

　第四节　蒙中医药 ……………………………………………… （2067）

　第五节　科技教育 ……………………………………………… （2078）

第二十二章　体育 ……………………………………………… （2113）

　第一节　体育运动事业综述 …………………………………… （2113）

　第二节　竞技体育运动 ………………………………………… （2118）

　第三节　民族传统体育运动 …………………………………… （2133）

　第四节　群众体育运动 ………………………………………… （2139）

第二十三章　知识青年在内蒙古上山下乡 …………………… （2147）

第一节 知青上山下乡的起始 …………………………… (2147)

第二节 "文革"期间知青上山下乡运动 ………………… (2151)

第三节 知青上山下乡的延续与结束 …………………… (2166)

第四节 内蒙古生产建设兵团 …………………………… (2175)

结束语：历史的启示 …………………………………… (2191)

第四编 人 物

第二十四章 党政军界人物 ………………………… (2201)

乌兰夫 …………………………………………………… (2201)

奎 璧 …………………………………………………… (2207)

吉雅泰 …………………………………………………… (2209)

杨植霖 …………………………………………………… (2210)

苏谦益 …………………………………………………… (2212)

哈丰阿 …………………………………………………… (2214)

王再天 …………………………………………………… (2215)

王 铎 …………………………………………………… (2217)

王逸伦 …………………………………………………… (2218)

王建功 …………………………………………………… (2219)

高布泽博 ………………………………………………… (2221)

廷 懋 …………………………………………………… (2222)

朋斯克 …………………………………………………… (2223)

特木尔巴根 ……………………………………………… (2224)

毕力格巴图尔 …………………………………………… (2226)

刘景平 …………………………………………………… (2227)

林蔚然 …………………………………………………… (2228)

李 森 …………………………………………………… (2229)

克力更 …………………………………………………… (2230)

郝秀山 …………………………………………………… (2231)

尤太忠 …………………………………………………… (2233)

周 惠 …………………………………………………… (2234)

王崇仁 ……………………………………… (2268)

蓝乾福 ……………………………………… (2268)

奇忠义 ……………………………………… (2269)

乌 兰 ……………………………………… (2271)

张顺臻 ……………………………………… (2272)

陈又遵 ……………………………………… (2272)

许柏年 ……………………………………… (2273)

罗锡恩 ……………………………………… (2274)

奇英成 ……………………………………… (2275)

盖山林 ……………………………………… (2275)

李仕臣 ……………………………………… (2276)

第二十六章　科技教育界人物 ……………………………………… (2279)

李继侗 ……………………………………… (2279)

于北辰 ……………………………………… (2283)

清格尔泰 ……………………………………… (2285)

李 博 ……………………………………… (2288)

旭日干 ……………………………………… (2291)

李冠兴 ……………………………………… (2294)

刘钟龄 ……………………………………… (2295)

罗辽复 ……………………………………… (2298)

马毓泉 ……………………………………… (2299)

曹之江 ……………………………………… (2301)

李 迪 ……………………………………… (2303)

斯力更 ……………………………………… (2305)

能乃扎布 ……………………………………… (2306)

陆家羲 ……………………………………… (2307)

陈 山 ……………………………………… (2309)

张晨鼎 ……………………………………… (2312)

佟天夫 ……………………………………… (2314)

玛拉沁夫 ……………………………………………（2371）

敖德斯尔 ……………………………………………（2372）

扎拉嘎胡 ……………………………………………（2374）

杨 啸 ………………………………………………（2375）

张长弓 ………………………………………………（2376）

贾 漫 ………………………………………………（2378）

乌热尔图 ……………………………………………（2379）

哈扎布 ………………………………………………（2380）

毛依罕 ………………………………………………（2381）

琶 杰 ………………………………………………（2382）

色拉西 ………………………………………………（2383）

美丽其格 ……………………………………………（2384）

通 福 ………………………………………………（2386）

永儒布 ………………………………………………（2387）

阿拉腾奥勒 …………………………………………（2388）

宝音德力格尔 ………………………………………（2389）

拉苏荣 ………………………………………………（2390）

德德玛 ………………………………………………（2392）

贾作光 ………………………………………………（2393）

斯琴塔日哈 …………………………………………（2396）

莫德格玛 ……………………………………………（2397）

文 浩 ………………………………………………（2398）

官 布 ………………………………………………（2400）

妥木斯 ………………………………………………（2402）

第二十八章 企业界人物 ……………………………（2404）

杨 维 ………………………………………………（2404）

林东鲁 ………………………………………………（2405）

张国忠 ………………………………………………（2407）

王林祥 ………………………………………………（2407）

第八卷目录

题　记 ………………………………………………………………（ *1* ）

第一编　史料概况

第一章　史料概况 …………………………………………………（ 3 ）
　第一节　内蒙古生态文明的有关资料与文献 …………………（ 3 ）
　第二节　内蒙古生态地理环境演变的研究资料 ………………（ 9 ）

第二章　研究概况 …………………………………………………（12）
　第一节　新中国成立前对内蒙古地区生态地理环境的考察研究 …（12）
　第二节　新中国成立以来内蒙古生态地理环境的考察研究 ………（19）

第二编　概　述

第三章　内蒙古地质时期的环境演变与特征 …………………（29）
　第一节　地质历史过程中内蒙古的环境格局 …………………（29）
　第二节　内蒙古地貌单元的形成和环境特征 …………………（37）
　第三节　内蒙古的气候环境 ……………………………………（41）
　第四节　土地类型及其生态环境的变异 ………………………（43）
　第五节　内蒙古自然地带的形成 ………………………………（48）

第四章　内蒙古地区生态系统的演变 …………………………（53）
　第一节　温带草原生态系统的形成与演化 ……………………（53）

第二节　温带荒漠生态系统的形成与演化 ……………………………（59）

第三节　山地森林—灌丛—草甸复合生态系统 ……………………（65）

第四节　低湿地草甸、沼泽、灌丛、河滩林与盐生群落生态系统 ……（69）

第五节　植物类群多样性的形成 ……………………………………（72）

第五章　内蒙古畜牧业的发展及其生态环境 ………………………（85）

第一节　畜牧业之前的渔猎生产——依靠森林、草原与大河哺育的
　　　　内蒙古先人 ………………………………………………（85）

第二节　草原是游牧畜牧业的"摇篮" ………………………………（87）

第三节　放牧畜牧业的形成与早期发展 ……………………………（89）

第四节　中世纪的草原畜牧业发展与生态环境 ……………………（92）

第五节　明代的畜牧业与生态环境 …………………………………（99）

第六节　明代农耕业及其生态环境 …………………………………（104）

第七节　清代牧业政策与畜牧业的发展 ……………………………（106）

第八节　清代的经济与社会变迁对农牧业的影响 …………………（109）

第九节　垦殖对生态环境的影响 ……………………………………（115）

第六章　内蒙古农牧交错带的形成与环境变化 ……………………（121）

第一节　农牧交错带的形成 …………………………………………（121）

第二节　农牧交错带的基本特征 ……………………………………（124）

第三节　农牧交错带生态地理环境的演变 …………………………（125）

第四节　农牧交错带生态经济类型区的分化 ………………………（129）

第五节　嫩江流域低山丘陵农林牧交错区 …………………………（131）

第六节　科尔沁草原与沙地农牧交错区 ……………………………（133）

第七节　浑善达克草原与沙地农牧交错区 …………………………（135）

第八节　阴山北麓草原农牧交错区 …………………………………（138）

第九节　黄河中上游农牧交错区 ……………………………………（139）

第七章　内蒙古草原退化与生态保育 ………………………………（142）

第一节　退化草原的实地监测 ………………………………………（143）

第二节　草原退化和生态地理环境变化……………………………（145）

第三节　草原退化的生态演替………………………………………（151）

第四节　退化草原的基本特征………………………………………（154）

第五节　退化草原的恢复与更新……………………………………（157）

第六节　草地退化与恢复的诊断……………………………………（164）

第七节　草原退化原因的分析………………………………………（167）

第八节　草原生态保育………………………………………………（170）

第八章　保持草畜动态平衡，实现生态安全与持续发展…………（174）

第一节　传统草地畜牧业的脆弱性与波动性………………………（175）

第二节　草地畜牧业季节性的历史局限性…………………………（176）

第三节　草畜矛盾的发生与加剧……………………………………（182）

第四节　制约草原畜牧业生产力的生态与环境因素………………（186）

第五节　总结历史经验，继承优良传统，借鉴先进制度…………（196）

第六节　草地畜牧业可持续发展和集约化经营模式的探索………（206）

第九章　内蒙古的自然灾害及其与生态环境的关系………………（217）

第一节　内蒙古自然灾害的研究背景………………………………（217）

第二节　内蒙古自然灾害的类型与特征……………………………（220）

第三节　内蒙古自然灾害的历史演变………………………………（223）

第四节　自然灾害的时空分布与发生规律…………………………（226）

第五节　内蒙古地区自然灾害的成因………………………………（230）

第六节　自然灾害对社会、经济与生态环境的影响………………（235）

第十章　内蒙古的生态文明传统与生态科学………………………（241）

第一节　内蒙古的民族生态文明与朴素的生态观念………………（241）

第二节　17世纪至20世纪中叶内蒙古地区的生态地理考察………（247）

第三节　内蒙古自治区建立以来生态科学的发展…………………（260）

第三编　专　题

第十一章　内蒙古草原变迁的历史反思和生态安全带的构建………（281）

第一节　内蒙古草原的演化和区域分异 ·················· （281）

第二节　内蒙古草原的生态类型 ························· （293）

第三节　内蒙古草原的自然、经济地域分异 ············ （302）

第四节　草原荒漠化的历史反思 ························· （309）

第五节　草原生态安全带的建设 ························· （321）

第十二章　内蒙古东部草原的生态环境与农牧业发展 ········· （331）

第一节　区位和地域范围 ······························· （331）

第二节　农牧业生态环境与资源的演变 ················ （332）

第三节　农牧业经济的发展历程 ························· （337）

第四节　农牧业的发展现状及面临的问题 ············· （342）

第五节　农牧业发展方向和建设内容 ·················· （344）

第六节　东部草原区农牧结合的主要模式 ············· （348）

第七节　农牧业可持续发展战略的思考 ················ （353）

第十三章　内蒙古额济纳绿洲百年来的环境演变与恢复重建 ········· （358）

第一节　额济纳绿洲的地理特征和历史沿革 ············ （358）

第二节　20 世纪初的额济纳绿洲 ····················· （366）

第三节　1927—1928 年和 1934 年斯文·赫定笔下的额济

　　　　纳绿洲 ··· （368）

第四节　1944 年董正钧《居延海》一书中的额济纳绿洲 ·········· （372）

第五节　1958—1959 年的绿洲及苏古淖尔 ············· （376）

第六节　1980—2000 年额济纳绿洲情况 ··············· （377）

第七节　额济纳绿洲生态功能区的恢复与重建 ·········· （383）

第八节　额济纳绿洲的文化价值和旅游业的发展 ········ （396）

第十四章　阿拉善地区天然梭梭防护带的生态功能及其保育 ········· （401）

第一节　阿拉善荒漠区在长期演化史上形成的梭梭防护带 ········· （401）

第二节　梭梭带中群落类型的演化与特征 ············· （403）

第三节　梭梭对环境演变的生态适应性 ················ （405）

第四节　梭梭带的生态防护效益 ……………………………………（407）

第五节　梭梭及其群落的年龄和寿命 ………………………………（410）

第六节　梭梭的更新和生态保育 ……………………………………（412）

第十五章　继承和发扬游牧文化精髓，寻求草原和谐发展新路 ………（420）

第一节　内蒙古草原是我国北方的生态安全保障和民族文化

摇篮 …………………………………………………………（420）

第二节　从草原游牧文化精髓之中寻求宝贵教益 …………………（423）

第三节　时代的呼唤和新世纪的日程 ………………………………（426）

第十六章　蒙古族生态文明的优良传统 …………………………………（433）

第一节　狩猎文化与畜牧文化的演进 ………………………………（433）

第二节　保护草原，关爱生灵 ………………………………………（435）

第三节　顺应自然的生活方式 ………………………………………（438）

第四节　富有生态理念的民间信仰 …………………………………（440）

第五节　历史文明传统的现代启示 …………………………………（441）

第十七章　呼伦贝尔草原的历史沿革与生态文明传统 …………………（444）

第一节　生态地理环境与生物多样性 ………………………………（444）

第二节　历史沿革与民族人口变迁 …………………………………（446）

第三节　传统生产方式与生活方式蕴涵着深刻的生态文化 ………（450）

第四节　传统习俗和信仰反映出鲜明的生态文明 …………………（454）

第十八章　阿拉善地区的传统生态文化 …………………………………（459）

第一节　阿拉善地区的生态地理环境 ………………………………（459）

第二节　阿拉善地区的历史沿革与民族 ……………………………（461）

第三节　阿拉善地区的蒙古族传统生产方式 ………………………（464）

第四节　阿拉善地区的蒙古族传统习俗与信仰 ……………………（466）

第十九章　内蒙古植物学与生态学的重要科学成果 ……………………（470）

第四编　人　物

第二部分

英文总目录

CONTENS OF VOLUME I

PART I

Preface ·· (*1*)

Division I   Historical Sources and Previous Studies

Chapter I   Outline of Historical Sources ···························· (3)

  1. Pre−Tang Historical Sources on the Inner Mongolian Region ······ (4)

  2. Pre−Qin, Qin and Han Historical Sources on the Inner
Mongolian Region ··· (6)

  3. Wei, Jin, Northern and Southern Dynasties, Sui and Tang
Historical Sources on the Inner Mongolian Region ················· (27)

  4. Other Pre−Tang Historical Sources on the Inner Mongolian Region ···
(39)

Chapter II   Previous Studies ······································· (44)

  1. General Studies ·· (44)

  2. Studies of Peoples ··· (48)

  3. Archaeological Studies ··· (54)

  4. Other Studies ·· (60)

Division Ⅱ   Historical Overview

Chapter Ⅲ   The Inner Mongolian Region in the Prehistoric
Period ·· (65)

1. The Paleolithic Age ·· (65)
2. The Neolithic Age ··· (69)
3. The Bronze Age ·· (76)

Chapter Ⅳ   The Inner Mongolian Region from the 21st Century
B. C. to the Early 3rd Century A. D. ························· (83)

1. Nomadic Peoples in the Inner Mongolian Region from the 21st
   to the 3rd Century B. C. ·· (83)
2. The Inner Mongolian Region Under the Warring States
   Kingdoms of Yan, Zhao and Qin ······································· (88)
3. Nomadic Peoples in the Inner Mongolian Region From the 3rd
   Century B. C. to the 3rd Century A. D. ························ (97)
4. The Inner Mongolian Region Under the Qin and Han ·········· (116)

Chapter Ⅴ   The Inner Mongolian Region From the Early 3rd to
Late 6th Century A. D. ·· (134)

1. Peoples and Their Regimes in the Inner Mongolian Region
   From the Early 3rd to Late 6th Century A. D. ··················· (134)
2. Emerging Groups in the Inner Mongolian Region From the
   Early 3rd to Late 6th Century A. D. ······························· (164)
3. Dominance of the Central Plains Over Some Parts of Inner
   Mongolian Region During the Wei, Jin and Southern and
   Northern Dynasties ··· (176)

Chapter Ⅵ   The Inner Mongolian Region From the Late 6th to
Early 10th Century A. D ······································· (182)

1. Nomadic Peoples in the Inner Mongolian Region From the Late
   6th to Early 10th Century A. D ······································· (182)

2. Sui and Tang Dominance Over the Inner Mongolian Region ······ (207)

PART II

Division III Subject Studies

Chapter VII Communication Between Inner Mongolia and
Surrounding Areas From the Stone Age to the
Bronze Age ·· (219)
1. Origins of Cultural Division in the Early Neolithic Age ·········· (219)
2. Communication Between the Archaeological Cultures of
Central−southern Inner Mongolia and Surrounding Areas ·········· (225)
3. Communication Between the Archaeological Cultures of
South−eastern Inner Mongolia and Surrounding Areas ············· (242)
4. Continuityof the Microlith Tradition in the Northern Grasslands
of Inner Mongolia ··· (258)
5. Formation of the Great−Wall−Cultural−Zone in Northern China ··· (267)

Chapter VIII Major Archaeological Studies on the Inner
Mongolian Region Before the 10th Century ·············· (278)
1. Research on Tohominbal (Taohongbala) Type, Origin of the
Hun and Identification of Hun Remains ························ (279)
2. Archaeological Studies on Warring States, Qin, and Han
Relics ··· (285)
3. Discovery and Research on Xianbei Relics ···················· (295)
4. Archaeological Studies on the Sui and Tang Relics ··············· (305)
5. Archaeological Studies of the Turcs, Khitan and Early Sirvi
Tribes ··· (309)

Chapter IX Studies and Issues Concerning Various Donghu
Tribal Names ·· (312)
1. Studies on the Names of Various Donghu Tribes ················· (312)
2. Issues Raised in Studies on Names of Various Donghu Tribes ······ (323)

Chapter X　Regimes and Political Systems of the Northern
Nomads in Ancient Times ································· (325)

1. The Hun Empire and Its Political System ······················ (325)
2. The Xianbei State Organizations ······················· (338)
3. The Wuhuan Emirates System ·························· (353)
4. The Rouran Empire and Its Political System ···················· (357)
5. The Turcs Empire and Its Political System ···················· (364)
6. The Uighur Empire and Its Political System ···················· (371)

Chapter XI　The Central Plain Military–Political System and the
Ancient Northern Nomads ····················· (376)

1. The Military Barracks of the Hu Wuhuan Xiaowei ················ (376)
2. The Military Barracks of General Duliao ···················· (384)
3. The Government Office of Hun Zhonglang Jiang ··············· (392)
4. The Government Office of Chanyu Daduhu ···················· (400)

Chapter XII　Western Cultural Elements in Xianbei Archeology ····· (409)

1. The Historical Background of Western Cultural Influence ········· (409)
2. Western Cultural Elements Apparent in Topknot ················ (413)
3. Western Cultural Elements Apparent in Decorative Medals ········ (419)

Chapter XIII　The Khitan Homeland ···························· (425)

1. Investigating Song–Mo ······························· (426)
2. The Khitans Did Not Originate From Song–Mo ················· (428)
3. Song–Mo Associations With the Kumo Xi ···················· (440)
4. The Khitan Escape to Song– Mo Was a Typographical error of
Kumo Xi Activities ································· (442)

Chapter XIV　Construction of Grassland Towns in the Inner
Mongolian Region ····························· (444)

1. Neolithic Annular Ditch Settlements and Stone Towns ············ (444)
2. Xia, Shang and Western Zhou Grassland Towns ················ (447)
3. Eastern Zhou, Qin and Han Grassland Towns ················ (449)

4. Xianbei, Dai Regime and Wei Grassland Towns ···················· (453)

5. Sui and Tang Grassland Towns ······························· (454)

6. Liao, Song, Xia and Jin Grassland Towns ···················· (456)

7. Mongol Empire and Yuan Grassland Towns ···················· (459)

8. Ming and Qing Grassland Towns ···························· (460)

Chapter XV   The Great Wall in the Inner Mongolian Region
Before the 10th Century ····························· (462)

1. The Yan, Zhao and Qin Great Wall ························· (462)

2. The Qin and Han Great Wall ···························· (470)

3. The Northern Wei Great Wall ···························· (488)

4. Construction of the Great Wall by Other Dynasties ················ (492)

5. The Construction and Historical Significance of the Chinese
Great Wall ·· (494)

Chapter XVI   The Economic Life of the Northern Nomads ··········· (501)

1. Animal Husbandry and Hunting ·························· (501)

2. Patterns of Handicraft–production ······················· (507)

3. Agriculture ··· (512)

4. Commodity Exchange and Transportation ···················· (520)

Chapter XVII   The Cultural Tradition of Ancient Northern
Nomads ··· (529)

1. Diet ·· (529)

2. Hair Styles of the Donghu Tribes ························· (534)

3. Marriage Customs ···································· (541)

4. Burial Customs ······································ (554)

5. Languages and Scripts ································· (571)

6. Ancient Religion and Beliefs ···························· (583)

Division IV   Historical Figures

Chapter XVIII   Hun Historical Figures ···················· (593)

Chapter XXI　Turcs Historical Figures ·························· (653)

　　Shidianmi Khagan ································· (653)

　　Yixiji Khagan ··· (654)

　　Tuobo Khagan ······································· (654)

　　Abo Khagan ··· (654)

　　Yilijulushemoheshiboluo Khagan ·················· (655)

　　Mohe Khagan ··· (655)

　　Dulan Khagan ······································· (656)

　　Datou Khagan ··· (656)

　　Nijuechuluo Khagan ······························· (657)

　　Shekui Khagan ······································· (657)

　　Hesana Khagan ······································· (658)

　　Qimin Khagan ··· (658)

　　Xieli Khagan ··· (659)

　　Tuli Khagan ··· (660)

　　Xiedielishi Khagan ································· (660)

　　Ninie Khagan ··· (661)

　　Bijia Khagan ··· (661)

　　Dengli Khagan ······································· (661)

　　Wusumishi Khagan ······························· (662)

　　Baimei Khagan ······································· (662)

　　Ashina Mishe ··· (662)

　　Dunyugu ··· (663)

　　Mo Teqin ··· (663)

　　Que Teqin ··· (663)

Chapter XXII　Uighur Historical Figures ················ (665)

　　Huairen Khagan ······································· (665)

　　Mouyu Khagan ··· (666)

　　Changshou Tianqin Khagan ························· (666)

　　Zhongzhen Khagan ································· (667)

　　Fencheng Khagan ································· (667)

Huaixin Khagan .... (667)

Tengli Khagan .... (668)

Baoyi Khagan .... (668)

Chongde Khagan .... (669)

Zhaoli Khagan .... (669)

Zhangxin Khagan .... (669)

Shusa Khagan .... (670)

Wujie Khagan .... (670)

Enian Khagan .... (671)

Yehu Prince .... (671)

Jiegan Jiasi .... (671)

Chapter XXIII   Shatuo and Khitan Historical Figures .... (673)

Zhuxiechixin .... (673)

Likeyong .... (673)

Zhuangzong of the Northern Tang .... (674)

Mingzong of the Northern Tang .... (675)

Gaozu of the Northern Jin .... (675)

Gaozu of the Northern Han .... (676)

Kuge .... (676)

Lijinzhong .... (677)

Lishihuo .... (677)

Lishaogu .... (677)

Qulie .... (678)

Nieli .... (678)

Zuwu Khagan .... (678)

Yelan Khagan .... (679)

Xianzhi Khagan .... (679)

Hendejin Khagan .... (679)

Chapter XXIV   Historical Figures from Han and Others
            (Wuhuan, Jie, Di, Chile etc.) .... (681)

Wang Zhaojun .... (681)

(English Translation by Tergel, Nasan Bayar and Baohua, Revision by Irene Bain)

CONTENS OF VOLUME Ⅱ

PART I

Preface ·· (*1*)

Division I Historical Sources and Previous Studies

Chapter I Historical Sources ·· (3)
  1. Documentary Sources ·· (3)
  2. Archaeological Materials ··· (8)
Chapter Ⅱ Previous Studies ·· (14)
  1. Studies in China ·· (14)
  2. International Studies ··· (30)

Division Ⅱ Historical Overview

Chapter Ⅲ Early 10th Century Khitan Authority in the Inner
          Mongolian Region ··· (45)
  1. Rapid Development of the Diela Tribe and Collapse of the
     Yaonian Tradition ·· (45)
  2. Social Conditions in Inner Mongolia and Neighboring
     Regions in the Early 10th Century ·· (57)

3. Abooji Establishes Absolute Monarchy ·················· (68)

4. The Shatuo and Khitan Contest for Inner Mongolia ·············· (79)

5. Northward Population Movement from the Central Plain and
Abooji's Ethnic Policies ···························· (90)

Chapter IV   Yelü Deguang and Establishment of the Liao Dynasty ··· (102)

1. The Fuyu Coup and Yelü Deguang's Succession ················ (102)

2. Political Characteristics of the Early Reign of the Emperor
Liao Taizong ······························ (112)

3. Formation of the Political Divisionition System ················· (123)

4. Development of Political Power in Inner Mongolia During
the Yelü Deguang Period ···························· (133)

5. Changes of the Relationship Between the Liao Dynasty and
the Later Jin Regime ···························· (149)

**Chapter V   The Inner Mongolian Region During the Reigns of
Emperors Shizong and Muzong** ··············· (167)

1. The Luancheng Coup and the Hengdu Convention ·············· (167)

2. The Xianggu Mountain Coup and the Ascension of Emperor
Muzong ······························ (176)

3. The Inner Mongolian Region During the Reigns of Emperors
Shizong and Muzong ···························· (187)

4. Relations Between the Liao and Central Plain Regimes ·········· (197)

Chapter VI   The Inner Mongolian Region During the Mid-Liao ··· (210)

1. The Heishan Coup and Rule of the Emperor Jingzong ············· (210)

2. Liao Military Counterbalance Under Jingzong With the
Northern Song ······························ (222)

3. Liao Confrontation Under Shengzong With the Northern Song ····· (231)

4. Migration and Settlement of Population in the Central Plain
During the Mid-Liao ···························· (239)

Chapter VII   Feudal Rule During the Mid and Late Liao ··········· (248)

1. Ethnic Policies in the Period of Great Prosperity ·················· (248)

2. The Political System in the Period of Great Prosperity ············· (258)

3. The Taizi Mountain Coup and Yelü Yixin Putsch ················· (268)

4. Zubu and Late Liao Turmoil in the Northern Desert ··············· (278)

Chapter VIII　Western Inner Mongolia During the Liao and

　　　　　　　Western Xia ·· (287)

1. Liao and Western Xia Contend for Western Inner Mongolia ········ (287)

2. The Special Status of Mid-western Inner Mongolia in Late

Liao Politics ··· (296)

Chapter IX　Extension of Jurchin Political Power to Inner

　　　　　　Mongolia During the Early 12th Century ················ (306)

1. Jurchin Origins and Establishment of the Jin ······················ (306)

2. Jin Taizu Subjugates the Liao ································· (320)

3. Jin Occupation and Rule Over the Inner Mongolian Region ········ (332)

Chapter X　Early Jin Dominance Over the Inner Mongolian

　　　　　　Region ·································· (346)

1. Early Jin Ruling Strategy Over the Inner Mongolian Region ······ (346)

2. The Southern and Northern Regions of the Desert during the

Early Jin ··· (355)

3. Ethnic Policies of the Early Jin ································· (364)

Chapter XI　The Inner Mongolian Region During the Mid-Jin ······ (372)

1. The Khitan Uprising Led by Yelü Saba and Yelü Wowo ············ (372)

2. Economic Policies of the Jin in the Great Prosperity Period ········ (381)

3. Mid-Jin Dominance Over the Northern Region of the Desert

and the Rise of Mongols ································· (389)

Chapter XII　The Inner Mongolian Region During the Late Jin ······ (400)

1. Jin Political Power Retreat From the Inner Mongolian Region ······ (400)

2. Extension of Mongolian Nomadic Cultural Zone ·················· (410)

3. Collapse of the Jin ································· (421)

PART II

Division III　Subject Studies

Chapter XIII　Pre-10ᵗʰ Century Khitan History ······················ (429)

　　1. The Mystery of Khitan History: Analysis of Khitan Origins ········· (429)

　　2. The Historical Relationship Between the Tang and the Khitan ······ (452)

　　3. Historical Development of the Khitan Tribes During the Late
　　　Tang ·· (473)

Chapter XIV　The Political System and Ruling Policies of the
　　　　　　　　Liao and Jin Dynasties ································ (493)

　　1. The Causation and Basic Structure of the Dual Political
　　　System ·· (493)

　　2. The Khitan and Liao Political Systems ····························· (516)

　　3. Silou, Naibo and Ordu in Early Liao ······························ (550)

　　4. Jin Strategy Toward the Southern Region of the Desert ··········· (587)

Chapter XV　Social Development in the Liao and Jin ················ (595)

　　1. Society and Culture in the Liao and Jin ···························· (595)

　　2. Khitan Religion ··· (632)

　　3. Settlements and City Constructions in Inner Mongolia
　　　During the Liao Dynasty ··· (645)

Chapter XVI　Liao and Jin Economic and Cultural Exchanges
　　　　　　　　and External Relations ································ (677)

　　1. Economic and Cultural Exchanges With the East Asian
　　　Region ·· (677)

　　2. Economic and Cultural Exchanges With North Asia and the
　　　Outer Caucasian Region ·· (699)

　　3. Economic and Cultural Exchanges With Central and West
　　　Asia ··· (703)

Chapter XVII   Historical Sources on the Khitans and the Liao

　　　　　　　Dynasty ·· (708)

1. From Sheli to Emperor: Historical Background and
   Connotation of Abooji's *Turning Home to Country* ···················· (708)
2. The Khitan *Saltpond Feast*, *Coup of Brothers* and Tenure of
   Yilijin ··· (717)
3. Khitan Social Customs and Cultures ··· (735)
4. *Yelü Zong's Gravestone*: Systems of Nobile Genealogy and
   Enfeoffment in the Early Liao Dynasty ··· (756)

Chapter XVIII   The Historical Definition and Evaluation of

　　　　　　　Cultural Studies on the Khitan and Liao

　　　　　　　Dynasty ·· (762)

1. Overall Integration of Khitan and Liao Culture ························· (762)
2. Political Situation and Cultural Meaning of Liao and Song
   Coexistence ··· (795)
3. The Formations and Historical Significances of a Tripartite
   Confrontations Between Song–Liao–Xia and Song–Jin–Xia ········· (827)

Division Ⅳ   Historical Figures

Chapter XIX: Liao Dynasty Figures ·· (849)

1. Ancestors of Yelü Abooji ··· (849)
   (1) Yali and His Regime ·· (850)
   (2) Bidie and Keling ··· (857)
   (3) Gaozu Noulisi and His Sons ··· (862)
   (4) Zengzu Salade ··· (864)
   (5) Yundeshi's Period ··· (866)
   (6) Sala's Period ··· (869)
2. Yelü Abooji's Cognation ··· (875)
   (1) Abooji's Uncles and Coup of Brothers ································· (875)
   (2) Yelü Helu and His Family ·· (884)

（3）Emperor Yalü Bei Who Resigned Sovereign Authority ··· （889）

（4）Yelü Balide, Yelü Zong, Yelü Wotela and Yelü Chage ······ （896）

3. Liao Taizu's Meritorious Statesmen ··············· （913）

（1）Liao Taizu and His Nökörs ························· （913）

（2）Representatives of Yaonian Family: Yelü Haili and

Yelü Dila ····················· （916）

（3）Yelü Tulujun and Khitan Family Election System ········· （918）

（4）Historical Contribution of Han Zhigu, Kang Moji

and Han Yanhui ····················· （920）

4. Shu Lüping and His Family ····················· （924）

（1）Shu Lüping and His Family Origin ··················· （924）

（2）Xiao Dilu and His Family ··············· （928）

（3）Xiao Aguzhi and His Family ··············· （932）

5. Historical Hero Yelü Deguang ··············· （933）

（1）From Marshal to Emperor ··············· （933）

（2）From ObligatingLater Jin to Subsitituting Later Jin:

Establishment of Liao ··············· （940）

（3）Yelü Deguang's Offspring ················ （948）

6. Minority and Han Figures from Liao ··············· （951）

（1）Shi Fang ····················· （951）

（2）Zhang Jian ····················· （952）

（3）Xing Baopu ····················· （954）

（4）Yelü Xiuge ····················· （954）

（5）Yelü Xiezhen ····················· （957）

（6）Han Derang ····················· （958）

（7）Xiao Xiaomu ····················· （960）

（8）Yelü Renxian ····················· （963）

（9）Yao Jingxing ····················· （965）

（10）Miaoxing Dashi Zhizhi ····················· （966）

Chapter XX: Jin Dynasty Figures ····················· （968）

1. Historical Figures Who Campaignes for Inner Mongolian Region

(English Translation by Tergel, Nasan Bayar and Baohua, Revision by Irene Bain)

CONTENS OF VOLUME Ⅲ

PART Ⅰ

Preface ·· (*1*)

Division Ⅰ   Historical Sources and Previous Studies

Chapter Ⅰ   An Outline of Historical Sources ························· (3)
   1. Basic Historical Materials ······································· (3)
   2. Travel Notes, Literal Collections and Others ···················· (7)

Chapter Ⅱ   Previous Studies ····································· (22)
   1. Research Achievements on the Mongol Empire and the Yuan
     Published After the 1920s ···································· (22)
   2. New Studies on the Mongol Empire and the Yuan: Origin and
     Development of Regional Studies on Inner Mongolia ············· (27)
   3. International Studies on the Mongol Empire and the Yuan ········ (41)

Division Ⅱ   Historical Overview

Chapter Ⅲ   Establishment of the Great Mongol Empire ············· (57)
   1. The Inner Mongolia Region and the Origin of the Mongols ········ (57)

2. Strong Tribes lived on the Mongolian Steppe in the Liao and Jin ⋯ (65)

3. The Economic and Social Situation of Mongolian – Language
Family Groups Before the Yuan ⋯⋯⋯⋯⋯⋯⋯⋯⋯⋯⋯⋯ (84)

4. The Mongol Spring and Unification of the Mongolian Steppe ⋯⋯⋯ (92)

**Chapter Ⅳ   Inner Mongolian Region Under the Great Mongol
Empire** ⋯⋯⋯⋯⋯⋯⋯⋯⋯⋯⋯⋯⋯⋯⋯⋯⋯⋯⋯ (101)

1. Establishment and Basic System of the Great Mongol Empire ⋯⋯ (101)

2. The Great Mongol Empire Conquers the Oirats and Tanguds ⋯⋯ (109)

3. Wars Between the Mongols and the Jin Dynasty – Occupation
of Today's Inner Mongolia Region by the Great Mongol Empire ⋯ (115)

4. Territory Awarded in the Inner Mongolian Region Under
Chinggis Khan ⋯⋯⋯⋯⋯⋯⋯⋯⋯⋯⋯⋯⋯⋯⋯⋯⋯ (123)

5. Governance of Inner Mongolia Region by the Great Mongol
Empire – From Ögedei Khaan to Möngke Khaan ⋯⋯⋯⋯⋯⋯ (140)

**Chapter Ⅴ   The Administrative System in the Inner Mongolian
Region During the Yuan** ⋯⋯⋯⋯⋯⋯⋯⋯⋯⋯⋯⋯ (155)

1. The Process of Establishing Provinces in Inner Mongolia ⋯⋯⋯⋯ (156)

2. The Shangdu Čulge and Xinghe Čulge ⋯⋯⋯⋯⋯⋯⋯⋯⋯ (174)

3. The Administrative Area of Hedong Shanxi Dao in Zhongshu
Province and the Territory of the Ongɣud Tribe ⋯⋯⋯⋯⋯⋯ (191)

4. The Administrative Area of Zhongshu Province, Yingchang
Čulge and Quanning Čulge in Qonghirad Territory ⋯⋯⋯⋯⋯ (196)

5. Th e Čulges Belong to Liaoyang Province and the Kings
Downthrow their territories ⋯⋯⋯⋯⋯⋯⋯⋯⋯⋯⋯⋯⋯ (205)

6. The Čulges Belong to Shaanxi and Gansu Provinces ⋯⋯⋯⋯⋯ (215)

7. The Establishment of Lingbei Province and Its Territory ⋯⋯⋯⋯ (220)

8. The Yuan Fiefdom System and its Administration ⋯⋯⋯⋯⋯ (226)

**Chapter Ⅵ   The Economy of the Inner Mongolian Region
During the Yuan** ⋯⋯⋯⋯⋯⋯⋯⋯⋯⋯⋯⋯⋯ (238)

1. Horse Herding Policies and Animal Husbandry ⋯⋯⋯⋯⋯⋯ (238)

2. Agriculture ·· (250)

3. Handicraft Industry ··· (265)

4. Commerce and Lending ······································· (276)

5. Cities and Towns ·· (291)

6. Communication and Transportation ························ (305)

7. Ethnic Groups andPopulation ····························· (312)

Chapter VII　The Political Situation of the Inner Mongolian
　　　　　　Region During the Yuan ·························· (328)

1. The Two Capitals System ···································· (328)

2. The Political Life of Yuan Shangdu ······················ (335)

3. Qubilai and Ariɣbüke Struggle for the Throne ············ (344)

4. The Nanpo Coup ··· (351)

5. Battles Between the Two Capitals ························· (359)

6. Mingwen Dispute and An Imperial Government Controlled by
　 Powerful Ministers ·· (364)

7. Battles betweenthe the Central Government and Local Kings,
　 and Consolidation of Border Defense (A) ················· (377)

8. Battles betweenthe the Central Government and Local Kings,
　 and Consolidation of Border Defense (B) ················· (396)

9. Intensification of Social Contradictions in the Late Yuan and
　 Peasant Army Activities in the Inner Mongolian Region ········ (409)

10. The Political Situation of the Inner Mongolian Region in the
　　 Late Yuan ·· (419)

Chapter VIII　Culture, Education, and Religion in the Inner
　　　　　　　Mongolian Region During the Yuan ·········· (437)

1. Culture ·· (437)

2. Education and Imperial Examinations ····················· (454)

3. Religion ··· (458)

PART Ⅱ

Division Ⅲ Subject Studies

Chapter Ⅸ The Old Haunt of the Forefathers and the Garrison
of Princes ·· (465)
1. The Old Haunt of the Forefathers and the Garrison of
Princes (A) ·· (465)
2. The Old Haunt of the Forefathers and the Garrison of
Princes (B) ·· (475)

Chapter Ⅹ Yuan Local Host Kings and Their Ulus ·················· (485)
1. Yuan Local Host Kings and Their Ulus ························· (485)
2. Famous Princes of the Local Host Kings ························ (503)

Chapter Ⅺ The Family of King Anxi ······························· (531)
1. The Family of King Anxi (A) ······························· (531)
2. The Family of King Anxi (B) ······························· (543)

Chapter Ⅻ The Southern Desert Qonghirat Tribe During the
Yuan ··· (550)
1. The Ruling family of the Qonghirat Tribe ······················ (550)
2. The Chieftain Clan of Southern Desert Qonghirat Tribe ··········· (577)

Chapter ⅩⅢ The Chieftain Clan of the Iγires Tribe in the Yuan ······ (590)
1. The Chieftain Clan of the Iγires Tribe in the Yuan (A) ·········· (590)
2. The Chieftain Clan of the Iγires Tribe in the Yuan (B) ·········· (606)

Chapter ⅩⅣ The Ruling family of the Ongγud Tribe in the Yuan ··· (616)
1. The Ruling family of the Ongγud Tribe in the Yuan (A) ········· (616)
2. The Ruling family of the Ongγud Tribe in Yuan (B) ············ (628)

Chapter ⅩⅤ The Jalair Tribe During the Mongol Empire and

　　　the Yuan ··· (644)

1. Origin of the Jalair Tribe ································· (644)

2. The Eminent Families of the Jalair Tribe ················· (647)

3. The Jalair Tribe Territory and Eupatrid ················· (666)

4. The Jalair Tribe Troops System ························· (685)

5. The Relationship Between the Golden Family of Genghis Khan

　　and the Jalair Tribe ·································· (696)

6. Marriage and Cultural Life in the Jalair Tribe ············· (708)

Chapter XVI　Mongol Customs During the Yuan ···················· (718)

1. Marriage and Family ································· (718)

2. Basic Necessities of Life ····························· (721)

3. Beliefs and Practices ······························· (729)

4. Taboos ··· (732)

5. Funeral Customs ··································· (734)

6. Celebration and Entertainment ······················· (738)

Division IV　Historical Figures

Chapter XVII　Historical Figures of the Mongol Empire ············· (745)

Chinggis Khan ····································· (745)

Ögedei ··· (750)

Göyök ··· (753)

Möngke ··· (754)

Yuanshizu Qubilai ·································· (757)

Yuanchengzong Temür ······························· (761)

Yuanwuzong Haishan ······························· (762)

Yuanrenzong Ayuurbalbad ····························· (763)

Yuanyingzong Shuodebala ····························· (765)

Taiding Emperor Yesüntemür ··························· (767)

Tianshun Emperor Alajiba ····························· (768)

Yuanmingzong Heshilian ····························· (768)

Yuanwenzong Tutemür ············· (769)

Yuanningzong Yilinzhiban ············· (770)

Yuanhuizong Togoontemür ············· (770)

Naimaljin Queen ············· (772)

Toloi ············· (775)

Zhenjin Prince ············· (779)

Grandducal Aiyachi ············· (785)

Dingwang Yaomuhuer ············· (787)

Yuwang Alatenashili ············· (792)

Chapter XVIII   Yuan Historical Figures ············· (797)

Boorchu ············· (797)

Boruhul ············· (799)

Shikhihutuk ············· (800)

Chilarun ············· (804)

Zhebe ············· (805)

Shübeetei ············· (809)

Oriyanghatai ············· (813)

Zhelme ············· (817)

Shuchitai ············· (823)

Weidaer ············· (825)

Atachi ············· (826)

Anzhuer ············· (830)

Liu Min ············· (833)

Tutuha ············· (836)

Liu Binzhong ············· (839)

Boyan ············· (843)

Ashu ············· (850)

Boluohua ············· (854)

Yuechichaer ············· (857)

Ashabuha ············· (861)

Khukhutemür ············· (865)

(English Translation by Tergel, Nasan Bayar and Baohua, Revision by Irene Bain)

CONTENS OF VOLUME Ⅳ

Preface ·· (*1*)

Division Ⅰ   Historical Sources and Previous Studies

Chapter Ⅰ   Outline of Historical Sources ···························· (3)
   1. Archival Materials ·· (3)
   2. Narrative Accounts ··· (8)

Chapter Ⅱ   Previous Studies ·· (17)
   1. Studies in China ·· (17)
   2. International Studies ·· (43)

Division Ⅱ   Historical Overview

Chapter Ⅲ   Relocation of the Yuan Court in Mongolian plateau
        and the Creation of Ming–Mongol Confrontation ········· (55)
   1. Ming's Attack and the Northern Migration of Yuan Government ··· (55)
   2. The Xuanguang Prosperous Period and Regime Stability Under
     Northern Yuan ·· (58)
   3. War Between the Ming and Northern Yuan After the Lingbei
     Compaign ··· (65)
   4. The Decline of Northern Yuan Regime and the Mongol Split ······ (70)

5. The Distribution of Mongol Groups and Ming's Guards and
   Battlions ·· (74)

Chapter Ⅳ   Internal Strife among the Mongols and Temporary
              Unification ·· (79)
   1. Mongol Internal Strife in the Period of Aruɣtai and Maqamu
      War with the Ming ·· (79)
   2. Early Ming Policies Toward the Mongols ······························ (84)
   3. The Temporary Unification Led by Toɣun and Esen ··············· (85)
   4. The Mid-15th Century Relationship Between the Ming and the
      Mongols and the Tumubao Crisis ·· (87)
   5. The Defeat of Esen and the Rise of the Eastern Mongols ·········· (92)

Chapter Ⅴ   The Career of Dayan Khan and His Influence on
              Inner Mongolian History ································· (96)
   1. The Family Background and Main Achievements of Dayan Khan ··· (96)
   2. Dayan Khan's Ligeance to His Sons ······································ (101)
   3. Conflicts Among the Sons of Dayan Khan ······························ (105)

Chapter Ⅵ   Mongolian Southward Migration and Distribution
              in the Inner Mongolia Region ·························· (111)
   1. The Southward Migration of Uriyangkhai Three-Guards ············ (111)
   2. The Distribution of Uriyangkhai Three - Guards Following
      Southward Migrations ··· (114)
   3. The Southward Migrations of the Eastern Mongols Into the Big
      Bend of the Yellow River ··· (116)
   4. The Ibura Migration to Xihai and Distribution of the Mongolian
      Right Wing Groups ·· (118)
   5. Changes in Ming Military Strategy Toward the Mongols and
      Formation of the Ming Great Wall ··· (120)

Chapter Ⅶ   Altan Khan and Western Inner Mongolia ················· (124)
   1. The Rise of the East Mongolian Right Wing Under Rules of

Ĵinung and Altan Khan ·· (124)

2. Establishment of a Commercial Relationship Between the East
   Mongolian Right Wing and the Ming ······················· (133)

3. The Altan Khan Introduces Tibetan Buddhism to the Inner
   Mongolia Region ·· (156)

4. The Construction of Hohhot and Settlement of Han Chinese
   Farmers ·· (161)

Chapter Ⅷ   The Mongolian Left Wing Migrates to the Inner
             Mongolian Region Under the Rule of Daraisun ········· (166)

1. The Southward Migration of Čaqar, Khalkha and Khorchin and
   Their Distribution ·· (166)

2. The Economic Relationship Between the Mongolian Left Wing
   and the Ming ·· (179)

Chapter Ⅸ   The Rise of the Manchurian Aisin Regime and
             Reformation of the Inner Mongolian Tribes ············· (184)

1. The Khorchin and The Aisin Regime ······················· (184)

2. The Inner Five Khalkhas and The Aisin Regime ············· (194)

3. The Kharachin Tümen and The Aisin Regime ··············· (200)

4. The Aru Mongolia and The Aisin Regime ··················· (211)

5. The Čaqar and Mongolian Right Wing Submit to the
   Aisin Regime ·· (221)

Division Ⅲ   The Subject Studies

Chapter X   The Descendants of Dayan Khan in the Inner
            Mongolia Region and Their Pastures ····················· (227)

1. The Čaqar Tümen and Its Pastures ························· (227)

2. The Khalkha Tümen and Its Pastures ······················· (235)

3. The Ordos Tümen and Its Pastures ························· (239)

4. The Mongoljin Tümed Tümen and Its Pastures ············· (242)

5. The Yungsiyebu–Kharchin Tümen and Its Pastures ·········· (255)

Chapter XI The Descendents of Chinghis Khan's Brothers and
Their Inner Mongolian Pastures ······························ (262)

1. Tribes Descended From Khasar and Their Pastures ················· (262)

2. Tribes Descended From Qachiɣun and Their Pastures ·············· (277)

3. Tribes Descended From Belgüdei and Their Pastures ·············· (282)

4. Tribal Changes of the Otchikin Descendents and Their Pastures ··· (291)

Chapter XII The Mongolian Socio-political System During the
Northern Yuan ··· (307)

1. The Political System During the Northern Yuan ·················· (307)

2. The Social System During the Northern Yuan ···················· (321)

Chapter XIII Tibetan Buddhism in the Inner Mongolia Region
During the Northern Yuan ··································· (327)

1. The Spread of Tibetan Buddhism in Southern Mongolia ··········· (327)

2. Buddhist Monastries in the Hohhot Area ························· (333)

3. Characteristics in Development of Tibetan Buddhism in the
Inner Mongolia Region ··· (350)

Chapter XIV Mongolian Documents about Religion, History and
Legislation During the Northern Yuan ······················ (356)

1. Religious and Historical Documents ···························· (356)

2. *Altan Khan Law* ·· (374)

Chapter XV Mongolian Literature During the Northern Yuan ······ (379)

1. *Togon Temür-ün Gemsil Shilüg* ································ (379)

2. *Oyun-yi Saitur Geigülügchi Neretü Shastar* ···················· (382)

3. *Poems as a Postscript in the Mongolian Version of Kanjur* ········· (387)

4. *Bisman Obsang Orushibai* ····································· (402)

5. *Mahasadva Han Hübegün-ü Chedig* ···························· (409)

6. *Visuandara-yin Tuguji* ·· (415)

7. *Nogugan Dhara Ehe-yin Namtar* ······························ (422)

8. *Palace Songs* ·· (429)

Division IV   Historical Figures

Ayusiridara ⋯⋯⋯⋯⋯⋯⋯⋯⋯⋯⋯⋯⋯⋯⋯⋯⋯⋯⋯⋯⋯⋯⋯ (445)

Tegüstemür ⋯⋯⋯⋯⋯⋯⋯⋯⋯⋯⋯⋯⋯⋯⋯⋯⋯⋯⋯⋯⋯⋯⋯ (448)

Aruγtai ⋯⋯⋯⋯⋯⋯⋯⋯⋯⋯⋯⋯⋯⋯⋯⋯⋯⋯⋯⋯⋯⋯⋯⋯⋯ (450)

Toγtoγabuqa ⋯⋯⋯⋯⋯⋯⋯⋯⋯⋯⋯⋯⋯⋯⋯⋯⋯⋯⋯⋯⋯⋯ (455)

Esen ⋯⋯⋯⋯⋯⋯⋯⋯⋯⋯⋯⋯⋯⋯⋯⋯⋯⋯⋯⋯⋯⋯⋯⋯⋯⋯ (459)

Maoliqai ⋯⋯⋯⋯⋯⋯⋯⋯⋯⋯⋯⋯⋯⋯⋯⋯⋯⋯⋯⋯⋯⋯⋯⋯ (465)

Begirsen Taishi ⋯⋯⋯⋯⋯⋯⋯⋯⋯⋯⋯⋯⋯⋯⋯⋯⋯⋯⋯⋯ (468)

Dayan Khan ⋯⋯⋯⋯⋯⋯⋯⋯⋯⋯⋯⋯⋯⋯⋯⋯⋯⋯⋯⋯⋯⋯ (471)

Khurqachi ⋯⋯⋯⋯⋯⋯⋯⋯⋯⋯⋯⋯⋯⋯⋯⋯⋯⋯⋯⋯⋯⋯⋯ (477)

Altan Khan ⋯⋯⋯⋯⋯⋯⋯⋯⋯⋯⋯⋯⋯⋯⋯⋯⋯⋯⋯⋯⋯⋯ (478)

Sanniangzi ⋯⋯⋯⋯⋯⋯⋯⋯⋯⋯⋯⋯⋯⋯⋯⋯⋯⋯⋯⋯⋯⋯ (485)

Sodnamjamsu ⋯⋯⋯⋯⋯⋯⋯⋯⋯⋯⋯⋯⋯⋯⋯⋯⋯⋯⋯⋯ (487)

Yondanjamsu ⋯⋯⋯⋯⋯⋯⋯⋯⋯⋯⋯⋯⋯⋯⋯⋯⋯⋯⋯⋯ (490)

Ashing Lhama ⋯⋯⋯⋯⋯⋯⋯⋯⋯⋯⋯⋯⋯⋯⋯⋯⋯⋯⋯⋯ (492)

Düngkür Khutuγtu Yondanjamsu ⋯⋯⋯⋯⋯⋯⋯⋯⋯⋯ (494)

Ayushi Güüshi ⋯⋯⋯⋯⋯⋯⋯⋯⋯⋯⋯⋯⋯⋯⋯⋯⋯⋯⋯⋯ (495)

Maidari Khutuγtu ⋯⋯⋯⋯⋯⋯⋯⋯⋯⋯⋯⋯⋯⋯⋯⋯⋯⋯ (497)

Jonichoiji Jimbadarji ⋯⋯⋯⋯⋯⋯⋯⋯⋯⋯⋯⋯⋯⋯⋯⋯ (498)

Boγda Chaγan Lhama ⋯⋯⋯⋯⋯⋯⋯⋯⋯⋯⋯⋯⋯⋯⋯⋯ (499)

Shireetü Güüshi Chorji ⋯⋯⋯⋯⋯⋯⋯⋯⋯⋯⋯⋯⋯⋯⋯ (501)

Sagjadondob ⋯⋯⋯⋯⋯⋯⋯⋯⋯⋯⋯⋯⋯⋯⋯⋯⋯⋯⋯⋯⋯ (503)

Khutuγtai Sechen Khungtaiji ⋯⋯⋯⋯⋯⋯⋯⋯⋯⋯⋯⋯ (508)

Namudai Chürge Khungtaiji ⋯⋯⋯⋯⋯⋯⋯⋯⋯⋯⋯⋯ (512)

Bayaγud Baγatur Taiji ⋯⋯⋯⋯⋯⋯⋯⋯⋯⋯⋯⋯⋯⋯⋯ (513)

Ombu ⋯⋯⋯⋯⋯⋯⋯⋯⋯⋯⋯⋯⋯⋯⋯⋯⋯⋯⋯⋯⋯⋯⋯⋯ (519)

Ligden Khan ⋯⋯⋯⋯⋯⋯⋯⋯⋯⋯⋯⋯⋯⋯⋯⋯⋯⋯⋯⋯⋯ (527)

Subudi ⋯⋯⋯⋯⋯⋯⋯⋯⋯⋯⋯⋯⋯⋯⋯⋯⋯⋯⋯⋯⋯⋯⋯⋯ (535)

Ooba ⋯⋯⋯⋯⋯⋯⋯⋯⋯⋯⋯⋯⋯⋯⋯⋯⋯⋯⋯⋯⋯⋯⋯⋯⋯ (542)

Nurqachi ⋯⋯⋯⋯⋯⋯⋯⋯⋯⋯⋯⋯⋯⋯⋯⋯⋯⋯⋯⋯⋯⋯⋯ (551)

(English Translation by Tergel, Nasan Bayar and Baohua, Revision by Irene Nain)

CONTENS OF VOLUME Ⅴ

PART Ⅰ

Preface ·· (*1*)

Division I   Historical Sources and Earlier Studies

Chapter I   Historical Sources ·· (3)
  1. Archives ··· (3)
  2. Official Histography ····································· (8)
  3. Personal Accounts ··· (15)
  4. Other Sources ··· (16)
  5. Newspapers and Magazines ····························· (18)
  6. Official Reports and Goverment Documents ··········· (19)
  7. Chorographies ··· (22)
  8. Travel Diaries ··· (24)

Chapter II   Earlier Studies ·· (26)
  1. Historical Studies of the Early and Mid Qing ········· (26)
  2. Historical Studies of Inner Mongolia in the Late Qing ·········· (30)

Division II   Historical Overview

Chapter III   Inner Mongolia and the Qing's Unification of all

        China ·· (43)

1. The Qing Gain Control Over Inner Mongolia ···························· (43)
2. Establishment of the Southern Mongolian Jasag Banners
   and the Eight Mongolian Banners ·· (61)
3. Resistance by Various Mongolian Tribes to Qing Rule ············· (65)
4. The Contribution of Various Mongolian Tribes to the Qing
   Wars to Unify China ··· (72)

Chapter IV   New Patterns of Ethnic Distribution in Inner
           Mongolia ··· (77)

1. The Inner Jasag Six Leagues and Fourty Nine Banners ············· (77)
2. Shireet Khüreen Jasag Lhama Banner and the Wes Ööled
   Two Banners ·· (136)
3. Hohhot (Guihua City) Tümed Two Banners, Čahar Eight
   Banners and Their Pastures ··· (140)
4. Various Banners in Hölön Boir ·· (154)
5. The Manchus in Inner Mongolia ·· (158)
6. The Hui in Inner Mongolia ·· (161)

Chapter V   Qing Ruling Policy Over Mongols and Society in
          Inner Mongolia ··· (173)

1. Basic Qing Policy for Ruling the Mongols ···························· (173)
2. The Banner and League System in Dependent Mongolia ··········· (178)
3. Inner Frontier Mongolia and the Mongols of the Eight
   Banners ·· (182)
4. Generals in Chief、 Military Lieutenant Governas and the
   Eight Garrisoned Banners ·· (184)
5. Establishment of the Fu. Ting. Zhou. Xian and
   the Coexistance of Banners and Counties ································· (185)
6. Social Organization and Class Structure ······························· (194)

Chapter VI   Mid−Qing Social and Economic Development of
          Inner Mongolia ······································ (197)

1. Economic Restoration and Development in Inner Mongolia ········· (197)

2. Trends for Pluralistic Economic Development ······················· (203)

3. The Formation of Agricultural Areas and Towns ···················· (209)

4. Posthouses, Karun, Oboo, and Dak Transportation ················ (214)

5. The Population of Inner Mongolia during the Qing ················· (223)

Chapter VII   Towns and Cities of Inner Mongolia During

the Qing ·· (228)

1. Social Background and Growth of Towns and Cities in

Inner Mongolia During the Qing ···························· (228)

2. Local Administrations and the Inner Mongolian Cities ············· (233)

3. Special Types of Inner Mongolian Cities During the Qing ········ (249)

Chapter VIII   Business and Commerce, Handicraft Industry,

Mining and Finance in Inner Mongolia ················ (266)

1. Business and Commerce in Inner Mongolian Cities ················ (266)

2. Handicraft Industry in Inner Mongolia ··························· (276)

3. Mining in Inner Mongolia ···································· (282)

4. Finance in Inner Mongolia During the Qing ····················· (297)

5. Banking and Currency in Inner Mongolia During the Qing ········ (313)

Chapter IX   Impacts of Revolt and Invasion in Inner

Mongolia During the Late Qing ··························· (330)

1. Qiny Warfare and Inner Mongolia in Last Half of the 19th

Century ··· (330)

2. Foreign Invasion and Infiltration to Qing ························ (343)

3. Various Ethnic Struggles againt Foreign Invasion and

Oppression ··· (357)

Chapter X   Changes in Qing Policy Toward the Mongols and

the Management of Land Opening and Cropping ········ (375)

1. New Policies in the Late Qing and A Policy Shift Toward the

Mongols ··· (375)

2. Implementing Land Opening and Cropping in the Mongolian
Area ·· (383)
3. Increasing the Number of Zhou. Xian and Planning to Set up
Provinces ·· (389)
4. Various Mongolian Classes Struggle Against Land Opening
and Cropping ··· (400)

Chapter XI   Economic and Cultural Transformation in
Inner Mongolia During the Late Qing ···················· (417)
1. Extension of Agriculture and Decline of Animal Husbandry ······ (417)
2. Commercial Trade and the Development of Cities ················ (420)
3. Industry, Mining, Transportation and Post Service ··············· (423)
4. The New Formation of Ped Cultural and Educational
Undertakings ··· (436)
5. Rise of Ethenic Democracy and Federal Revolutionary Activities··· (439)

Chapter XII   Religion, Culture and Folklore in Inner Mongolia
During the Qing ·· (450)
1. Religion in Inner Mongolia During the Qing ······················· (450)
2. Culture in Inner Mongolia During the Qing ······················· (471)
3. Education in Inner Mongolia During the Qing ····················· (480)
4. Folklore in Inner Mongolia During the Qing ······················· (484)

Division III   Subject Studies

Chapter XIII   Changes in the Mongolian Tribes During the
Early Qing and Manchu-Mongolian Relations ········· (491)
1. The Khorchin Tribe and the Aisin Alliance ························· (491)
2. The Aohan and Naiman Join the Aisin Gurun ····················· (509)
3. The Dörben Keüked and Their Migration ··························· (532)
4. The Urad and Their Migration ······································· (548)
5. The Tenghis Case ··· (556)

PART II

Chapter XIV   Late Qing Ideology for Governing the Mongols ····· (573)
1. Governance According to Custom and the Seperately Controling
   Policy in the Early Qing ·· (573)
2. The Borderland Crisis in the Late 19th Century and Argumentatins
   From the Court and Frontiers Officials ···························· (580)
3. Argumentum to Readministratin of Mongol in the Late Qing ····· (587)
4. Reform in the Theory for Adminstrating Mongols During New Policy
   Period of the Late Qing ·· (608)

Chapter XV   The Law and Military System in Inner Mongolia
   and the New Policy of the Late Qing ··················· (641)
1. Changes in the Mongolian Legal System During the Qing ········ (641)
2. Military Affairs in the Hohhot Area During the Qing ············· (690)
3. Youwei's Relations With the Sui-Yuan Ganison Towns ··········· (701)
4. Political Function of Cities and Its Changes After the
   New Policy ·· (711)
5. New Policy in Sui-Yuan Area During the Late Qing ············· (739)

Chapter XVI   Han Immigration and Regional Social Changes ········ (771)
1. Agriculture and Formatim of Village Communities in Eastern
   Mongolian Banners ··· (771)
2. In-migrant Cropping and Social Changes in Kharachin
   Area ·· (837)
3. Historical Issues in Khorchin Right-Wing North Banner ············ (873)
4. Society in the Sui-Yuan Area During the Qing ···················· (908)
5. Han Immigrants and Social Changes in Ordos ···················· (958)
6. Cultivation in Houtao and its Social Adaptation During
   the Qing ·· (1050)
7. Social Changes in Khalkha Right-Wing Banner ···················· (1144)
8. Social Rescue in the Hohhot Area During the Qing ·············· (1188)

PART III

Chapter XVII   Finance, Economy, Trade, Industry and

Mining ·· (1197)

1. Finances of the Hohhot Tümed During the Qing ·················· (1197)

2. Animal Husbandry in Inner Mongolia During the Qing ·········· (1271)

3. Farming Product Processing During the Late Qing ··············· (1286)

4. Chinese Merchants in the Mongol Area and Their Trading

Activities ·· (1309)

5. Metal–Mining ·· (1365)

6. Coal Mining in Dalan–Khar Mountain During the Qing ·········· (1372)

7. Coal Mining in Mid–Eastern Inner Mongolia ·················· (1389)

8. Exploitation of Salt and Timber ·························· (1395)

9. Water and Land Communications and Post Services ·············· (1406)

Chapter XVIII   Religion in Inner Mongolia During the Qing ········ (1451)

1. The Kang–Xi Emperor and the Doloon–Nuur Hui–Zong

Monastery ·· (1451)

2. The Second Jibzun Damba and the Doloon–Nuur Shan–Yin

Monastery ·· (1460)

3. The Monastery Economy of Inner Mongolia During the Qing ······ (1470)

4. The Mosques in Inner Mongolia During the Qing ·············· (1519)

5. The Mosque Education and Its Administration ················ (1537)

6. Christian Missionary Activities and Related Issues in the

Suiyuan Area During the Qing ·························· (1544)

PART IV

Chapter XIX   Qing Education in Inner Mongolia ···················· (1593)

1. Offical Schools ·· (1593)

2. Private Schools ·· (1602)

3. Church Education ··· (1605)

4. Education in Suiyuan City During the Qing ······················ (1609)

Chapter XX   Ethnic Groups and Cultures in Inner Mongolia

During the Qing ·· (1621)

1. The Manchus in Inner Mongolia and their Folk Customs

During the Qing ··· (1621)

2. Eight Banner Mongols of Suiyuan City During the Qing ··········· (1635)

3. The Hui in Inner Mongolia and Their Folk Customs During

the Qing ··· (1646)

4. The Bargu and Hölön Boir ······································· (1724)

5. Dayuurs and Their Culture During the Qing ····················· (1790)

6. The Orchun and Their Culture During the Qing ·················· (1807)

7. The Ewenke During the Qing ···································· (1833)

Division IV   Historical Figures

Bomboyar ·· (1871)

Jamsu ··· (1871)

Umburdai ·· (1871)

Hatuu ··· (1872)

Sainchag ·· (1872)

Hurtai ··· (1872)

Burbancha ··· (1873)

Hailancha ··· (1874)

Mutushan ·· (1876)

GuiFu ··· (1876)

Jurchingge ·· (1876)

Bashisa ·· (1877)

Amalt ··· (1877)

Talemashan ·· (1877)

Youtun ·· (1877)

Qisan ……………………………………………………………………… (1878)

Sergum ……………………………………………………………………… (1879)

Henglin ……………………………………………………………………… (1880)

Subdurjab ……………………………………………………………… (1880)

Uul-Chang Xing ……………………………………………………… (1881)

Hualinga …………………………………………………………………… (1883)

Yepukeng …………………………………………………………………… (1883)

Yongde ……………………………………………………………………… (1884)

Dolongga …………………………………………………………………… (1885)

Cheren ……………………………………………………………………… (1886)

Duɣar ……………………………………………………………………… (1887)

Changxinga ………………………………………………………………… (1889)

Öndörkheshig ……………………………………………………………… (1890)

Getonga …………………………………………………………………… (1891)

Sulongbo …………………………………………………………………… (1892)

Shagdarjab ………………………………………………………………… (1892)

Guboli ……………………………………………………………………… (1893)

Sunamtseren ……………………………………………………………… (1894)

Feiyanggu ………………………………………………………………… (1895)

Wang Chang ……………………………………………………………… (1897)

Bu Xi ……………………………………………………………………… (1898)

Shu Ming …………………………………………………………………… (1899)

Ba Lu ……………………………………………………………………… (1900)

Tuominga …………………………………………………………………… (1901)

Delegdorji ………………………………………………………………… (1903)

Dingan ……………………………………………………………………… (1904)

Shanqing …………………………………………………………………… (1905)

Yigu ………………………………………………………………………… (1906)

Janggiya Khutuɣtu ……………………………………………………… (1912)

Shiteet Güüshi Chorji …………………………………………………… (1917)

Shireet Khutuɣtu ………………………………………………………… (1919)

Naiji Toin Khutuɣtu …………………………………………………… (1923)

Choisag Badiyanch Khutuɣtu (Boɣda Tsagaan Lama) ····················· (1930)

Erdene Diyanchi Khutuɣtu ···························· (1931)

Erdene Mergen Dünker–Bandida Khutuɣtu ·························· (1931)

Shireet–Khüreen Jasag Da Lama ···················· (1931)

Erdene Chagaan Diyanchi Khutuɣtu ···················· (1932)

Mergen Gegen Lubsan–Dambi–Jalsan ················ (1932)

Agwan–Dandar ···················· (1934)

Lubsan–Chültem ···················· (1935)

Namduɣ–Süren ···················· (1937)

Wanchinbal ···················· (1938)

Senge–Rinchin ···················· (1939)

Hasbo ···················· (1945)

Gülerensa ···················· (1947)

Yinzannashi ···················· (1947)

Hubaili ···················· (1948)

Heshigbat ···················· (1949)

Ishdanjinwangjil ···················· (1950)

Milesenge ···················· (1951)

Bailinga ···················· (1952)

Wang Tongchun ···················· (1955)

Peljei ···················· (1961)

Namsarai ···················· (1962)

Günsennorab (Gün Wang) ···················· (1963)

Hai Shan ···················· (1974)

Buyannemeh ···················· (1975)

Günchigseren (Bintu Wang) ···················· (1978)

Amarlinɣui (A Wang) ···················· (1981)

Utai ···················· (1984)

Togtah ···················· (1988)

Fuhai ···················· (1990)

Gomb、Sambu ···················· (1995)

Hualian ···················· (1996)

(English Translation by Baohua, Nasan Bayar and Tergel, Revision by Irene Bain)

CONTENS OF VOLUME Ⅵ

PART Ⅰ

Preface ·· (*1*)

Division Ⅰ   Historical Sources and Earlier Studies

Chapter Ⅰ   Historical Sources ······································· (3)

  1. Archives ·· (4)

  2. Assembly Documents ··· (15)

  3. Other Materials ·· (19)

Chapter Ⅱ   Previous Studies ·· (30)

  1. Studies in China ··· (30)

  2. International Studies ·· (41)

Division Ⅱ   Historical Overview

Chapter Ⅲ   Inner Mongolia During the Xinhai Revolution ············ (51)

  1. A Political Interlude in Inner Mongolia Around the Collapse of
     the Qing ··· (51)

  2. Inner Mongolian Movements for Independence and Autonomy

　　　　During the Early Republican Period ·······························(62)

Chapter IV　Inner Mongolia During the Northern Warlord
　　　　　　Government ···(74)
　　1. Policy and Measures of the Northern Warlord Government Toward
　　　Inner Mongolia ···(74)
　　2. Expansion of Japanese Aggression in Inner Mongolia ···············(81)
　　3. Struggles Against Imperialism and Feudalism ···························(84)
　　4. The Rise of a Revolutionary Movement in Inner Mongolia ···········(90)
　　5. A National Liberation Movement Led by the People's
　　　Revolutionary Party of Inner Mongolia ·······························(98)

Chapter V　Inner Mongolia Under Rule of Nationalist
　　　　　　Government ···(108)
　　1. Nationalist Government Establishes A Governing System in Inner
　　　Mongolia ···(108)
　　2. The Rise of the Inner Mongolia Autonomy Movement and Its
　　　Aftermath ···(117)
　　3. The Communist Party of China and People's Revolutionary
　　　Movements of Inner Mongolia ·······································(129)

Chapter VI　Inner Mongolia Under Japanese Colonial Rule ·········(142)
　　1. Japan Occupies Eastern Inner Mongolia ·······························(142)
　　2. Eastern Inner Mongolia Under Japanese Colonial Rule ············(145)
　　3. Japanese Invasion of Western Inner Mongolia and Establishment
　　　of the Mongolian Territory Regime ·······························(155)
　　4. Western Inner Mongolia Under Japanese Colonial Rule ············(161)

Chapter VII　Western Inner Mongolia Under Chinese Nationalist
　　　　　　Party Rule ···(172)
　　1. Chinese Nationalist Party's Dominion Over the Hetao Area ········(172)
　　2. Chinese Nationalist Party's Dominion Over Yekejuu League,
　　　Alashan Banner and Ejina Banner ·······································(183)

Chapter VIII   The Anti–Japanese War in Inner Mongolia ············ (197)

1. The Anti–Japanese War in Inner Mongolia Before the *July 7ᵗʰ Affair* ··· (197)

2. The Anti–Japanese Wars Waged by the Chinese Nationalist Party in Inner Mongolia After the *July 7ᵗʰ Affair* ························ (203)

3. The Anti–Japanese Battles Led by the Chinese Communist Party in Inner Mongolia ·· (208)

4. Success of the Anti–Japanese War in Inner Mongolia ············· (225)

Chapter IX   Inner Mongolia After the Anti–Japanese War ············ (233)

1. Policies of the Chinese Communist Party and Chinese Nationalist Party in Inner Mongolia ·· (233)

2. Growth of a National Movement in Inner Mongolia ················ (244)

Chapter X   The Autonomy Movement and War of Self–Defence and Liberation Led by the Communist Party of China ··· (261)

1. Expansion and Unification of Inner Mongolia Autonomy Movements ··· (261)

2. Entrenching and Developing the Inner Mongolian Liberated Area ·· (275)

3. Establishment of the Inner Mongolian Autonomous Government ··· (289)

4. The Social Reform Movement in the Inner Mongolian Liberated Area ·· (302)

5. Scaling Up the Cavalry in Inner Mongolia ······················· (315)

Chapter XI   Liberating all of Inner Mongolia Territory ············· (326)

1. War of Liberation in Suiyuan Area ··························· (326)

2. The Mongolian National Liberation Movement in the Chinese Nationalist Party Ruled Area ······························· (335)

3. Peaceful Liberation of the Suiyuan Area ······················ (345)

4. Peaceful Liberation of Alashan and Ejina Banners ················ (349)

Chapter XII   Society, Economy and Culture in Inner Mongolia During the Republican Period ······················ (352)
  1. Society ··· (352)
  2. Economy ··· (354)
  3. Culture and Education ·· (365)
  4. Religion ··· (376)

PART Ⅱ

Division III   Subject Studies

Chapter XIII   Administrative System and Policies of Republican China Toward Inner Mongolia ······················ (387)
  1. The Peking Government System of Administration Toward Inner Mongolia ·· (387)
  2. Law and Policy of the Peking Government Toward Inner Mongolia ·· (398)
  3. The Republican Government Administration System Toward Inner Mongolia ·· (408)
  4. Republican Government Law and Policy Toward Inner Mongolia ·· (423)

Chapter XIV   Diversification of the Administration System in Inner Mongolia During the Republican Period ········ (441)
  1. A Survey of Administrative Changes in Inner Mongolia during the Republican Period ·· (441)
  2. The Inner Mongolian Autonomous Government ··················· (446)
  3. Rehe Province ·· (463)
  4. Čahar Province ·· (468)
  5. Suiyuan Province ··· (471)
  6. Alashan Banner and Ejina Banner ································· (483)

Chapter XV   Japanese Invasion and Domination in Inner Mongolia ·· (485)

1. The Japanese Invasion of Inner Mongolia and Establishment of Colonial Rule ·· (485)
2. Change of Social Political System in Inner Mongolia During Japanese Colonial Rule ·· (529)
3. Japanese Military Dominance in Inner Mongolia ···················· (557)

Chapter XVI   The Anti-Japanese War in Inner Mongolia ············ (590)

1. Anti-Japanese Battles in Inner Mongolia Before the Anti - Japanese War ··· (590)
2. Chinese National Party's Guidance for the Anti-Japanese War in Inner Mongolia ·· (614)
3. Chinese Communist Party's Guidance for the Anti-Japanese War ··· (649)
4. Success of the Anti-Japanese War in Inner Mongolia ············· (674)

Chapter XVII   Inner Mongolian Revolutionary Movements Led by Communist Party of China ······························ (682)

1. Revolutionary Struggles During China's Revolutionary Period ······ (682)
2. Revolutionary Struggles During Land Reform ························ (697)
3. Revolutionary Struggles During the Anti-Japanese War ············ (702)
4. Revolutionary Struggles During the War of Liberation in China ··· (709)

Chapter XVIII   Economy of Inner Mongolia During Republican Period ··· (768)

1. Opening and Cropping of Land in the Khingan Area by North-eastern Station Troops ····································· (768)
2. Opening and Cropping of Land by Jinsui Station Troops in the Hetao Area ·· (797)
3. Finance of Inner Mongolia During the Republican Period ········· (831)
4. Commercial Trade in Hölön Boir During the Republican

Period ·· (855)

5. Society and Economy in Inner Mongolia During Japanese Colonial
   Rule ··· (883)

PART Ⅲ

Chapter XIX   Social Problems in Inner Mongolia During the
              Republican Period ··· (907)

1. Opium Issue in the Suiyuan Area During the Republican
   Period ··· (907)
2. Banditry in Inner Mongolia During the Republican Period ········· (952)
3. Drought and Drought Relief in the Suiyuan Area in the
   1920s ·· (988)
4. Land Disposition in Eastern Inner Mongolia and Social Changes
   in Western Inner Mongolia During Japanese Domination ········· (1019)

Chapter XX   City Development in Inner Mongolia During the
             Republican Period ·· (1030)

1. The Social Background of City Development in Inner
   Mongolia ··· (1030)
2. Old Cities and Their Types ·· (1035)
3. Newly-Developed Cities in the Republican Period ················· (1052)
4. Various Functions of Inner Mongolian Cities ······················· (1060)

Chapter XXI   Education and Technology in Inner Mongolia
              During the Republican Period ························· (1078)

1. Mongol Education During the Republican Period ·················· (1078)
2. Education in Eastern Inner Mongolia During Manchurian Puppet
   Regime ·· (1089)
3. Education in Western Inner Mongolia During the Mongolian-
   Territory Regime ··· (1104)
4. Education in Western Inner Mongolia Under Chinese Nationalist
   Party Rule During the Anti-Japanese War ··························· (1138)

5. Science, Technology and Medical Care in Inner Mongolia ······ (1152)

Chapter XXII   Cultural Activities in Inner Mongolia During the
Republican Period ································· (1184)
1. Newspapers and Periodicals in Inner Mongolia ··················· (1184)
2. Cultural Institutions and Groups in Inner Mongolia ·············· (1202)
3. Chorography Writing in Inner Mongolia ························ (1218)
4. The Public Library Service in Inner Mongolia ·················· (1232)
5. Cultural Activities in Inner Mongolia During Japanese Colonial
Rule ··· (1256)

Chapter XXIII   Religions in Inner Mongolia During the
Republican Period ····························· (1286)
1. Tibetan Buddhism ·· (1286)
2. Shamanism ··· (1319)
3. Chinese Buddhism and Taoism ····························· (1327)
4. Christianity ··· (1334)
5. Islamism ··· (1341)

Division IV   Historical Figures

Arbinbayar ··· (1349)
Yundenwangchog ··· (1350)
Shaydarjab ·· (1351)
Demchigdongrab ·· (1352)
Badmarabdan ·· (1354)
Yu Lu ··· (1355)
Yun Heng ··· (1356)
Jing Quan ··· (1356)
Li Mingzhong ·· (1357)
Guo Xiangji ··· (1358)
Duan Lüzhuang ·· (1359)
Hai Shan ·· (1360)

Babujab ·········· (1361)

Wangdannima ·········· (1362)

Shine Lama ·········· (1364)

Ayurzana ·········· (1366)

Gaada Mairan ·········· (1367)

Temget ·········· (1369)

Heshingee ·········· (1370)

Ling Sheng ·········· (1371)

Zotbajab ·········· (1372)

Ji Songling ·········· (1373)

Li Haishan ·········· (1374)

Bai Haifeng ·········· (1375)

Guo Daofu ·········· (1376)

Bai Yunti ·········· (1378)

Fu Mingtai ·········· (1379)

Enkhebat ·········· (1380)

Bao Yueqing ·········· (1380)

Li Shouxin ·········· (1381)

Wang Ying ·········· (1382)

Wu Heling ·········· (1383)

Manibadra ·········· (1384)

Fu Zuoyi ·········· (1385)

Dong Qiwu ·········· (1386)

Pan Xiuren ·········· (1387)

Buyanmanda ·········· (1388)

Askhan ·········· (1389)

Damrinsüren ·········· (1390)

Rong Yaoxian ·········· (1391)

Zhu Shifu ·········· (1391)

Li Yuzhi ·········· (1392)

Duo Songnian ·········· (1393)

Chen Jinghu ·········· (1394)

(English Translation by Baohua and Nasan Bayar, Revision by Irene Bain)

CONTENS OF VOLUME Ⅶ

PART I

Preface ·· (*1*)

Division I   Historical Sources and Previous Studies

Chapter I   Historical Sources ·································· (3)
  1. Main Archives ·· (3)
  2. Statistics, Yearbooks, Newspapers and Periodicals ·················· (8)
  3. Chorographies ·· (13)
  4. Other Literal Materials ································· (17)

Chapter II   Previous Studies ·································· (20)
  1. Overview ·· (20)
  2. Historical Monographs ································· (21)
  3. Introductory Literature ································· (24)
  4. Other Related Literature ······························ (27)

Division II   Historical Overview

Chapter III   Circumstances and Tasks of Inner Mongolia After the

Liberation ·· (33)

1. Administrative Divisions ······························· (33)

2. Political Circumstances ······························· (36)

3. Economic Circumstances ······························ (38)

4. National Minority Issues ···························· (39)

Chapter IV Social Movements and Restoration of the National

Economy in the Suiyuan New Area ······················ (44)

1. Construction of the People's Democratic Government ················ (44)

2. Democratic Innovation in the New Area ····················· (86)

3. Recovery of the National Economy and Education ·················· (105)

Chapter V Socio-Economic Development in the Inner Mongolia

Autonomous Region ································ (114)

1. Momentous Modifications in the Party, Government and Military

Systems ··· (115)

2. Social and Political Movements ··························· (125)

3. Developments of Economy and Education ····················· (137)

Chapter VI Achieving a Unified Inner Mongolia Autonomous

Region ······································· (146)

1. Suiyuan Merges with Inner Mongolia and Suiyuan Province is

Abolished ·· (146)

2. Čahar, Rehe, and Gansu Province Are Re-incorporated into

the Inner Mongolia Autonomous Region ····················· (158)

3. Autonomy Orchun, Ewenke and Daγuur ······················ (166)

4. Reorganization of the Party Committee, Government, People's

Congress and Political Consultative Conference ··················· (175)

Chapter VII The First Five Year Plan and Socialist

Transformation ································ (196)

1. Implementing Basic Principles for the Transition Period and the

Inner Mongolia First Five Year Plan ························· (196)

2. Socialist Transformation ·· (201)

3. Enormous Development of National Economy ························ (231)

Chapter VIII   Ten Years of Tortuous Development of the Social Economy ·· (252)

1. Rectification Activities and the Anti−Rightist Campaign ············ (252)

2. *Three−Face Red Flag* and *Leftist* Excess ···························· (277)

3. From Rectifying the *Leftists* to Combatting the Rightists ············ (296)

4. Rectifying Leftist Excess and Practising Regulative Policy ········· (315)

5. The Socialist Education Movement ·································· (348)

6. National Minority Policies and National Minority Stewardship ······ (366)

7. United Front Work Policy and United Front Work ················· (384)

8. A Tortuous Process of Socio−economic Development ············· (395)

Chapter IX   Inner Mongolia During the *Cultural Revolution* ········ (427)

1. From the South−Gate Hotel Conference to Regional Upheaval ······ (428)

2. The Movement to Snatch Away Power Entirely ······················ (434)

3. Team of Cleaning − Up Baddy and Injustice of New Inner Mongolian People's Party ·· (439)

4. From the *May* 22nd Instruction to Military Control ················ (449)

5. Tough Struggles and Destruction of the *Gang of Four* ············· (454)

6. Interference in the National Minority's Regional Autonomy ········· (468)

7. The Social Economy of Inner Mongolia During Unrest ············· (475)

Chapter X   Dismissing Historical Aberrations and Starting a New Era ·· (482)

1. Criticizing the *Gang of Four* ···································· (482)

2. Vindicating Wrong and Unjust Cases ··························· (493)

3. Implementing National Minority Policies ······················ (502)

4. Implementing Policy in Correct Way ··························· (518)

PART Ⅱ

Chapter XI   Political Construction and Social Governance in the

New Era ·· (539)

1. Recovering and Consummating Party's Leadership Organizations
   of People's Congress and People's Consultive Conference ·········· (539)

2. Innovation in the People's Congress and Personnel System ········ (561)

3. Innovation in Central Supervision Organization and Intensifying
   Social Governance ·· (567)

4. The National Minority Regional Autonomy and Work in National
   Minorities ··· (589)

5. Socialist Democracy and Construction of the Legal System ········ (623)

6. Developing a Patriotic United Front ························· (635)

7. Constructing Socialist Spiritual Civilization ···················· (674)

Chapter XII   Economic Development and Dramatic Social
**   Changes** ·· (697)

1. Economic Construction Policy and Development Strategy ··········· (697)

2. Reconstruction of the Economic System ······················ (708)

3. The Strategy and Targets of National Economic Development ····· (748)

4. Glorious Achievements of National Economic Development ········ (754)

5. Significant Development of Social Programs ····················· (786)

Division III   Subject Studies

Chapter XIII   The Organizational System and Instutitions of the
**   Party, Government and Army** ····················· (823)

1. Organizational Changes in the Administrative Divisions of Inner
   Mongolia ··· (823)

2. The Inner Mongolian Committee of the Chinese Communist
   Party ·· (864)

3. The People's Government of Inner Mongolia ···················· (902)

4. The People's Congress of Inner Mongolia ······················ (925)

5. The Inner Mongolian Committee of the Chinese People's Political
   Consultative Conference ···································· (963)

6. The Inner Mongolian Military Command of the People's
   Liberation Army ··· (982)
7. The Armed Police Force of Inner Mongolia ····················· (1000)

Chapter XIV   National Minorities and Religion ·············· (1009)
1. Minorities ··· (1009)
2. Religion ··· (1037)

Chapter XV   Democratic Parties and People's Organization ········ (1055)
1. Democratic Parties ·· (1055)
2. Non-governmental Organizations ································ (1070)
3. Social Organizations ·· (1106)

PART Ⅲ

Chapter XVI   The Economy ····································· (1115)
1. Animal Husbandry ··· (1115)
2. Agriculture ·· (1146)
3. Industry ·· (1172)
4. Forestry ·· (1198)
5. Water Conservancy ·· (1205)
6. Transportation ··· (1212)
7. The Postal Service ·· (1220)
8. Commerce ··· (1228)
9. The Construction Industry ···································· (1245)
10. Urban Construction ··· (1250)
11. Finance ·· (1258)

Chapter XVII   Education ······································ (1279)
1. Elementary Education ·· (1279)
2. Higher Education ··· (1371)
3. National Minority Education ··································· (1434)
4. Teacher Education ··· (1459)

5. Adult Education ·································· (1486)

6. Secondary Vocational Education ·················· (1534)

Chapter XVIII   Culture ·························· (1575)

1. Overview ···································· (1575)

2. National Minority Culture ···················· (1594)

3. Popular Culture ····························· (1649)

4. Philanthropic Culture ························ (1670)

5. Library Activities ··························· (1687)

6. Cultural Relics and Archeological Activities ········· (1735)

7. Printing and Publication ····················· (1766)

8. Journalism ································· (1790)

PART IV

Chapter XIX   Arts ··························· (1825)

1. Overview ··································· (1825)

2. Art of National Minorities ···················· (1833)

3. Traditional Art ····························· (1861)

4. Public Art ································ (1881)

Chapter XX   Science and Technology ············· (1895)

1. Summary of Scientific Developments ·············· (1895)

2. Formation and Development of Science and Technology
   Bodies ·································· (1909)

3. Natural Science Research ····················· (1913)

4. Social Science Research ······················ (1947)

5. Popularizing Science and Technology ·············· (1970)

Chapter XXI   Medicine and Health ··············· (1988)

1. Health Organization ························· (1988)

2. Disease Control ···························· (2015)

3. Medical Care ····························· (2042)

4. Traditional Mongolian and Chinese Medicine ⋯⋯⋯⋯⋯⋯⋯ (2067)

5. Education in Science and Technology ⋯⋯⋯⋯⋯⋯⋯⋯⋯⋯ (2078)

Chapter XXII　Sports ⋯⋯⋯⋯⋯⋯⋯⋯⋯⋯⋯⋯⋯⋯⋯⋯ (2113)

1. Review of Sports ⋯⋯⋯⋯⋯⋯⋯⋯⋯⋯⋯⋯⋯⋯⋯⋯⋯ (2113)

2. Competitive Sports ⋯⋯⋯⋯⋯⋯⋯⋯⋯⋯⋯⋯⋯⋯⋯⋯ (2118)

3. Traditional National Minority Sports ⋯⋯⋯⋯⋯⋯⋯⋯⋯ (2133)

4. Public Sports ⋯⋯⋯⋯⋯⋯⋯⋯⋯⋯⋯⋯⋯⋯⋯⋯⋯⋯ (2139)

Chapter XXIII　　Educated Urban Youth Working in the Inner Mongolian Countryside ⋯⋯⋯⋯⋯⋯⋯⋯⋯⋯ (2147)

1. Educated Urban Youth Begin to Work in Countryside ⋯⋯⋯⋯ (2147)

2. Educated Youth Work in the Countryside During the Cultural Revolution ⋯⋯⋯⋯⋯⋯⋯⋯⋯⋯⋯⋯⋯⋯⋯⋯⋯⋯ (2151)

3. Continuation and Conclusion of Educated Youth Working in the Countryside ⋯⋯⋯⋯⋯⋯⋯⋯⋯⋯⋯⋯⋯⋯⋯⋯ (2166)

4. The Production and Construction Corps of the People's Liberation Army in Inner Mongolia ⋯⋯⋯⋯⋯⋯⋯⋯⋯⋯⋯⋯⋯ (2175)

5. The Concluding Remarks: Historical Enlightenmen ⋯⋯⋯⋯⋯ (2191)

Division IV　Important Figures

Chapter XXIV　Party, Government and Army Figures ⋯⋯⋯⋯⋯ (2201)

Ulaanhuu ⋯⋯⋯⋯⋯⋯⋯⋯⋯⋯⋯⋯⋯⋯⋯⋯⋯⋯⋯⋯ (2201)

Kui Bi ⋯⋯⋯⋯⋯⋯⋯⋯⋯⋯⋯⋯⋯⋯⋯⋯⋯⋯⋯⋯⋯ (2207)

Jiyaatai ⋯⋯⋯⋯⋯⋯⋯⋯⋯⋯⋯⋯⋯⋯⋯⋯⋯⋯⋯⋯⋯ (2209)

Yang Zhilin ⋯⋯⋯⋯⋯⋯⋯⋯⋯⋯⋯⋯⋯⋯⋯⋯⋯⋯⋯ (2210)

Su Qianyi ⋯⋯⋯⋯⋯⋯⋯⋯⋯⋯⋯⋯⋯⋯⋯⋯⋯⋯⋯ (2212)

Hafenga ⋯⋯⋯⋯⋯⋯⋯⋯⋯⋯⋯⋯⋯⋯⋯⋯⋯⋯⋯⋯ (2214)

Wang Zaitian ⋯⋯⋯⋯⋯⋯⋯⋯⋯⋯⋯⋯⋯⋯⋯⋯⋯⋯ (2215)

Wang Duo ⋯⋯⋯⋯⋯⋯⋯⋯⋯⋯⋯⋯⋯⋯⋯⋯⋯⋯⋯ (2217)

Wang Yilun ⋯⋯⋯⋯⋯⋯⋯⋯⋯⋯⋯⋯⋯⋯⋯⋯⋯⋯ (2218)

Wang Jiangong ⋯⋯⋯⋯⋯⋯⋯⋯⋯⋯⋯⋯⋯⋯⋯⋯⋯ (2219)

Zhou Beifeng ·· (2254)

Ochir-Khuyagtu ··· (2255)

Rong Xiang ··· (2256)

Yang Lingde ·· (2258)

Zhang Rongzhen ··· (2259)

Tan Zhenxiong ·· (2261)

Nachinshongkhor ·· (2262)

Hu Zhongda ·· (2263)

Li Shuyuan ··· (2265)

Liu Zhenyi ·· (2266)

Wang Chongren ··· (2268)

Lan Qianfu ··· (2268)

Qi Zhongyi ··· (2269)

Ulaan ·· (2271)

Zhang Shunzhen ··· (2272)

Chen Youzun ··· (2272)

Xu Bonian ··· (2273)

Luo Xi'en ·· (2274)

Qi Yingcheng ··· (2275)

Gai Shanlin ·· (2275)

Li Shichen ··· (2276)

Chapter XXVI   Figures in Science and Technology ·············· (2279)

Li Jidong ·· (2279)

Yu Beizhen ·· (2283)

Chingeltei ··· (2285)

Li Bo ·· (2288)

Shuuryan ·· (2291)

Li Guanxing ··· (2294)

Liu Zhonglin ··· (2295)

Luo Liaofu ··· (2298)

Ma Yuquan ·· (2299)

Lin Donglu ·· (2405)

Zhang Guozhong ································· (2407)

Wang Linxiang ···································· (2407)

Zhang Shuangwang ····························· (2409)

Ding Xinmin ······································· (2411)

Ge Jian ··· (2414)

Zhao Yongliang ··································· (2416)

Tie Zhaoyi ··· (2418)

Chapter XXIX   Heroes and Model Workers ········ (2420)

 Guo Laohu ····································· (2420)

 Khükheldei ····································· (2421)

 Mergetse ·· (2422)

 Wang Wenhuan ································· (2423)

 Boroldai ··· (2424)

 Hotloo ··· (2425)

 Yan. Baatar ···································· (2426)

 Zhang Ermao ··································· (2428)

 Duγuimaa ·· (2429)

 Wang Jie ·· (2430)

 Li Guo'an ······································· (2431)

 Shi Jianqiang ··································· (2432)

 Zhang He ·· (2434)

 Bian Jianxin ···································· (2435)

 Yin Yuzhen ····································· (2436)

 Qiao Yufang ····································· (2437)

 Long Mei, Yu Rong ···························· (2438)

Bibliography ·· (2440)

(English Translation by Baohua and Nasan Bayar, Revision by Irene Bain)

CONTENS OF VOLUME Ⅷ

Preface ·· (*1*)

Division I   Historical Sources

Chapter I   Historical Sources ··· (3)
　　1. Sources on Ecological Civilization in Inner Mongolia ················ (3)
　　2. Sources on Geographical and Environmental Changes in Inner
　　　Mongolia ·· (9)

Chapter II   Previous Studies ··· (12)
　　1. The Ecology and Environment of Inner Mongolia Before the
　　　Establishment of the P. R. C ··· (12)
　　2. The Ecology and Environment of Inner Mongolia After the
　　　Establishment of the P. R. C ··· (19)

Division II   Historical Overview

**Chapter III   Environmental Changes and Characteristics of
　　　　　　Inner Mongolia During the Geological Period** ············ (29)
　　1. Environmental Pattern of Inner Mongolia in Process of
　　　Geologic History ··· (29)
　　2. Formation of the Geomorphic Units and Environmental
　　　Character of Inner Mongolia ··· (37)

3. The Climate in Inner Mongolia ·················· (41)

4. Variation in Land Type and Ecological Environment ·············· (43)

5. Formation of Inner Mongolian Natural Zones ··················· (48)

Chapter IV   The Ecological System in the Inner Mongolia Region ··· (53)

1. Formation and Evolution of the Temperate Grassland
   Ecological System ···················· (53)

2. Formation and Evolution of the Temperate Desert Ecological
   System ······················· (59)

3. The Mountainous Forest–Scrub–Grassy Marshland Compound
   Ecological System ···················· (65)

4. Low Wetland Meadow, Swamp, Bushwood, Riverine Forest
   and Saline Plant Ecological System ················· (69)

5. Formation of Varieties Phytogroup ················· (72)

**Chapter V   Development of Animal Husbandry and the Ecology
             and Environment in Inner Mongolia** ················· (85)

1. Fishing and Hunting Before Animal Husbandry: Ancestors of
   the Inner Mongolians were Nurtured by the Forest, Grasslands
   and Rivers ······················· (85)

2. The Steppe is the Cradle of Nomadic Pastoralism ··············· (87)

3. The Formation and Early Development of Animal Husbandry ······ (89)

4. Development of Animal Husbandry and the Ecology and
   Environment During the Middle Ages ················· (92)

5. Animal Husbandry and Ecology and Environment During the Ming ··· (99)

6. Agriculture, Ecology and Environment During the Ming ··········· (104)

7. Qing Policy Toward Animal Husbandry and its Development ······ (106)

8. The Impact of Economic and Social Changes on Agriculture
   and Animal Husbandry in the Qing ················· (109)

9. The Effect of Cultivation on the Ecology and Environment ········ (115)

**Chapter VI   Formation of the Agro – Pastoral Ecotone and
              Environmental Changes in Inner Mongolia** ·············· (121)

1. Formation of the Agro–Pastoral Ecotone ·································· (121)

2. Basic Features of the Agro–Pastoral Ecotone ······················· (124)

3. Ecological and Environmental Changes of the Agro–Pastoral
   Ecotone ··· (125)

4. Area Differentiation of Ecology and Economic Types in the
   Agro–Pastoral Ecotone ··· (129)

5. The Agro–Pastoral Ecotone in the Hilly Area Along the Nen
   River ··· (131)

6. The Agro – Pastoral Ecotone in the Khorchin Grassland and
   Sand–lands ·· (133)

7. The Agro–Pastoral Ecotone in the Hunshandake Grassland and
   Sand–lands ·· (135)

8. The Agro – Pastoral Ecotone at the Northern Foot of the
   Yinshan Mountains ·· (138)

9. The Agro–Pastoral Ecotone in the Upper and Middle Reaches
   of the Yellow River ··· (139)

**Chapter VII　Grassland Degradation and Ecosystem Conservation
　　　　　　in Inner Mongolia** ··· (142)

1. Fieldwork Investigation on Grassland Degradation ················ (143)

2. Grassland Degradation and Ecological and Environmental
   Changes ··· (145)

3. Ecological Succession and Grassland Degradation ················· (151)

4. General Features of Degraded Grassland ·························· (154)

5. Recovery and Restoration of Degraded Grassland ················· (157)

6. Diagnosis of Grassland Degradation and Recovery ··············· (164)

7. Causes of Grassland Degradation ································· (167)

8. Conservation of the Grassland Ecosystem ························ (170)

**Chapter VIII　Maintaining A Livestock – Grassland Balance for
　　　　　　Ecologically–safe and Sustainable Development** ····· (174)

1. The Vulnerability and Volatility of Traditional Pastoralism ········ (175)

2. Historical Defeciencies in Seasonal Pastoralism ·················· (176)

3. The Origin and Expansion of Livestock-Grassland Imbalances　…　(182)

4. Ecological and Environmental Elements that Constrain Animal Husbandry　…………………………………………………　(186)

5. Summarizing Historical Experience, Inheriting Excellent Traditions and Learning Advanced System　…………………　(196)

6. Exploring the Sustainable Development of Pastoralism and the Intensive Management System　………………………………　(206)

Chapter IX　The Relationship between Natural Disasters and the Ecology and Environment in Inner Mongolia　…………　(217)

1. Research on Natural Disasters in Inner Mongolia　………………　(217)

2. Types and Features of Natural Disasters in Inner Mongolia　………　(220)

3. Historical Changes in Natural Disasters in Inner Mongolia　………　(223)

4. Space-Time Distribution and Natural Occurrence of Disasters　…　(226)

5. Causes of Natural Disasters in Inner Mongolia　…………………　(230)

6. Social, Economic and Eco-Environmental Effects of Natural Disasters　……………………………………………………　(235)

Chapter X　Ecological Civilization Tradition and Ecological Science in Inner Mongolia　………………………………　(241)

1. The Ecological Civilization and Ecological Concepts of the National Minorities in Inner Mongolia　………………………　(241)

2. Ecological and Geographic Observations in Inner Mongolia from the 17th to 20th Centuries　……………………………　(247)

3. The Development of Ecological Science after the Inner Mongolia Autonomous Region was Estsablished　………………　(260)

Division Ⅲ　Subject Studies

Chapter XI　Historical Reflections on Desertification in Inner Mongolia and Construction of Ecologically-Secure Zones　…………　(281)

1. Changes and Regional Differentiation in the Inner Mongolian Grasslands　………………………………………………………　(281)

2. Ecological Types in the Inner Mongolian Grasslands ·············· (293)

3. Differentiation of Natural – Economy Areas in the Inner
Mongolian Grasslands ···································· (302)

4. Historical Reflections on Grassland Desertification ················ (309)

5. Constructing A Grassland Ecologically-secure Zone ················ (321)

**Chapter XII The Ecology and Environment and Development of
Animal Husbandry in Eastern Inner Mongolia** ········· (331)

1. Location and Coverage ································· (331)

2. The Ecology and Environment for Agriculture and Animal
Husbandry and Resource Changes ···················· (332)

3. The Historical Development of the Agriculture and Animal
Husbandry ·· (337)

4. The Current Situation and Problems with Agriculture and
Animal Husbandry ································· (342)

5. Development Object and Construction Substance of Agriculture
and Animal Husbandry ····························· (344)

6. Agro–pastoralism in the Eastern Grasslands ················· (348)

7. Exploring Sustainable Development Strategies ·············· (353)

**Chapter XIII A Century of Environmental Changes in the Ejina
Oasis and Its Recovery** ···················· (358)

1. Geographic Feature and Historical Changes of the Ejina
Oasis ··· (358)

2. The Ejina Oasis at the Beginning of 20th Century ·············· (366)

3. Sven Hedin's Discriptions of the Ejina Oasis in 1927 – 1928
and 1934 ··· (368)

4. Dong Zhengjun's 1944 Description of the Ejina Oasis ·············· (372)

5. The Oasis and Suɣu–Nuur Lake in 1958–1959 ················ (376)

6. The Ejina Oasis From 1980 to 2000 ····················· (377)

7. Recovery and Restoration of the Ejina Oasis Ecological Zone ······ (383)

8. The Cultural Importance of Ejina Oasis and the Development
of Tourism ·· (396)

Chapter XIV   The Ecological Function and Conservation of the
Alashan Natural Saxoul Zone ························· (401)

1. The Long–term Formation of the Alashan Desert Saxoul Buffer
   Zone ·· (401)
2. Changes and Features of Coenotype in Saxoul Zone ··············· (403)
3. The Ecological Adaptation of Saxoul to Environmental Change ··· (405)
4. The Effectiveness of Ecological Protecion in the Saxoul Zone ······ (407)
5. Age and life–cycle of Saxoul as well as the Coenotype ··········· (410)
6. Saxoul Conservation and Ecology ···························· (412)

Chapter XV   Inheriting and Spreading Pastoral Essence, Pursuing
Grassland Harmonious Development ···················· (420)

1. The Inner Mongolian Grassland Ensures the Ecological Safety of
   Northern China and is the Cradle of National Minorities' Cultures ··· (420)
2. Seeking Valuable Enlightenment from the Pastoral Nomadic
   Culture ··· (423)
3. Appeal of Time and Agenda of the New Century ·················· (426)

Chapter XVI   The Rich Tradition of Mongolian Ecological
Civilization ···································· (433)

1. Evolution of the Hunting Culture and the Animal Husbandry
   Culture ··· (433)
2. Protecing the Grassland and Caring for its Creatures ············· (435)
3. A Life Style Conforming with Nature ························· (438)
4. Folk Beliefs that Support Ecological Concepts ·················· (440)
5. Modern Inspiration From Historical Civilizations and
   Traditions ··· (441)

Chapter XVII   Historical Changes and the Ecological Civilization
in Hölön Boir ································· (444)

1. The Ecological and Geographical Environment and Biological
   diversity ·· (444)
2. Historical Processes and Changes in the Minorities' Populations ··· (446)

3. The Traditional Style of Production and Life Embody a
   Profound Ecological Culture ·· (450)
4. Traditional Folklore and Belief Reflect a Distinct Ecological
   Civilization ·· (454)

Chapter XVIII   The Traditional Ecological Culture of Alashan ····· (459)
1. The Ecological and Geographic Environment of Alashan ············ (459)
2. History of National Minorities in Alashan ····························· (461)
3. Traditional Forms of Production among Alashan Mongols ············ (464)
4. Traditional Folklore and Belief among Alashan Mongols ············ (466)

**Chapter XIX   Important Research and Achievements in Botany
            and Ecology in Inner Mongolia** ························ (470)
1. Research and Investigation on the Vegetation Ecology in Inner
   Mongolia ··· (470)
2. The First Edition of *Inner Mongolian Flora* ························· (471)
3. The Second Edition of *Inner Mongolian Flora* ······················· (477)
4. *Inner Mongolian Vegetations* ··· (482)

**Chapter XX   Comprehensive Investigation and Assessment of
            Resources and the Environment in Inner Mongolia
            by the Chinese Academy of Sciences** ···················· (487)
1. Progress with the Investigation ··· (487)
2. Scientific Suggestions and Research Findings Regarding
   Resource Exploitation and Productivity ······························· (488)
3. Scientific Conclusions and Published Monographs ················· (492)

Division IV   Figures

Li Jitong ··· (499)
Xu Lingren ··· (515)
Li Bo ··· (525)
Ma Yuquan ··· (532)

(English Translation by Baohua and Nasan Bayar, Revision by Irene Bain)

第三部分

索　引

第一卷　索引

A

阿波可汗　366、654、655、656、657

阿跌　5、40、190、667、668

阿鲁柴登　81、88、237、242、271、279、281、418

阿那瓌　170、171、172、183、359、362、363、364、503、515、516、522、527、546、547、650、651

阿史那骨咄禄　186、187、210、365、532、575

阿史那弥射　662

阿史那氏　188、366、548

阿史那土门　183、364、522、548、654

安北都护府　215

安东都护府　214、215

安国单于、605

B

八拜古城　128、289

跋提　359、646

拔悉密　191、192、374、665

拔野古　5、31、40、41、186、188、189、190、191、192、370

坝口子古城　301、302

白城子古城　184、205、306、309

白道　171、181、184、186、207、301、302、303、405、494、618、655、687

白登山　100、594

白登之围　125、478

白狄　7、8、48、84、87、270、271、280

白眉可汗　188、191、210、365、663、665

白泥窑子　75、228、229

白霤　5、40、200、441

白羊王　102、125、283

白音温都窖藏　304、305

百长　101、335、337

保尔浩特古城　127、288

保义可汗　33、527、668、669

北地郡　15、97、119、120、308、620

北海 116、166、172、183、596

北假 98、117、124、130、470、471、473

北凉 18、50、135、137、139、146、147、150、152、178、183、359、614、615、617、629

北玛尼吐 296、560

北齐 22、23、24、25、31、34、38、165、167、171、176、177、179、180、184、197、411、412、417、422、437、491、492、522、574、588、589、618、639、654、684、686

《北齐书》 22、23、24、25、28、29、33、38、319、417、440、441

《北史》 5、19、21、22、23、24、25、26、27、28、31、33、34、38、167、319、323、425、438、539

北魏 22、23、25、26、27、31、33、34、49、51、55、115、139、140、141、143、144、152、155、165、166、167、168、169、170、172、173、174、175、176、177、179、180、208、209、286、298、301、302、303、304、305、341、346、353、358、359、360、361、362、363、364、401、410、411、412、417、420、430、438、439、453、454、488、489、491、492、502、505、510、511、515、516、522、539、545、546、558、559、573、615、616、617、632、633、637、646、647、648、649、650、651、686、688

北魏出帝 634

北魏后废帝 634

北魏敬宗 634

北魏肃宗 632

北魏宣武皇帝 632

北匈奴 105、113、116、126、153、270、273、280、383、389、390、394、423、526、601、603、604、605、606

北燕 88、138、143、144、151、152、178、415、560、682、683

北燕太祖 682

北燕昭成帝 683

北周高祖 639

北周静帝 640

北周世宗 638

北周宣帝 639

裨小王 100、102、335、337

补洞沟 282、283、285、556

步度根 115、136、342、344、620、621

C

蔡文姬 452、682

参合陂 137、143、157、177、349、489、631

曹操 17、21、111、133、136、153、154、439、608、610、620、682、684

刺史 131、132

次左右渐将王 336

次左右温禺鞮王 336

崇德可汗 669

错子山 211、670

单于都护府 186、187、214、215、216、401、402、403

单于台 144、161、162、213、215

单于庭 49、99、100、103、104、105、126、153、271、280、283、329、330、331、332、333、337、341、344、349、389、394、397、599、601、603、605

车犁单于 600

车鹿会 645

《陈书》 22、24、28、29、33

城卜子古城 179、287、301、303、450、451、454、466

城嘴子古城 288、290、450

持至尸逐侯单于 607、608

赤狄 8、81、84、116、172、572

敕勒 27、28、51、116、164、168、172、173、174、181、189、190、319、489、501、503、511、583、586、588、618、623、681、683、685、686、687

敕连可汗 169

敕连头兵豆伐可汗 170、650、651

仇赉 113、341、343

处可汗 169、648

D

达怛 38、52、182、184、191、197、200、202、203、204、205、206、209、216、373、513

达头可汗 656

《大慈恩寺三藏法师传》 586

大定府 456

大单于 14、138、140、144、146、148、150、161、162、163、175、187、350、555、584、611、613、616、627、628、630、631、636、643

大饭铺墓葬 283

大口二期文化 76、77、78、232

大利城 184、207、659

大凌河 86、165、196、198、225、253、430、431、433、438、439、440、441、447、641、688

大洛泊 198

大檀 169、203、319、361、363、538、647

大同府 456

大同窑古城 287、450、464

大鲜卑山 85、112、115、156、

298、515、531、537、585

大窑文化　65、66、67、220、221、222

大泽　85、112、115、156、298、531、547、558、559

代　177、338、341、346、351、352、353、631、646

代郡　93、94、99、100、102、105、108、115、116、119、121、127、129、133、137、153、157、165、172、287、291、329、332、345、349、355、356、376、377、385、389、392、404、430、441、450、451、464、502、521、546、596、614、620、623、631、637、639、641

蹛林　100、330、331、332、587

当户　99、100、333、335、336、337、545、599

党项　182、194、197、202、205、206、212、214、216、510、571、579、580

氐　18、26、100、134、137、139、142、146、148、149、150、152、175、180、337、489、612、620、621、628、681、683、685

丁零　27、38、46、51、99、103、108、113、114、116、143、149、152、161、166、170、172、270、340、409、558、572、594、598、

601、619、623

定襄　102、105、127、128、129、131、132、133、137、153、157、177、185、207、208、209、210、287、288、289、302、347、349、356、365、376、377、389、391、392、401、404、405、451、453、493、516、558、630

《东观汉记》　15、16、18

东胡　4、6、21、22、34、45、46、50、80、83、84、85、86、89、91、94、98、99、106、107、111、112、114、118、155、156、157、164、166、167、197、199、204、205、257、258、270、272、285、312、314、315、316、317、323、325、327、328、329、332、334、338、339、340、346、353、354、361、450、451、462、470、502、507、511、513、520、534、535、541、543、573、593、594

东胡系　44、168、312、313、315、319、321、322、323、361、502、563

东受降城　187、214、215、306、455

东突厥汗国　184、190、365、367、368、370、371、589

东魏　22、23、25、34、38、163、165、166、167、170、173、176、

177、180、492、547、635、638、651、683、686

东魏孝静帝 22、23、25、34、38、38、163、165、166、167、170、173、176、177、180、492、547、635、638、651、683、686

东乌珠尔 260、261

东夷都护府 215

都波 5、40、190、549

都蓝可汗 184、207、522、655、656、657、658、659

都尉 19、99、100、126、129、130、138、140、153、162、175、289、293、333、335、336、337、356、378、383、451、452、483、484、596、598、599、600、601、607、609、611、627、638、682

豆仑 169、364、648

豆罗伏跋豆伐可汗 170、649、651

独孤部 51、143、155、177、614、631

独乐河 188、661

度辽将军 107、109、382、384、385、386、387、388、389、390、391

段部 51、137、142、156、164、327、471、487、637、642、643

段就六眷 643

段匹磾 643、644

段勿尘 643

《敦煌汉简》 19

E

鄂尔都八里 456

鄂尔浑河 32、168、173、183、187、190、191、202、272、456、517、527、574、575、641、665

遏捻可汗 671

尔朱荣 23、633、637、683、688

二十家子古城 128、289

F

范明友 107、109、355、385、386、387、388

淝水之战 143、144、150、159、177、613、627、685

丰州 209、210、211、212、213、306、307、457、460

冯跋 152、582

冯弘 152、483

逢侯单于 606

奉诚可汗 667、672

伏古敦可汗 169、648、649、651

苻坚 18、22、26、140、142、143、144、145、146、148、149、150、151、154、155、159、175、613、614、615、624、627、628、631、646、685

抚冥镇 179、303、454

富河文化 70、72、227、245、246、

247、265、510

G

嘎仙洞 85、86、113、115、145、156、166、223、259、298、300、304、438、531、537、558、585

甘州 206、211、213、308、371

甘州回鹘 192

高昌 28、140、173、183、359、363、525、548、549、588

高昌回鹘 192

高车 5、18、27、28、40、41、51、52、116、155、158、159、168、169、170、171、172、173、174、177、189、190、295、358、359、362、363、364、491、502、502、511、516、558、562、563、572、586、587、631、647、649、650

高欢 24、163、547、618、633、634、635、638、651、683、686

高勒毛都 272、555、557

高柳 114、115、133、153、340、619、620

高阙 92、98、102、117、291、292、390、464、468、470、471、473、474

托纥臣水 196、432

禹昆 99、193、270、594

葛逻禄 41、51、191、192、365、372、374、524、662、665、667、

670

根子场古城 170、179、302、303、454

沟里头 284

骨咄禄 186、187、188、191、210、365、370、374、532、575、660、661、663、665、667、668

骨力裴罗 188、191、210、372、373、374、665

稒阳道 125、126

拐子上古城 127、287、450

光禄塞 104、153、480

《广韵》107、166、313、315、322

归化城 461

鬼方 46、51、79、83、84、86、87、116、241、313、449、501

《国语》6、7、9、10、11、36、39、240、435、528、572、573、581

H

哈克文化 260

哈剌巴剌嘎斯 456

哈剌和林 459

海生不浪文化 70、75

汉光武帝 108、109、113、116、380、383、404、603

《汉书》12、13、14、15、16、21、22、39、98、335、336、337、387、541

汉文帝 101、118、377、594、595

汉武帝 12、13、86、101、102、103、107、112、125、126、127、128、129、130、287、288、293、334、356、377、379、381、383、384、392、478、480、487、513、514、595、596、597、609

汉宣帝 104、108、123、386、393、506、513、597、598、599、602

汉长城 102、126、287、291、292、293、303、467、470、477、478、479、486、487、488、489、495、497

瀚海都督府 190、371

杭爱山 33、183、187、272、320、364、513、527、665

豪帅 34、355

和连 67、114、115、342、620

河南地 13、14、87、94、98、99、102、117、125、126、127、271、283、288、327、469、470、471、474、477、478、593、674

曷萨那可汗 31、657、658

河套人 68、220

赫连 40、141、616

赫连勃勃 18、135、155、157、161、308、509、613、615

赫连昌 141、616、617

赫连定 141、175、616、617

赫连铎 617

赫连夏 175、306

黑车子达怛 52、202、203、204、373

黑城古城 90、107、285、286、450、458

黑沙城 186、187、505、660

黑水泉 287

痕德堇可汗 679、680

恒州 179、180、209、213

红山文化 58、59、70、72、73、74、75、228、229、238、239、243、245、246、247、248、249、250、257、257、261、265、266、269、276、444、448、510

侯吕陵氏 546、650、651

后汉高祖 676

《后汉书》 15、16、21、22、135、330、331、335、336、355、357、395、543

后晋高祖 30、675

后凉 18、138、139、146、147、149、150、151、158、614、615、628、638、685

后凉太祖 685

候其伏代库者可汗 169

后秦 18、138、139、140、141、146、147、149、150、151、155、161、169、359、468、471、613、616、628、647

后唐 30、34、35、202、207、306、455、493、673、674、675

后唐明宗、675、676

后唐庄宗　674、675

后燕　18、26、138、142、143、144、149、152、155、160、162、177、178、430、515、560、614、624、625、626、682

后赵　18、137、139、142、147、148、150、160、162、508、612、613、623、631、637、685

后赵高祖　684

后赵明帝　685

呼厨泉单于　608

呼都而尸道皋若鞮单于　602、603

呼韩邪单于　103、104、105、113、123、130、153、393、542、598、599、600、601、602、603、609、681

呼揭单于　599、600

呼屠吾斯　104、601

呼衍氏　99、100、336、337、541

胡服骑射　11、92、464

狐鹿姑单于　103、596、597

斛律金　686

胡邪尸逐侯鞮单于　604

壶衍鞮单于　103、107、506、530、597

护乌桓校尉　21、107、109、114、130、290、355、376、377、378、379、380、381、382、383、384、385、386、387、390、391、395、399

怀荒镇　179、183、303、617

怀仁可汗　191、665

怀朔镇　170、179、303、362、454、492、618、683

怀信可汗　667、668

怀州　457

潢河　165、425、431、432、433、434、435

黄头达怛　202、203

辉河水坝　260

回纥　4、5、6、27、28、31、32、41、44、46、48、53、54、59、60、100、172、177、182、186、187、188、189、190、191、192、193、197、201、202、203、204、209、210、211、212、213、215、216、273、325、357、360、365、370、371、372、373、374、375、401、503、504、505、512、513、517、523、524、525、526、527、532、533、54、563、564、571、588、659、662、665、666、667、668、671、686、687

回鹘　31、32、33、54、191、192、193、197、202、204、206、309、371、372、373、375、441、455、456、457、493、517、524、527、549、564、565、576、579、583、588、590、666、668、669、670、

671、679

荤粥 83

浑部 371、617、676

浑邪王 102、127、153、487、609

霍林河 167、201、265、266

霍去病 12、15、102、107、356、377、428、487、530、596、608、609

J

鸡鹿塞 104、127、288

稽侯珊 103、104、598、599、609

稽粥 101、595

畿上塞围 305、489

棘城 142、155、156、413、439、621、622、624

祭肜 113、316、390

坚昆 193、601

坚昆都督府 193

颉跌利施可汗 32、187、575、660、663

颉干迦斯 671、672

颉利发 192、365、371、661

颉利俱利薛沙多弥可汗 190、687

颉利可汗 185、186、190、368、371、400、404、550、589、659、660、686

羯 18、26、86、134、137、145、147、152、159、160、421、503、508、681、683、684、685、687

金河 185、207、208、209、447、472、480、496、497、575

金界壕 480、491、495

金日磾 608、609

金山 183、364、655、657、658、671

《金史》 33、37、38、39、428

金斯太 69、221、223、263、266

《晋书》 17、18、21、22、26、33、40、135、160、167、319、536

井沟子 80、86、244、252、253、254、257、258、272

九姓达怛 52、191、202、203、204

《九姓回鹘可汗碑》 32、33、54、193、517

九原 92、93、94、96、97、119、120、121、122、123、128、132、149、153、209、212、213、286、287、293、297、392、450、467、468、471、476、477、488、596

《旧唐书》 21、22、28、29、30、31、33、34、38、200、203、306

《旧五代史》 5、33、34、35、38、203、581

居延都督府 216

居延汉简 19、20、127、203、294、295

居延塞 483

居延泽 126、127、483、484

沮渠茂虔 139、615

沮渠蒙逊　18、139、147、152、
　614、615
俱轮泊　201
军臣单于　14、101、102、595
轲比能　5、40、115、136、338、
　343、344、345、346、521、562、
　573、620、621
柯尔克孜　193
可度者　688
肯特山　272、585
窟哥　196、210、676
圐圙古城　302、303、454
库库和屯　461
库伦图古城　301、303
库莫奚　5、33、40、41、50、142、
　164、165、168、177、198、199、
　322、362、364、368、425、426、
　427、429、430、440、441、442、
　443、526、562

L

兰氏　99、100、336、337、541
《郎君行纪》　578
狼山　98、117、118、120、172、
　215、473、474、478、486、500
老官台文化　226
老哈河　69、70、76、85、86、89、
　100、114、115、136、142、165、
　177、196、198、215、216、225、
　248、250、251、252、425、427、

432、437、440、443、447、463、
　464、472、473、479、514、518、
　562、564、688
老虎山文化　55、70、75、76、225、
　230、231、232、239、240、266、
　274、445、446
老山头　259
老上单于　101、423、595
李存勖　675
李暠　151、152
李国昌　206、617、673
李家营子　309、310、564、570
李尽忠　551、677
李克用　206、617、673、674、675
李牧　94、97、451
李邵固　677、678
李失活　196、677
李嗣源　675
《梁书》　18、22、24、25、27、28、
　29、33、167、168、319
凉州　132、141、149、151、153、
　158、170、173、175、176、177、
　179、180、194、195、209、211、
　213、371、618、636、650、668、
　685
《辽史》　5、36、37、38、199、203、
　322、429、433、434、436、442、
　504、525、532、681
《辽史拾遗》　37
辽西郡　90、119、121、129、133、

155、285、286

辽阳府　456、533

林胡　83、84、85、88、91、92、93、94、121、242、270、279、280、451、464、469、470、501、502

临潢府　456、534

凌河文化　251、252、253、254、258

灵州　187、195、211、212、213、214、216、404、627

刘豹　138、153、610、611、613

刘聪　18、138、145、147、162、163、611、612、630、684

刘阏陋头　613

刘虎　154、155、613、614

刘眷　614

刘库仁　614

刘琨　22、138、140、145、147、154、350、630、643、644

刘卫辰　613

刘务桓　613

刘曜　18、138、139、148、162、163、611、612、684

刘渊　26、40、137、138、147、154、156、157、161、162、611、612、615、631、684

茏城　100、330、331、332

龙化州　197、433、434、435、436

龙州　435、436

楼烦　81、83、84、85、88、91、92、93、94、99、102、121、125、242、270、271、281、283、286、350、464、469、470、502、594、620、688

鲁家坡　226、227、262

鹿图山　264

挛鞮氏　100、106、270、280、541、593、595

罗布泊汉简　19

漯阴侯　102

吕光　18、139、146、149、150、158、322、614、628、636、685

绿城子古城　264、289

M

麻池古城　93、120、128、286、287、293、450、476

马邑　100、171、208、209、350、516、660、670

马邑之谋　102

满头　113、341、343

毛庆沟　81、84、236、237、238、242、268、269、272

梅禄　192、370、373、374、574

美稷　105、129、132、153、283、388、389、390、394、397、404、603

蒙恬　98、117、119、122、123、124、125、126、271、291、292、

327、339、470、471、473、474、476、477、478、593、594

弥偶可社句可汗　170、650

蘑菇山　69、221、222

冒顿　13、21、50、98、99、100、101、107、116、138、270、271、280、326、327、328、329、332、337、339、376、379、385、477、511、593、594、595

莫何可汗　184、655、658、659

默啜　31、187、188、190、213、370、517、660、661、663

墨特勤　663

牟汗纥升盖可汗　169、647

牟羽可汗　33、193、589、590、666

木杆可汗　31、176、183、364、366、584、588、654

木骨闾　27、168、319、320、357、361、645、646

慕利延　175、176、40、41、51、114、136、137、141、142

慕容鲜卑　5、25、137、143、144、155、156、286、298、299、305、360、413、515、536、537、558、560、561、562、563、566、569

慕容宝　142、143、144、162、178、624、625、626、682

慕容垂　26、142、143、144、162、177、178、614、623、624、625、626

慕容德　22、27、144、626

慕容翰　536、622

慕容泓　27、144、150

慕容皝　22、26、142、144、156、515、536、621、622、623、624、626、637

慕容儁　18、142、144、148、623、264

慕容恪　142、623、624

慕容盛　22、144、625

慕容廆　18、26、142、156、161、174、286、413、514、515、536、562、621、622、623、637

慕容熙　33、143、144、152、162、536、625、626、682

木叶山　431、432、434、585

N

捺水　166

南凉　18、27、137、139、141、146、147、150、158、161、162、163、175、615、628、629、636

难楼　110、356、357

《南齐书》　18、22、24、25、27、28、33、167、168、319、361、362、537、544

《南史》　18、21、22、25、26、27、28、33

南匈奴　5、15、40、45、49、104、105、110、113、114、116、132、

198、199、200、201、202、205、
207、209、210、214、215、216、
272、309、310、311、312、313、
320、321、322、346、354、362、
363、364、365、368、375、425、
426、427、428、429、430、431、
432、433、434、435、436、437、
438、439、440、441、442、443、
455、457、503、504、509、511、
512、513、518、525、527、528、
532、533、534、539、541、543、
551、552、553、554、562、565、
566、571、576、577、578、581、
583、585、587、625、626、660、
662、673、674、675、676、677、
678、679、680、686、688

《契丹国志》 5、35、37、203、322、
425、432、434、435、438、512

契骨 183、193

千长 100、335、337

前河窖藏 304、305

前凉 18、145、149、150、151、
159、631

前秦 18、137、140、142、143、
144、145、146、148、149、150、
151、159、175、177、613、614、
615、624、627、628、685

前燕 18、26、137、142、143、
144、145、148、149、160、410、
414、415、430、515、536、621、

622、623、624、631、675

前赵 18、49、135、137、138、
139、148、160、162、612、630、
684

羌 18、81、100、105、106、132、
134、137、139、146、148、149、
150、152、158、175、180、205、
283、292、329、337、390、396、
477、488、489、621

羌渠 159、607

且鞮侯单于 596、597

且渠 100、103、335、336、337、
598、599

秦长城 88、89、90、95、96、98、
117、118、119、120、121、124、
125、291、292、463、469、472、
492

秦昭王长城 291、468、469、470、
471、477、488

秦直道 287、292、293、471、476、
477

庆州 457、458

丘豆伐可汗 168、360、647

丘力居 110、356、357、684

丘林氏 100、336、337、541

屈列 678

去特若尸逐就单于 607

《全上古三代秦汉三国六朝文》 42

《全宋文》 42

《全唐文》 42、43

犬戎　10、84、241、501

《阙利啜碑》　32、53、189、575

《雀林碑》　32、575

阙特勤　32、53、167、187、188、189、198、202、369、370、574、575、661、662、663、664、665

R

饶乐都督府　198、199、210、215、216、307、688

饶乐水　107、112、114、155、441、587

日陆眷　642

柔然　4、6、27、28、31、45、46、47、50、51、52、60、100、105、140、155、164、165、167、168、169、170、171、172、173、174、176、177、178、179、180、181、183、203、295、303、312、316、319、320、325、357、358、359、360、361、362、363、364、366、368、369、428、454、488、489、491、492、503、504、505、509、510、513、515、516、522、526、538、541、546、547、548、549、558、562、563、587、588、590、617、618、632、636、645、646、647、649、650、651、652、653、654、686

柔玄镇　179、303

濡源　136、137、157、172、349、516、562

如洛瑰水　167

S

萨拉乌苏文化　65、67、68、220

三顶帐房古城　92、93、120、128、286、293

《三国志》　16、17、21、22、438、543

三十姓达怛　52、202、203、204

色楞格河　33、173、189、190、191、202、272、371

杀　367、370、372、374

沙巴营子古城　124、129、286

沙钵略可汗　31、184、207、369、503、589、655、656、657

沙陀　41、182、195、202、204、205、206、207、563、617、669、673、674、675、676、677、679

煞　188

《山海经》　85

山戎　80、85、236、257、339

鄯善　15、140、168、173、194、195、397

上都　5、189、402、406、420、428、442、459、460、543、583、585

上谷郡　93、100、108、113、114、115、129、133、356、378、463、478、489、502

上郡　13、14、95、96、100、101、102、105、117、119、120、121、124、127、129、130、133、287、291、337、397、450、469、471、502、595、596、608

舍根文化　310、437、438

设　187、188、189、190、192、365、366、367、368、369、370、660、662、663

射匮可汗　367、657、658

社仑　155、168、169、171、172、320、357、358、359、360、361、363、428、646、647

摄图　184、366、367、368、654、655、656

什长　100、335、337

盛乐　137、145、157、169、177、180、286、298、301、302、346、347、348、349、350、351、352、353、360、401、453、489、491、515、531、558、629、630、631

胜州　208、209、211、212、213、306、308、329、455、460、677

石板墓文化　252、262、271、272、273、280、282

十二连城　95、184、185、209、212、306、308、455、659、677

石虎　148、150、623、637、643、644、684、685

石虎山　56、70、73、74、226、227

石虎山后冈一期文化　74、226、227、445

石豁子村窖藏　304

石勒　18、22、26、40、137、138、139、145、147、148、156、159、160、162、612、637、643、644、684

石敬瑭　30、675

《十六国春秋》　5、18、22、26、138、139、140、142、144、146、147、148、149、150、151、152、160、439、536

拾寅　176

始毕可汗　31、185、368、550、657、659、660

始波罗　192、365、575、655

使持节　109、152、176、214、290、371、395、492、676、685、688

《史集》201、203、204、318

《史记》10、11、12、13、14、16、21、22、39、41、283、313、330、332、335、336、337、339、451、468、471、557

《史记·集解》　119、331、335

《史记·索隐》　112、313、317、329、330、438

《史记·正义》　96、119、332、450

《使辽图抄》　199、512

使匈奴中郎将府　105、107、109、388、389、392、393、394、395、

《唐会要》 41、400、401、402、523、668

陶卜齐古城 288、289

桃红巴拉 81、87、88、236、237、238、242、268、269、271、272、278、279、280、281、529、530

陶升井古城 102、127、288

特勤 188、192、368、369、373、670

腾里可汗 668

天德 192、193、202、206、373

天德军 211、213、215、308、670

《铁尔痕碑》 32、33、54、192、193、203

铁弗 135、140、141、145、154、155、157、168、177、295、509、544、612、613、615、617、630、646

铁匠沟 252、254

亭独尸逐侯鞮单于 605、606

《通典》 5、39、40、200、363、365、368、434、681

《通志》 39、40

《通志略》 40

同罗 5、31、40、186、189、190、192、686

统万城 141、180、306、308、616、638

头道沙子 263、264

头曼城 126、329

头曼单于 98、326、328、329、338、339、340、593、594

秃发鲜卑 137、146、157、158、636

秃发傉檀 18、139、141、146

秃发乌孤 27、146、158、161、162、538、636

突厥 4、5、6、27、28、29、30、31、32、33、34、38、40、41、44、45、46、47、48、51、52、53、54、59、60、97、100、106、107、159、164、165、166、167、170、171、176、182、183、184、185、186、187、188、189、190、191、192、193、196、197、198、200、201、202、203、204、205、206、207、208、209、210、212、213、215、216、273、305、307、309、310、314、316、319、320、325、357、359、360、362、363、364、365、366、367、368、369、370、371、372、373、374、400、401、402、403、404、405、406、407、408、417、432、441、454、455、493、503、504、505、506、509、513、516、517、522、523、526、532、541、543、547、548、549、550、563、564、567、570、571、572、574、575、576、583、584、585、586、587、588、589、

590、642、651、653、654、655、
656、657、658、659、660、661、
662、663、665、673、676、677、
678、679、686、688

突利可汗 184、186、207、366、
368、404、655、656、658、659、
660

屠各 135、489

屠耆单于 103、598、599、600、
601

土城梁古城 170、179、301、303

土城子古城 93、102、128、137、
145、157、169、177、179、184、
202、206、207、209、214、215、
286、287、288、289、290、297、
301、302、303、305、307、308、
309、401、407、453、454、489、
524、630

土方 79、83、84、85、241、501

吐谷浑 22、25、26、31、41、50、
51、140、141、146、174、175、
176、182、183、185、194、195、
196、197、295、298、360、361、
509、515、523、536、537、550、
551、588、617、621、626、626、
627、628、629、636、657、659、
660、676

土河 165、425、431、432、433、
518

吐贺真 169、175、648

吐护真水 198、518

土拉河 168、172、173、188、189、
190、191、202、272

吐迷度 190、371、372、665

吐屯 188、201、363、365、366、
369、370、375、660

团结遗址 260、261、265

暾欲谷 32、188、532、575、589、
661、663

《暾欲谷碑》 32、53、189、505、
532、575

佗钵可汗 184、364、366、516、
549、588、589、654

拓跋鲜卑 22、50、51、52、85、
112、114、137、140、145、146、
152、156、157、158、159、166、
168、172、174、177、181、298、
299、300、302、305、320、322、
325、338、341、346、347、348、
349、350、351、352、353、357、
358、360、361、502、521、531、
532、539、544、545、546、558、
559、560、562、563、566、573、
584、585、629、630、636、645、
646

拓跋晃 632、633

拓跋力微 168、302、349、558、
629、630、645

拓跋沙漠汗 630

拓跋什翼犍 26、352、613、614、

631

拓跋嗣 488、560、631、632

拓跋焘 140、166、167、172、175、178、301、303、360、489、573、615、616、647、648

拓跋猗卢 168、302、349、350、351、352、453、630、645

W

嘔昆河 191

外宰相 192、371、372、373、374

完工 112、113、115、296、298、300、531、616

万氏尸逐鞮单于 606

王莽 12、15、20、104、107、108、116、131、132、133、285、355、380、385、392、434、490、602、610

王墓山 56、70、74、227、228、247、262、445

王昭君 104、541、542、601、610、681

望建河 201

卫青 12、15、102、271、283、377、478、513、596

《魏书》16、18、21、22、23、25、26、27、28、31、33、34、38、108、112、135、160、164、165、166、167、168、174、177、288、315、316、319、322、347、351、

352、356、360、425、426、427、428、429、430、431、433、438、440、441、442、443、489、535、587

《文献通考》 39、40

《翁金碑》 32、53、575

握衍朐鞮单于 103、598、599、609

沃野镇 170、171、179、303、454、617、618

乌布尔哈布其勒 564

乌禅幕 598、599、609

乌桓 4、5、6、21、22、40、50、51、83、97、99、103、105、106、107、108、109、110、111、112、113、114、116、130、134、135、137、157、164、203、283、290、295、312、314、315、316、317、325、338、340、341、342、343、349、353、354、355、356、357、358、363、364、376、377、378、379、380、381、382、383、384、385、386、387、390、391、392、395、396、399、413、439、502、509、510、513、514、521、530、531、535、537、541、542、543、558、562、563、584、587、603、607、609、620、630、681、684、685、687

乌桓山 21、50、107、315、316、354、356、379、385、535

乌稽侯尸逐鞮单于 606、607

乌藉单于 598、599

乌介可汗 193、670、671

乌兰朝鲁巴戈 564

乌累若鞮单于 602、610

乌洛侯 5、40、41、164、165、166、201、360、364、430、441、539

乌苏米施可汗 191、365、370、662、665

乌孙 15、101、114、116、173、340、352、386、491、506、513、594、601、609、619、656

乌维单于 102、596、598

乌延 110、111、356、357

乌珠留若鞮单于 602

蜈蚣坝 301、302

吴提 169、647、648

武川镇 170、179、303、492

武威郡 208、209、213、451、486

五原郡 123、128、130、132、149、208、209、212、287、293、307、329、387、394、480、489、605、629

五原曼柏 109、386

X

西岔文化 225、234、235、241、275、447、449

西沟畔 81、88、237、242、279、281、282、283、298、418、530、556

西海 132、139、149、150、151、152、169、173、176、177、183、194、504、572、650、658

西河郡 84、105、129、132、153、283、287

析津府 456

西晋长城 492、499

西拉木伦河 69、70、71、72、76、85、86、100、107、112、114、115、136、142、165、167、168、177、184、196、198、200、215、216、225、243、244、245、251、263、265、266、377、425、427、429、431、437、440、441、442、443、448、498、514、418、527、562

西凉 18、138、139、140、147、151、152、209、615

西秦 18、27、137、139、141、146、147、151、152、158、159、161、162、175、615、617、627、628、629

西受降城 188、213、214、215、307、455、523

西突厥 31、41、51、53、54、184、185、188、189、190、191、206、207、319、365、366、367、509、548、586、589、653、655、656、657、658、662、663、673、686

西土城子古城　286

西魏　25、170、171、176、177、
　180、183、208、209、359、522、
　547、549、634、635、637、638、
　639、651、683、686

西魏悼后　651

西魏废帝　634、654

西魏恭帝　27、635、640

西魏文后　635

西魏文皇帝　634

西乌珠尔　311、566、567

西燕　27、143、144、145、151、
　152、161、682

西园　81、236、237、238、242、
　445

霫　5、38、40、41、167、186、
　190、198、199、200、207、208、
　210、216、404、441、442、659、
　660、688

黠戛斯　31、41、183、192、193、
　211、362、372、373、375、509、
　518、527

夏家店上层文化　76、79、80、86、
　237、243、251、252、253、254、
　257、267、268、290、448、498

夏家店下层文化　76、 77、 233、
　243、249、250、251、252、256、
　257、267、268、447、448、496、
　497、498

夏州　179、180、185、205、206、
　208、211、212、306、307、308、
　405、618、637、652、687

鲜卑　4、5、6、18、21、22、23、
　24、25、26、27、34、36、40、
　45、46、47、48、49、50、51、
　52、57、58、59、60、83、85、
　97、99、100、103、105、106、
　107、108、109、110、112、113、
　114、115、116、134、135、136、
　137、140、141、142、143、144、
　145、146、149、150、152、154、
　155、156、157、158、159、161、
　164、166、167、168、172、174、
　177、178、179、180、181、193、
　196、197、198、272、281、283、
　286、295、296、297、298、299、
　300、301、302、304、305、310、
　312、313、314、315、316、317、
　318、319、320、321、322、323、
　325、332、338、340、341、342、
　343、344、345、346、347、348、
　349、350、351、352、353、354、
　355、356、357、358、359、360、
　361、363、364、376、377、378、
　379、380、381、382、383、384、
　385、390、391、392、393、396、
　409、411、412、413、414、415、
　417、418、419、420、421、422、
　423、426、437、438、439、441、
　451、453、491、492、502、510、

513、514、515、518、521、530、
531、532、535、536、537、538、
539、541、542、543、544、545、
546、558、559、560、561、562、
563、566、569、572、573、574、
584、585、587、604、606、607、
618、619、620、621、622、623、
624、625、627、628、629、630、
631、633、635、636、637、639、
641、642、643、644、645、646、
682、683、685

鲜卑山 50、112、155、316、439、
535

鲜质可汗 679

猃狁 59、83、84、86、87、241、
450、501

小坝子滩窖藏 304

小河西文化 70、243、244、245

小河沿文化 70、73、229、239、
247、248、249、250、256、266、
268、277

小可汗 187、188、366、367、368、
370、657、661、687

小凌河 76、225、243、245、250、
251、252、253、258、514

谢尔塔拉 59、261、311、566、567

新秦中 124、130

《新唐书》 21、22、28、30、31、
33、34、38、199、200、322、
443、549

《新五代史》 5、33、34、35、38、
199、427、434、443、518、533、
539、576

兴隆洼文化 50、70、71、73、243、
244、245、246、255、269、275、
44、510

匈奴 4、5、6、11、12、13、14、
15、16、17、18、20、21、26、
27、28、31、34、35、36、40、
44、45、46、47、48、49、50、
51、58、59、60、81、82、83、
84、85、86、87、88、89、92、
93、94、97、98、99、100、101、
102、103、104、105、106、107、
108、109、110、112、113、114、
116、117、118、13、124、125、
126、127、129、130、131、134、
135、136、137、138、139、140、
143、145、153、154、155、156、
157、159、160、161、162、163、
164、166、168、171、172、174、
177、180、193、237、270、271、
272、273、278、279、280、281、
282、283、284、285、291、292、
295、297、298、300、313、314、
315、316、317、318、325、326、
327、328、329、330、331、332、
333、334、335、336、337、338、
339、340、341、342、343、344、
345、346、347、348、349、352、

354、355、356、357、358、360、
361、370、376、377、379、380、
382、383、384、385、386、387、
388、389、390、392、393、394、
395、396、397、398、399、404、
409、411、412、418、419、420、
421、422、423、428、439、441、
450、451、452、455、462、463、
470、471、474、477、478、487、
488、502、504、505、506、507、
508、509、510、511、512、513、
514、515、516、520、521、526、
529、530、534、535、537、538、
541、542、543、544、545、555、
556、558、559、562、563、568、
571、572、583、584、585、586、
587、593、594、595、596、597、
598、599、600、601、602、603、
604、605、606、607、608、609、
610、611、612、613、614、615、
616、617、619、623、646、647、
665、681、682

休兰尸逐侯鞮单于 604
休屠王 102、153、487、608、609
须卜当 541、610
须卜居次 610、681
须卜氏 99、100、318、336、337、
541
虚闾权渠单于 103、597、598、599
《续资治通鉴长编》 35、199、203、
435、528
薛延陀 5、31、40、41、52、53、
186、190、191、193、210、215、
365、371、404、658、659、686、
687

Y

焉耆 140、150、168、173、359、
548、549、685
盐川郡 208、212
盐州 211、212、307
雁门 87、92、93、94、97、102、
105、109、110、115、119、121、
127、129、131、133、135、136、
153、154、155、180、185、206、
208、209、286、291、350、356、
376、389、392、404、450、451、
464、596、614、620
燕北长城 89、90、91、118、258、
291、462、463、464、469、470、
478、499
燕都侯斤 183
燕然都护府 191、193、215、668
燕长城 87、89、101、117、121
燕昭王 88、89、96、291、462
阳山 98、117、292、471、473、474
仰韶文化 70、73、74、75、76、
225、226、227、228、229、230、
235、238、239、246、247、249、
256、262、263、264、269、444

姚兴 139、140、146、147、149、150、151、155、359、615、616、628

药罗葛氏 373、665、668

耶澜可汗 679

叶护 187、188、192、365、366、368、370、372、374、656、665

叶护可汗 184、190、368、548、589、655、656、658、686、687

嚈哒 650、653

伊利俱卢设莫何始波罗可汗 655

伊利可汗 183、184、365、654

伊陵尸逐就单于 607

伊然可汗 370、574、661

伊特勿失可汗 687

伊稚斜单于 102、530、595、596

《夷坚志》 577

夷男 190、371、686、687

乙息记可汗 183、654、655

《艺文类聚》 26、43、588

《逸周书》 313

意辛山 168、320

阴山 51、65、66、69、87、88、92、95、97、98、99、102、114、115、116、117、118、119、119、121、122、123、124、126、127、128、129、131、136、137、145、155、156、157、158、159、164、168、170、172、173、174、177、183、184、186、202、203、204、206、210、211、213、215、220、222、224、225、262、263、273、291、292、298、303、316、320、329、331、376、400、405、409、454、464、465、466、470、473、474、480、481、488、494、501、502、503、505、509、513、516、526、527、545、558、614、621、631、646、660、673、674

阴山达怛 52、202、203、204

饮牛沟 56、236、237、268

《酉阳杂俎》 589

右北平郡 90、91、114、119、121、129、131、133、286、450

右谷蠡王 13、99、333、335、336、337、395、599、604、605、617

右贤王 13、14、17、99、100、101、102、103、104、105、153、154、162、332、334、335、336、344、349、370、395、502、542、594、596、598、599、600、601、608、609、643、663

右贤王庭 100、332

右贤王屠耆堂 103

右厢察 187、370

右奥鞬日逐王比 104、113

宥州 206、211、212、307

於除鞬单于 604

於扶罗 17、607、608、610

于都斤山 32、183、184、187、190、

191、364、575、585、665

榆林郡 185、208、209、212、307

榆中 86、91、92、124、470、549、
627、628

予成 169、171、364、648

宇文氏 179、492、535、537、588、
637

宇文化及 641、642、658

宇文恺 640、641

宇文莫槐 5、18、40、537、637

宇文乞得归 623、636、637

宇文泰 183、634、635、637、638、
639

宇文逸豆归 637

郁久闾氏 186、171、363

《元朝秘史》 203、313、314、315、
317、318、322、375

袁纮 172、174、177、191

《元和郡县志》 305

《元和姓纂》 158

袁绍 110、345、684

悦般 18、173、538

月氏 14、15、18、88、98、99、
100、101、270、292、327、328、
329、330、334、338、339、410、
411、416、421、423、477、488、
593、594、595

云内州 211

云中 14、92、93、94、96、97、
99、101、102、103、105、115、

119、120、121、124、127、128、
129、130、131、132、133、136、
137、153、155、169、177、210、
213、215、216、271、280、286、
287、291、302、329、332、337、
344、347、349、352、356、365、
376、377、389、390、391、392、
394、400、401、402、403、404、
405、406、450、451、453、464、
502、595、603、608、614、618、
619、623、629、631、647、660、
670、674

缊纥提 168、358、359、361、646、
647

Z

杂胡 27、86、135、137、160、
168、316、349

增隆昌古城 302、303

扎赉诺尔人 65、69、260

寨子塔 229、230、445

《战国策》 11

张轨 151

章毛勿素 228

彰信可汗 669、670

张掖郡 127、131、180、208、209、
213、293、483、487、512

昭礼可汗 669

赵宝沟文化 70、71、73、227、
243、245、246、247、249、255、

256、265、269、276

赵北长城 281、287、291、292、450、464、465、466、467、468、470、471、472、473、474

赵武灵王 11、84、91、92、93、95、96、102、128、286、291、453、464

真珠毗伽可汗 190、686、687

振武 132、202、206、373、400、407、525、670

振武节度使 202、206、211、214、215、306、524

直道 122、123、128、287、292、293、471、476、477、488

郅支骨都侯 104、601

中受降城 188、213、215、306、455、527、584

忠贞可汗 667、671

《众文经》 178、573

《周书》 18、21、22、24、25、28、29、31、33、34、167、182、183、319

朱开沟文化 76、78、79、82、225、231、232、233、234、235、240、241、250、263、264、267、268、

274

朱邪赤心 206、673

《竹书纪年》 11

颛渠阏氏 103、542、597、598

《资治通鉴》 4、26、37、41、42、155、354、369、402、423、637

州牧 132、406

阻卜 38、204、205、509

阻午可汗 196、678、679

祖州 457

左部句龙王吾斯 105、607

《左传》 4、6、7、8、9、10、11、119、538、543

左大且渠都隆奇 103、598

左贤王庭 100

左厢察 187、370

左右大当户 333、335

左右大都尉 333、335、336

左右大将 333、335、336、513

左右骨都侯 333 335、336、395

左右谷蠡王 13、333、335、336、395

左右日逐王 336

左右司隶 163

第二卷　索引

A

阿保机　5、14、15、17、18、50、
52、53、54、56、57、68、69、
70、71、72、73、74、75、76、
77、78、83、84、85、86、87、
88、89、90、91、92、93、94、
95、96、97、98、99、100、101、
102、103、104、105、106、107、
109、118、121、135、139、140、
141、142、143、144、146、171、
172、174、192、240、243、244、
250、251、252、262、307、315、
436、437、446、447、489、490、
494、495、496、501、504、513、
516、518、519、520、521、523、
524、525、526、527、528、529、
530、531、532、533、534、535、
536、537、538、540、541、542、
543、545、550、551、575、576、
577、578、579、580、582、584、
585、586、596、604、633、637、
638、639、640、641、644、645、
649、652、662、663、664、665、
666、676、678、679、680、681、
708、709、710、711、712、713、
714、715、716、717、718、719、
720、721、722、723、724、725、
726、727、728、729、730、731、
732、733、734、774、775、779、
783、784、794、800、810、836、
837、849、850、857、859、863、
864、865、866、870、875、876、
877、878、879、880、881、882、
883、884、885、886、887、889、
890、891、892、895、896、897、
906、907、913、914、915、916、
917、919、920、921、923、925、
926、927、929、932、934、935、
936、937

阿钵　48、49、446、529、582、
639、683、880、883、915、934、
943、948

阿扎割只　102、485、582、709、
925

阿疎　971、974、975、976

阿骨打 302、311、312、313、313、
　315、316、317、318、320、321、
　322、323、324、325、326、330、
　338、339、342、346、347、349、
　589、968、969、971、972、973、
　984

阿娄冈 314

《敖汉文物精华》 6

安端 106、114、147、155、158、
　172、174、175、180、188、189、
　537、672、673、720、739、746、
　759、879、880、882、883、885、
　888、892、894、900、901、906、
　907、908、911、912、913、931、
　935、937、946、950

按出虎水 309、311、971

B

八部敌烈 60

八石烈敌烈 60、254、283

百户组织 50、55

百湖 85、124、940、949

《滨海遥远的过去》 10

《北满的两大古都遗址——东京城
　和白城》 10

北宋 4、11、21、29、40、66、67、
　68、152、199、210、217、222、
　225、227、228、229、230、231、
　232、233、234、235、236、237、
　238、245、246、247、259、267、
　277、278、279、280、289、290、
　291、292、293、294、295、296、
　297、299、320、323、324、329、
　337、339、340、349、365、366、
　369、433、435、436、438、439、
　441、445、483、508、512、542、
　550、551、562、563、565、567、
　568、576、590、595、597、600、
　603、605、606、607、611、612、
　613、613、620、622、623、624、
　627、629、630、646、656、657、
　672、674、675、687、697、698、
　733、751、758、792、793、796、
　802、804、807、808、809、811、
　812、813、814、815、817、818、
　819、820、821、824、826、835、
　836、837、840、841、842、844、
　900、901、905、950、954、955、
　956、957、959、960、970、975、
　977

北汉 181、189、194、201、202、
　203、204、205、206、207、208、
　209、210、220、222、223、224、
　225、226、227、228、229、230、
　231、232、233、289、548、758、
　837、905、950、954、957、958

《北齐书》 3

《北史》 3、360、552、617、718、
　726、727

北魏 30、31、45、555、563、572、

634、727、762、766、767、768、769、773、774、822、832

北府宰相 47、77、95、144、325、531、547、581、584、709、723、791、797、853、854、858、883、886、916、919、929、931、932、934、937、951、952、954、960、961、965

北阻卜 219、254、258、281、283、284、285、286、294、303、358、362、389、392、393、909、910、932、936、960、965

北面官 29、132、176、260、261、263、499、501、509、510、515、551、552、687、784、819

北女真 308

北辽 302、303、328、329、332、333、334、335

渤海国 5、70、97、98、104、106、112、114、130、146、149、249、265、306、307、515、576、584、663、665、670、691、757、779、892、901、907、916、921、922、923、927、932、935、937、939

《渤海国记长编》 5

勃极烈 28、339、341、342、346、347、348、349、350、393、405、583、969、976、977、980、982、991

部落羁縻州 453、454、455、464

C

《册府元龟》 5、73、280、462、463、466、467、634、680、683

柴册仪 129、490

察割 175、180、181、182、183、184、185、186、188、189、211、213、214、570、672、673、896、900、908、911、912、913、931

察割之乱 181、185、213、214、931

澶渊之盟 236、237、238、246、277、687

《陈德威出使契丹见闻记》 5

《陈国公主墓》 6、9

《长白丛书》 6

《长城赋》 245、246、247

崇德宫 175、509、963

丞相襄 395

D

大贺氏 20、46、47、54、55、452、461、465、466、468、469、470、471、472、488、491、558、580、581、596、653、709、728、729、732、771、772、773、797、849、850、851、853、854

大迭烈府 53、70、71、73、83、652、727、728、729、730、731、733、734、735、873、878、890

《大金国志》 5、341、344、348、689、690、816

《大金集礼》 5、617

《大辽韩知古家族》 6

《大同华严寺》 9、612

大横帐 17、57、251、596、672、889、954、963

大部落 74、76、94、135、137、260、262、289、291、309、362、410、558、559、785、871、938

大圣大明天皇帝 89、137、639、715、890、891、926、932

大汉神武皇帝 198、204、224

打草谷 165、223、829

敌烈 60、61、134、145、186、187、194、195、196、206、217、218、221、253、254、255、261、280、282、283、285、303、304、335、336、356、357、358、359、393、396、397、411、592、593、701、702、703、746、910、929、934、935、939、940、948、950、954、957、959、961

敌猎 184

帝王之度 88、97、141、575、584、639、667、716、723

迪辇阻里 46

第十帐 73、76、96、574、575、578、580、584、585、586、587、639、716、934

迭剌部 15、32、45、50、51、52、53、54、55、56、57、68、70、71、74、77、78、94、95、96、110、111、134、135、136、137、138、139、140、244、250、252、261、446、471、485、487、489、513、521、522、531、532、534、536、557、574、576、579、580、581、585、586、586、649、652、654、655、667、709、710、712、716、717、720、723、728、730、731、733、734、735、746、774、854、858、863、865、866、867、868、869、870、871、873、874、875、876、877、878、879、880、881、883、884、885、886、887、888、890、913、914、915、916、919、925、926、933、934、936、972、992

迭剌部霞濑益石烈耶律弥里 54、68

德祖皇帝 869、876

东胡 30、32、45、60、137、360、431、432、434、525、553、554、557、582、610、635、636、163、766、767、768、779、831

东平郡 99、114、122、130、131、147、251、265、496、499、515、533、538、539、935、939

《东文选》 6

《东斋纪事》　5、436、447

《东都事略》　5、433

《东北亚考古资料译文集》　10

东丹国　104、106、112、114、122、123、146、147、151、175、189、249、255、265、307、499、513、515、538、757、891、892、895、901、902、903、907、911、927、933、937、938、939、942

东京道　133、138、146、147、148、242、259、265、315、317、605

东、西朝廷　350、368

东北路招讨司　396、400、418、592、593、594

东夏　28、424

杜重威　158、163、164、177、178、199、222、480、920、930、947、949

断腕楼　107、117、118、670、893

堕瑰部　141、142、255、534、936

党项羌　11、58、59、64、220、221、287、288、289、290、291、294、300、301、620、621、624、626、628、629

定难军节度使　59、289、290

E

二税户　16、28、384、507

二院部　134、257、585、587、717、964

二院皇族　585、586、596、717、888

F

《蕃汉合时韵》　13

《番汉合时掌中珠》　631

蕃汉分治　78、79、765、259、949、543、545、548、784、811、944

蕃州　46、453、454、455、457、458、459、460、464、466、470、471、472

《焚椒录》　4、274、276

《房山石经题记汇编》　6

《芳仪曲》　245、246、595

放偷日　600

腹心部　16、88、96、216、527、531、574、576、586、639、666、716、881、914、915、926、929、932

扶余之变　102、105、106、108、117、172、830、894

《佛宫寺释迦塔与崇福寺辽金壁画》　6、10

奉陵　124、251、266、535、559、586、587、649、671、671、674、940

奉陵邑　251、671、674

奉圣州　128、181、193、214、215、251、269、329、515、539、912、943、966、974、984

G

《高丽史》 6、692、694、695

高句丽 6、45、769

高勋 175、176、188、198、213、224、497、540、544、687、745

高梁河之战 233、955、958

《归田录》 5

《归潜志》 5、616、843、845

国舅部 97、103、111、124、252、576、581、584、586、790、919、929、932、933、940、960

国舅别部 97

归化州 99、128、180、181、193、205、515、532、539、575、943、968

广吉剌 392、394、395、402、419、703

H

哈喇契丹 337

合苏馆 221、307、308

纥便部 46、454、455、456、459、461、464、465、466、468、469、470、471、472、647

河东地界之争 277、278、838

河曲之战 292、294

贺兰山之战 292、294

合苏馆女真 307、308

合木黑蒙古 389

鹤五河堡子 398

狼德 69、655、710

痕德堇可汗 49、51、52、56、70、71、73、87、139、488、490、528、579、633、712、716、729、730、733、866、872、874、875、876、877、880、890、913、914、926

护步答冈 317、320、323

护不答冈之败 320、323

回鹘 15、21、35、46、58、59、60、62、63、80、82、85、102、103、116、123、138、149、254、260、278、280、283、289、290、293、294、336、361、393、479、481、484、485、487、514、520、534、562、563、564、565、566、573、605、606、610、620、624、628、665、670、678、680、692、699、703、704、705、707、710、712、713、757、773、774、779、784、805、836、849、850、851、852、854、859、860、861、862、863、864、867、873、891、901、924、936、937、942、944、961

回鹘汗国 46、59、62、63、80、102、278、280、361、484、485、487、562、565、573、665、710、712、713、774、836、849、850、852、859、860、861、862、863、

864、867、891、924

《回心院辞》 275

回跋女真 259、308

会平州 348、349、350、590

桓州北迁 402

《华戎鲁卫信录》 5

化家为国 15、32、75、76、77、243、501、521、522、523、524、525、527、528、529、531、583、663、708、715、717、890、925

后梁 55、73、74、84、476、477、478、480、481、482、488、560、561、664、677、678、679、680、718、719、722、732、733、774、775、836、872、890、896、907

后唐 60、85、92

后晋 60、68、127、128、131、143、148、149、150、151、152、153、154、155、156、157、158、159、160、161、162、163、164、165、166、174、177、178、193、197、202、202、222、223、224、225、233、241、242、249、456、476、498、514、515、539、574、596、604、683、684、685、686、694、695、713、736、737、743、745、758、776、799、800、837、895、897、899、904、920、928、930、931、940、942、943、944、945、946、947、948、949

后汉 15、165、166、167

后周 181、189、194、201、202、203、204、205、206、207、208、209、210、223、224、225、228、713、912、962、965

后辽 303、305、330、332、335、336、356、819、821、826

韩匡嗣 9、211、213、214、220、524、656、740、751、955、956、958

韩知古 6、75、97、98、214、243、244、495、518、523、524、533、656、666、740、755、783、784、791、916、920、921、922、951

韩延徽 78、97、98、147、243、244、495、518、530、532、533、534、666、780、783、916、920、922、923、926、927、951

韩德让 235、506、509、547、595、784、794、921、952、954、955、958、959、960

汉城 15、32、75、93、99、117、243、251、265、494、495、598、605、622、664、667、668、670、671、679、718、719、727、779

海古水 309、320、321、325、347、349、589

海陵王 28、30、341、345、349、350、351、353、366、367、368、369、372、374、375、386、393、

396、401、403、407、411、588、589、590、592、602、609、616、617、619、689、819、822、843、969、985、987、988、990、991、992、994

火神淀 181

怀节皇后 181、213、214

《皇朝实录》 4、611

皇都 76、78、99、100、101、113、114、123、128、131、133、136、147、150、244、251、264、266、349、350、496、504、514、532、533、538、539、573、597、664、665、667、668、670、678、775、891、892、922、927、933、935、937、939、943

潢水石桥 172、173、742、743、931、950

潢水 21、25、35、93、141、172、173、242、438、441、444、448、451、452、458、604、606、742、743、856、858、931、942、950

《黑城出土文书（汉文文书卷）》 13

黑榆林捺刺泊 86

黑山之变 210、212、213、216、225、895

痕德堇可汗 49、51、52、56、70、71、73、87、139、488、490、528、579、633、712、716、729、730、733、866、872、874、875、876、877、880、890、913、914、926

横渡之约 167、671、173、174、741、743、748、749、750、751、894、895、908

J

羁縻州 80、133、254、287、288、359、452、453、454、455、457、458、459、462、464、466、467、469、470、646、662、668、669、673

吉甫鲁湾城 727

积庆宫 212、215

夹谷清臣 395、402、419

籍没之法 48、49、250、582

祭山仪 48、442、443、755、773、790、797、859

《建炎以来系年要录》 5、340、344、690

简献皇后 51、69 490、524、655、710、729、656、881

监母斡鲁朵 216

金朝 4、10、11、27、28、29、36、40、41、42、66、106、294、296、297、298、304、306、309、311、315、329、330、331、336、337、338、340、341、342、343、344、345、346、347、349、350、

《九金人集》　4、616

九可汗宫分　53

九府突厥　59、80

九府沙陀　80

九十九泉　85、124、181、193、204、205、292、425

九姓达怛　280、281

九峰石壁　11、395

九公封建　421、423

《旧五代史》　3、27、33、79、81、92、94、126、149、151、153、155、156、157、159、160、201、202、203、241、242、433、475、477、478、480、481、482、484、486、487、504、560、680、681、682、684、731、736、737、738、744、745、753、754、775、798、947

《旧唐书》　3、46、65、66、359、360、456、457、458、459、461、464、465、466、467、472、492、563、647、763、772、797、798、799、800、849、964

景延广　153、154、160、163、165、736、737、738、739、740、741、743、745、747、748、749、750、777、897、945、946

《江南野史》　5、755

蒋氏族谱秘画　441

界壕　27、395、397、402、418、419、593、594、972

K

库莫奚　45、60、430、433、434、444、448、449、451、555、766、767、769

枯莫离　467

开教寺　70、71、98

开皇殿　88、99、667、715

开宝议和　228、229、758、905、906

开禧北伐　409、689

可突于　46、456、460、461、463、470、471、472、647、648、651、653、772、850、851、852、853

可突于之乱　46、647

《库伦辽代壁画墓》　6

括借　165、223

括里起义军　374

康默记　97、98、147、244、264、523、530、532、533、666、667、784、916、920、921、922、923、929、933、935、937、938、951

L

李过折　46、461、651、851、852、855

李胡　102、104、105、109、114、115、116、122、130、149、168、169、170、171、172、173、174、

175、176、186、187、216、217、
220、222、515、538、742、890、
894、895、898、908、911、928、
931、935、936、939、940、942、
950

李赞华 124、438、682、684

李仁福 289

李彝超 289

李彝殷 155、289

李继捧 289

李继迁 290、294、301、620、623、
626

李德明 290、623

李元昊 40、290、291、292、620、
623、624、627、629、630、631

李尽忠 430、431、456、457、458、
459、460、461、470、471、546、
647、771、850

李光弼 432、433、465、466、468、
469、470、472、474、772、857

李括莫离 466、467、468、469、
470

《礼书》 4、648、651

《礼志》 4、48、443、686、754、
755、773、790、793、798、854、
859

《辽朝杂礼》 4、611

《辽代壁画选》 6

《辽代金银器》 6

《辽海丛书》 6、812

《辽史》 3、4、5、6、7、8、9、
14、16、17、20、23、27、30、
31、32、35、36、37、46、48、
49、50、51、52、53、54、55、
56、57、59、60、69、70、73、
74、75、76、77、78、79、83、
85、86、87、88、89、90、94、
95、96、97、98、99、100、102、
103、105、106、10、7、109、
110、111、112、113、115、116、
117、118、119、120、122、123、
124、125、126、127、128、130、
131、132、134、135、136、138、
139、140、141、142、143、144、
145、146、147、148、149、151、
152、153、156、157、158、159、
162、163、164、170、171、172、
173、174、175、176、179、180、
181、182、183、184、185、186、
187、188、189、190、191、192、
193、195、196、198、199、200、
203、204、206、211、212、213、
214、215、216、217、218、219、
220、221、222、224、229、230、
240、241、242、243、250、251、
252、255、256、257、258、259、
260、261、262、263、264、265、
269、270、271、272、273、274、
276、278、280、281、282、283、
300、303、315、316、318、319、

《辽史拾遗》 5、14、152、242、775、776、780、781、792、807、818、830

《辽史拾遗补》 5

《辽史校勘记》 5

《辽史证误三种》 5、731

《辽史订补三种》 6

《辽代石刻文编》 6、450、673、705、756、790

《辽史地理志考》 5

《辽史纪事本末》 5、542

《辽史地理志补正》 6

《辽国上世事迹及诸帝实录》 4

《辽上京文物撷英》 6

《辽金时代的火葬墓》 10、11

辽内四部族 16、97、266

辽太祖 15、16、18、21、22、23、32、49、50、51、52、56、57、69、75、76、77、78、79、86、87、88、94、95、97、100、103、104、105、106、109、110、111、112、116、119、120、121、123、126、128、130、131、135、136、137、138、139、140、141、143、145、147、148、172、174、179、180、181、191、192、210、216、242、243、244、248、252、253、255、256、261、262、265、266、280、281、282、307、487、489、490、495、496、501、503、513、523、524、525、528、531、36、541、556、557、558、559、560、561、562、567、570、572、573、574、575、576、577、578、579、580、581、582、583、584、585、586、596、605、610、611、613、632、633、639、644、652、653、654、655、656、663、664、666、667、668、669、670、672、677、678、687、691、692、693、699、710、711、716、717、718、721、722、723、724、726、728、730、731、745、746、747、751、753、756、757、759、760、777、785、810、850、858、856、858、859、860、861、862、863、864、865、866、867、868、869、870、871、875、876、878、880、883、884、887、888、889、890、891、892、893、894、895、896、897、899、901、902、903、906、907、911、912、913、914、915、916、917、918、919、920、921、922、923、924、925、926、927、929、930、932、933、935、936、937、938、958、960

辽太宗 3、60、85、100、112、114、115、116、119、120、121、122、123、124、125、126、127、128、129、130、131、132、133、

393、438、511、605、611、660、697、786、787、812、909、910、964、967、975、976、993

辽天祚帝 294、303、327、330、819、968、970、974、975、976、981、990、991

刘总 64

刘知远、744

刘哥 188

刘崇 198、201、202、203、223、224

六爪 50、55、57、134、580、652、653、730、865

《虏廷杂记》5

卢文进 85、93、242、478、532、830、892

卢彦伦 993

楼居 15、98、551、562、563、565、566、567、568、572

娄国 186

《栾城集》5、507、607、778、818

栾城之变 167、168、170、174、895

栾城 5、167、168、170、171、174、507、607、738、778、806、816、895、930、947

滦河之变 270、271、272

《隆平集》 4、299、630

龙化州 353、561、664、890

龙锡金佩 86、87、633、714、886

狼德 51、56、69、583、711、868、

869、875、884、885、913

狼德之乱 51、711、913

凉陉 14、193

梁王雅里 303、329、330、335、356、819、979

M

麻答 164、171、177、178、179、180、185、191、536、672、897、898、899、900、946

马群侍中 212、215

《满蒙古迹考》 10

弥里 32、49、54、55、68、142、446、582、649、652、653、657、854、870

弥药 288、300、301、631

妙行大师志智 966

明王楼 74、86、98、99、561、664、667、714、882

明殿 90、118、119、640、715、927

明王 26、74、86、89、98、99、175、180、181、187、188、189、508、561、664、667、672、714、882、911

明昌长城、399、402、403、594

蒙古族 60、63、260、320、359、360、361、362、365、393、409、410、413、418、419、549、645、672、765

猛火油、120

猛安　28、41、313、341、342、
343、344、345、346、347、349、
352、354、364、365、370、373、
374、376、377、381、382、383、
384、386、396、408、409、416、
420、423、424、588、589、607、
821、969、971、973、976、980、
983、985、987、990、992

谋克　28、41、313、319、338、
341、342、343、345、346、348、
349、352、354、364、365、368、
370、373、374、375、377、381、
382、383、384、386、396、397、
408、409、416、420、423、424、
588、589、593、607、615、821、
969、971、972、974、975、976、
982、983、985、987、991、993

《默记》　5、246

磨古斯　284、285、294、362、393、
909、910

��　30、306、311、360、554、
555、673、687、693、767、768、
769

默啜可汗　431

木叶山　21、24、25、35、36、75、
76、85、88、126、132、191、
434、435、437、438、439、440、
442、446、447、450、451、452、
558、559、715、785、789、941

N

捺钵　17、18、19、33、191、192、
193、194、261、262、263、264、
334、447、511、520、530、542、
549、550、551、552、553、561、
562、568、569、571、572、574、
575、576、577、592、597、602、
607、785、786、829、966

南府宰相　77、106、147、261、270、
285、332、534、584、723、890、
892、910、911、920、923、935、
936、937、938、950、955、963

南京道　133、146、148、259、265、
269、334、605

南京幽都府　128、131、133、135、
149、150、187、193、265、514、
901

南京析津府　327、332、355、356、
570、571、952

南京开封府　351、389、590、609

南宋　5、11、66、76、264、298、
341、344、348、359、365、366、
374、375、381、393、409、421、
125、600、608、635、687、688、
689、690、691、808、810、813、
815、820、821、822、826、841、
842、844、845、893、941、968、
985、986、989、991、992

《南唐书》　5、830

涅里 19、53、54、121、214、130、329、332、446、461、471、482、483、521、525、579、580、581、585、639、647、709、722、756、850、854、855、883、917、918、939

《内蒙古辽代石刻文研究》 6、50、452、490、656、659、660、730、752、753、757、760、865、897、899、902、903

女真 4、5、10、18、21、23、24、27、28、30、37、38、40、41、42、66、136、147、148、221、259、296、302、307、308、309、310、311、312、313、314、315、316、317、319、320、321、322、323、324、325、326、327、328、329、331、332、333、334、335、336、337、338、339、340、341、342、343、344、345、346、347、348、349、350、351、352、353、354、355、356、359、364、365、366、367、368、369、370、371、373、381、382、383、384、385、396、400、408、409、416、417、418、420、422、423、424、435、446、587、588、589、590、591、600、601、602、603、607、608、609、614、615、616、617、618、619、632、638、672、678、693、698、702、727、764、816、818、819、820、830、835、838、841、842、843、877、922、935、971、973、975、976、977、978、980、982、983、988、991

女里 211、212、213、214、215、217、751、753

牛头税 381、382、384、385

牛头税地 384、385

牛马群子 385

尼伦蒙古 391

P

婆姑梅里 102、103、925、929

婆卢火 339、397、593、594、971、972、973、983、986、987

盆都 179、180、182、184、701、908、913、931、950

《平阳金墓砖雕》 10

平夏部 59、288、289、290、294、300

平州枢密院 348

蒲鲜万奴 410、416、417、418、424

Q

《契丹官仪》 4、530

《契丹国志》 5、76、107、125、126、333、435、449、452、517、536、559、561、625、635、656、657、744、760、777、893、941

《契丹女尸》 6、20、433

《契丹王朝》 6

《契丹小字研究》 6、22

契丹 5、15、24、60、123、152、178、192、250、263、334、366、431、459、464、465、466、470、483、531、545、562、580、585、598、611、656、680、693、697、717、729、751、830

《契丹及其通往那里的路——中世纪中国史见闻汇编》 8

契丹王墓 46、462、852

契丹四楼 14、15、32、75、76、98、192、522、527、560、561、562、563、567、570、571、572、574、576、577、785

契丹的部落组织和国家的产生 19、56、718、721、723、724、730、734、735

契丹行宫都部署 212、217、285、570、910、964

启圣院 116、117

奇首可汗 4、21、120、434、435、436、437、441、443、446、447、558、611、638、663、716

勤德 50、730、734、741、865

《钦定三朝国语解》 5

《全辽文》 6、506、509、510、519、520、547、548、794、795

《全辽诗话》 6

《全史》 7

《庆陵壁画》 7、32

《庆陵——东蒙古辽代帝王陵及其壁画》 7、8、32

青冢之战 327

青牛白马传说 21、33、434、435、436、438、437、438、439、440、441、442、447

驱口 28、100、243、489、579

群子 385

R

人皇王行宫 214、251

《壬辰杂编》 5

如迁王集会埚 73、580、934

柔然 45、430、770

柔然汗国 45

让国皇帝 115、175、180、182、575、889、895

S

萨剌德 50、490、582、711、850、863、864、865、866、875、884

撒剌的 69、103、140、487、489、710、711、717、850、867、869、870、871、872、873、874、876、886、889

嗣圣皇帝 107、116、119、126、131、150、185、538、752、757、902、903、927、933、939、943

四时捺钵　18、191、262、263、264、530、551、552、553、561、562、568、571、574、575、597、829

算斡鲁朵　96、586

三次夷离堇职位争夺　56

《三朝北盟会编》5、405、411、600、602、688

《三国史记》6

《三人行事》4、611

《三才杂字》13

三千打六万　227、228、838

三父房　17、252、579、585、586、587、596、717、723、790、889

三父帐　585

松漠都督府　453、454、456、457、460、461、464、647、662、668、771、851

《宋史》3、67、228、230、236、476、621、630、743、744、802、803、804、805、806、807、808、809、810、811、812、813、814、815、818、820、838

《宋史纪事本末》5

《宋朝事实》5

《宋会要辑稿》5、690

《松漠纪闻》5、812

《宋文鉴》5、805

《苏魏公集》5

宋太宗　4、67、68、229、231、232、233、234、235、236、237、289、758、802、838、901、905、906、931、954、955、956

《苏联考古文选》10

孙万荣　460、662

隋朝　45、60、430、454、455、634、767、770

绥可　309

沙里　49、69、70、489、526、708、709、864、877、892、914

沙陀突厥　58、59、64、80、81、82、476、486、873

沙陀　58、59、64、80、81、82、476、486、873

沙子里　303、330、335

山后八州　82、83、84、85、92、99、352、473、478、479、482、680

山后八军　85、476、477、478、479、509

《史集》6、7、361、390、391、392、405、406、407、410、411、412、414、419、642、764

室韦北阝降　85、193、937

室韦　61

室韦—达怛人　61、62、63、81、360、361、389、485、486、713

室昉　4、611、791、951、952、954、960

《十香词》275、276

十三翼之战 413

瑟瑟仪 48、859

舍利 145、16、24、49、69、115、489、520、530、536、582、584、708、709、722、790、864、866、888、924、962

石烈 22、50、54、55、57、60、68、134、135、142、145、251、252、254、283、308、311、371、375、378、380、381、382、416、446、487、502、548、573、580、582、617、649、652、653、657、658、699、700、730、794、865、867、890、912、913、926、971、988、989

石重贵 150、151、152、153、154、156、159、188、241、243、694、945、949

石鲁 309、310

石辇铎之战 329

世里氏 32、47、50、51、53、54、55、56、57、68、69、70、71、73、74、87、94、102、103、485、488、489、490、513、527、556、557、574、582、638、639、662、709、710、711、712、714、715、716、717、721、723、728、729、730、734、854、863、866、870、871、873、875、876、877、878、881、883、884、885、887、889、890、916、925、929、933、934

《世界征服者史》 7

《世界陶瓷全集》 7

世选制度 17、18、33、47、48、49、52、53、76、77、485、489、527、582、731、853、854、868、918、919、920

世选习惯 17、18、47、142、551、552、572、577、581、582、583、638、708、709、712、714、716

《始祖奇首可汗事迹》 4、120、441、611

释鲁 18、49、50、51、52、69、70、87、136、489、490、528、582、583、585、596、662、663、710、711、712、717、725、730、734、747、869、870、871、874、876、877、878、881、885、886、888、889、890、914、929、932、954

寿安王 170、182、183、184、185、210、900、911、913、931、944

神速姑 15、86、87、88、437、613、632、633、637、639、641、644、714、715、778、882、883、934

审密氏 103

审密五部 53

圣德神功碑 150、224、942

生女真 41、259、308、309、310、
　311、312、313、314、320、321、
　322、323、326、342、343、346、
　365、843、922

《使契丹进元宗蜡丸书》 5

述律平 102、103、104、105、106、
　108、109、116、119、126、513、
　889、890、892、893、903、907、
　920、924、925、926、927、928、
　937

述律 20、95、102、103、104、
　105、106、108、109、116、117、
　119、120、121、126、154、162、
　171、172、173、174、175、176、
　210、420、435、513、525、531、
　532、536、575、670、719、743、
　777、883、889、890、891、892、
　893、894、895、901、903、907、
　911、912、920、922、924、925、
　926、927、928、934、937、939、
　940、944、948

熟女真 259、307、308

属珊军 117、536、926

《说郛》 5

《上契丹事》 5、555、675

上京道 133、134、136、138、251、
　253、259、260、265、266、353、
　588、775

上京临潢府 99、117、118、128、
　131、133、136、150、264、265、

266、302、314、446、514、546、
　556、557、567、597、657、664、
　672、972

上京会宁府 339、348、350、351、
　408、417、420、590、618

T

挞马 49、69、70、195、215、216、
　250、252、581、582、708、877、
　892、914

挞马部 215、216

天德 35、82、85、99、100、110、
　127、148、171、172、179、180、
　220、244、267、296、297、328、
　329、331、349、350、351、353、
　356、368、396、473、590、591、
　592、698、701、751、908、931、
　935、948、949、950、968、969、
　970、974、975、978、979、985、
　986、987、990、991、994

天德军 35、82、100、127、148、
　220、244、267、296、297、329、
　331、356、368、473、591、935、
　975、978、986、991

《天盛律令残卷》 13

《太平寰宇记》 4、464、563

《太平治迹统类》 5、229

太子院 217

太子山之变 268、270、271、272、
　273

帖剌　50、490、711、712、730、866、868、869、870、873、875、876、884、885、888

铁木真　402、403、407、409、411、412、413、414、415、417、420、581、594、640、641、642、643、644

炭山汉城　75、99、664、727

檀石槐　440、448

通检推排　29、370、382、383

《通典》　5、430、555、634、770

《通志》　5

《统和实录》　4

唐朝　21、45、46、56、57、58、59、62、63、64、65、66、68、70、72、74、79、80、81、82、83、84、85、90、91、95、98、127、137、140、148、150、198、239、240、279、287、288、306、360、430、431、452、453、454、455、456、457、459、460、461、462、463、464、465、466、467、468、469、470、471、472、473、474、475、476、480、482、485、486、487、488、491、492、516、546、554、562、572、581、620、624、634、646、647、648、649、650、651、652、653、657、662、668、669、673、709、712、713、722、729、771、772、774、797、798、834、836、849、850、851、852、855、856、857、858、859、860、861、862、863、866、868、872、873、875、889、919、924、929

《唐会要》　5、287、624、646、647

突厥　32、45、46、58、59、60、61、62、63、64、65、66、80、81、82、85、278、279、280、337、360、362、391、393、418、430、431、432、452、460、471、476、484、486、541、554、565、566、573、577、648、651、662、665、699、712、713、728、729、768、770、771、779、794、797、798、836、849、850、851、855、858、873、891、932、935、936

突厥汗国　45、59、80、431、452、460、484、565、712、850、851、855

吐谷浑　58、59、64、79、80、81、123、134、153、154、187、218、219、220、255、288、293、294、393、478、482、486、487、489、628、755、873、874、932、940

突欲、775、894

屠害太子案　274、276

拓跋鲜卑　45、766

拓跋思恭　59、288

投下　71、97

投下州　72、78、94、99、100、137、384、501、507、518、535、574、604、665、672、673

头下军州　16、33、243、384、658、659

泰德泉　134、172、742、908、928、950

W

瓦里　48、49、51、70、250、489、528、582、649、653、914

外堡　402、594

吾扎忽　972、986、987

乌马山奚　137、138、140、141、144、145

乌古敌烈统军司　134、253、254、283、396、411、592

乌古乃　310、337

诬毁皇后案　274

勿吉　306、767

物力钱　42、382、383

武则天　431、455、456、464、465、467、468、469、471、771、849

《五代会要》　4、482、483、556、682、753、754

《五音切韵》　13、631

《武经总要》　4

兀欲　165、168、169、170、171、172、174、202、203、214、738、739、742、890、894、895、935

完颜部　308、309、310、311、312、320、337、342、346、349、589、601、973

完颜胡石改　968

完颜讹古乃　969

完颜斡鲁古　971

完颜阇母　972、987

完颜娄室　11、331、973、991

完颜麻吉　976

完颜宗翰　976

完颜宗望　977

完颜杲　326、328、347、974、980、981

完颜宗干　982

完颜昌　983

完颜宗贤　984

完颜宗亨　985

完颜思敬　377、380、381、986

完颜宗叙　987

完颜谋衍　377、378、380、381、987、988、989、990

完颜仲　991、992

完颜海里　991

完颜守能　992

斡鲁　15、16、18、31、32、33、73、75、94、95、96、108、116、117、175、192、215、216、217、261、262、338、359、368、485、526、527、528、529、530、531、534、535、536、537、540、550、

551、552、563、564、570、571、
572、573、574、575、576、577、
578、579、580、581、584、586、
587、595、604、671、672、785、
786、819、854、858、895、896、
915、926、934、961、969、970、
971、972、974、976、977、978

斡鲁朵　531、537、551、854、895

斡鲁朵法　535、536、537、540、
574、584、586、587

《魏书》　3、360、431、433、449、
525、553、555、563、564、634、
763、764、765、766、768、769、
774

伟王　171、172、177、181、536、
898、911

《文献通考》　5、494、495、504、
772、797

文献皇帝　182

《文海宝韵》　13

王郁　85、93、111、242、243、
251、163、524、525、932、939

望云川　214、215

望云县　215

X

奚迭剌部　71、140、252、487、
489、522、710、867、871、881、
915、926

奚六部　142、244、255、256、257、

258、333、365、521、588、915、
917、962、984

奚王府六部五帐分　139、251、252、
255

奚和朔奴　256、257

奚国　334、728

西夏　3、4、5、6、8、10、11、12、
13、14、16、18、20、22、24、
25、26、27、28、30、32、34、
36、37、38、39、40、42、46、
48、50、52、54、56、58、60、
62、64、66、68、70、72、74、
76、78、80、82、84、86、88、
90、92、94、96、98、100、102、
104、106、108、110、112、114、
116、118、120、122、124、126、
128、130、132、134、136、138、
140、142、144、146、148、150、
152、154、156、158、160、162、
164、166、168、170、172、174、
176、178、180、182、184、186、
188、190、192、194、196、198、
200、202、204、206、208、210、
212、214、216、218、220、222、
224、226、228、230、232、234、
236、238、240、242、244、246、
248、250、252、254、256、258、
260、262、264、266、268、270、
272、274、276、277、278、280、
282、284、286、287、288、289、

988、990、992、994

《西夏书》 25

《西夏书事》 5、25、625、627

《西夏志略》 5

《西夏纪事本末》 5、25

《西夏官印汇考》 12

《西夏文物》 13

《西夏文物研究》 13、300

《西夏王陵》 13

《西夏陵墓出土残碑粹编》 13

《西夏美术史》 13

西部奚 60、139、140、141、143、144、252、253、255、476、492、574、722

西楼 14、32、74、75、76、78、86、93、98、99、104、121、125、130、136、191、242、244、253、531、532、558、559、560、561、567、568、574、664、667、671、785、882、883、890、891、894、926、934、941

西楼地 74、98、99、574、667、890

西南边 125、187、188、189、190、191、193、194、252、682、701、908

西北路招讨使 219、271、284、185、303、335、373、375、380、909、910、911、960、961、964、965、969、986、991、992

西阻卜 254、281、283、284、909

西北阻卜 254、283、284、303、909

西辽 7、25、303、305、331、332、337、352、374、393、394、400、401、418、517、542、549、665、703、706、707、793、817、819、821、826

西南路招讨司 251、252、253、978

西平河 393、401、405、411

习马小底 212、215

系籍女真 307、314、317、971

鲜卑 19、20、45、58、287、360、393、429、430、431、432、433、434、440、443、444、445、448、449、468、525、553、554、563、564、565、566、728、763、764、765、766、767、768、774、822、861、863

《先朝事迹》 4

《陷虏记》 5、242、931

鲜质可汗 56、139、140、487、488、526、729、865、866、867、869、871、872、916

萧翰 110、167、174、179、180、189、198、498、701、751、840、908、929、930、931、950

萧思温 208、213、214、751、752、753、957

萧观音 258

萧海里事件 312

萧幹 196、328、332、333、334、816、929、931、932、954

萧敌鲁 77、103、110、114、523、527、530、531、584、666、723、853、862、878、881、886、914、915、928、929、931、932、934

萧阿古只 181、523、530、922、928、932、933、937、938

萧孝穆 272、790、860、861、862、863、866

《新法》 13

新州 83、85、93、100、111、127、128、181、242、450、451、478、514、515、532、539、785、935、943

《新唐书》 3、46、61、62、239、433、452、454、456、457、458、459、460、461、463、464、465、466、467、468、469、471、474、486、487、548、556、564、647、669、733、763、772、860、863、864、865、866、867、871、872、874

《新五代史》 3、90、91、111、118、121、125、154、156、239、240、279、360、476、477、479、480、481、482、483、486、487、488、497、505、542、548、559、560、562、636、637、664、718、719、720、722、726、726、728、731、732、736、737、738、739、745、776、779、873、874、934

兴州 290

兴庆府 26、291、293、298、622、628

行台尚书省 349、350、351

行尚书省事 395、402、419

邢抱朴 611、954

《续资治通鉴长编》 5、67、68、214、225、226、227、228、229、230、231、232、234、235、236、239、499、550、625、627、628、814、833、844

《宣化辽墓壁画》 6

宣简皇太后 88、639、714

宣武军节度使 167、930

宣懿皇后 274、275、276

玄祖皇帝 50、866、875、876、884

陉头 85

祥古山之变 176、180、181、183、184、213、895、908、911、913、931

祥古山 176、180、181、183、184、213、895、908、911、913、931

Y

雅里 53、76、87、195、196、303、329、330、335、336、359、443、471、703、709、772、779、797、

819、821、826、850、581、852、853、854、855、856、857、858、859、865、974、979

衙官　461、471、472、648、850、851

燕云十六州　60、126、127、128、130、131、132、133、135、150、190、193、194、210、228、233、243、251、261、265、278、496、514、515、516、539、540、546、604、672、779、800、837、927、928、940、942、943、958

《燕北录》　5、438、439、441、447

燕王　166、168、169、181、198、204、333、684、738、817、900、909、955、962、963

燕京枢密院　350

燕子城　354、373、380、381、396、401、593、703、727

《岩山寺金代壁画》　10

岩木　49、50、490、582、296、711、730、734、869、870、885、892、914

盐池宴　15、717、718、719、720、724、725、726、727、734、746、747、934

遥辇氏　4、19、20、31、32、45、46、47、48、51、52、53、54、55、71、72、73、76、77、88、94、95、96、97、100、102、

103、129、137、140、143、145、146、343、364、365、452、461、465、470、471、472、485、488、491、513、516、558、574、575、576、578、580、581、584、585、588、596、613、633、638、639、652、653、709、710、711、712、713、714、716、717、721、723、724、726、729、730、734、753、772、773、797、798、853、854、858、862、864、865、866、869、872、875、876、877、879、880、881、884、885、886、889、890、906、913、914、916、919、924、925、929、234、939、954、983

遥辇九营　53、87、343、364、983

遥辇九帐　32、96、97、251、487、488、529、576、577、578、579、584、585、586、853、865、867、872

遥辇氏汗国　4、46、47、48、53、71、72、94、95、96、97、102、103、488、638、709、713、724、726、797、876、889、919、924、925

《遥辇至重熙以来事迹》4、611

耀骨　104

尧骨　104、111、147、538、890、892、894、933、935、936、937

药彦稠　289、479、481

姚景行　964、965

羊城　75、99、354、531、589、663、664、667、679、703、727、981、982

夷离堇　15、18、23、32、47、49、50、51、52、53、56、70、71、73、77、78、83、87、88、95、106、110、128、132、134、136、137、138、139、142、184、195、196、219、244、257、261、447、485、489、490、496、522、531、532、534、539、580、581、582、583、633、639、649、655、662、663、700、709、710、711、712、716、717、720、723、727、728、729、730、731、733、734、735、746、789、853、854、858、863、865、866、868、869、870、871、872、873、874、875、876、877、878、879、880、881、883、885、886、887、888、889、890、892、907、913、914、915、918、919、920、925、933、934、936、937、938、943、954

《遗山集》　5

懿祖皇帝　50、863、884

仪坤州　99、103、116、117、119、130、137、147、266、353、557、591、681

挹娄　306

《音同》　13、624、631

银鞍契丹直　130、473、481、482、483、484

因俗而治　15、79、94、95、97、98、100、123、128、129、244、248、249、259、260、494、496、497、498、499、500、501、502、504、505、512、513、515、539、546、550、551、667、676、687、748、750、825、921、922

阴山室韦　59、134、279、301、304、330、336、355、356、357、363

阴山七骑　21、301、438、439、440、441、445、447、449、930

宇文部　45、430、433、448、553、762、765、769

于越　18、23、34、49、51、52、70、71、87、136、187、211、218、236、250、261、279、280、294、304、321、357、489、490、508、509、523、528、531、532、536、583、586、639、662、704、710、712、714、716、725、730、734、735、739、747、751、869、870、871、874、876、877、878、879、880、881、883、885、887、888、889、890、898、901、913、914、915、926、932、954、956、957、958、963、965

于越释鲁被害事件 51、890

御庄 215、216、623、627

元帅太子 104、894

《元史》 3、4、415、417、420、421、786

《元文类》 5、493、842

匀德实 50、51、52、56、69、103、490、582、655、710、711、729、850、866、868、869、875、876、884、885、887、913、925、929

云州之盟 72

幽州 46、60、64、65、66、67、68、71、72、74、75、83、84、85、91、92、93、99、104、110、120、121、124、126、127、128、131、132、133、136、140、143、144、150、153、157、158、162、163、177、178、206、208、231、233、234、235、237、239、240、242、244、265、289、361、431、432、437、448、453、454、456、457、461、463、464、466、470、471、472、473、474、475、476、477、478、479、480、482、483、484、485、487、488、491、492、495、496、514、516、532、539、546、560、608、651、656、665、674、677、678、679、681、684、713、719、722、732、758、772、782、789、797、798、799、800、802、836、838、851、855、856、861、862、863、864、866、872、873、874、880、887、896、917、920、922、923、924、926、929、931、935、936、941、942、943、947、954、955

幽州节度使 64、127、453、454、461、473、483、485、492、851、855、856、864、922、924

耶律氏 36、47、53、68、95、103、119、120、374、485、513、596、600、612、649、757、760、761、818、852、854、902、913、919、960

耶律牙新 50、55

耶律羽之 9、50、114、146、147、440、441、445、448、449、450、490、499、538、599、634、730、753、865、887、892、915、927、937、939、942

耶律辖底 52、56、70、74、77、490、583、639、712、716、717、721、723、725、729、730、734、875、877、885、914、919

耶律七部 53

耶律曷鲁 4、52、57、87、88、96、139、447、523、527、529、531、532、586、639、666、714、716、717、722、723、877、878、879、880、881、883、884、885、886、

887、914、915、929、934、957

耶律阿保机　15、16、18、50、52、
　53、54、56、68、69、70、71、
　72、73、74、75、76、77、78、
　83、84、86、88、90、91、92、
　93、94、95、96、97、98、99、
　102、103、109、143、192、243、
　244、250、251、252、447、489、
　490、513、577、584、585、633、
　638、639、640、645、652、664、
　666、708、709、711、712、714、
　715、716、718、720、724、729、
　730、734、774、800、836、837、
　849、850、857、865、870、875、
　877、878、879、880、886、887、
　889、890、913、916

耶律释鲁　51、70、712、734、747、
　874、877、878、889、929、932

耶律倍　102、104、105、406、107、
　108、109、110、111、112、113、
　114、115、122、124、129、130、
　131、146、147、175、181、182、
　217、249、251、438、445、515、
　538、539、541、542、611、682、
　717、775、889、890、891、892、
　893、894、895、896、901、903、
　907、912、925、927、935、936、
　937、938、939

耶律德光　60、85、102、103、104、
　105、107、108、109、111、113、

115、117、118、119、120、121、
123、125、126、129、131、133、
135、137、138、139、141、143、
145、147、149、150、151、153、
154、155、156、157、158、159、
161、163、165、174、197、222、
223、483、484、513、514、515、
536、538、539、542、611、683、
686、722、738、776、777、789、
890、893、894、895、896、927、
933、934、935、937、938、939、
940、941、944、947、948

耶律璟　172、182、184、185、210

耶律阮　172、182、184、185、210、
　895、900、911

耶律屋质　4、110、172、173、175、
　179、182、183、190、211、539、
　570、742、743、750、751、753、
　755、912、913、931

耶律安抟　110、170、174、176、
　183、538、739、752、892、893、
　900

耶律敌禄　190、191、206

耶律何鲁不　211、752

耶律贤适　211、212、213、214、
　215、219、751、752

耶律只没　217

耶律奚底　218、958、959

耶律速撒　219、220

耶律休哥　4、219、236、256、901、

931、954、955、956、957、958、959

耶律勃古哲　220、741、752、755

耶律合住　230、752、756、757、901、902

耶律乙辛之乱　268、272、274、278

耶律章奴之变　320、322、326

耶律余覩之变　326

耶律撒八起义　373

耶律窝斡　372、375、565

移剌窝斡　372、373、375、376、377、378、379、380、381、407、408、819

耶律留哥　371、410、416、417、421、424

耶律羽之墓志　50、441、445、448、449、450、490、730、753、865

耶律宗愿墓志　438、440、441、445

耶律拔里得　672、896、897、898、899、900

耶律琮　137、229、230、660、752、756、757、758、759、761、896、897、901、902、903、904、905、906、907、908

耶律斡特剌　285、896、906、910、911

耶律察割　182、184、896、908、911、912、931

耶律海里　96、185、525、526、

578、666、716、723、881、884、899、900、914、916、938

耶律敌刺　526、916、918

耶律图鲁窘　918

耶律斜轸　220、901、952、955、957、958、959、960

耶律仁先　271、273、963、965、966、967

也速该　407、411、412、413

《野史》　5

应天大明地皇后　89、639、890、891、892、893、894、926

应天皇后　102、104、105、106、107、108、109、110、116、117、119、121、129、137、147、528、537、558、670、893、901、908、911、918、920、922、926、927、928、932、933、935、937、938、939、950

《应县木塔》　6

英雄之智　97、576、584、667、717、723

营州都督府　453、454、455、457、458、461、471、646、647

媵臣州　103

盈歌　310、311、312

永康王　165、168、169、170、171、172、188、202、738、739、742、989、908、911、912、928

永州　24、25、35、76、99、137、

264、266、353、434、435、437、446、447、450、451、558、561、567、591、785

永兴宫 213、214、895

越王必摄 217、219、948

Z

再生仪 48、598、638、716、773、854

《资治通鉴》 4、55、107、117、118、160、161、162、163、164、165、166、168、169、170、171、173、174、177、178、179、181、189、191、198、199、200、201、202、203、204、206、207、208、210、223、224、243、435、452、456、460、461、465、467、470、473、475、476、478、479、480、481、482、503、537、542、560、561、599、646、662、664、684、685、686、718、719、732、733、736、737、744、745、771、776、781、782、800、855、856、857、858、893、894

《奏契丹阿保机薨逝状》 5

《祖州城——辽代古城址的考古学历史学发掘调查报告》 7

札木合 395、413、414、640、641、643

《赵城金藏与〈中华大藏经〉》 10

赵普 67、802、838、842

赵延寿 155、158、159、160、161、162、163、164、165、166、168、169、170、177、188、222、241、243、503、597、738、739、942、946、947、951

赵匡胤 226、228

赵保忠 290

赵保吉 290

《周书》 3

阻卜 61、149、218、219、221、249、253、254、255、258、260、278、279、280、281、282、283、284、285、286、292、294、303、336、358、359、362、373、389、392、393、394、680、692、693、699、700、701、703、819、892、909、910、926、932、936、940、949、960、961、965

阻午可汗 19、46、48、53、54、76、145、452、461、471、579、580、581、638、653、654、709、713、773、797、798、853、854、856、857

阻里 46

诸弟之乱 15、18、56、77、78、86、143、436、446、531、532、655、717、718、720、721、722、723、724、725、726、727、735、746、747、756、760、875、879、

884、886、887、888、889、890、896、901、906、907、911、915、917、926、929、932、934

镇州城 35、111、157、158、166、168、282、283、331、899、909、936、947、961

《中州集》 5、507、844

中京大定府 265、267、302、352、518、555、588、598、674、675

中都大兴府 349、380、381、389、609

张俭 952、953

张弘靖 64、492、799、800

彰德皇后 124

彰愍宫 216

镇州 35、85、111、121、153、157、158、164、166、167、168、172、191、201、206、222、254、282、283、284、331、336、355、358、359、483、505、605、607、665、673、738、742、899、909、929、930、936、944、945、947、956、961

镇州建安军 254、283

政事令 148、186、187、206、212、224、252、509、533、534、753、923、931、952、960

正隆官制 349

第三卷　索引

A

阿剌吉八　359、363

阿尔泰山　10、57、58、81、86、
　91、100、103、157、226、229、
　258、378、381、622、758、765、
　768、769、798

阿儿孩·合撒儿　99、119、686、
　689、690

阿儿浑　6、34、152、266、267、
　313、314、633、756

阿塔赤　105、245、246、826、827、
　828、829

阿合马　15、151、343、422、571、
　652、653、654、714、764、782、
　783

阿剌吉酒　272、275

阿剌兀思剔吉忽里　194、196、472、
　619、620、621、625、627、629、
　633、634、636、637

阿剌海别吉　621、629、630

阿剌脱忽剌兀　755、814

阿剌罕　658、659、660、670、672、
674、675、676、677、695、701、
702、705、709、710、711、845、
847、848

阿剌忒纳失里　216、360、528、545、
768、792、793、794、795、796

阿纳失失里　572、573

阿阑·豁阿　64、66、67、70、72、
88、550

阿蓝答儿　153、154、159、161、
341、346、348、513、659、695、
758、780、827、833

阿里不哥　34、50、52、111、156、
157、158、159、160、162、164、
166、168、179、210、224、229、
247、253、259、310、311、342、
344、345、346、347、348、349、
350、377、378、379、380、381、
384、386、391、401、402、404、
405、465、467、468、485、502、
505、513、519、521、530、531、
543、546、555、556、557、571、
574、583、594、599、604、609、
611、613、622、632、652、658、

686、695、710、712、756、758、
759、760、779、780、787、788、
789、790、792、814、827、833、
837、854、859

阿里麻里 169、349、399、401、
402、468、529

阿里海牙 338、347、519、652、
844、845、846、851、852

阿吉只八 792、877

阿雷河 391、623

阿鲁剌惕 68、69、797

阿鲁辉帖木儿 316、 326、 411、
434、457、886

阿鲁忽 157、348、349、378、379、
380、381、382、384、398、466、
758、759

阿鲁秃 626、627、632

阿剌的纳八剌 625、626、633

阿母河 144、152、348、756

阿母河等处行尚书省 152、756

阿沙不花 184、251、861、862、
863、864

阿沙·敢不 113、114、799

阿速 313、315、316、325、326、
344、356、357、359、362、365、
367、374、375、376、390、392、
402、427、475、543、546、601、
664、752、754、755、757、758、
766、767、768、769、811、812、
813、826、827、828、829、830、

861、862、864、880

阿速卫 315、316、325、326、357、
359、367、543、546、601、766、
767、827、828、829、861、880

阿失 233、393、394、476、562、
593、595、596、598、600、601、
604、606、608、610、612、613、
859

阿失秃鲁 632

阿失台 571

阿失黑 574

阿失不剌 307

阿失铁木儿 347

阿尤 311、594、604、658、659、
682、691、695、760、815、816、
817、818、844、845、846、847、
850、851、852、853、854、855、
857

阿尤鲁 519、520

阿札失里 528、529

阿只吉 156、291、347、391、466、
471、472、505、511、529、542、
623、632、758、790、848、864

阿难答 126、216、351、391、394、
462、466、471、476、478、507、
515、524、531、538、539、540、
541、542、543、544、545、546、
548、549、572、596、597、623、
762、859、862

爱育黎拔力八达 190、216、 325、

351、370、438、477、478、544、
572、597、763、764、765、863

爱不花 195、255、275、308、402、
548、621、622、625、631、632、
633、634、635、636、638、639、
640

按陈 37、102、121、124、129、
130、196、204、230、323、478、
551、552、554、555、556、557、
560、562、564、565、571、577、
578、580、582、668、682、708、
776

按赤台 123、125、127、129、130、
204、227、228、229、303、486、
492、496、497、499、500、501、
504、509、510、511、512、513、
514、515、593、603、775、777、
820

按摊不花 540、545、546、634

按梯不花 357、359、543、544、
546、767

按浑察 530

按竺迩 830、831、832、833

安童 105、363、388、401、402、
405、468、469、559、594、631、
651、653、654、673、675、676、
683、698、700、704、705、708、
709、711、714、760、781、783、
788、844、848、861

安西王 39、52、126、167、171、

216、351、391、393、394、403、
462、466、470、471、478、507、
524、531、532、533、534、535、
536、536、537、538、539、540、
541、542、542、544、545、546、
547、548、549、572、595、597、
605、613、762、784、786、787、
795、838、859、862、863

安抚司 153、339、341

暗都刺 151

爱不花 195、255、275、308、402、
548、621、622、625、631、632、
633、634、635、636、638、639、
640

爱育黎拔力八达 190、216、325、
351、370、438、477、478、544、
572、597、763、764、765、863

爱猷识理达腊 34、409、410、411、
433、517、518、574、772、867、
873、874、879、884、886、888、
892

爱牙赤 506、785、786、787

爱薛 25、289、311、372

奥都剌合蛮 144、147、754、774、
835

奥鲁赤 253、326、360、523、533、
534、542、660、661、662、672、
673、674、677、686、693、694、
698、700、703、705、707、782、
792

B

八不沙 125、126、373、393、414、506、507、508、515、516、524、573、770、861

八百媳妇 524

八剌忽 66、78、79、91、319

八邻部 48、69、102、391、403、433、439、468、791、843

八剌 10、20、380、381、382、383、384、386、388、457、467、468、475、488、515、561、814

八剌哈孙 182

八剌哈赤 105、332、415

八剌沙衮 462

八剌失里 216、362、363、544、545、561、596、597、604、605、613、627、795、

八思巴蒙古字 437、438、439、455

八思巴 338、438、458、459、461、586

八思巴文 18、182、264、285、300、303、438、586、609

八都帖木儿 628、633

霸都鲁 345、651、652、708、709、710、711

拔都 6、13、14、50、157、229、234、312、379、382、441、468、494、501、518、561、564、565、570、591、665、752、753、754、755、774、775、786、812、813、814、818、820、824、826、827、829、832、836

拔徹 659、700、702、705、709

孛伯拔都 391

巴彦乌拉古城 303

拜住 34、289、352、353、354、356、357、373、457、483、546、573、651、653、654、655、656、662、670、673、675、676、679、683、694、698、699、700、701、704、708、709、711、714、716、765、766、828

白莲教 46、427、794

白达达 135、254、619、634、639

包银 152、218、231、355、462

宝儿赤 104、106、118、184、687、799、857

宝合丁 163、854

北口 12、118、122、246、306、310、316、329、331、362、363、414、432、565、828、829、869、890

北京 9、12、118、122、123、130、133、137、138、141、142、143、144、148、149、158、159、161、162、163、164、165、166、167、168、170、177、180、185、199、201、205、206、207、209、210、212、232、236、243、251、253、

262、264、271、279、281、287、292、302、306、310、311、321、329、331、350、362、363、450、502、506、520、521、554、578、593、606、607、609、610、611、612、619、624、636、649、653、657、681、682、748、749、780、808、824、826、855

北京行省　137、138、143、161、164、167、168、170、205、236、681、682

北京宣慰司　164、205

北元　34、50、204、205、218、289、301、366、376、377、393、429、439、498、503、517、518、772、787、838、875、886、888、891、894

北使记　7、8、23

北巡私记　19、19、191、692、867、886、888、889、891

孛鲁　113、116、119、500、651、652、657、670、676、679、680、683、685、690、708、713、756、840

孛鲁欢　847

孛鲁合　346、365、756

孛鲁古歹　129、500

孛老站道　306

孛罗帖木儿　253、362、412、413、414、415、416、417、432、509、

517、526、561、562、573、574、696、771、868、869、871、877、884、885

必阇赤　26、40、61、104、127、144、145、146、232、495、756、774、835

丙申分封　231、579、651、659、670、672、673

别里古台　95、106、124、126、129、214、227、228、229、310、324、347、393、402、485、486、488、490、491、492、493、496、497、498、500、501、504、507、513、521、529、530、797、822

别失八里　10、23、106、144、151、157、230、389、378、381、386、387、391、398、726、829、834、849

别失八里等处行尚书省　151、152、378、381、398、756

别儿哥　288、315、347、348、379、380、382、492、501、504、755、775

别儿怯不花　376

伯颜　46、48、64、169、278、311、343、360、361、363、365、369、370、372、374、375、376、389、390、392、398、402、403、404、406、418、420、421、439、440、441、469、472、477、480、532、

542、556、571、572、594、598、604、606、648、659、660、661、667、682、688、695、709、710、711、760、761、769、771、782、790、794、828、843、844、845、846、847、848、849、851、852、853、855、857、872、878、879、880、884、886

伯颜忽都 562、573、574

伯颜察儿 360、792、794、853

伯蓝也怯赤 571、761

伯里阁不花 392、662、693

伯里撒 411

宝昌州 2、183、184、185、186、293、306、307、330

博尔术 103、105、229、555、648、700、703、706、707、748、797、798、799、800、804、805、818

博尔忽 95、105、110、229、555、648、703、706、798、799、800、805、857、858、861

博罗欢 243、514、521、582、653、691、709、826、844、847、854、855、856、857

博儿赤 703、706、737

孛端察儿 64、66、67、68、69、817、823

孛儿只斤 67、90、452、486、551、745

孛儿帖 93、220、228、288、377、

486、553、554、586、570、719、746、750、800

孛秃 102、130、131、132、206、208、209、394、590、591、592、593、594、595、596、598、599、600、601、602

孛要合 621、622、626、627、629、630、631、632、635、641

孛罗忽勒 799

孛脱灰·塔儿浑 110

孛斡儿出 492、797、799、801、820、822

伯岳吾氏 70、71、863

卜答失里 202、215、216、370、560、573、575

卜鲁罕 351、353、572、762、859、862、863

不鲁纳 253、323、627、636

不鲁古赤 263、264、525

不儿罕山 64、67、69、70、689、746、797、817、822、823

不忽木 439、440、441

不花帖木儿 75、363、370、388、508、526、838、877

不花剌 135、267、314、379、382、749、807、834、863

不花 171、592、595、599、600、621、787

布浑察 97、609、720

不颜昔班 620、621、629

不只儿 151、152、564、565、577、756

不欲鲁汗 99、747

C

差发 11、103、160、161、242、526、803、834、857

漕运 153、277、278、420、834

察八儿 323、324、397、398、399、400、476、477、483、859、860、861

察必 345、531、548、555、571、574、652、711、723、761、779、780、844

察合台 6、33、52、61、71、77、113、135、156、228、229、232、234、235、288、289、291、310、311、314、324、335、346、347、348、349、350、351、361、368、377、378、379、380、381、382、383、384、386、387、388、390、392、392、394、396、396、397、398、399、400、401、466、467、468、469、471、477、478、482、483、484、494、502、507、539、541、552、570、595、620、623、632、638、686、687、749、750、751、752、755、758、762、773、775、776、779、790、791、798、829、830、832、859

察合台汗国 228、289、311、324、348、349、380、382、384、386、388、397、398、399、400、401、468、477、478、483、859

察合台兀鲁思 347、378、379、380、381、383、384、396、468、483、829

茶合带 658、670、671

茶引 279

察罕脑儿 12、39、181、182、183、216、217、306、310、321、329、330、332、335、544、545、548、597、739、795

察罕脑儿宣慰使司都元帅府 172、215、299、306、548

察罕帖木儿 412、413、414、415、416、417、418、419、428、429、430、431、433、509、545、795、865、866、867、868、870、871、872、875

册那颜 564、572

昌州 11、12、117、133、142、183、184、185、186、272、293、306、307、330、649、448

昌王 323、235、323、364、387、480、544、545、568、592、593、594、595、597、598、600、601、603、604、605、606、607、610、613、615、632

朝会 107、239、333、334、335、

343、369、422、459、519、703、738、755、839、842、857

成吉思汗 4、5、6、8、9、10、23、24、25、28、29、34、35、37、38、41、42、43、45、46、47、48、50、51、52、53、57、64、66、67、68、69、70、71、75、76、78、87、88、90、91、92、101、102、103、104、105、106、107、108、109、110、111、112、113、114、115、116、117、118、119、120、121、122、123、124、125、126、127、129、130、132、134、136、137、138、139、140、142、145、149、168、174、183、194、204、207、209、214、217、220、221、222、226、227、228、229、230、232、233、238、249、267、268、269、275、276、288、301、310、314、316、317、318、319、320、322、324、344、348、349、350、364、365、367、375、376、377、378、383、384、396、397、401、403、405、406、437、447、451、452、453、454、465、466、467、472、473、480、483、485、486、487、488、489、490、491、492、493、494、495、496、497、498、499、501、502、503、504、505、509、510、511、512、514、527、537、551、552、553、554、555、556、563、564、565、566、567、568、569、570、574、575、577、578、580、582、587、588、590、591、592、599、600、601、602、603、606、612、613、615、619、620、621、628、629、630、632、634、635、637、638、640、644、646、647、648、649、651、657、659、661、663、664、667、670、671、676、678、679、680、682、685、686、687、688、689、692、696、697、698、699、700、701、702、703、704、705、706、710、711、712、719、720、728、730、732、733、739、740、745、748、749、750、751、752、754、755、759、760、773、776、777、778、779、788、791、798、799、800、801、802、803、804、805、806、807、808、809、810、811、813、814、816、817、818、819、820、821、822、823、824、825、826、830、833、834、835、837、838、843、857、862、863、885

扯儿必 99、686、688、702

彻彻秃 368、370、375、392、471、479、480、481、598、606、623、791

彻里帖木儿　530

称海　33、170、225、226、245、
　　249、256、257、258、275、276、
　　316、324、326、390、393、395、
　　434、471、472、473、474、475、
　　476、477、478、500、622、623、
　　781、858、860、862、863、868

称海宣慰司都元帅府　170、478

赤老温　72、105、229、555、648、
　　664、703、705、706、710、798、
　　804、805、861

抽分　240、242、244、245、274

储政院　240、265、266、272、370

床兀儿　360、390、391、392、393、
　　394、398、400、466、471、476、
　　500、539、623、685、839、858

丑汉　473、474、478、479、556、
　　577、583、626

出伯　52、388、391、466、471、
　　623、786

D

大安阁　176、177、292、311、343、
　　351

大断事官　106、107、144、145、
　　146、147、148、151、155、157、
　　158、365、454、582、663、664、
　　680、752、834、835、862

大根脚　697、717、834

大蒙古国　5、25、29、34、35、36、

52、57、59、61、63、65、67、
69、71、73、75、79、81、83、
87、89、91、95、97、99、101、
103、104、105、106、107、108、
109、111、113、115、117、119、
121、123、124、125、127、129、
131、135、136、137、140、141、
142、143、144、145、147、149、
151、152、153、156、157、166、
168、174、179、191、220、222、
223、224、226、231、238、292、
311、319、320、328、347、349、
350、365、378、384、386、486、
505、551、577、582、620、648、
670、678、682、692、713、748、
750、753、754、758、759、802、
806、809、834、835、843

大元　8、22、106、128、157、162、
166、184、187、195、210、211、
220、233、241、244、246、252、
258、259、268、280、291、292、
294、298、303、323、324、325、
355、366、399、421、424、434、
444、460、461、474、480、481、
495、507、508、509、516、549、
560、579、596、598、609、612、
614、621、625、626、627、636、
638、642、655、691、697、760、
763、764、765、766、788、792、
815、817、818、832、848、860、

861、863、864

大扎撒　107、108、453、454、748、
　751

达鲁花赤　25、26、40、50、135、
　138、139、141、145、148、149、
　150、151、160、162、164、173、
　181、182、184、200、201、226、
　231、235、236、266、297、335、
　343、359、374、375、385、413、
　420、442、490、495、505、508、
　527、557、580、581、584、630、
　638、639、641、643、657、658、
　664、676、697、707、749、753、
　759、764、767、793、823、827、
　828、829、830、841、864、878

鞑靼　23、37、41、42、44、49、
　63、76、81、82、86、87、94、
　214、274、319、550、616、617、
　618、619、620、629、634、647、
　668、721、738

达兰达葩　752、754

大明城　206、284、302、460

大印子马　245

大元通制　244、291、355、481、
　508、598、621、636、655、764、
　765、766

答己　216、351、352、353、354、
　355、356、365、475、477、478、
　541、545、560、572、575、596、
　655、714、763、765、766、859、

863、878

大宁　71、132、133、134、149、
　164、165、168、205、206、255、
　256、262、263、266、268、270、
　271、284、302、304、306、310、
　321、365、431、432、460、517、
　563、605、609、610、611、669、
　824、883、890、891

答剌麻八剌　353、358、392、475、
　560、571、572、575、763、784

答里台　97、98、104、564、565、
　570、747、798

答失八都鲁　412、413、428、429、
　868

答即古阿散　783

答阑·捏木儿格　77、98、798

答阑·巴勒主惕　592

答兰版朱思　94、746

答兰·秃儿合黑　566

带孙　650、657、658、670、671、
　673、674、676、684、685、686、
　687、691、692、699、702、703、
　705、707、712、715、861

窦默　338、654、780、840、842

带都剌　109、110

断事官　106、107、136、144、145、
　146、147、148、151、152、154、
　155、157、158、159、163、166、
　167、195、200、232、233、234、
　235、257、276、346、350、355、

365、370、385、387、401、402、
439、454、491、526、527、540、
541、581、582、642、663、664、
665、680、748、756、789、800、
801、802、803、804、834、835、
841、844、845、854

倒剌沙 357、359、360、361、362、
363、508、526、768、769、770、
792、875、876、877

德宁路 134、194、253、297、321、
636、637

帝师 178、179、198、305、459、
462、586、587

籴粮 195、203、204、251、252、
256、279、280、311、323、637、
638

钓鱼山 156、621、661、756、827

迭儿列勤蒙古 550、551、645、647

元定宗 149、162、183

定王 233、596、787、788、792、
892

丁家洲 846、847、852

丁巳户籍 153

珊阿不剌 202、558、559、560、
573、575、580

东道诸王 36、124、126、127、
128、132、133、156、168、226、
228、236、303、310、322、343、
345、347、349、363、389、405、
406、407、408、468、471、485、

486、487、489、491、492、493、
495、496、497、498、499、501、
502、503、505、507、509、510、
511、512、513、514、515、517、
519、521、523、524、525、527、
529、543、578、588、606、755、
758、760、775、814、838、849、
861

东胜 117、135、142、149、192、
193、195、205、255、294、296、
306、307、308、309、310、312、
412、456、593、620、621、622、
638、639、640、650、750、879

东胜州古城 296

东京 49、60、94、118、121、122、
128、131、141、143、149、159、
165、166、168、191、208、209、
210、212、214、215、222、264、
268、271、321、325、405、406、
502、521、610、611、613、669、
681、807

东夏国 123、211、594

东路蒙古军元帅府 363、838

东路蒙古军万户府 408、838

董文炳 325、338、341、847、848、
853

都行省 119、133、139、140、162、
342、649、661、679、680、703、
712、713、759、802

都哇 380、386、387、388、391、

392、393、394、395、396、397、398、399、400、471、473、476、477、483、507、521、524、525、539、552、559、604、613、623、624、626、632、642、790、791、792、829、848、858、859、860

董文忠 782、855

董文用 164、338、783

度支院 240

笃麟铁穆尔 698、699、701、704、716、717

独木干公主 621、630、631、635、641

朵奔篾儿干 50、64、66

朵儿边部 69

朵儿只 376、518、571、576、656、657、669、681、682、684、692、698、703、715、779、786

朵儿朵怀 389、391、392、406、408、470、623、790、791、838、839

朵罗阿歹 686、687

朵列纳 126、515、516、517

朵尔赤 517、518

E

鄂伦苏木古城 194、296、305、637

额勒只吉歹 107、144、663、664、687、704、705

F

范文虎 760、851、852

分封制度 33、34、52、196、226、227、231、232、234、243、466、482、498、500、672

丰州古城 295、460

丰州 10、34、39、65、66、117、135、136、192、193、195、254、261、262、266、270、274、275、283、292、294、295、304、306、307、308、310、431、449、456、460、462、620、638、639、640

附会汉法 173、759

风宪宏纲 764、765

抚州 9、11、12、117、132、133、137、142、152、180、183、187、192、195、246、251、283、306、397、340、637、649、788、807

G

甘麻剌 169、221、224、225、229、253、358、389、390、391、393、394、395、409、466、470、471、472、473、474、475、476、481、506、539、371、572、595、596、604、623、626、633、761、762、784、790、792、838、858

甘肃行省 173、215、259、261、309、311、322、364、681、785、

855

盖里泊　9、12、185、272、306、
　330、415

高克恭　448、450、451

高昌　127、128、364、387、495、
　518、568、632、645、817

高和尚　343、782

高丽　57、82、122、123、138、
　166、191、212、213、215、305、
　326、343、40、408、418、431、
　432、433、493、494、504、511、
　513、514、520、525、532、573、
　593、617、623、653、681、683、
　702、725、751、756、770、880、
　883、893

格坚皇帝　765

浍河堡　113、117、748

奎章阁　177、178、360、375、443、
　454、716、769、878

钩考　154、202、341、346、518、
　757

官牧场　238、242、243、244、245、
　248、326、367

广宁王　129、214、310、402、500、
　501、529、530

广武康里卫侍卫亲军　863

贵由　6、7、13、34、53、123、
　147、149、151、224、230、231、
　307、312、377、379、381、385、
　401、403、429、494、499、501、

510、518、535、574、593、603、
　621、631、663、690、751、752、
　753、754、755、772、773、774、
　775、812、813、827、860

国王　8、10、14、34、36、42、48、
　51、75、82、119、123、128、
　132、133、134、139、140、166、
　167、186、232、343、362、431、
　493、494、495、510、512、520、
　532、543、592、613、630、648、
　649、650、651、652、653、656、
　657、668、669、670、671、678、
　679、680、681、682、683、684、
　685、686、687、690、691、692、
　698、699、703、712、713、715、
　738、752、802、815、816、861、
　884、885

郭子兴　19、20、427、428、434

国师　414、438、459、545

罟罟冠　722、723

H

郝经　338、339、345、758、780、
　848

海云　147、337、338、756、803、
　840

海都　15、50、67、68、76、90、
　92、125、166、169、228、230、
　249、258、323、324、335、343、
　350、351、366、380、381、382、

哈剌鲁万户府 366、368、838

哈只儿 566

哈剌兀台·帖儿坚 729

哈剌拔都 360

哈丹秃鲁干 406

哈丹 68、156、230、255、322、
347、348、366、383、389、406、
407、408、505、510、511、512、
513、514、515、519、521、522、
534、556、558、594、595、664、
752、756、758、760、761、812、
820、823、839、856

哈拉不花 348

哈剌火州 274、387、726、791、
834、853

合撒黑·帖儿坚 729

豪州 131、132、209、210、211、
594、606、607、608、610、611、
612、613

郝和尚 148、149、162、824

和世㻋 190、191、216、233、249、
351、361、364、368、369、370、
371、372、379、480、484、573、
605、764、765、768、769

和林宣慰司 168、169、170、225、
258、279、395、466

和林行省 170、225、258、323、
324、370、466、478

和宁路 225、226

和买 224、245、247、248、249

河东山西道宣慰司 136、167、170、
171、191、192、244

贺仁杰 534、537、877

贺胜 877、878

贺惟一 877、878

河间王 249、406、470、622、632、
634、750

黑城遗址 259、283、299、300

黑车子室韦 23、63、81、82、83、
194、616、617、618、619

黑山头古城 127、303、497

黑鞑靼 619

横相乙儿 754

弘吉剌部 35、38、66、70、93、
95、97、98、121、129、130、
196、201、203、204、236、243、
247、301、304、321、322、323、
343、415、471、478、488、550、
551、552、553、555、557、559、
561、563、564、565、566、567、
569、570、571、573、577、578、
579、580、581、582、583、584、
585、586、587、589、590、610、
668、682、719、720、725、747、
816、824、829、837、855

红巾军 248、278、293、328、410、
413、426、427、428、429、430、
431、432、433、434、545、628、
771、772、794、795、865、867、
868、870、881、882、883、884、

忽迷思　274、725、726

忽鲁不花　107

怀都　627、628、633、816

桓州　12、33、115、117、118、132、133、137、142、152、174、180、181、183、203、250、270、282、292、293、306、330、340、649、668、757、811、824、826、841

呼罗珊　6、384、552、567、749、776、834

晃坛豁　68

画境　147、150

花剌子模　6、71、107、111、314、453、566

回回　27、119、138、144、179、185、218、220、238、245、266、267、269、280、289、290、291、305、313、314、315、330、342、342、359、375、419、442、448、450、461、462、525、588、759、768、770、782、803、851、862、875、876

哈的司　461、462

会通河　277

霍鲁海　346、347、348、758

禾忽　380、385、387、393、401、535、860

火臣别吉　592、599、602

火儿赤　104、130、513、519、578、661、756、835

火忽　130、553、554、564、565、577、578、668

火室房子　728

浑都海　159、161、346、347、348、513、659、758、827、833

浑都帖木儿　417、530、560、572

阔阔出　126、169、360、390、391、392、401、402、406、466、468、469、471、472、473、475、481、482、493、541、559、623、785、788、791、792、799、813、858

阔亦田　96、805、819

阔帖兀阿兰　755

阔列坚　228、229、249、324、349、401、403、406、468、632、750、838

阔端　25、105、126、151、166、230、231、242、458、535

阔里吉思　6、135、373、390、392、466、471、534、539

阔阔真　288、549、571、572

J

击鞠　741

急递铺　305、343

贾鲁　425、771

贾居贞　175、338

贾似道　345、420、816、841、846、847、852

夹谷通往　139、148、192、193

夹谷永　141

夹谷唐兀歹　148、150

监国公主　39、150、298、629、630、640

金帐汗国　31、288、380、382、447

箭筒士　104、701、702、822

吉利吉思　6、25、38、79、81、103、109、110、111、126、276、321、349、350、389、390、391、453、470、472、787、789、790、839

祭天　334、730、756

济南王　125、126、310、499、500、510、512、514、515、524、839

济宁郡王　557、558、600

济宁王　199、200、302、555、558、585、615、682

缙山　117、118、329、748

净州　39、116、117、134、135、136、194、236、251、252、254、255、279、283、296、297、298、307、310、311、321、448、456、620、634、636、637、638、639、642、748、806

江南户钞　105、231、499、500、585、607、608、609、635、657、670、673、674、675、701、799、855

将作院　265、272、331、562、881、882

监藏八刺　596、605

金山　10、121、134、197、225、245、323、324、361、366、368、393、394、433、445、466、471、472、480、507、521、528、554、559、623、647、791、837、838、839、858、859、860、862、893

金莲川　36、174、175、183、292、337、338、339、341、454、841

金莲川幕府　183、337、338、339、341、454

晋王　34、125、126、169、194、224、225、229、233、257、266、324、357、358、359、389、390、391、393、394、395、409、470、471、472、473、474、475、476、478、482、506、515、527、539、546、582、595、604、626、627、628、633、642、762、767、784、786、790、791、792、839、858、859、875、876

集宁路古城　33、39、284、297

集宁　33、39、134、184、194、195、254、271、283、284、296、297、307、321、456、462、636、638

净州路古城　39、297、638

净州路　39、134、194、283、296、297、298、307、321、456、636、

637、638

景教 51、135、287、288、289、
317、327、458、460、461、588、
615

君不花 19、308、621、622、626、
631、632、635、638

掘里不花 621、632、635

K

开平 11、12、31、133、155、156、
157、158、159、168、175、178、
179、180、184、224、247、251、
259、272、281、292、293、311、
328、336、340、341、342、346、
349、375、415、459、461、502、
519、529、556、599、650、668、
681、757、758、841、842、877、
878、879、889、890

开平藩府 175

开元路 26、34、50、134、159、
160、163、211、212、213、214、
255、321、406

开元宣慰司 158、162、165、166、
502

开元路五投下总管府 134、213

康里部 71、315、318、838、863

康里卫 315、316、863、864

诃额仑 124、489、496、551、601、
719、799、800

客勒帖该合答 99

克烈部 37、47、74、75、77、81、
91、93、97、98、107、115、
137、287、317、318、553、588、
646、647、648、746、747、750、
797、798、799、820、823、824、
825

科举 186、353、354、355、375、
376、420、448、454、457、764、
771

扩廓帖木儿 20、205、412、413、
414、415、416、417、418、419、
436、509、574、772、865、866、
867、868、869、870、872、873、
874、875、884、885、886、887、
888、892

豁阿歹 805

豁儿赤 102、103、109、319、659、
660、702、703、704、705、707、
791、800

杭忽思 403、752、826、827、829

口温不花 530、777、778

宽彻不花 364

L

阑遗监 240

雷帖木儿不花 833

列班扫马 45

列班骚马 195、308、312、621、
638、741

李昶 338

李德辉 159、164、171、338、532、534、537、538、840

李孟 178、352、353、423、424、763、764、766

李庭芝 852、853、855

李思齐 20、412、413、417、418、419、428、429、436、868、870、871、872、873、874、875、887、888

李璮 35、155、160、162、163、164、342、350、380、622、691、695、759、827、850、853、854

李直夫 448、451

李志常 9、10、86、127、183、196、497、756

东平 11、36、133、137、139、141、158、163、311、353、388、425、429、435、579、598、606、607、609、630、640、650、651、653、654、655、657、658、670、671、673、674、675、676、677、679、680、682、683、684、685、698、700、701、703、705、709、710、711、712、713、715、716、780、855、861、867、887、893

林木中百姓 78、103、109、125

临潢府 122、132、141、159、209、271、607

岭北行省 33、37、125、126、128、136、167、169、170、185、220、224、225、226、229、257、289、321、323、324、326、331、346、347、349、368、390、392、393、394、399、404、406、417、423、433、466、468、470、473、474、475、476、477、478、480、481、482、483、498、512、588、681、787、789、790、791、858

令稳 89、92、745

廉希宪 152、158、159、161、163、165、167、168、236、338、340、345、346、347、348、502、531、682、683、758、782、841

两都巡幸 15、34、328、331、333、336、843

两都之战 216、344、359、363、364、368、369、370、371、434、508、516、562、627、828

辽王 121、127、128、214、362、363、497、508、520、523、524、526、527、528、529、768、792、877

辽王脱脱 362、363、497、508、520、523、524、526、527、528、562、768、792、877

辽阳行省 35、125、128、133、134、168、205、207、208、213、236、255、262、263、264、270、271、288、292、315、316、321、322、406、408、431、432、502、511、

512、528、563、611、612、613、656、668、669、681、696、829、892

辽东道宣慰司　168、170、206、211、212、213

刘秉忠　152、153、178、254、292、337、338、459、781、803、804、839、840、841、842、843

刘柏林　142

刘福通　410、425、426、427、428、430、433、434、794、866、886

刘国杰　257、403、404、405、515、789、818、853

刘敏　146、147、222、774、804、833、834、835

刘太平　153、159、341、347、348、758

刘黑马　139、142、347、526

刘好礼　257、276、350、401、402、789

刘哈剌不花　429、430、434、882、883

六皇后　377、753、754、772、773、775

隆兴　164、180、183、184、185、186、187、190、192、193、203、251、252、253、254、262、266、268、270、272、279、283、323、424、668

鲁王城　196、301

鲁王　200、201、233、301、302、431、560、562、563、573、575、576、579、580、581、582、585、615、682、883

卢世荣　239、282、343、344、422、654、714、783

胪朐河　65、221、358

鲁布鲁克　14、15、223、273、274、312、379、601

滦京　16、177、281、332

M

马奶酒　223、250、272、273、274、316、366、737

马祖常　146、202、281、372、448、449、451、455、570、672、677、709、765

马可·波罗　15、16、27、34、42、44、45、135、177、182、195、254、269、270、271、288、308、312、389、407、408、523、619、620、622、624、638、720、724、738、739

马谋沙　562、563、580、581、740

马札罕　253、627、628、633、634

麻速忽　151、383、756

蛮子台　199、200、203、302、322、393、507、524、556、557、558、559、575、583、585、615、682

忙兀　66、102、119、132、133、

134、142、206、230、243、255、321、322、554、582、588、590、653、671、681、690、691、692、709、746、760、823、824、825、826、854、855、856、857、885

买闾 362、444

买住罕 561、562、573、577

忙忽惕 68、69

忙哥撒儿 75、365、664、665、666、671、699、700、703、706、709、756、817

忙哥剌 167、171、216、403、462、531、532、533、534、535、536、537、538、539、540、544、545、546、547、548、571、595、597、605、634、784、785、787、795

忙哥陈 565、570

忙哥帖木儿 169、431、432、469、594、764、788

蒙古部 23、24、50、64、66、69、70、74、75、77、78、84、85、86、88、89、90、91、92、93、94、98、116、127、132、163、172、192、238、249、250、253、293、317、318、365、377、454、491、497、528、551、563、582、586、588、590、627、647、666、687、719、745、746、747、801、806、809、817、820

蒙哥 6、7、9、14、26、33、40、

49、71、104、108、144、151、152、153、154、156、157、174、183、221、224、229、230、231、274、292、312、338、339、340、341、344、345、346、347、349、366、374、375、377、378、379、380、381、382、383、384、391、401、402、434、453、459、461、467、468、469、479、480、492、494、495、501、504、505、518、543、552、555、556、563、564、570、571、587、588、592、594、598、599、603、604、621、631、633、636、652、658、661、664、665、671、672、683、687、690、691、692、693、703、730、752、753、754、755、756、757、758、760、775、777、779、780、787、788、791、812、814、815、816、822、827、836、857

孟速思 338

蒙古诸汗国约和 388、396

蒙古军都万户府 392、534、660、661、662、677、688、693、694、695、606、711

篾儿乞 26、40、46、66、75、77、78、86、87、90、91、93、95、98、100、103、109、116、126、319、374、375、392、480、486、490、491、566、588、648、719、

746、772、797、798、800、804、810、811、822、836

明文之争　344、364、367

明里帖木儿　52、168、323、389、390、397、398、401、404、467、468、470、471、483、760、788、789、790、859、862

冥婚　720

木格千户　687

木华黎　4、8、10、34、35、37、48、51、75、90、95、102、103、105、113、116、118、119、122、123、130、132、133、134、136、138、139、140、144、186、213、229、232、255、318、322、353、362、376、493、510、554、555、582、592、593、606、613、629、640、646、647、648、649、650、651、652、656、657、658、660、664、666、667、668、669、670、671、673、674、676、678、679、680、682、683、684、685、686、687、688、690、691、692、693、697、698、699、700、701、702、703、704、705、706、707、708、709、711、712、713、714、715、716、717、748、749、797、798、799、800、801、802、805、823、839、861、885、891

木怜道　262、305、307、310

木八剌沙　279、344、378、380、381、382、384

木速蛮　461、548、549

木南子　516、517、606

N

纳钵　185、240、250、282、306、329、330、331、333、357

纳陈　37、201、202、555、556

纳哈出　20、134、481、528、647、892、893

纳失失　34、266、267、462、572、573、723、736

纳怜道　307、309、311

纳忽山崖　99

那木罕　166、168、169、224、225、350、351、381、382、386、388、389、401、402、406、467、468、469、470、471、472、481、482、507、512、520、521、529、532、559、571、577、594、622、653、760、784、787、788、790、837、838、848

那颜　66、68、72、89、99、101、102、103、104、105、107、109、120、136、142、145、229、232、233、234、265、398、399、467、468、493、495、497、505、552、554、558、564、570、572、580、642、664、665、670、680、682、

363、506、507、508、509、516、526、861、877

千户制 101、103、111、125、168、242、364、580、690

迁转法 165、342、759

契丹 14、23、33、44、59、60、62、65、71、73、82、85、86、87、115、117、118、119、121、122、132、137、139、174、185、238、269、287、288、289、312、320、419、448、453、493、526、551、554、608、617、619、634、646、649、657、678、737、803、821、824、834、836

乞台不花 159、346、347、758

乞台普济 392、473、475、476、477

奇皇后 216、409、410、411、412、416、772、869、870、879、884

起輦谷 33、51、334、736、737

欠州 276、390、401、402、403、404

欠欠州 276、403

谦谦州 111、257、258、275、276、313、321、348、350、472、758、788、789

怯薛 26、34、37、49、91、99、104、105、106、111、144、145、118、200、232、246、315、324、325、326、332、343、344、365、

368、374、422、423、581、582、649、653、654、660、661、689、700、701、702、703、704、706、707、710、717、741、748、785、798、799、800、805、806、809、814、827、833、834、857、858、861、879、881、882、885、886、888、894

怯薛长 37、105、332、653、654、704、705、707、798、799、805、857、861

怯薛执事 105、106、144、182、232、365、701、702、703、704、705、706、857、881、882、894

怯绿涟河 406、472、510

怯绿连河斡耳朵 221

怯怜口 51、127、195、201、202、233、235、266、269、272、423、548、580、581、582、628、640、642、812

乞颜氏 51、89、90、92、94、95、97、100、486、491、746

歧国公主 118、748

钦察 14、51、54、66、71、77、228、238、273、288、305、311、313、315、316、317、326、365、366、367、368、369、372、375、376、378、379、381、383、389、390、392、396、401、402、515、522、655、664、749、750、752、

754、755、769、770、808、809、810、811、812、813、826、827、828、836、837、838、839、857、862、864、877、880

钦察汗国 228、288、305、311、378、379、396、401、750

钦察卫 315、316、326、360、365、366、367、372、390、392、655、837

钦察左卫 366

钦察亲军都督府 838

亲王出镇 409、465、467、471、473、475、477、479、481、482、483、556

青册 45、454、801

秦蜀行省 161、163、165、166、167、171、172

丘处机 9、10、86、87、127、137、143、183、193、196、204、256、307、408、497、587

驱口 135、144、145、147、218、313、315、526、638、802、803、804

曲雕阿兰 95、494、510、667、751

曲律皇帝 763

曲吕不花 543、544、546、767

曲律不花 357、359

泉府司 50、278、290、291

全宁路 196、199、200、201、202、204、302、321、456、570、576、

580、583、584、586、587

全真教 461、587

群牧监 238、240、830

R

壬子户籍 153

儒户 218、456、713、753

儒学教授 173、456、720

S

散只兀 67、96、747

珊竹 67、138、412、428、695、741

萨里川 99、750

萨都剌 38、177、334、442、443

萨满教 78、116、458、489、586、588、729、737

撒麻耳干 9、267、314、462、749、751、776、808、810、811、834、863

撒勒只兀惕 33、67、68、317

撒斡儿合·帖儿坚 729

三模合拔都 118、119

沙蓝朵儿只 480、597、598、605、607

莎余儿合勒 50、229、230、231、578、580

沙井总管府 134、194、195、296、298、307、321、456、636、638

三峰山 120、510、751、778、802、811、831

陕西四川行省 158、161、162、165、171、216、537、597

陕西行省 150、167、171、172、215、217、244、310、321、322、341、364、528、534、535、545、681、795、865、867、873、887

散班 99、104、566、661、663、671、687、702、798

撒答剌欺 266、267、268

撒里蛮 388、401、402、403、404、405、469、530、559、622、789

唆鲁禾帖尼 103、111、145、337、344、531、664、754、755、779、787

郿王 194、195、625、626、635、637、642

搠只合撒儿 503、504

搠只鲁钞罕 667

搠赤塔儿马 661、667

硕德八剌 351、353、361、765

桑哥 172、202、323、343、344、422、481、510、512、535、540、545、714、762、858、878

桑哥八剌 558、560、562、632

速哥八剌 596、601、604、615、627、632、634

山东河北蒙古军都万户府 660、694、695、711

赛典赤 135、148、151、159、163、165、639、756

删丹 830、833

尚乘寺 240、881

上都 12、13、15、16、17、20、33、34、35、36、39、44、51、126、132、133、141、158、174、175、178、179、180、181、182、183、184、185、186、187、188、189、191、197、199、200、203、204、205、216、224、240、243、245、246、248、250、251、252、259、262、263、264、265、266、268、269、270、271、272、274、276、277、278、279、280、281、282、283、288、292、293、304、305、306、307、310、311、315、316、317、321、328、329、330、331、332、333、334、335、336、337、343、344、351、353、357、359、360、362、363、364、366、367、368、369、371、375、396、407、408、411、415、416、430、432、433、434、436、439、440、449、454、455、456、458、459、461、462、475、481、598、521、525、526、527、542、546、547、558、594、598、627、650、656、660、668、676、681、716、728、730、733、739、740、761、763、766、768、769、771、772、782、792、817、823、824、828、842、

843、849、855、863、873、876、877、878、879、883、884、886、887、889、891、892

上京 17、121、122、123、131、132、133、141、143、159、176、177、178、199、208、209、212、214、250、281、287、292、302、321、331、334、442、449、607、608、668、727

尚书省 26、36、40、106、107、119、137、138、139、144、145、146、147、148、150、151、152、153、154、155、157、166、168、169、172、190、236、346、353、378、381、398、424、512、522、545、653、654、680、681、756、763、764、774、774、802、834、835、858、878

赡思 135、148、151、162、448、449、450

烧饭 222、736、737

色楞格河 63、70、72、73、77、79、645、799

色目人 4、105、163、173、194、242、312、313、315、419、420、442、457、581、582、586、629、719、759、770、876、881、882

僧子聪 338、841、842

射柳 740、741

射草狗 740、741

胜纳哈儿 125、406、470、506、510、511、512、514、521、594、838

圣节 626、738

势都儿 124、125、126、406、499、506、507、508、521、522、594、786

失吉忽秃忽 47、106、118、227、454、752、798、799、800、801、802、803、804、808

十路课税所 140、141、143、144、149、160、191、192

十三翼 25、51、94、317、486、590、702、746、823

石室 61

石抹明安 118、119、122、138、141、148、149、150

石抹也先 122、138

石抹咸得 777

石顶河儿 183、185、250、330

十投下 119、230、232、670

十路宣抚司 158、159、160、161、163、164、341、342

十道 147、148、149、150、158、191、192、842

失列门 91、352、501、509、522、572、655、824、887

侍卫亲军 37、99、262、315、316、325、326、367、369、403、583、655、662、693、694、782、863、

864

史天泽　119、142、152、153、158、
　339、341、342、844、851

史天倪　138、650、713

史天祥　149、649

史权　333、343

石天应　122、138、593、650

室韦　23、37、47、57、59、60、
　61、62、63、64、65、70、73、
　75、76、78、81、82、83、84、
　85、86、87、88、89、194、550、
　616、617、618、619、645、647

收继婚　719、720

枢密院　107、155、163、172、193、
　236、258、263、331、332、336、
　342、357、409、427、468、506、
　537、543、546、559、588、693、
　782、794、844、880

刷马　239、247、248、249

四川蒙古军都万户府　695、696

四杰　105、110、478、648、703、
　710、711、798、799、799、804、
　805、857

四等　419、420、457、598、725

四季宴　738、739

四季行宫　47、222、223

四狗　229、555、809、818

宋子贞　138、142、165、338

商挺　158、161、163、165、340、
　345、403、532、535、538、654、

781

昔保失八剌哈孙　182

昔班　347、401、433、620、621、
　628、629、775、812

速不台　42、50、120、314、315、
　555、566、686、749、751、752、
　777、806、807、808、809、810、
　811、812、813、814、816、817、
　818、820、822、827、836、850、
　862

速勒都思　71、72、105、687、690

速合讷惕部　69

双城总管府　212、213

水达达　26、159、213、214、255、
　263、496、521、525、786

岁哥都　153、401、468、594、604、
　760、788

岁赐　34、105、231、239、354、
　355、366、391、422、499、500、
　504、510、511、513、519、529、
　541、542、579、585、609、640、
　641、659、670、671、672、677、
　685、786、788、790、793、800、
　803、825

搠思监　409、411、412、414、481、
　517、528、869、880、884

唆都哥　558、599、600、605

唆儿火都　555、556、564

T

塔塔儿　6、63、64、66、67、75、76、77、86、90、91、92、93、94、95、96、97、98、103、106、116、317、318、453、486、488、491、550、553、563、648、657、658、667、676、699、703、705、707、716、745、746、747、756、776、798、800、801、806、820、822、835

塔塔统　42、108、437

塔察儿　121、128、156、345、346、389、405、406、481、485、492、493、495、497、501、502、504、505、512、513、518、519、520、521、523、528、529、598、609、710、756、757、758、775、777、800、812、814、816、861

塔剌思　350、379、380、383、384、400、462、478

塔思　350、379、380、383、384、400、462、478

塔思不花　525、764、829

唐兀　6、14、312、313、316、453

唐兀惕　114、230、466、548、549

唐兀卫　316、325、827

唐兀歹　148、150

唐其势　363、375、771

唐麓岭　275、404、878

唐五路　404

泰不华　443、444、457

泰宁路　127、128、207、213、255、321、497、528、669

泰亦赤兀惕　68

泰亦赤乌　66、71、89、91、92、93、94、95、96、97、103、317、486、490

泰赤乌　590、746、747、804、805、819

泰定帝　179、190、216、221、224、239、255、256、305、328、335、356、357、358、359、360、361、362、367、373、445、462、470、472、474、475、479、480、482、484、508、516、526、527、528、530、544、546、561、562、572、573、588、396、597、601、604、613、627、634、660、767、768、769、786、792、793、795、828、829、876、877、880

太阳汗　68、81、91、97、98、99、134、487、491、493、620、747、749、806、810

太不花　429、880、883

台不花　91

探马赤　27、30、34、36、37、51、234、242、315、387、388、412、413、420、431、467、478、521、535、554、555、582、583、593、

613、661、671、680、690、692、693、694、703、829、864

特薛禅　37、93、102、124、129、197、200、201、204、322、478、550、551、552、553、554、555、556、557、558、559、560、561、562、564、565、566、569、570、571、575、576、577、578、579、585、600、668、719

天顺帝　344、768、877

天历政变　359、372、660、695

帖卜腾格里　489

铁木格斡赤斤　486、773

铁木迭儿　351、352、354、356、357、365、372、543、546、572、655、714、765、766、878

帖木儿不花　368、375、436、480、530、665

铁木儿不花　364、370、764

帖木哥阿蛮　97、98、551、553、563、564、570

铁穆耳　7、106、225、344、351、396、408、409、474、482、513、539、558、571、572、595、605、761、762、784、838、849、862

铁木真　67、92、93、94、95、96、97、98、99、100、101、137、317、486、487、488、489、490、491、492、493、509、552、553、563、564、591、602、647、648、

697、702、719、745、746、747、772、797、798、799、800、801、804、805、806、807、809、810、817、818、819、820、821、822、825、836

帖里干道　305、306、307、310

帖里垓　592、595、598、599、602、603

通惠河　277、858

铁失　356、357、358、359、365、474、543、546、597、601、766、767、828、876

土土哈　34、71、111、229、316、365、366、367、389、390、391、393、397、402、403、406、408、465、466、469、470、472、512、521、685、788、790、836、837、837、838、839、864

土剌河　11、229、357

秃绵　109、110、319

秃麻部　79、109、110

秃苦灭　324、393、399、860

图帖睦尔　190、360、361、362、364、368、374、695

拖雷　6、103、105、111、116、117、120、145、151、153、228、229、230、231、232、234、314、337、338、344、346、377、380、382、383、388、391、393、401、453、468、494、499、501、510、

518、555、567、570、571、577、630、639、649、664、686、687、688、690、749、750、751、754、755、757、758、775、776、777、778、779、787、790、802、805、809、811、812、814、822、824、831

妥懽帖木儿 161、191、336、341、344、373、446、493、551、573、709、770、771、772、848、863、

脱脱更化 376、771

脱脱木儿 362、363、372、401、402、403、404、468、469、540、613、615、760、788、789、794、828、837、855

脱脱禾孙 185、217、305

脱怜 77、561、571

脱罗禾 565、577

脱忽察儿 566、567、568、569、570、807、808、810

脱桓不花 662、677、694

秃格 686、688

兀鲁思不花 357、359、391、543、546、623、767、788、790、791

W

万户 36、103、119、123、126、127、136、139、142、149、153、157、162、170、184、193、196、208、211、212、213、229、230、240、242、247、258、260、261、262、263、278、292、301、316、317、318、319、320、322、324、326、339、342、347、350、356、361、363、366、368、369、374、375、386、390、392、399、402、408、412、413、441、478、498、499、510、519、525、526、533、534、535、552、554、555、556、557、558、559、560、574、575、584、585、588、590、596、600、610、613、640、648、650、660、661、662、665、667、671、672、674、676、677、685、688、690、693、694、695、696、700、711、748、752、756、759、791、793、794、798、799、800、815、818、825、826、827、828、833、837、838、839、846、847、853、857、861、865

万户府 123、127、170、193、208、211、212、213、258、260、262、263、278、316、326、342、361、366、368、369、374、375、386、408、519、525、534、660、661、662、676、677、688、693、694、695、696、711、759、815、828、833、838、839

完泽笃皇帝 761

王鹗 48、338、343、452、781、

842

王恂 122、338、440、780、781、782、840

王文统 155、157、158、163、342、841

王傅 127、200、232、233、234、235、236、296、470、479、495、502、507、508、540、541、545、581、626、627、628、631、632、633、860

王傅府 195、200、201、202、216、232、233、515、532、538、544、562、581、597、610、615、642、793、795

王罕 74、75、318、486、487、488、491、503、504、509、553、563、564、602、648、798、799、804、824

汪古部 33、37、39、45、48、51、66、80、81、83、102、116、117、124、134、135、136、191、194、195、196、230、236、253、254、255、283、287、295、296、298、299、304、305、308、318、321、322、323、402、433、448、460、471、539、548、555、559、588、590、610、615、616、617、618、619、620、621、622、623、624、625、626、627、628、629、630、631、633、634、635、636、637、638、639、640、641、642、643、682、719、725、747、791、830

汪古图 628

汪世显 832

汪良臣 513、532、758、833

汪德臣 755

汪惟正 171、347、348、403、640

王禅 362、363、475、479、482、508、526、562、768、769、793

王著 343、782

王相府 167、171、470、531、532、533、534、535、536、537、537、540、541、542、548

旺兀察都 184、186、187、189、190、191、294

望云道 306

畏答儿 102、230、555、671、680、691、709、746、823、824、825、826、854

畏兀儿 5、6、14、41、42、81、108、116、137、152、166、184、218、221、274、312、313、315、377、378、380、381、385、386、387、388、391、396、398、401、453、466、468、539、621、629、632、645、651、719、726、779、834、

畏兀儿体蒙古文 108、300、437、438、439、481、586、808

卫绍王 113、115、116、748

魏赛因不花 417、418、872

围猎 11、113、494、739、740、825

斡赤斤 10、36、52、87、120、124、125、126、127、128、129、133、156、207、226、227、228、229、232、255、264、303、321、345、393、401、404、405、408、468、485、486、489、492、493、494、495、496、497、498、499、501、502、503、507、508、512、513、518、519、529、521、522、523、524、525、526、528、578、594、606、756、760、773、774、775、778、789、856、861

斡陈 489、492、554、555、574、575

斡耳朵 8、10、13、14、23、25、34、36、49、52、104、105、113、153、169、174、220、221、223、224、231、233、239、240、243、293、312、316、324、325、344、345、348、349、350、367、380、386、400、405、407、467、470、471、472、473、474、475、481、482、494、498、510、522、566、571、712、718、720、727、728、733、735、739、747、753、755、761、773、774、777、779、

784、787、789、814

斡耳寒河 74、402、403

窝阔台 4、6、7、25、34、40、42、47、103、105、106、107、108、116、117、120、123、132、135、140、144、147、147、148、149、151、152、156、158、159、160、166、174、191、192、214、221、222、223、224、228、229、230、231、232、234、241、242、270、270、271、288、310、314、322、323、324、335、346、347、350、377、378、380、381、383、388、393、396、397、398、399、400、401、404、434、449、452、458、462、467、474、477、482、482、483、492、494、498、499、501、502、504、510、514、525、539、541、553、554、556、569、570、574、577、579、584、586、590、592、593、594、595、603、613、620、630、632、638、640、651、659、661、663、664、665、670、671、680、686、687、689、690、697、702、703、704、711、720、728、740、750、751、752、753、754、755、758、759、762、772、773、774、776、777、778、779、789、798、799、802、803、804、805、811、812、813、814、822、

824、826、827、830、832、834、835、836、859、860、868

窝阔台兀鲁思　231、378、380、383、396、477、483

窝阔台汗国　228、311、323、380、382、388、396、397、398、399、400、401、474、477、483、539、574、762、859、860

斡里札河　94、746、776

斡罗臣　202、556、557、558、559

斡难河　64、67、68、75、94、95、96、98、101、129、228、324、486、491、498、504、591、646、647、666、667、668、746、755、809、818、819

斡兀立海迷　755

斡留察儿　561、573

斡脱　25、26、49、50、152、183、289、290、291、648、678、696、697、699、700、710、756

斡脱古·孛斡勒　648、478、496、497、499、700、710

斡亦剌部　78、102、109、110、135、229、230、319、348、639、800

斡勒忽讷惕　70、551、574

吴王　126、433、446、515、516、517、518、606、871

武备寺　265、269、741

吾也而　123、138、149、212

兀良哈　64、66、69、70、125、126、127、529、566、682、689、699、700、752、809、817、818、822、823、890

兀鲁惕　68、69

兀鲁思　34、52、66、91、92、101、124、128、136、224、229、230、231、234、305、309、311、346、347、350、357、359、378、379、380、381、382、383、384、391、396、401、404、405、406、408、468、469、474、477、483、484、485、486、487、489、491、493、494、495、496、497、498、499、501、502、503、504、505、506、507、509、510、511、512、513、515、517、518、519、520、521、523、524、525、527、528、529、530、541、549、577、578、588、597、746、773、784、812、813、829

兀鲁黑　52、128、490、498、775、819

兀鲁思道　305

兀鲁忽乃　347、378、381、758

兀剌海　112、173、215、217、259、299、785、786

乌伯都剌　359、360、792

乌古敌烈统军司　65

五投下　36、124、132、134、156、168、213、345、349、433、521、

554、555、582、583、590、591、592、598、612、613、649、652、658、661、671、680、681、683、690、691、692、693、698、703、714、758、823、854、856、861、885、888、891

五户丝 125、135、147、153、231、266、399、499、500、584、585、607、609、635、639、641、653、657、670、671、672、673、684、701、753、799、800、857

五部断事官 257、350、401、402、789

乌哈笃皇帝 770

X

西道诸王 156、172、203、229、324、343、346、377、378、379、380、384、386、391、396、405、406、466、485、486、498、499、501、502、503、505、520、521、523、529、538、588、758、774

西京 117、123、136、139、141、142、143、148、149、158、159、162、163、164、165、170、171、180、183、186、191、192、193、248、251、252、253、261、262、270、279、287、294、311、315、321、347、431、628、631、636、751、780、883

西征 6、8、9、23、43、50、65、71、113、119、135、139、142、145、193、229、273、287、313、314、315、318、320、349、366、379、439、452、493、494、505、509、548、552、566、571、621、630、649、664、726、749、750、751、753、755、756、773、776、798、802、805、807、809、810、812、813、826、830、834、835、836、844、857、862、863、889

西夏中兴行省 161、164、172

西京宣慰司 163、170、191、193、251、253、262

昔里吉 169、225、257、343、350、391、401、402、403、404、405、439、468、469、471、476、507、529、543、546、559、577、594、604、622、633、652、653、689、714、757、758、760、784、788、789、790、829、837、848

昔木土脑儿 349、513、519、759

昔剌斡耳朵 13、728

昔宝赤 104、182、184、329、472、640、862

夏贵 845、846、847、851、852、853

祥哥剌吉 36、198、199、202、237、459、560、575、576、582、586、587、720

详稳　65、89、92、321、634、635、745

象辇　729

相威　652、691、714

兴和　36、117、132、133、174、183、184、185、186、187、190、191、248、251、252、266、267、271、272、283、293、294、304、307、321、330、430、432、628、668、862、892

行中书省　11、134、137、143、155、156、157、161、162、163、165、166、167、168、170、171、172、220、225、236、260、342、388、418、468、521、532、537、559、653、660、661、681、710、788、817、818、819、823、824、844、847、852、855、856、857、860、872

行枢密院　63、217、413、532、533、534、536、537、662、793、795、844、847、866、867、868、878、880、881、882

旭烈兀　6、7、9、52、153、157、311、344、345、346、347、348、349、378、379、380、381、384、439、453、552、571、633、688、756、758、760、779、805、844

旭迈杰　359、767、828、876

许兀慎　71、90、95、857

许慎部　785、799

许国桢　338

徐世隆　159、245、338、842

许衡　338、440、654、714、780、842

雪你惕　68、105、230

宿卫　40、99、104、133、137、190、201、202、240、242、252、279、315、316、324、325、326、341、353、360、361、365、366、369、371、374、423、441、455、475、653、654、659、661、669、671、693、699、700、702、706、707、727、759、777、813、826、827、829、833、835、837、850、857、862、876、881

徐寿辉　20、427、428、794

宣徽院　240、242、272、331、336、354、357、665、706、707、857

宣慰司　136、156、157、158、161、162、163、164、165、166、167、168、169、170、171、172、191、192、193、205、206、207、211、212、213、225、226、244、251、253、258、262、279、321、323、387、392、395、405、406、411、412、413、466、474、478、502、511、521、533、535、536、544、597、627、628、795、856

宣政院　156、172、326、331、336、

350、356、360、375、410、412、
459、876、881

薛禅皇帝 757

相哥八剌 201、302、555、557、
559、560、570、575、576、579、
580、581、582、585、

祥哥剌吉 36、198、199、202、
237、459、560、575、576、582、
585、586、587、720、

湘宁王 216、362、363、544、597、
629、795

Y

牙老瓦赤 140、147、151、152、
754、756、804、835

牙忽都 389、401、402、403、408、
468、469、470、471、507、566、
790

牙纳失里 527、528

雅八剌哈 45

姚伯颜不花 416、884、886

姚枢 11、48、146、154、165、
338、339、340、343、654、757、
780、841、843

严实 119、641、650、670、712、
713

盐引 279、280

燕王 232、529、532、779、781、
782、784、828

燕京等处行尚书省 150、151、152、

236、756

燕京行台 144、145、146、147、
152、153、157、680、834

燕铁木儿 34、184、190、191、
330、359、360、361、362、363、
364、365、367、368、369、370、
371、372、373、374、375、376、
479、508、527、530、562、573、
838、880

燕家梁 39、289、308、309

燕真 338、440

杨恭懿 682、683、782、783

杨果 158、159、338、339

杨惟中 53、338、339、340、774

杨奂 338

也黑迭儿 338

叶仙鼐 338

杨惟中 153、338、339、340、774

杨朵儿只 352、766、878

阳逻堡 345、757、845、846、852

羊羔儿息 290、291

药木忽儿 169、233、389、390、
391、395、401、402、403、404、
405、467、468、470、472、596、
623、760、787、788、789、790、
791、792、829、839

也孙铁木儿 221、357、358、473、
486、546、604、633、767

也速该 67、75、90、93、96、97、
104、127、227、486、490、495、

552、601、697、719、745、818、820

也速不花　504、529、555、574、814、822

也不干　229、400、406、470、622、634、642、838

也速也不干　794

也只里　125、126、204、393、408、507、511、512、514、515、524、542、838、839

也柳干　659、672、674、695、702、709

也可札鲁忽赤　152、501

也可·蒙古·兀鲁思　101、747

也可那颜　142、775

也儿的石河　69、77、81、103、109、111、113、230、390、399、400、403、404、434、477、776、789、791、836、859

也先不花　72、134、289、400、413、431、478、483、681、684、885、887、892、893

叶密立　230、231、397、399、401、751、754

耶律楚材　8、9、25、29、38、42、53、115、140、141、143、144、147、192、231、290、365、584、637、663、751、753、773、774、777、802、803、812、834、843

耶律大石　66、71、86、619、836

耶律留哥　121、123、214、554

耶律阿海　115、137、142、148、150

耶律秃花　136、137、142、148

乙未籍册　147

乙未户籍　526、752、803

也里可温　460

益兰州　257、276、350、402

懿璘质班　216、373、573、770、771

亦都护　221、386、387、568、629、726、794

亦怜真八剌　596、601、604

亦里海牙　596、601、604

也速迭儿　535、659、660、672、677、695、702、709、788

也孙帖木儿　472、474、475、478、572、875、876

也先帖木儿　218、362、410、412、427、478、480、481、482、543、544、546、766、767、880

亦乞列思部　102、130、132、206、208、209、211、230、236、255、322、590、591、592、593、595、596、597、598、599、600、601、603、605、606、607、608、609、610、611、612、613、614、615、682

亦集乃　18、19、34、173、215、217、218、219、220、259、261、

283、299、300、306、308、309、311、315、456、457、459、461、462、889

亦鲁该 663、686、687、689

伊利汗国 6、7、15、51、288、289、305、311、312、349、350、378、380、396、397、400、401、453、483、552、750、805、809、855

驿站 34、80、169、185、195、207、214、217、220、225、235、239、304、305、307、308、309、311、329、331、390、391、556、612、637、638、751、753、830

驿道 33、37、38、204、224、288、292、296、305、306、307、308、309、310、329、333、347、433、584、830

医学教授 173

移相哥 46、125、347、348、349、497、501、502、504、506、556、598、599、759

也松格 487、503

懿州 131、132、165、206、207、208、209、210、211、215、255、256、264、271、405、431、506、513、594、600、606、607、608、609、610、611、612、613、614、615、786

应昌 20、39、130、196、197、198、199、200、201、202、203、204、205、236、250、259、279、293、301、302、304、321、343、402、403、406、407、431、446、456、459、515、521、523、557、558、559、560、562、570、580、581、583、584、586、587、615、772、837、855、874、883、891、892

营王 475、480、481、482

英宗新政 35、353、655、766

幼子守灶 721

右手万户 103、230、711、798、861

右手诸王 748

玉昔帖木儿 105、263、390、407、408、513、522、558、572、294、682、761、762、783、798、828、849、856

玉龙答失 229、345、350、375、382、401、402、467、468、479、601、633、757、758、789

玉里伯里山 71、365、752、836

玉木忽儿 546、594、604、787、788

鱼儿泺 9、118、196、251、560

元太祖 114、138、139、183、193、217、439、569、650、749、801、807、830

元太宗 132、144、147、148、162、

266、525、526、607、773、778、
811

元定宗 149、162、183

元宪宗 9、51、151、183、344、
402、604、756、757、780、814、
815、841

元世祖 50、105、133、135、161、
169、171、187、191、194、196、
197、200、205、212、231、232、
234、235、257、259、260、261、
263、268、270、293、308、315、
323、325、328、337、352、366、
367、410、420、422、440、442、
545、555、556、557、558、561、
562、565、570、571、575、581、
587、594、595、597、599、600、
604、721、757、760、839、878

元成宗 106、108、194、196、225、
326、328、351、390、395、396、
397、399、408、420、473、474、
475、477、540、555、559、576、
585、595、597、604、615、630、
638、761、765、784、790、818

元武宗 128、170、186、200、220、
225、232、291、351、360、368、
399、424、426、474、478、545、
560、572、579、580、581、585、
615、762、768、795、861

元仁宗 233、234、329、351、367、
368、400、438、459、462、474、

572、577、763、767、786

元英宗 179、250、306、351、365、
442、474、572、573、615、765、
876

元明宗 190、367、371、768、770

元文宗 3、203、213、256、321、
362、369、371、445、449、517、
573、769、770、838

元宁宗 373、479、770

元惠宗 3、12、19、20、42、191、
204、205、248、264、278、294、
328、334、372、373、374、375、
409、414、417、419、421、424、
428、429、430、434、436、449、
480、503、557、562、573、580、
581、615、725、770、794、873、
879、880、881、884、885、886、
887、888、889、891、892

元顺帝 373、872、874

元末农民战争 344、425、428

元好问 146、252、254、338、441、
834

余噜罕 661、686、694

月赤察儿 105、128、170、233、
323、393、394、473、476、516、
710、857、858、859、860、861

月鲁帖木儿 336、363、415、508、
509、526、531、543、544、545、
546、549、561、597、795、877

月鲁不花 184、191、372

云需总管府　181、182、183、250、275、330、335、337

云内州　117、135、192、193、266、294、295、432、638

云南王　480、481、532、784、792、793、795、854

云南叛乱　545、793

运河　277、278、425

鱼儿泊　11、196、307、311、403

豫王　216、528、545、792、793、794、795、796

Z

札八儿火者　23、98、119、138、139、149、150、487

扎忽儿臣　59、60、61

札剌亦儿　6、34、35、36、37、51、75、76、86、90、92、95、102、124、132、133、134、142、183、211、213、230、317、322、386、431、453、489、492、554、582、588、590、613、644、645、646、647、648、649、650、651、653、655、657、659、661、663、664、665、666、667、688、669、670、671、672、673、674、675、676、677、678、679、681、682、683、684、685、686、687、688、689、690、691、692、693、694、695、696、697、698、699、700、701、702、703、704、705、706、707、708、709、710、711、712、713、715、716、717、756、824、826、856、885、891

札鲁忽赤　26、40、50、106、152、331、360、501、582、664、665、666、700、748

诈马宴　25、333、344、724、727

札木合　34、91、93、94、96、97、98、99、317、486、487、488、491、563、564、590、591、746、747、805、818、819、822、823

扎撒　703

札牙笃皇帝　769

札剌马丁　338

札剌马秃　407

赵璧　153、157、165、166、338、339、681、756、851

真定　11、141、145、152、153、158、162、163、186、264、311、337、338、342、414、449、531、639、640、672、675、710、722、779、788、841、868、873、887

站赤　35、161、185、207、218、219、234、235、243、306

张荣实　846

张启元　157、158

张文谦　157、158、164、261、338、339、519、781、840、841

张德辉　11、12、25、31、133、

183、196、204、272、275、307、331、338、668

张柔 119、147、148、150、210、773、816、842

张弘范 846、853

张荣 846

张珪 242、354、355、358、359、527、676

张世杰 845、848、853

张瑄 278、421、862

沼兀列亦惕 69

赵璧 153、157、163、165、166、338、339、681、683、756、851

赵王 134、194、195、233、253、254、295、296、323、433、460、615、624、625、626、627、628、629、630、631、632、633、635、636、639、641、642、682

肇州 111、126、207、208、263、264、408、411、523、525

肇州蒙古屯田万户府 263

哲别 116、117、118、121、230、555、565、566、568、620、749、805、806、807、808、809、810、811、822、826

者卜客 489、686、688

者勒篾 70、230、555、689、797、798、806、817、818、819、820、821、822、823

隆镇卫 316、326、362、829

镇国 196、555、621、629、635、641、661、741

真金 34、169、232、358、393、404、440、441、472、473、482、532、558、571、572、573、575、604、622、631、761、763、779、780、781、782、783、784、785、786、787、848、861

质子军 104

质孙服 267、724、727、738

质孙宴 333、727、739

只儿瓦台 343、402、403、556、557、559、560、583、829、837、855

只哈赤·八剌哈孙 182、335

至大铜钱 763

至大银钞 424、763

中氽 279、280、285

中都 8、32、36、39、70、102、117、118、119、121、122、123、133、137、138、141、142、143、150、160、183、184、186、187、188、189、190、191、252、262、271、294、321、325、328、330、371、395、493、507、554、565、593、630、637、748、763、769、776、792、802、807、820、842、890

中统钞 231、424、585

中军万户 103、791

中州断事官　106、145、147、526、
　680、802、803、804
中书省　11、12、26、106、107、
　134、137、141、143、144、146、
　147、155、156、157、158、159、
　161、162、163、165、166、167、
　168、169、170、171、172、172、
　174、179、183、186、187、191、
　192、196、200、207、211、216、
　219、220、225、233、236、240、
　243、244、256、260、277、291、
　320、321、322、331、334、335、
　336、341、342、344、350、352、
　358、359、371、388、409、410、
　418、423、424、449、468、499、
　502、508、519、521、525、532、
　537、538、559、562、579、582、
　588、625、636、639、653、656、
　660、661、662、675、677、681、
　710、715、738、759、764、774、
　781、782、783、788、817、818、
　819、823、824、842、844、847、
　852、855、856、857、860、861、
　863、872、880、881、882
中政院　127、202、216、240、265、
　266、374、375、542、544、547、
　881
尤赤兀鲁思　311、347、379、382、
　383、404、469、483、494、577、
　784、788、791

尤赤　6、97、103、109、110、111、
　135、169、228、232、310、311、
　335、347、348、350、377、379、
　380、381、382、383、396、404、
　467、469、482、483、494、495、
　502、570、574、577、594、602、
　620、638、749、750、751、754、
　755、758、760、776、779、784、
　788、789、791、798、810、814
尤赤台　37、101、102、230、379、
　555、556、558、671、685、746、
　823、824、825
尤伯　384、388、389、400、514
主儿乞氏　90、95、491、664、799
尤忽难　195、622、625、626、632、
　642
尤安　624、625、626、633
诸王　6、10、13、21、36、42、46、
　57、104、105、107、108、120、
　123、124、126、127、128、132、
　133、135、143、144、145、147、
　149、151、155、156、157、159、
　160、161、163、164、165、166、
　167、168、169、170、171、172、
　173、175、177、179、180、181、
　183、185、187、188、189、190、
　191、193、194、195、197、199、
　200、201、203、204、205、207、
　209、211、213、215、217、218、
　219、220、221、222、223、225、

第四卷　索引

A

阿巴丁　96、240

阿巴噶　6、34、108、209、210、
212、213、219、220、223、261、
262、264、271、280、282、283、
287、288、289、290、291、325、
527、560、561

阿巴噶哈喇山　527

阿巴哈纳尔　6、219、220、238、
287、288、289、290、532

阿巴泰　108、157、158、189、220、
269、488、489、490、495、535、
547、565

阿卜都剌扯臣　457、458

阿布萧　535

阿扯来　286、470

阿赤赖孛罗　103、230、231、476

阿赤赖台吉　175

阿底峡　348、349、357、358

阿都齐达尔汉台吉　188、189、
193、545、546、555

阿儿乞蛮　109、114、294、295、

296、536

阿儿脱歹王　31、249、264、273、
279、542

阿尔津　566

阿纨合少　533

阿桂　13、338

阿济格　187、199、204、268、551

阿拉坦汗传　19

阿喇克绰特　222、232、233、527、
535、561

阿剌克绰特　174、175

阿剌忽知院　245、246、247、249

阿剌克汗　273、275、276

阿剌知院　90、92、93、94、104、
116、231、462、463、464、465、
466、476

阿里不哥　45、74、76、77、86、
262、292、311、449、450、455

阿噜蒙古　170、280

阿鲁蒙古　6、191、192、193、211、
212、214、220、221、222、264、
270、274、283、287、290、291、
533、550、557、558、560、561

阿鲁科尔沁 31、41、178、179、212、213、214、215、216、217、219、220、222、232、234、236、264、265、271、272、273、274、275、276、281、527、532、560、561

阿鲁台 450、453

阿弥陀佛 342、344、350、425

阿敏 186、192、193、199、239、265、267、269、271、288、543、547、557、565

阿敏巴噶诺颜 193

阿木出忒喇嘛 563

阿萨喇克其史 11、238、239、479、489、495

阿赛台吉 86、455

阿沙赤 98

阿失帖木儿 98、464

阿什达尔汉 217、219、273、276、538、549、562、563、567、568

阿什海 239、288

阿苏特 27、40、45、462

阿速特 6、95、108、205、207、209、210、221、233、259、261、317、522、531

阿速 6、95、104、106、107、108、205、207、209、210、221、231、233、255、256、257、259、261、284、315、317、450、522、531

阿台 34、36、82、85、86、113、

115、116、252、277、293、312、452、454、455、456、459、460、552

阿台汗 36、82、86、113、115、116、277、293、312、452、454、455、459

阿兴喇嘛 42、157、327、328、330、363、492、493

阿牙他皮 172、175、181

阿尤希固什 43

阿尤喜 403、404、409、495、496

阿晕 206、520

阿扎失里 75、109

阿赛台吉 34、96

埃不哈 207、522、531

艾不哈 222、233、242、254、261

爱马克 33、321、322、325

爱新国 6、7、8、13、27、28、29、30、31、32、36、37、38、39、165、184、185、186、187、188、189、190、191、192、193、194、195、196、197、198、199、200、201、203、204、205、207、208、209、210、211、212、213、214、215、216、217、218、219、220、221、222、223、232、233、234、237、238、242、255、258、259、260、261、265、266、267、268、269、270、271、272、273、274、275、276、280、281、282、290、

324、333、334、337、493、522、524、526、528、529、530、531、532、533、534、535、538、540、542、544、545、546、547、548、549、550、551、553、555、556、557、558、559、560、561、562、563、564、565、567、568

爱猷识理达腊 58、59、62、99、166、445、446、447、448

瑗塔必 175

安出孛罗 47、104、176、231、232、235、236、476、477

俺答 10、11、14、18、19、23、32、34、35、36、37、39、40、41、42、43、44、45、46、47、48、49、51、101、102、103、104、105、106、107、108、119、122、124、125、126、127、128、129、130、131、132、133、134、135、136、137、138、139、140、141、142、143、144、145、146、147、148、149、150、151、152、153、154、155、156、157、158、159、160、161、162、163、164、165、168、171、173、174、179、180、181、182、201、220、238、239、246、251、253、254、257、258、259、260、279、287、288、290、294、298、299、300、302、303、304、317、320、327、328、

329、330、331、333、334、335、336、338、339、351、357、358、359、360、362、363、364、372、374、375、376、387、389、390、391、392、395、396、475、478、479、480、481、482、483、484、485、487、488、490、492、493、494、495、496、497、501、506、507、508、509、510、511、512、513、514、515、516、517、518、519、531、536、564

俺答封贡 39、133、147、153、155、156、161、163、179、181、483、485

俺答汗 10、11、18、19、32、34、35、36、39、40、41、42、43、44、45、46、47、48、49、51、102、103、104、105、107、122、124、125、126、127、128、129、130、131、132、133、134、135、136、137、138、139、140、141、142、143、144、145、146、147、148、149、150、151、152、153、154、155、156、157、158、159、160、161、162、163、164、165、171、201、220、239、251、253、254、258、259、260、287、288、290、294、298、299、300、302、303、304、317、320、327、328、329、330、331、333、334、335、

336、338、339、351、357、358、359、360、362、363、364、372、374、375、376、387、390、391、392、395、396、478、479、480、481、482、483、484、485、487、488、490、492、493、494、495、496、497、501、506、507、508、509、510、511、512、513、514、515、516、517、518、519、531、536、564

俺答汗传 11、19、35、40、41、42、46、47、48、49、51、102、104、105、107、125、126、127、129、134、142、143、155、164、171、239、251、253、254、299、317、339、351、362、363、364、372、375、479、480、481、482、485、488、490、492、493、496、497、501、511、512、513、514、515、536

俺答汗律令 32、320、374、375、376

俺答后志 14、125

俺答前志 14、23、134

按赤歹 248、278

昂阿 197、323

昂坤 211、212、271、529

敖汉 6、29、105、175、176、179、180、181、188、191、192、201、211、216、217、221、222、232、233、234、268、270、271、277、282、294、298、458、527、530、532、541、548、557、561、565

敖目 205、206、260、305、519、520、521、522、532

奥巴 32、38、131、185、188、189、190、191、192、193、196、202、213、214、216、222、265、267、268、269、270、272、281、320、351、530、542、543、544、545、546、547、548、549、550、551、555、558、559、561

B

八旗通志 13、211

巴阿图特 131、481

巴不歹 95、98、474

巴儿速孛罗 10、100、101、102、103、106、107、119、124、227、231、239、241、250、251、252、253、254、255、257、372、474、475、476、479

巴尔斯博罗特 102、211、317、479、505

巴尔虎 48、231、514

巴尔虎彻辰岱青台吉 514

巴尔斯城 40、64

巴噶逊 235、477

巴噶召 335

巴衮 264、265、271、273

巴克 187、195、198、199、200、212、237、238、267、485、556

巴克山 493

巴赖 206、519

巴里坤 132、454、469、509

巴林 6、25、72、114、166、170、172、176、177、178、179、181、191、194、195、196、197、198、199、200、211、216、217、221、232、234、236、237、238、270、282、432、433、477、478、493、530、548、551、555、556、559

巴泰车臣诺颜 280

巴特玛戴青 218、275

巴秃剌 459

巴图拉 77

巴图鲁汗 32、190、268、269、545

巴雅思哈勒昆都楞汗 138

巴雅思瑚布尔古特 219、287、288

巴延岱洪果尔诺颜 280

巴颜 200、238、332、479、495、496

巴颜达喇纳林台吉 479

巴约特 176、177、178、180、181、186、187、194、195、196、197、198、199、200、236、237、238、319、477、478、554、555、556、559

巴岳特 25、172

叭儿厰 257

把班 172、295、536

把汉那吉 46、47、130、150、151、152、163、482、483

把林台吉 25

把秃孛罗 79、80、82、83、86、305、459、460、464

把秃猛可 34、95、96、97、249、316、471、472、473、474

白谷垒 193

白洪大 257、539

白利土司 234、534

白莲教 144、148、151、152、154、162、163、483

白塔儿 207、305、306、521

摆三忽儿 257

摆腰 25、153、171、201、531

摆要把都儿台吉 513、514、515、516

拜思噶尔 550

班禅额尔德尼 337、491

板升 39、44、45、133、134、149、150、151、152、161、162、163、164、165、177、483

宝山寺 207、306、521

北狄顺义王俺答谢表 14、23

北京 5、7、8、14、18、20、50、51、57、62、83、85、88、112、121、140、141、142、143、159、179、207、209、260、297、299、306、327、336、346、365、366、

367、368、387、388、400、404、
431、447、462、482、490、491、
493、506、519、520、521、522、
523、562

北虏风俗　14、23、42、47、50、
51、513、515

北虏始末志　14、22、70

北虏世代　15、102、103、104、107、
108、253

北元　3、6、9、10、17、18、22、
30、32、34、36、37、40、42、
44、45、47、49、50、51、57、
58、59、60、61、62、63、64、
65、66、67、68、69、70、71、
72、73、74、75、76、77、78、
79、80、81、84、85、86、88、
89、92、93、94、95、96、97、
99、100、101、104、109、111、
113、116、117、118、119、120、
158、160、166、167、170、227、
228、229、231、232、235、241、
245、248、256、263、291、292、
307、308、309、310、311、312、
313、314、315、316、317、318、
319、320、321、323、324、325、
326、327、329、331、333、334、
335、337、339、341、343、345、
347、349、351、353、355、356、
357、359、360、361、362、363、
365、367、368、369、371、373、

375、377、379、381、382、383、
385、387、388、389、390、391、
392、393、395、396、397、399、
401、402、403、405、407、409、
410、411、413、415、416、417、
419、421、422、423、425、427、
429、431、433、435、437、439、
441、445、446、447、448、449、
450、451、453、455、459、465、
471、474、476、477、511

贝尔湖　73、81、167、449

贝玛　239、289

本雅失里　34、80、167、277、324、
452、459

本义必用经　330、360、361、362、
389、503

必里克图可汗　445、446、448

弼喇什洪台吉　539、540、541

别里古台　10、34、108、192、211、
219、220、238、262、263、282、
283、285、287、289、290、367、
467、468

别失八里　76、80

别速惕　125、239

宾图楚库尔　539

丙兔　125、130、323、339、481、
539

波尔赫布克　127、480

伯木古鲁巴·朵儿只杰波　489

伯奇太后　535

伯苏特 125

伯言儿 180

伯颜打赖 519

伯颜猛克 94、240、316、471

伯颜帖木儿 90、92、93、256、
312、313、322、462、463

伯要儿 177、181、478

�加思兰 94、97、100、104、105、
117、118、229、239、241、245、
246、237、248、249、250、256、
286、324、468、469、470、471、
472、473、474

孛的打李麻、454

孛来 94、105、109、116、117、
167、172、173、247、249、256、
257、283、284、285、295、297、
298、300、305、314、315、462、
463、465、466、467、536

孛罗忽济农 94、95、96、97、100、
229、231、239、240、471、473、
474

孛罗忽吉囊 34

孛罗乃 31、263、264、265、273、
285、286、468、542

孛罗帖木儿 445

孛只答尔 173

博迪乌尔鲁克 125、480

博第达喇 188、193、264、265、
543

博尔济吉特氏 282

博格达察罕喇嘛 331、499、500、
501

博罗出 368

博罗科尔沁 31、185、266

博罗特额尔德尼王 175

博硕克图汗 46、201、207、210、
531、564、566

博硕克图济农 45、46、157、392、
393、395、497、503、505、506、
511

博同哈屯 479

卜尔亥 180

卜尔报 230、231

卜剌罕卫 26、243、244、245、246、
247、248、252、263、264、278

卜失兔 233、254、484、486、497、
505、523、531

卜失兔汗 233、254、523、531

卜只达剌 107、257

捕鱼儿海子 65、73、81、120、167、
448、449

不地 34、101、102、103、104、
106、108、119、127、128、130、
134、136、138、168、170、172、
175、176、181、219、227、229、
230、231、232、252、253、254、
257、279、280、317、476、531、
535、536、537、538、539、540、
541、542、551

不地可汗 34

不他失里　336、481

不颜答喇合落赤把都儿　506

布达什哩　219、220、290

布尔哈图山　126

布尔海　219、264、265、271、273、
274

布尔尼　29、535

布延巴图尔洪台吉　132、509

布延彻辰汗　180、389、527

布颜　193、202、206、265、273、
276、520、522、538、539、541、
543

布颜洪台吉　202、206、520

布颜图汗　273、276

布占泰　544

C

藏巴汗　234、491、534

藏传佛教　11、41、42、119、130、
156、318、327、328、329、330、
331、333、335、337、338、339、
340、341、342、343、344、345、
347、348、349、350、351、353、
354、355、357、369、375、483、
487、489、490、493、495、514、
534

察布恰勒庙　328

察哈尔　6、17、24、27、29、30、
31、32、35、36、39、40、44、
45、47、97、101、102、103、
105、107、108、124、125、126、
134、157、158、159、165、166、
168、170、173、174、175、176、
177、178、179、180、181、182、
184、185、188、189、190、191、
192、194、195、197、198、199、
200、201、202、203、204、205、
207、208、209、210、211、212、
213、214、215、216、217、218、
220、221、222、223、227、228、
229、230、231、232、233、234、
236、237、238、242、246、248、
250、251、252、254、255、257、
258、259、260、261、266、268、
269、270、271、272、273、281、
288、290、292、294、295、296、
297、298、299、301、302、317、
318、333、337、346、350、359、
389、431、470、475、476、490、
494、496、499、521、522、523、
524、525、526、527、528、529、
530、531、532、533、534、535、
537、538、539、541、545、546、
547、548、549、550、551、555、
556、558、559、560、561、562、
563、564、565、567、568

察哈尔八旗　17、234

察哈尔佃齐　337

察哈尔国　40、234、534、535、541、
551

察哈尔汗 39、170、174、179、181、185、189、191、203、232、258、270、294、296、318、525、527、528、529、535、538、545、548、559、568

察罕达鲁花 277、278

察罕脑儿 58、69、78、122、256、450

察罕万户 228、277、278、279

察合台 10、64、69、76、80、82、87、98、131、367

长昂 27、295、299、303、536

常遇春 57、445

朝克图 41、206、305、430、500、519、521

炒花 172、173、176、177、181、189、190、195、197、198、199、236、237、269、320、478、530、546、556

车臣汗硕垒 220、223、290、566

车根 218、265、273、275、276、560

车根汗 218、265、275、560

扯赤揩 173、264、543

扯汉孛脱郝 533

成吉思汗 10、24、25、30、32、45、77、82、86、93、94、95、96、97、101、102、108、126、127、128、131、186、192、211、214、219、228、235、238、239、240、243、247、248、255、262、263、265、267、269、271、273、275、277、278、279、281、282、283、284、285、287、289、291、293、295、297、299、301、303、305、311、320、321、325、326、352、354、355、358、359、362、363、365、366、367、368、371、373、376、379、381、385、389、390、398、399、430、436、437、440、441、455、460、464、465、467、472、476、477、479、480、490、511、516、528、532、535、536、542、554、556

成吉思汗的两匹骏马 379

赤斤蒙古 76、87、88、128、313

赤列扎木素喇嘛 500

崇谟阁 8

仇鸾 141、142、144、168

楚臣嘉措 490、514

绰尔济喇嘛 189、513、530、546

绰尔齐 529

绰克图洪台吉 234

绰罗斯 132、320、450、459、509

绰啰黑拜帖木儿丞相 472

绰思熙 539、540

绰斯奇卜 257

D

达尔汉巴图鲁 196、197、198、218、

221、233、550、557

达尔汉喇嘛　563

达赖楚呼尔　214、215、272、281、282

达赖喇嘛　42、157、158、159、317、327、328、329、330、331、333、334、335、337、338、339、350、351、363、368、375、392、394、395、396、403、484、486、487、488、489、490、491、492、493、494、496、497、498、499、501、502、505、506、507、508、510、511、512、513、514、515、516、518

达兰特哩衮　101、235、251、252、254、257、475、476

达斡尔　184、192、193、194、266、543

达延汗　10、15、26、27、29、30、33、34、35、44、45、46、47、49、50、51、95、96、97、98、99、100、101、102、103、104、105、106、107、108、109、110、118、119、124、125、128、129、131、133、166、167、168、175、176、178、185、227、228、229、230、231、232、233、235、236、237、238、239、240、241、243、245、246、247、249、250、251、252、253、254、257、261、264、

273、279、286、287、293、296、307、314、315、316、317、318、320、324、325、326、363、367、372、470、471、473、474、475、476、477、480、481、505、506、507

达云绰尔济　564

达云诺延　514

答里巴　81、82、452、453、459

答里巴汗　81、822

答里麻　11、19、173、276、374、477、478

軲軖　12、69、79、115、151、170、243、277、284、327、450、454、466

大草滩　222、234、242、255、534、561、563、568

大成比妓　486

大成台吉　25、28、38、47、107、129、150、151、163、257、259

大都　32、55、56、57、63、92、98、104、111、164、182、245、307、308、310、343、344、348、380、381、387、445、462、502

大黄史　9、10、11、19、50、102、104、139、219、220、228、235、238、239、247、248、262、277、278、283、286、287、288、289、290、362、366、367、368、458、465、470、471、473、479、498、

499、527

大宁 14、23、28、29、40、56、59、64、65、66、67、72、73、77、78、111、112、114、115、120、121、298、299、300、304、310、448

大宁城 29、115、298、299、300

大宁考 14、23

大清会典 13、498

大同 4、29、37、38、57、59、65、68、69、78、83、87、90、98、106、108、113、116、117、118、119、120、122、124、130、134、135、136、137、140、141、142、144、145、146、148、149、150、152、154、155、162、164、167、168、171、180、181、182、194、201、202、209、222、228、229、230、233、247、250、254、292、313、314、454、461、462、481、482、483、485、514、531、551、561

大兴安岭 31、40、73、81、83、102、104、113、114、167、168、170、177、178、192、210、211、212、213、214、215、216、217、220、231、232、236、264、265、272、274、281、292、527、543、550

大召 157、329、330、333、334、

336、339、484、497、513

歹青 176、177、180、181、188、195、236、268、478、546

代善 195、199、237、535、554、556、557、565

岱宗可汗 455

丹珠尔 157、387、388、409、410、411、416、417、439、497

当喇儿罕 97、257、471

倒瓦答失里 460

德格类 175、195、199、551、554、565

德勒登 239

登坛必究 14、23、172、173、244、287

第二次敖木林战役 204、258、560

第一次敖木林战役 204

调解母 346

东科尔呼图克图永丹嘉措 363、488、494、495、498

东土默特 6、27、30、40、191、202、205、206、207、208、209、211、221、222、233、234、254、259、260、261、270、294、302、303、304、306、519、521、522、523、524、526、527、531、532

董忽力 299

董山 456

栋果尔 192、550

栋会 273、276

栋科尔满珠锡里呼图克图　330

栋月多尔济　234

都哩图　132、509

都思噶尔　219、220、290、291

窦图门太后　535

杜尔伯特　31、108、192、193、234、265、543、545、550

度母　343、344、357、379、390、392、393、400、422、423、424、425、426、427、428、429

段奈台吉　25

敦迥旺布　491

多尔衮　223、234、534、535、551、561、562、563、564、565、567、568

多尔济　49、187、193、196、234、241、265、267、273、276、283、289、290、291、389、529、550、560

多尔济布颜图汗　276

多尔济额齐格诺颜　290、291

多罗特部　174、175、191、204、269、562

多罗土蛮　25、26、106、229、247、248、254、278、279、280、466

多木藏顾实　563

朵儿只伯　86、113、115、116、312、452、454、455

朵豁郎台吉　278、466

朵罗干　109、114、263、293、294、295、536

朵颜　12、27、32、45、75、87、98、109、111、112、113、114、115、152、168、169、171、172、179、180、243、244、245、258、259、263、278、279、284、285、289、291、292、293、294、295、296、297、298、299、302、303、322、453、454、456、468、474、535、536、537、542

朵颜等三卫　75、109、111、112、115、291、453

E

俄尔哲依图太后　535

俄木布土门达尔汉台吉　217、274

额布格德依黄台吉　196、197

额尔德尼杜棱洪巴图鲁台吉　519、524、525

额尔德尼召　158、333、495、501

额尔古纳河　178、219、275

额尔克楚虎尔　564

额尔克木古英台吉　287、288

额尔齐斯河　109、131、132

额勒伯克汗　77

额勒伯克尼古埒苏克齐可汗　34、77、96

额勒济格卓里克图　193、543

额齐格顾实　563

额齐格喇嘛　493、563

额色勒贝侍卫 132、509

额森卫征 181

额哲 36、41、223、234、346、534、535、561、563、568

厄鲁特 131、388、481、499、524

鄂尔浑河 61、367、446、447

鄂尔泰 13

鄂勒哲伊勒都齐 131、132、509

鄂木布 46、201、202、205、206、207、208、209、222、233、234、234、254、255、260、261、271、274、305、334、496、519、520、521、522、523、524、525、526、527、531、532、566

鄂木布楚琥尔 208、261

恩格德尔额驸 180

恩克丞相 171、299、536

恩克跌儿大成台吉 107、257、259

恩克汗 10、77、167

尔慎 199

F

方逢时 23、148、149、150、151、155、482

费扬果 538

丰州滩 18、133、149、161、162、483

冯瑗 23

冯时可 23、134

福余 26、31、32、75、98、109、111、113、114、115、168、171、173、178、179、180、184、236、243、244、246、247、263、266、278、291、292、294、477、478、535

抚顺 284、468、553

抚夷纪略 14、23、40

傅友德 61、67、71、72、75、292、447

G

噶儿图阿剌克汗 25、276

噶尔丹 337、424、426、427、428

噶尔马伊尔登 214、281

噶尔图 205、206、208、260、303、305、306、519、520、521

噶尔珠塞特尔 193、194

噶尔珠塞特尔叛乱 193

噶盖 552

噶克察漠都冈干塞忒勒黑 196、237、556

甘珠尔 43、157、158、330、332、334、379、387、388、389、390、396、398、400、401、402、403、409、411、416、496、502、513、534、535

冈留 279

高尔图门太后 535

高丽 56、59、60、63、64、68、70、71、72、76、84、99、166、

308、309、311、445、446

高邮　445

圪他汗　205、519

哥力各台吉　25

革孛来　295、305、536

革儿孛罗　104、105、171、476、536

革兰台　295、296、299、304、305、536

格根汗　333、479、483、492、493

格勒森哲　34

格勒珠儿根城　189、268、546

格埒巴拉特丞相　480

格埒森札　10、104、105、108、176、235、236、238、239、367

格鲁派　42、43、130、156、158、159、234、327、328、329、331、332、333、339、343、348、349、350、357、483、487、490、491、493、494、498、505、507、508、509、512、515、518、534

格呼博罗特丞相　125、126、127

庚戌之变　27、37、133、140、141、142、143、147、148、169、173、174、259、363、482

赓格尔　303、304、526、538、539、541

拱兔　175、181

贡噶斡节尔　388、396、397、398、402

孤山　207、306、521

古埒山　186、267、543、554

古鲁洪台吉　498

古泰塔布囊部　204

固噜思奇布　205

固什囊素　388、400

故宫博物院　185、310、431、432、493、543

瓜州　61、69、76、447

卦尔察　31、266、543

观音菩萨　343、344、392、393、492

广化寺　338、499、500

广宁　40、65、78、85、111、112、113、114、115、121、167、169、170、174、175、176、177、179、180、181、188、195、197、236、237、262、268、294、297、314、318、465、478、527、528、529、537、545、555、556

归化城　38、40、42、44、46、157、164、165、201、202、208、329、333、483、484、500、531、533、534、536、551、565、566

归化城土默特　17、38、44、46、208、565、566

鬼力赤　34、77、79、80、167、263、277、311、450、451、452

鬼邻赤　277

衮必里克墨尔根济农　124、126、127、

128、129、134、143、479、480、481、508

衮布扎布 19、373

衮楚克巴图鲁 221、233、530、557

郭尔罗斯 31、108、192、193、217、234、239、265、283、543、550

郭造卿 23、171、172、244、297、298、299、302、304

国榷 14、165、534

H

哈贝巴图尔 213、27

哈不慎 107、182

哈达 186、298、405、428、528、543、554

哈丹布哈 467

哈尔固楚克 94、455、458、471

哈海额列速 101、251、475

哈拉哈河 74、81、108、211、235、236、287、449、477

哈剌陈 104、105、106、107、108、231、256、257、258、450

哈剌嗔 10、106、469

哈剌赤军 255

哈剌和林 74、131、133、158、446、448、449、459、495、509

哈剌莽来 61、446、452

哈密北山 98、104、256、469、473、485

哈萨克 131、132、509

哈谈巴图鲁 550

哈雅克日瓦 347

海赖 193

海撒男答溪 75

海西女真 87、113、180、186、456、552、554

豪格 199、204、535、551、563、565、566

好陈察哈尔 108、228、230、231、232

好儿趁 173、251、262、472、475

合撒儿 10、31、34、101、108、178、179、192、214、220、231、251、262、263、265、271、273、279、285、320、468、472、542

何远乔 22

和林 24、40、45、61、74、131、133、158、209、445、446、448、449、451、459、480、495、509、529、532

和宁王 82、312

河南王 308

河套 25、26、28、29、37、40、64、68、69、70、94、108、113、115、116、117、118、119、120、121、122、123、126、130、167、168、170、177、178、183、198、201、207、210、211、221、222、223、233、234、236、240、242、

254、286、293、294、299、301、304、327、466、467、469、478、479、484、523、531、534、561

赫图阿拉 553

恒河之流 19、373

红史 369、370、371、372、379、399

洪珪噶尔珠 218

洪果尔 187、191、192、193、265、267、268、280、550

洪果尔冰图 187、191、192、193、265、267、268、280、550

呼和浩特 18、19、20、39、40、42、68、90、92、101、108、161、164、165、191、201、202、203、208、209、222、233、234、238、242、251、254、255、258、270、329、330、331、332、333、334、335、336、337、338、339、363、389、391、475、483、484、488、497、499、500、501、502、513、514、515、522、531、559、561、565、566

呼伦贝尔 17、40、72、73、83、167、176、178、215、217、219、231、264、271、274、275、453

呼图克图汗 185、266、362、401、402

忽兰忽失温 82、452、459

忽兀海太尉 459

虎喇哈赤 47、104、170、172、173、174、176、177、178、184、195、236、265、294、322、323、477、478

虎喇岭 207、306、521

扈伦 186、266、543、554

花当 109、170、171、172、255、258、293、295、296、297、298、299、300、302、303、304、305、322、536

荒忽儿孩 463

荒花旦 257

皇朝藩部要略 15

皇明北虏考 14、22、227、228、229、230、236、246、247、251、253、278、279、286、454、466、469、470、472、479

皇清开国方略 13、530

皇太极 276、550、557

黄把都儿 198、257

黄河 40、64、69、78、94、108、113、114、115、116、117、118、119、120、121、122、123、136、161、164、167、168、170、183、222、223、242、255、296、456、466、469、483、532、534、551、561、563

黄金史 9、10、11、19、20、24、36、45、49、50、51、81、100、102、104、107、139、161、218、

碱场　207、299、300、306、521

金巴达吉　498、499

金巴道尔济　19

金轮千辐　11、19、173、264、274、276、280、286、374、402、477、478

金鬘　19、329、350、351、402

金台什　195

景教　228

靖难之役　78、80、85、120

九边考　14、22、102、103、104、106、168、227、228、229、230、235、236、241、246、295、477、536

九边图说　14、23

九部联军　186、267、543、554

瞿九思　14、125、150、165、170、172、173、175、302、303、372、486

K

喀尔喀　11、25、29、31、32、34、35、45、46、47、50、101、101、104、105、108、125、133、157、158、160、166、168、170、172、173、174、176、277、278、180、181、182、184、185、186、187、188、189、190、191、192、194、195、196、197、198、199、200、201、203、211、212、213、218、219、220、221、223、231、232、233、234、235、236、237、238、239、251、261、265、266、267、268、269、270、271、275、279、287、288、289、290、292、294、315、317、318、319、320、322、323、324、333、366、367、374、475、476、477、478、480、481、488、489、495、499、501、509、524、528、529、530、532、533、541、545、546、547、548、550、554、555、556、557、558、559、564、565、566、568

喀喇车里克部　27、108、214、248、279、281

喀喇河屯　301

喀喇沁　4、6、7、9、10、19、27、30、32、34、38、40、44、45、94、104、108、119、122、138、155、171、172、182、184、191、192、200、201、202、203、204、205、206、207、208、209、210、221、222、233、234、254、255、257、258、259、260、261、265、270、282、284、289、294、298、299、300、301、302、303、304、315、317、322、365、366、450、457、465、469、488、493、495、514、519、520、521、522、523、524、526、527、528、531、532、

535、536、537、538、539、540、541、542、548、551、558、559、560、561

喀屯布拉克　565

卡尔梅克　51、228

开原　14、23、31、67、78、85、111、114、115、120、121、152、167、169、177、178、179、180、181、184、187、188、189、195、237、266、267、284、294、319、468、478、529、546、555、556

开原图说　14、23、169、178、184、266、319、478

康喀儿拜虎　528、529

克列兔　101、476

克列垠呆　533

克鲁伦河　29、40、59、61、64、73、74、80、81、82、84、85、87、108、113、118、119、125、166、167、168、176、231、232、263、287、446、448、449、452、453、458、480

克舍　98

克失旦　103、230

克什克腾　103、115、175、181、221、222、230、232、233、258、490、527、541、561

克石炭　175

控奎罕山　481

库尔缠　188、268、545、549、555

库该山　464

库凯罕山　131

库库河屯　156、161、164、165、484

库伦旗　41、176、177、209、232、237、261、327、341、493、534

库莫里哈喇济农　479

库图克台彻辰洪台吉　42、48、131、132、154、157、317、327、328、329、357、372、373、505、508、509、510、511

宽河　72、77

奎猛克塔斯哈喇　31

魁猛可　173、176、236、271、294、477

坤帖木儿汗　77

昆都力哈　34、106、154、171、257

昆都伦岱青　265、271

扩廓帖木儿　55、56、57、58、59、61、63、64、70、308、315、445、446

阔连海子　81、83

L

拉布克台吉　479

拉萨　158、357、384、389、394、487、490

拉斯喀布　202、204、205、257、258、522、536、538、541

拉喜朋斯克　19

喇嘛洞　338、499、500

喇嘛什希　192、550

蓝玉　61、68、71、72、73、167、446、448、449

老把都儿　127、138、143、153、154、169、182

老哈河　72、77、112、113、114、175、292、297、298、300

老萨　186、267、554

老思　180

勒古失阿哈剌忽　100、474

李成梁　552

李文忠　57、58、61、62、65、67、69、445、446、447

李自馨　39、148、149、151、152、162、163

莲花生　343、346、348、353、357、371、392、393、395、503、505、506、507、508

梁王把匝剌瓦尔密　63

两朝平攘录　14、23

辽河　25、28、40、64、65、108、111、114、121、169、170、176、177、178、198、199、212、213、216、222、233、236、272、281、294、311、478、532

辽阳行省　55、56、59、60、62、63、64、65、67、68、71、72、73、84、243、291、307、309、310、311

辽夷略　14、23、172、174、176、478

林丹汗　9、10、24、27、30、34、36、41、43、45、158、165、175、184、185、188、189、190、191、192、193、194、198、199、200、201、202、203、205、207、208、209、210、211、212、213、214、215、216、217、218、219、220、221、222、223、232、233、234、237、242、254、255、258、260、261、266、268、269、270、271、272、273、274、281、290、291、315、318、331、332、333、345、346、365、367、367、379、388、396、397、400、401、402、484、498、499、521、522、523、524、527、528、529、530、531、532、533、534、535、536、538、539、544、545、546、547、550、551、555、556、557、558、559、561、563、564、565、568

刘仲德　62、447

六万户　10、26、29、33、44、45、101、108、131、227、228、240、248、249、250、261、317、325、367、476、525

隆庆和议　40、122、149、150、179、182、183、483

卢龙塞略　14、23、171、172、244、

295、298、299、300、304、305、536

绿度母传 379、422、423、424、425、426、427、428、429

乱泉寺 207、305、306、521

罗布藏 535

罗密 11、211、373、428

罗桑丹津 9、102、107、248、278、279、283、286、470

罗桑却吉坚赞 491

M

马儿哈咱 74、79、277、311、449、450、451

马儿苦儿吉思 34、94、117、284、465、466、467

马哈木 79、80、81、82、85、95、450、451、452、453、455、459

马市 37、51、87、111、119、142、144、145、146、147、148、149、150、162、173、181、182、482、485

玛哈噶剌 345、346

买的里八剌 34、58、62、70、77、96、447、448

迈达哩呼图克图 331、338、394

满旦 206、520

满都海彻辰哈屯 472

满都赍阿哈剌忽 118、128、239、241、251、257、474

满都鲁 26、86、94、95、96、97、100、117、118、167、227、228、229、231、239、240、241、245、246、248、249、250、252、264、278、280、286、455、457、469、470、471、472、473、474

满惠王 279

满洲 5、6、7、8、10、12、13、14、15、30、31、45、184、185、187、188、189、190、191、193、194、195、196、197、199、200、201、202、203、204、205、206、207、208、209、210、211、213、214、215、216、217、218、219、221、223、232、235、237、238、258、259、260、261、266、268、269、272、274、274、275、280、281、282、290、325、331、520、522、523、524、526、527、528、537、538、540、541、542、544、545、546、547、550、552、554、556、557、558、559、560、562、564、566、567

曼殊室利呼图克图 493、494、495、496

莽古尔泰贝勒 189、192、195、237、269、271、530

莽古尔泰歹青 188、268、546

莽古思 186、187、267、506、544、554

莽古思额儿叠尼合落赤　506

莽骨速台吉　527

莽海锡格津　127、480

莽会　273

莽吉尔丞相　127、480

莽苏尔　538

猫儿庄　461、462

毛哈乞儿　207、521

毛罕　566

毛里孩　94、98、109、117、167、
　230、256、262、263、283、284、
　285、286、287、465、466、467、
　468、470

毛乞炭　206、519、520

茅元仪　23、244、265

卯温都儿　280

卯镇沟　207、521

茂明安　31、60、178、194、217、
　218、219、264、265、273、274、
　275、276、277、531、560

美岱召　38、40、42、157、337、
　338、340、342、346、348、349、
　484、497

猛哥不花　454

猛可不郎　236、279、477

蒙古博尔济吉忒氏族谱　11、373

蒙古合奏乐章　379、431

蒙古筛吹乐章　379、431

蒙古世系谱　15、17、36

蒙古游牧记　15、26、208、261、

297、300、304

蒙古源流　9、10、11、17、19、20、
　22、34、35、36、45、48、49、
　50、82、86、94、102、104、
　105、106、107、129、139、161、
　184、211、241、245、247、248、
　251、252、254、262、266、278、
　317、324、329、330、331、359、
　361、365、366、372、375、394、
　450、455、457、458、459、464、
　465、466、469、470、471、473、
　475、477、480、488、489、493、
　495、497、506、508、509、510、
　511

蒙克察罕诺颜　280

孟克　35、396、467、513

弥勒　338、341、342、414、497

米万春　23、169、297、300、301、
　302、305、521

乜克力　98、107、129、250、324、
　469、473

岷峨山人　279

明安　31、60、131、178、186、
　187、192、194、195、217、218、
　219、221、233、237、264、265、
　267、273、274、275、276、277、
　319、325、336、458、459、529、
　531、543、544、550、554、556、
　557、560

明会典　13、23

明实录 11、12、22、46、206、227、240、244、245、248、249、251、264、277、278、286、292、293、295、296、316、318、461、463、510、535

明史 4、12、22、36、50、67、80、134、141、151、206、446、454、455、466、485、486、520

明照心志论 379、382、383、384、385、387

摩诃萨陲传 379、409、410、411

摩伦 34、94、96、229、230、231、283、284、285、465

摩伦汗 229、230、231、283、284

莫忽儿小厮 462

莫兰台吉 94、465、467

母纳 86、114、115、454、456

木寨 192、550

穆章 215、272

N

内喀尔喀五部 25、31、104、172、173、178、185、187、192、200、221、232、233、271、323、530、532、544、545、550、555、557、559

内齐诺颜 276

内齐托因 331、332、336、351、352

那力不剌 104、106、107、108、257、476

那木答儿 173

那木岱扯力克洪台吉 501、512

那木岱彻辰汗 390、501、512、513

那木岱彻辰鸿台吉 512、514

那言大儿吉能 143

纳哈出 56、59、62、63、64、66、67、68、70、71、72、73、77、84、291、309、310、311、322、446、448

纳林台吉 173、279、479

纳塔 19、329、402

奈曼 6、29、105、131、175、176、179、188、191、192、201、211、216、217、221、222、232、233、234、268、270、271、277、282、294、527、530、532、541、548、557、561

奈曼明安辉特部 131

南楮 563、568

囊囊太后 290、291、535、563

囊苏喇嘛 189、546

恼温江 244、456

脑毛大黄台吉 175、179

讷里古特 184、193、266、543

嫩江 31、75、174、178、186、192、193、200、212、213、216、238、242、244、247、264、266、271、291、294、543、550、554、559

嫩科尔沁　6、31、178、179、184、
　185、186、187、188、189、190、
　191、192、193、194、199、200、
　211、212、213、214、217、218、
　220、221、222、232、258、264、
　265、266、267、268、269、270、
　271、272、273、275、281、294、
　320、532、543、544、545、546、
　547、548、550、554、560、561
尼堪外兰　552
捏怯来　73、74、75、309、315、
　449
宁玛派　343、348
奴母嗔　256、257
努尔哈赤　551
弩温答失里　460
女真　5、6、7、8、14、31、37、
　64、68、71、72、76、84、85、
　87、93、103、111、113、179、
　180、184、185、186、187、192、
　195、206、221、222、223、233、
　234、235、236、237、243、244、
　266、267、311、317、453、456、
　460、520、524、528、534、543、
　544、546、551、552、554、555、
　556、557、558、561、562、563、
　565、567
女直野人　242、244
暖兔　180、189、195、198、201、
　268、546

诺密特默克图　219、287、288、289
诺诺和　239、288、289
诺延泰　265、271
诺颜泰　239、288

P

彭措南杰　491
毗卢遮那　343、344
毗沙门天王　347
毗沙门斡布桑　379、402、403、404、
　409
平章阿失帖木儿　464
平章哈剌　464

Q

七庆把都儿台吉　259
七台吉　32、192、193、194、210、
　265、543、550
戚继光　23、148、297、299、301
祁韵士　13、15
奇喇古特氏　485
切尽黄台吉　131、154、157、317、
　372、373、508、510、511
怯薛丹　230、450
钦察　45、255、256、450
钦定蒙古回部王公功绩表传　13
青把都　175、303
青把都儿　303
清河　529、553
清实录　11、12、13、15、31、38、

268、289、545、564

清史稿　12、13、432

丘富　148、162、163、483

全边略记　14、23、172

全宁卫　74、75

瘸太子　97、229、247、248、278、280、284、466

S

撒木儿太后　94、465、466

萨尔浒　185、553

萨冈彻辰　10、20、51、139、252、365、372、469、497、509

萨哈廉　199、204、216、273、540、551

萨迦·端都布　42

萨迦班智达　328、399、437

萨迦端都布　503、504、505、506、507、508

萨迦格言　383、437、438、439

萨玛台哈屯　467

萨木丹僧格　388、396、398、399、400、402

塞布垒　193

塞冷　215、217、274、276、550

赛那剌汗　102、119、168、317

赛音格根汗　479

三娘子　14、23、34、35、36、44、46、131、132、201、338、484、485、486、497、512、531

三世佛　157、342、408

三卫志　14、22

三云筹俎考　14、23、151、154、161、245、318、319、513、514、515

桑噶尔寨台吉　187

桑土　199、565

色本　187、193、195、198、237、267、545、556

色令　175、562

僧格和硕齐　214、272、281

沙不丹　93、94、280、283、457、458、463、465、467

沙尔巴胡图克图　223、561

沙州　61、69、76、87、88、128、313、314、447、460、461

山西镇　122

山阳万户　30、98、102、109、114、168、170、171、184、231、255、258、260、265、291、292、293、294、295、299、524、535、536

山阳诸塔布囊　6、523、524、541

善巴　11、209、261、303、304、366、379、489、514、526、527

少罕卓里克图　478

舍喇母林　175

舍奴郎　257

沈儿峪　57、68、69、446

沈儿峪之役　69

胜教宝灯　343

胜乐金刚　345、503

盛京　7、8、189、204、209、214、234、260、272、281、335、337、346、493、525、526、532、534、542、546、562、567

失保嗔　257

失吉儿　94、95、129、471、473、474

失吉儿太后　95、129、471、473、474

失烈门　73、74、75、449

失捏干　86、454、456

师朔思节斡节儿　516

十善福白史　19

石里胡那克　530

石讷明安戴青　550

石天爵　134、135、136、137、139、481、482

拾林孛罗　295、536

史集　368、369、371、372

释迦端如布　388、392、393、394

释迦牟尼　43、329、333、337、339、340、341、342、344、353、355、358、361、392、397、398、402、409、423、427、488、497、505、507

殊域周咨录　14、23、243

舒尔哈赤　190、269、547、555、558

舒哈卓哩克图洪巴图尔　177、478

水晶鉴　19

顺义王　14、23、44、46、153、154、155、165、183、201、483、484、485、486、488、490、510、512、531

硕色吴巴什　528、529

硕托　199、204

硕翁科尔地方　217、219、273、276

搠儿河　75、111

四世达赖喇嘛　42、158、331、334、335、392、490、491、497、501、502、507、513

四夷考　14、22

四子部落　31、214、216、272、276、282、565

松布尔彻辰楚库尔台吉　335

松木儿台吉　25、42

松赞干布　357、358、362、373、392、393、395、429、511

苏巴海　177、535

苏巴海太后　535

苏不地　531、535、536、537、538、539、540、541、542、551

苏布亥　303、519

苏克素护　552

苏泰太后　223、535、561、563、564、568

素班第　228、566

素囊　336、486、493

素囊黄台吉　493

速巴亥 125、170、172、173、176、177、181、195、478

速巴亥达尔汉 177、478

孙杜棱 213、214、215、216、272、280

唆鲁禾帖尼 228、472

索儿孙 464

索伦 184、193、194、266

索南嘉措 48、157、158、160、328、329、331、333、372、403、484、485、487、488、490、493、494

索宁歹青 177、195、478

索诺木都棱 221、233、530

T

塔本 264、265、276

塔不乃麻 105、257

塔布囊 6、27、30、40、44、49、109、160、191、201、202、203、204、205、208、209、217、270、282、302、303、304、306、521、522、523、524、525、526、527、531、535、536、537、538、539、540、541、559、563、564、568

塔布囊达雅齐 217、219、568

塔出河 464

塔尔尼 219、239、283、287、288、289、291

台和勒钟根哈敦 505

太保哈剌章 309、446

太平 79、80、82、83、85、155、196、313、317、390、395、409、417、424、453、457、459、460、464、488、508、538、542

太松可汗 455、456

太尉蛮子 73、309、446、449

泰宁 27、28、32、75、98、102、109、111、113、114、115、168、169、170、171、172、173、178、179、180、236、243、244、279、291、292、293、294、295、314、454、477、535、536

谈迁 14、165

唐兀台吉 259

特斯河 473

天克力 207、305、306、521

铁力摆户 101、102

铁岭 31、114、177、184、187、195、237、266、267、528、529、544、556

潼关 58

秃鲁 63、448

图巴罕山 132、509

图古凯诺颜 125、480

图兰 213、280

图类诺颜 125、126、127、480

图鲁孛罗 10、34、101、252、476

图伦城 552

图美 31、190、264、265、269、

271、273、543、547、550

图美只雅哈齐　264、265、271、273、543

图扣台扎萨克图　219、287、290

图们汗大法　32

土不申　75、243、245、246、247、470

土儿根河　101、251、475

土河　113

土拉噶图台吉　519

土里巴图台吉　519

土蛮汗　125、172、179、182、184、219、266、286、289、298、317

土门儿　31

土木堡　87、90、91、93、115、116、322、462

土木堡之变　87、90、91、93、115、116、322

土土哈　255

土谢图彻辰汗　49、130、479

土谢图锡喇汗　34、218、275、276

推河　464

托欢　82

托克马克　132、459、471、509

托里　223、561、563、568

拖雷　131、228

脱儿火察　75、243、454

脱古思帖木儿　34、69、70、72、73、74、75、76、77、79、86、99、167、235、248、291、307、

310、314、348、349、450、451、455

脱欢　82、85、86、87、88、97、113、312、450、452、453、454、455、456、459、460、464

脱火赤　59、70、98、263、284、286、293、308、322、454、468、474

脱力　295、299、301、302、536

脱鲁忽察儿　75、291、293

脱罗叉儿　294

脱罗干　26、94、97、100、103、229、245、246、247、248、249、250、251、252、278、279、470、471、473

脱脱　34、63、86、87、88、89、90、92、93、94、96、97、100、115、116、144、167、229、240、247、248、249、256、263、278、279、280、283、284、293、312、313、445、446、450、454、455、456、457、458、460、461、462、462、463、464、465、466、471、474

脱脱不花　34、63、86、87、88、89、90、92、93、94、96、97、115、116、167、229、240、256、263、279、280、283、284、312、313、454、455、456、457、458、460、461、462、463、464、465、

466、467、471

W

瓦剌　10、12、18、28、34、39、74、77、79、80、81、82、83、85、86、89、90、91、92、93、94、95、96、97、98、100、104、108、109、113、114、116、119、124、130、131、132、139、167、176、182、231、240、244、256、257、262、263、264、277、312、313、316、322、327、449、450、451、452、453、454、455、457、458、459、460、461、462、463、464、465、466、469、473、474、476、480、485、508、509

瓦齐尔巴尼　359、489

完者帖木儿　278、294、535、536

完者秃　80、81、167、277、310

万丹卫征　539、541

万历武功录　14、125、126、150、151、165、170、172、173、175、251、265、302、303、318、372、485、508、510、512、513

汪古部　60、472

王保保　58、60、61、68

王崇古　42、49、132、148、150、151、152、153、154、155、375、482、483、509、510

王公表传　13、15、208、219、220、230、264、274、275、280、281、283、289、290、304

王鸣鹤　23、172、173、244、287

王士琦　23、151、154、161、245

王世贞　22、70、312、322

王享记　14、22

往流　26、30、32、214、248、262、264、277、279、280、283、287、291、477

威宁海子　98、140

委兀儿慎　25、107

委兀慎　256、257、469

委正　172、175、176、177、181、236、478

卫拉特　10、19、31、32、34、36、48、124、129、131、139、160、280、320、324、325、333、363、367、374、436、480、481、485

畏亦忽惕　469

温布　205、336、363、402、497、513、519

文殊菩萨　342、494、515

翁衮都喇尔　176、232

翁果岱　176

翁牛特　26、27、56、57、67、71、108、212、213、214、215、216、217、220、222、232、234、236、248、262、271、272、278、279、280、281、282、283、287、289、292、297、298、325、532、560

翁万达 137、138、139、143、170、
316、317、482

斡赤斤 26、34、75、82、102、
109、235、243、262、279、280、
285、291、293、294、468、535

斡禄达尔罕囊索 331

斡罗出少师 94、117、285、467、
471

斡难河 40、82、125、215、265、
288、372、452、560

斡齐儿图汗 273

斡亦剌岱汗 82

乌巴什洪台吉 532

乌巴什卫征 177、322、323、478

乌布萨湖 473

乌哈笃汗 9、365、445

乌济叶特 31、172、176、177、178、
181、189、190、194、195、196、
197、198、199、200、236、237、
238、269、478、530、546、555、
556、559

乌珂图汗 94

乌克善 192、550

乌喇特 31、178、194、217、218、
219、265、273、274、275、276、
277、532、560、565

乌纳楚钟根哈屯 131、481

乌善达拉传 379、415、416、417、
418、421、422

乌素图召 337

乌珠穆沁 101、176、212、217、
220、221、232、233、236、251、
271、280、281、290、364、452、
475、524、527、566

无圈点满文 7、553

吴巴海 218、566

吴巴海达尔汉巴图鲁 218

吴巴赛都喇尔 218

吴讷格 551

吴元震 23

五八山只称台吉 104、107、108、
476

五兰比吉 338

五路 25、102、175、181

五塔寺 336

五台山 327、342、408、492、500、
563

武备志 14、23、244、265、303、
326

兀巴礼散津 538

兀班 173、176、177、181、236、
478

兀班贝穆多克新 177、478

兀古者河 82、453

兀良哈 26、27、28、31、32、34、
35、40、41、45、55、75、77、
78、80、81、82、83、85、87、
93、94、100、101、108、109、
111、112、113、114、115、116、
117、119、120、121、124、125、

锡巴罟持　368

锡伯　31、178、266、543

锡古锡台王　263

锡喇汗　34、218、275、276

锡埒图固什绰尔济　330、332、334、
335、387、501、502、503、513、
534

席力图召　157、484

席兰图　526

喜峰口　66、72、77、85、112、
113、115、121、167、179、180、
197、198、209、301、523

萧大亨　23、50、104

小失的王　31、263、277、312、
313、459

小召　335、336

肖大亨　42

辛爱　144、155、171、173、174、
182、303、484、485、486、488

兴安岭　31、40、73、81、83、102、
104、113、114、167、168、170、
177、178、184、192、210、211、
212、213、214、215、216、217、
220、231、232、235、236、260、
261、264、265、272、274、281、
283、291、292、294、433、477、
527、541、543、550、557、559

兴和　58、59、62、65、68、140、
259、310、447、533

徐达　55、56、57、58、60、61、

62、65、67、71、445、446、
447、448

徐阶　141、142、143

宣大山西三镇图说　14、23、305、
306

宣大总督　4、42、132、139、152、
153、165、170、316、486、509、
523

宣府　4、29、38、78、82、83、90、
91、108、112、113、114、115、
116、117、118、119、120、121、
122、124、137、140、144、145、
148、155、156、167、168、172、
173、179、180、181、182、194、
201、206、207、208、209、222、
230、236、247、305、462、483、
485、520、521、522、523、533、
534、551、561、568

宣光　58、59、63、64、70、99、
308、309、310、327、446

Y

严嵩　141、142、144、146、147

阎曼德迦　346、347

雁门关　56、61、68、78、136、
137、446

燕只斤　239

杨古海杜棱　218、275

杨时宁　23

杨守谦　23、142

仰华寺　41、157、328、339、350、357、363、484、485、487、493、496

也可土门　283、286

也可万户　282、283、286

也里可温　228

也密力　102、172、175、181、232、252、476

也速迭儿　10、74、75、77、95、167、248、292、311、449

也先　87

也先土干　83、452、453、454

也辛跌儿　107、259

叶赫　186、187、195、197、223、266、267、528、543、548、554、561、563、565、567

叶向文　22

伊克召　333

伊苏特　212、214、215、216、236、271、272、279、280、281、282、532

宜罕阿林城　544

亦集乃　40、61、62、69、70、71、84、86、98、249、312、447、455、474

亦剌思　98、99、474

亦思马因　94、95、97、98、100、101、107、109、129、229、231、241、245、246、249、250、252、256、257、324、470、471、473、474、476

译语　14、22、244、264、279、450

饮马河　452

印度　9、10、158、342、343、346、348、349、353、354、355、357、358、359、360、361、365、367、368、369、370、371、372、373、382、387、389、395、409、410、416、418、420、427、430、438、507、508、511、515、516

应昌　40、57、58、59、61、62、64、65、74、81、166、308、379、445、446、447、564

应绍不　97、100、106、107、221、222、229、231、239、255、473、474、476

永昌　59、61、117、121、123、130、310、395、447、491

永邵卜　28、48、107、120、129、153、206、207、210、520、522、524、531

永谢布　26、28、35、40、45、48、94、95、96、118、120、128、129、155、206、209、210、211、233、242、254、256、259、315、471、475、514

榆木川　84

元朝秘史　10、125、126、235、243、363、365、368、369、371、372

袁彬　462

袁崇焕 202、537、550、553、562

岳託 565

云丹嘉措 392、490

云需府 256、315、450

云中处降录 14、23、149

Z

宰赛 185、187、189、195、197、198、237、266、267、268、528、544、545、546、556、559

宰寨 180

扎卜罕 131

扎滚乌达 551

扎罕杜棱 175

扎拉满罕山 131、132、509

扎拉满图类 131

扎剌亦儿黄台吉 105

扎赉特 31、32、108、111、192、193、194、217、234、265、291、543、545、550

札鲁特 25

扎萨克图杜棱 190、193、269、547

札剌亦儿 236、239

詹岱 565

张穆 15、208、261、304

张鼐 23、172、174、176

张廷玉 12、485

赵城之战 202、222、254、258

赵尔巽 12

赵全 14、23、39、148、149、150、151、152、154、162、163

折肯阿噶 481

者儿得 173

郑洛 23、40、165、339、486

中书平章 445

忠图图喇勒 175

钟金哈屯 36、485、496、497、501、504、512、513

钟嫩 195、237、565

朱元璋 37、64、68、77、78、84、445、448

诸葛元声 23

肫姐 190、269、547、548

卓尔忽勒 273

卓里克图汗 10、77、167

卓尼曲吉金巴达吉 498、499

宗喀巴 156、327、343、348、349、384、504

第五卷　索引

A

阿八丁王　121

阿巴岱汗　115、1918

阿巴噶　57、58、61、68、78、113、
114、115、126、131、147、150、
216、309、459、492、534、535、
536、537、539、541、542、545、
546、547、549、550、553、867、
868、1272、1273、1419、1425、
1930、1934

阿巴噶图珲台吉　104

阿巴噶右旗　63、118、119、120、
218

阿巴噶左旗　63、112、117、118、
120

阿巴哈纳尔　57、58、61、68、112、
113、114、115、126、127、150、
179、204、216、311、457、459、
478、492、532、569、570、
1272、1273、1419、1740、1934

阿巴哈纳尔右旗　64、119、120

阿巴哈纳尔左旗　63、117、119、120、

458

阿巴海　115、541、1752

阿巴泰　74、500、525

阿霸垓　556、558、559、560、565、
1277

阿霸垓部落　559、560

阿宝　140、171、470、1063

阿必达　1373、1506、1742

阿布垓图卡伦　1424

阿布鼐　69、70、71

阿布泰　58、135

阿察图拖罗海　106

阿昌阿　365

阿赤赖台吉　102

阿达礼　546、560

阿迪雅　1158

阿第沙　105

阿都齐达尔汉台吉　46、495

阿敦础鲁庙　1784

阿儿脱歹王　78

阿尔巴斯　1573

阿尔巴特　100

阿尔宾巴雅尔　35、125、191、386、

401、402、404、405、407、408、409、460、600、744、753、754、1024、1027、1058、1907、1910

阿尔察图山　1877

阿尔楚博罗特　100、101、520

阿尔达尔河　81

阿尔噶灵图山　120

阿尔哈活佛　1484

阿尔哈图图门贝勒　493

阿尔花公　1980

阿尔拉阿巴　1841、1843、1851

阿尔拉屯　886

阿尔山　222、1438、1506、1763、1883

阿尔斯兰　507、1740

阿尔苏博罗特　94

阿尔泰军台　151、152、185、216、1343、1414、1434

阿尔泰诺尔乌梁海　659

阿尔泰山　397、1653

阿尔泰乌梁海七旗　659

阿尔秃斯　120

阿噶巴尔斤济农　121

阿格旺丹达尔　474、1934、1935

阿古柏　580、586

阿古依席图肯寺　1374

阿桂庙　900、901、906

阿桂屯　886、900、901

阿哈尼堪　566

阿浑台吉　95

阿济格　69、73、75、500、525

阿嘉呼图克图　1483、1935

阿克把集赛　1485

阿克苏　1893

阿拉克绰特　144

阿拉善定远营　1607

阿拉善厄鲁特　15、123、252、392、1060、1064、1079

阿拉善和硕特旗　6、171、207、459、660、1277、1476、1477、1478、1483、1487、1489、1493、1495、1496、1501、1506、1507、1508、1509、1516、1934

阿拉善亲王多罗特色楞　414、638

阿拉善右旗　284、1399

阿拉善左旗　6、171、293、460、850、1055、1062、1277、1281、1397、1406、1478、1495

阿拉坦汗　908、1737、1738、1781、1782

阿喇卜滩台吉　1761

阿喇布坦　99、117、122、123、999

阿喇布坦多尔济　122、129、130

阿喇布坦纳木扎勒　116

阿喇克山　1059、1060

阿喇尼　962、1745

阿喇坛鄂齐尔　88

阿剌忽马乞　92

阿赖库鲁克达尔汉　565、566

阿兰泰　157、1900

阿阑豁阿　80、1734

阿勒楚喀　1764、1879

阿勒塔沁　78

阿勒坦敖其尔　363

阿勒坦汗传　136、451、452、1917

阿勒坦呼雅克图　116

阿里克家族　1923

阿里雅河　105、110

阿利莫图煤矿　285

阿噜阿巴噶部　56、67、535、546、
　549

阿噜板申村　1227

阿噜布拉克　221、1437

阿噜布日都　977

阿噜噶木尔　215、216、1343、1419

阿噜科尔沁　57、58、59、60、61、
　65、68、71、73、74、78、100、
　103、105、106、109、110、112、
　116、126、127、128、130、132、
　135、179、201、215、368、391、
　482、492、519、532、534、535、
　536、537、538、539、541、542、
　544、545、549、550、551、552、
　553、554、565、625、658、718、
　720、771、779、802、803、804、
　812、824、829、874、1054、
　1140、1271、1418、1751、1752

阿噜坤都伦河　81、85、543

阿噜蒙古　56、57、58、59、61、
　63、66、79、103、104、110、
　115、127、130、133、135、145、
　492、508、532、534、535、536、
　539、540、541、542、547、548、
　549、550、551、552、555、563、
　570、1053

阿伦部落　1859

阿美沟　215、1418

阿敏　72、79、88、493、874、877、
　1714

阿木多　136、452、1921、1923、
　1927

阿木尔吉尔嘎拉　171

阿木古楞　1148

阿睦尔撒纳　84、97、1851、1877

阿穆尔巴雅斯呼朗图寺　1473、
　1475

阿穆尔灵圭　414、424、440、441、
　631、638、1601、1604、1969、
　1977、1980、1981

阿穆瑚瑯　1832

阿穆勒塔　1877

阿南达　110、570、1754、1755

阿齐赖　565、566

阿齐图诺门汗　1935

阿荣河　1840、1841

阿萨津城　1834、1836

阿升满珠习礼　136

阿酾夫人　1128

阿什达尔汉　59、60、64、65、127、
　128、131、224、542、553

阿速特人　50、52

阿旺金巴　1178、1179

阿旺罗布桑却拉丹　249

阿旺却丹　1461

阿旺桑宝　1178

阿旺扎木巴拉　1179

阿旺札木措　473

阿旺忠奈　1179

阿兴希日巴　136、137

阿音浅　1800

阿尤喜汗　1924

阿玉奇汗　140

阿玉什阿巴海　115

阿玉石　58、131、224、505、508、
　553

艾布盖河　127、135

艾松古　537、550

爱新国　4、8、44、45、46、47、
　48、49、50、51、52、53、54、
　55、56、57、58、59、60、61、
　62、63、64、65、66、67、69、
　72、73、79、86、87、88、89、
　90、93、95、97、98、99、100、
　101、102、103、104、106、107、
　108、109、110、111、113、114、
　115、116、121、122、127、131、
　132、135、137、141、144、145、
　158、175、183、223、253、452、
　491、492、493、494、495、496、
　497、498、500、501、502、503、
　504、507、508、509、510、515、
　516、518、519、520、521、522、
　523、524、525、526、527、529、
　530、531、533、534、535、536、
　537、538、539、540、541、542、
　544、548、549、550、551、552、
　553、554、556、558、559、563、
　578、641、642、643、644、690、
　873、876、877、1053、1054、
　1056、1271、1427、1739、1741、
　1790、1791、1807、1811、1871、
　1963

瑷珲　433、1410、1422、1423、
　1425、1440、1449、1794、1812、
　1813、1844、1857

安北　978、979、1036、1566、
　1589、1731

安北将军　162、255、705、1648、
　1649

安边城　124

安布禄　1418

安达　90、243、246、266、391、
　435、438、714、716、717、731、
　733、805、830、1399、1442、
　1858

安达礼　1632

安多政教史　1781、1782

安固里淖尔　152

安广县　83、188、245、390、675、
　719、796、805、816、830、889、

890、892、896、897、901、903

安集延 1937

安亲王 1895

安寺 1169

俺答汗 43、62、67、72、92、94、
　115、136、140、234、252、253、
　255、450、451、452、519、532、
　1470、1497、1738、1782、1938

按赤台后王 104

昂阿插喀地方 1838

昂安伊勒都齐 79

昂昂溪 435、1442

敖汉 46、47、53、54、55、56、
　59、60、61、65、71、73、74、
　82、83、96、100、102、103、
　107、108、109、111、112、132、
　144、145、179、186、192、201、
　210、215、220、224、237、242、
　282、285、286、327、340、341、
　342、370、371、372、388、426、
　431、492、495、499、504、506、
　508、509、510、513、515、516、
　517、518、522、523、524、525、
　526、527、528、529、530、531、
　532、534、537、542、543、544、
　545、553、554、558、625、642、
　658、713、715、718、719、725、
　726、728、771、773、774、775、
　778、779、780、781、783、784、
　786、788、802、803、804、812、

814、822、824、828、832、838、
　842、849、852、853、860、898、
　907、1107、1140、1271、1275、
　1366、1367、1395、1418、1436、
　1516、1600、1601、1603、1606、
　1608、1925、1951、1952、1953、
　1954、1955

敖拉哈拉 1793、1796、1799、1800、
　1873、1881

敖木伦河 97、99、110、782

敖奇勒氏家谱 1745

敖陶其因拜星 1077

奥巴 4、45、46、47、66、79、81、
　82、83、86、87、88、89、90、
　453、491、493、494、495、496、
　497、498、499、500、501、502、
　503、504、506、507、508、509、
　520、528、533、537、539、551、
　876、877、878、1085

奥拉德 1710

奥特奇医疗摘要 1950

B

八拜村 163、1527、1652、1664、
　1691

八贝勒 1453

八大营 46、495、513、519、522

八沟 96、186、193、203、210、
　233、236、237、277、379、677、
　686、713、715、717、720、723、

726、727、728、729、773、779、
780、782、787、823、828、829、
831、832、846、847、848、849、
850、851、853、855、856、857、
858、1294、1304、1341、1501、
1953

八沟理事司员 658、824、825、852

八沟直隶厅 98、192

八虎路 217

八里旱沟 813

八里桥之战 332

八面城 188、266、370、721、736、
737、795、1977

八旗都统 176、330、331、333、
357、669、1609、1625、1629、
1637

八旗汉军 706、1609、1621、1625、
1628、1629、1630、1637

八旗满洲 52、65、75、146、161、
668、698、702、708、1593、
1594、1609、1611、1612、1613、
1625、1628、1629、1637、1639、
1640、1642、1643、1644、1645、
1743、1744、1839、1844

八旗蒙古 10、36、52、53、59、
65、69、128、131、145、146、
161、179、182、183、224、359、
360、471、473、479、480、481、
482、537、543、553、654、698、
706、707、708、727、1609、

1612、1621、1629、1635、1636、
1638、1639、1640、1642、1643、
1644、1645、1903、1905、1946

八旗牧厂 19、142、153、154、
199、231、300、385、387、402、
746、750、751、763、1282、
1284、1907

八旗牧厂垦务局 745、747

八旗游牧蒙古 646

八旗总管 65、157、1794

八十家子 255、305、1216

八世内齐托因呼图克图 1930

八世席力图呼图克图 1922、1923

巴阿哩歹 101

巴吧台吉 569、1740

巴达尔和硕齐 58、131、553

巴达尔胡川 429、1368

巴达礼 60、66、86、88、89、109、
131、552、568、877、878

巴答礼额驸 566

巴岱 104、115、977、1078、1093、
1424、1425、1918

巴德玛楚库尔 87

巴德玛耶夫 352、1991

巴儿古真河 1724

巴儿忽歹篾儿干 571

巴儿忽惕 1724、1740

巴儿忽真脱窟木 571

巴尔哈逊湖 124、1056

巴尔忽岱青 1781、1782

巴尔虎 68、92、146、155、156、157、183、185、221、222、233、262、264、285、350、361、438、461、463、483、569、570、571、659、661、715、867、868、1276、1399、1423、1424、1426、1433、1437、1439、1483、1724、1725、1726、1727、1728、1729、1730、1733、1734、1735、1736、1737、1738、1739、1740、1741、1742、1743、1744、1745、1746、1747、1748、1749、1750、1751、1753、1754、1755、1756、1757、1758、1759、1760、1761、1762、1763、1764、1765、1766、1767、1768、1769、1770、1771、1772、1773、1774、1775、1776、1777、1778、1779、1780、1781、1782、1783、1784、1785、1786、1787、1788、1789、1790、1843、1844、1845、1850、1851、1885、1886、1889、1890、1892、1894、1949、1992

巴尔虎将军 1887、1891

巴尔喀什湖 708、1474

巴尔斯博罗特 94、140

巴嘎 475、1128、1129、1131、1155、1156、1162、1163、1165、1166、1789、1938

巴嘎绰格 1883

巴嘎诺颜 82、874

巴嘎扎达苏 884、887、895

巴噶巴图尔 102

巴盖补拉克 191

巴衮诺颜 103

巴克巴海 132、133、554、555、1054

巴克达尔汉 49

巴坤岱佐领 1843

巴拉盖 1551、1568、1606、2006

巴拉根仓 472

巴拉吉尼玛 1120

巴拉珠尔 1120、1172、1473、1488、1504、1949、1961

巴兰泰 984

巴勒布冰图 99、1603

巴里坤 585、1343、1344、1873

巴林 6、7、8、17、24、47、49、59、60、61、65、68、70、71、74、100、101、102、105、107、109、110、112、116、132、179、201、204、210、215、224、243、252、346、355、356、388、391、393、412、435、472、479、499、505、506、507、508、519、521、522、530、531、533、537、540、542、543、544、545、553、554、565、571、621、625、642、658、718、719、771、779、789、802、803、804、812、819、824、828、

829、842、849、866、867、868、871、898、1038、1140、1184、1271、1341、1418、1424、1442、1475、1859、1925、1926、1990、2001

巴林宝日乌苏　1749

巴林贝子旗　106

巴林王旗　106

巴耆贤　468、1559、2003、2004、2005

巴斯俸土谢图　113、114

巴速特　547

巴特玛车凌　117

巴特玛代青　58、135

巴特玛衮楚克　118

巴图尔达尔汉珲台吉　570

巴图尔额尔克济农和啰理　133

巴图尔珲台吉　561

巴图沟煤矿　285

巴图赖禅师　1927

巴图鲁和硕卡伦　1424

巴图鲁济农　546、559、560

巴图鲁郡王　60、84、566、567、568、878

巴图鲁台吉　53、108、517、534、569、1740

巴图孟克　88、1032

巴图塞特奇勒图盟新和硕特三旗　660

巴文峒　920

巴雅斯呼郎温都尔卡伦　1424

巴雅斯瑚布尔古特　115

巴亚基鲁氏　1860、1861

巴延吉鲁克山　790

巴颜和硕寺　1506

巴彦布拉克　217、255、1421

巴彦察罕山　97

巴彦花庙　1170

巴彦库仁庙　1784

巴彦莫林庙　458、482

巴彦塔拉　6、8、728、820、1207、1210、1216、1236、1495、1515

巴彦托海　1875、1880、1881

巴音和硕　81、543、1925、1930

巴咱尔吉里第　110

巴扎尔噶尔迪　408

扒子补隆　348、418、469、1084、1565、1566、1567、1576

拔野古　155、1724、1725、1726、1729、1730、1731、1732、1733、1765、1768、1809

把儿坛把阿秃儿　1734

坝口子　701、1372

白城子　81、151、153、243、244、245、719

白福阿訇　1540

白贵庚阿訇　1527、1540

白莲教起义　1879

白凌阿　369、370、371、372、1951、1952、1953、1954、1955

白泥井 1551

白塔 405、973、977、1349、1923

白塔水河 793

白维礼 1659

白文 1668

白翁颂 1937

白音格勒川 342

白有福 1528、1660、1664

白玉升 1405

白仲德 1098、1099

百老翁桑 1933

柏寿 342、843、844、1638、1642

摆言大 875

拜家河 1892

拜斯噶勒 82

班禅额尔德尼 1459、1465、1518、
　1915、1927、1928、1997

班禅召 1088

班达尔沙 95、1963

班第墨尔根楚瑚尔 117

班第思辖布 131、553

班第伟征 104

班第伊勒都齐 88

班咱什哩 112

般若波罗蜜多经 1918

般若波罗蜜多十万颂精义 1918

般若波罗蜜多一万八千颂 1918

般若波罗蜜多一万颂 1918

板升城 61

包尔哈苏台河 970

包古图 222、1438

包头 133、142、143、165、167、
　170、190、205、214、247、248、
　257、259、260、261、267、268、
　272、273、275、281、293、305、
　315、316、317、320、323、336、
　338、360、409、417、421、422、
　432、433、437、448、449、469、
　475、555、556、700、701、716、
　730、745、765、768、917、918、
　926、929、933、942、951、974、
　979、982、1015、1022、1024、
　1025、1038、1041、1058、1123、
　1138、1216、1218、1251、1268、
　1287、1292、1299、1300、1301、
　1315、1316、1317、1318、1319、
　1330、1335、1336、1337、1338、
　1340、1348、1350、1354、1358、
　1359、1397、1398、1406、1407、
　1408、1409、1441、1445、1446、
　1447、1524、1527、1528、1529、
　1532、1537、1565、1581、1599、
　1604、1606、1634、1655、1659、
　1661、1663、1665、1666、1667、
　1669、1672、1673、1674、1675、
　1687、1688、1691、1692、1911、
　1955、1956、1958、1960、2004、
　2006

包头清真大寺 166、1530、1531、
　1533、1534、1540、1541、1542

宝贝念珠　177、479、900

宝昌　172、316、985、1890、1945

宝地扎拉嘎　886

宝格德乌拉　1788、1893、1894

宝衡山　1947

宝荆山　1938

宝勒浩特　112

宝石璎珞　1950

保安　106、148、996、1002、1004、
　1006、1107、1161、1350、1674、
　1675、1960

保德州　987、1082

北岭窑煤矿　285

北票县　179

北镇　45

北直隶　397、620

贝尔湖　157、1410、1425、1730、
　1731、1756、1767、1773

贝玛墨尔根伊勒都齐　114、558

贝玛土谢图　103、517、523

贝子博和托　567

贝子庙　204、458、464、1316、
　1341、1509

奔巴庙　134

贲塔尔　104、127、136、555、1162

本巴楚瑚尔　104

本霸巴图鲁台吉　569

本德佐领　1843

本义必用经　1918、1919、1920

比都日雅　1158

比兰纳识里　477

比利时圣母圣心会　346、1605、2003、
　2005

毕桂芳　1995

毕拉尔河　1410、1813

毕勒图佐领　1842

毕里衮达赉　110

毕理浑佐领　1842

毕力克图诺门汗　1484

毕留图胡硕　158

碧柳河　258

避暑山庄　96、185、237、287、
　812、839、1348、1371、1879、
　1915

别里古台　57、63、113、114、115、
　126、463、535、536、549

滨洲　435、1389、1440、1441、
　1442、1444、1779、1874

冰沟煤矿　285、291、1392、1393

冰图郡王洪果尔　79

冰图王　60、898

冰图王旗　86、878

兵部尚书索诺加　703

兵部尚书通智　1593、1594

拨什库　138、703、998、1631

波罗河屯　713

波罗塔拉　189

波雅尔科夫　1792

波兹德涅耶夫　25、30、150、221、
　236、250、254、255、258、270、

271、274、277、281、303、327、
344、434、783、789、819、851、
871、923、927、932、933、936、
952、953、1000、1001、1038、
1206、1218、1288、1291、1293、
1294、1320、1349、1437、1444、
1473、1475、1477、1478、1479、
1482、1483、1484、1488、1493、
1495、1496、1501、1502、1503、
1504、1507、1513、1515、1518、
1546、1547、1568、1576、1657、
1661、1662、1663、1666

玻璃山碱场 295、1400

伯都讷 351、1305、1422、1423、
1425、1426、1440、1845、1879

伯彦讷谟祜 333、1975、1976、
1977、1981

孛尔只斤氏 80

孛来 1737

孛罗忽济农 121

博迪阿拉克汗 113、114

博第达喇 78、79、82、85、88、
89、90、131、491、496、552、
874、876、877、878

博多勒噶台亲王 332、333、357、
784、1944、1975、1980

博尔本察 1752、1753、1873

博尔塔拉 139、147

博格达察罕喇嘛 1930

博格达彻辰汗 79、95、101、102、
103、104

博和托台吉 566

博克多葛根 1355

博库如浅 1800

博罗科尔沁 78、491、501

博洛 247、546、560

博明 473

博卿额 479、782

博硕克图汗 140、141、690

博王府 1601、1975

博王旗 20、87、784、888、1941

卜魁 353、354、1844、1857、
1858、1859、1991

卜言把都儿 102

卜言兔 102

补隆淖 418、1053、1607

補熙 1898、1899

布达拉寺 1505

布达礼 87

布达莽噶拉 118

布达齐 47、79、82、83、453、
491、496、497、502、503、507、
878

布达沁 78

布达斯辖布 546、547

布达习礼 877、881、882、883、
907

布尔噶图 53

布尔噶图阿贵召 966、1013

布尔古勒台河 1475

布尔哈苏台 216、1060、1420

布尔哈图汗山 68、566、568

布尔海 58、126、130、131、548、
553、1053

布尔海楚琥尔 558

布尔尼 69、70、71、72、75、95、
96、99、108、109、118、129、
145、146、182

布哈图河 977

布库台吉 126、534

布勒本察 1423

布里亚特 5、104、463、465、867、
1725、1727、1728、1760、1761、
1762、1776、1967、1990、1991

布林满都呼 112

布塔齐 60、66、131、552、877、
878

布特哈八旗 154、155、182、1794、
1796、1812、1841、1842、1843、
1844、1845、1848、1873

布特哈打牲部 154、1840、1841、
1842、1844、1856、1862、1864、
1865、1871、1872

布特哈正白旗 1883

布特哈正黄旗 1877、1879、1880

布特哈总管衙门 155、1746、1794、
1806、1812、1813、1878

布延阿海苏默 1284

布延彻辰汗 452、875

布延彻辰台吉 875

布延德勒格尔 879、880

布延珲台吉 114

布颜珲台吉 558

布颜图汗 126

布彦楚克 355、1982

布扬武 548、1053

布寨 44、493

布占泰 493

布政使司 712、1204、1224

C

采尔皮茨基 350

苍天如意珠 471

曹廷杰 17、1422

策布登纳木吉勒

策妄阿喇布坦 122, 123, 999, 1465

岑春煊 382、383、390、395、396、
397、400、401、404、405、614、
615、616、617、619、620、621、
622、629、674、742、743、744、
776、888、912、1022、1030、
1141、1185、1577、1582、1587

叉罕儿 144

插罕浩特 94

查干诺尔庙 1784

查济布喇克地方 569

茶叶之路 1310

察卜察勒庙 1919

察尔森 885、886、901

察干乌拉庙 1936

察哈尔　4、6、15、17、27、30、
43、44、46、47、49、50、53、
56、58、59、60、61、62、63、
64、66、67、68、70、74、78、
79、82、83、84、92、93、95、
96、99、100、101、106、107、
108、109、110、111、118、119、
120、121、122、128、129、131、
142、150、153、158、175、179、
184、189、190、191、201、202、
205、210、212、216、218、219、
226、227、235、248、268、275、
289、292、325、330、331、332、
336、337、338、345、346、347、
348、357、358、359、361、376、
377、378、382、384、386、390、
392、393、398、402、403、416、
417、419、434、451、452、456、
460、461、467、468、469、473、
478、492、495、496、498、499、
500、503、504、507、508、509、
510、512、514、515、516、519、
520、522、524、527、531、532、
533、534、537、539、540、541、
542、543、544、549、551、552、
553、556、557、559、565、579、
590、591、592、593、594、595、
602、606、607、618、642、643、
644、646、661、664、674、675、
687、693、714、715、719、722、
730、744、755、826、839、852、
873、876、898、907、911、912、
924、929、953、961、977、980、
996、1007、1010、1022、1028、
1030、1054、1056、1138、1186、
1223、1251、1271、1277、1285、
1286、1287、1308、1314、1320、
1326、1343、1376、1396、1419、
1420、1425、1441、1444、1447、
1468、1473、1475、1483、1514、
1544、1549、1550、1551、1553、
1555、1581、1582、1587、1602、
1737、1739、1740、1742、1749、
1757、1775、1776、1783、1845、
1884、1888、1901、1906、1915、
1930、1937、1942、1990、2003、
2004

察哈尔八旗　23、74、75、112、
140、144、145、146、147、148、
154、182、185、187、193、199、
225、228、230、247、300、301、
312、385、659、660、779、914、
1029、1275、1283、1284、1346、
1508、1748、1755、1766、1907

察哈尔都统诚勋　396、397、615、
620、629

察哈尔格西洛桑楚臣　1935

察哈尔葛布希颂布木　1936

察哈尔国　55、57、69、145、506、
523、528、535、563

察哈尔汗 48、54、71、72、146、491、497、502、504、521、523、525、526、529、530、536、550、558、877

察哈尔牛羊群牧厂 151

察哈尔十二旗群 154

察哈尔十二佐领 71

察哈尔四大牧群 659

察哈尔万户 102、103、113、114、144、512、513、517、518、558

察哈尔西湾子 2002

察哈尔镶白旗 1935、1950

察哈尔镶红旗 126、695

察哈尔镶蓝旗 222、1439、1910、1929

察哈尔游牧八旗 72、146、152、182、185

察哈尔右翼后旗 147

察哈尔右翼前旗 147

察哈尔右翼中旗 148

察哈尔总管 333、1900

察哈尔左翼四旗 8、71、149、193、236、469、713、716、718

察哈尔左右翼 418、619、1185、1282

察罕敖拉 221、1438

察罕迪延齐呼图克图 207、1475

察罕浩特驿站 219

察罕喇嘛 458、1505、1930

察罕木伦河 243

察罕齐老山 150

察罕廆尔 1466

察罕托灰 960

察罕托罗海 216、217、1420

察罕扎达垓 217、1421

察汉布鲁克盐池 284、293、294、1398、1399

察汗诺尔碱湖 294、1400

察汗乌拉煤矿 427

察洪噶尔庙 134

察珲多尔济 570、1211

察克都尔色楞 116、124、125、191、363、409

察克都尔扎布 339

察喇孩领忽 114

察素齐 165、167、304、437、1216、1268、1523、1524、1527、1528、1530、1565、1654、1655、1659、1660、1662、1663、1664

察兀儿别乞 512

柴河 220、1436

缠金 190、191、383、402、408、417、597、701、717、1073、1074、1075、1076、1077、1102、1141

缠头回回 171、470

昌黎 106、530

昌平 73、96、216、1419

昌图山 120

昌图厅 87、193、210、239、240、

369、370、376、664、714、716、717、794、795、888

长昂　93

长白书院　1596、1614、1643、1904、1905

长春堡　91、193、210、230、238、714、790、792、793、834

长春厅　91、210、238、241、370、714、716、721、784、790、791、792、815、888

长杭沟银矿　283、286、426、1366

长岭　91、243、246、266、718、719、721、723、733、798、805、815、816、829

长清县　810

常非神父　1547

常胜三绝　1997

常星阿　1889、1890、1944、1945

朝鲁吐苏木　821

朝兔台吉　94

朝鲜国　73、526、546

朝阳　23、97、100、176、192、210、229、237、266、267、270、282、285、286、340、341、347、351、364、370、371、390、392、396、415、422、430、431、432、433、442、469、619、632、638、718、719、720、721、723、726、727、729、732、733、736、738、739、783、788、803、804、810、

811、812、815、816、829、851、852、858、897、1287、1294、1304、1366、1369、1393、1394、1395、1440、1441、1448、1553、1828、1951、1953、1954、1955、1973

炒花　46、499、502、516、521、522

车臣楚库尔　79、89

车臣汗　56、57、63、67、68、84、129、139、151、218、221、392、517、534、535、545、549、556、558、559、562、565、568、647、662、669、692、1344、1437、1451、1452、1460、1506、1741、1745、1747、1754、1775

车臣汗部　62、110、112、113、114、116、117、118、119、120、150、155、156、217、274、275、350、525、530、561、564、570、571、659、660、1276、1326、1424、1425、1473、1486、1503、1743、1755、1756、1760、1762、1776、1887、1990

车臣济农　113、115、116、570

车臣诺颜　104、561

车登巴咱尔　331

车根　57、58、63、66、126、127、130、132、135、534、549、554、1079、1084、1091

车根塞冷　544

车克楚　1742

车凌　1164

车凌多尔济　118、122、991

车凌旺布　119、157

车凌旺扎勒　130

扯赤肯巴图儿　876

彻嫩　1886

陈巴尔虎　156、461、661、1724、
　1744、1747、1750、1751、1754、
　1755、1756、1760、1766、1767、
　1768、1772、1779、1780、1782、
　1783、1784、1786、1787、1788、
　1789、1867

陈图博腰站　1418

成衮扎布　157、478、1900

成吉思汗陵　120、401、486、994、
　1047、1049、1050

成顺长　1130

承德　17、111、139、149、185、
　192、193、237、250、251、287、
　288、340、364、371、373、392、
　393、396、619、655、684、713、
　715、718、720、721、722、723、
　729、736、738、783、787、788、
　803、812、822、824、825、826、
　829、839、848、850、851、852、
　853、1366、1367、1371、1419、
　1431、1448、1450、1796、1915、
　1946、1974、1996、2004

承化寺　1447

承政厅　677、679

诚勋　396、620、802、1366

城川　346、347、348、349、468、
　469、1350、1548、1552、1554、
　1556、1557、1558、1560、1561、
　1562、1573、1576、1582、1607、
　1998、2004、2005

程德全　20、21、106、265、393、
　396、397、427、429、433、615、
　797、802、1390、1405、1440、
　1813、1992、1993、1994

赤城　149、216、1419、1447

赤峰　6、7、100、106、109、111、
　168、169、176、193、203、210、
　229、233、237、238、250、251、
　258、266、267、270、271、272、
　275、277、281、282、285、286、
　287、288、291、314、315、316、
　317、321、327、328、341、342、
　347、391、415、423、425、426、
　430、431、432、442、446、468、
　540、623、632、638、718、719、
　720、721、723、724、729、732、
　733、735、783、788、804、815、
　829、839、851、858、1287、
　1294、1295、1296、1303、1304、
　1305、1306、1310、1315、1316、
　1317、1318、1320、1321、1338、
　1340、1366、1368、1372、1392、

1394、1441、1448、1449、1450、
1535、1536、1540、1548、1550、
1553、1600、1601、1603、1605、
1606、1607、1749、1751、1951、
1952、1953、1969、1973、2002、
2004

赤峰高等小学堂 1596

赤峰书院 1595、1596

赤塔城 1990

赤塔河 1834、1837

敕建绥远城碑 695、1594、1612

崇福寺 455、460、1338、1477、
1482、1517、1923、1928

崇善寺 458、459、1505、1932

崇寿寺 1476、1477、1482、1499、
1501、1517

崇禧寺 456、1482、1502、1517、
1931

崇祯皇帝 75

筹蒙刍议 17、22、284、292、308、
392、394、413、621、622、623、
626、627、628、631、803、804、
806、817、854、871、932、952、
953、1141、1142、1253、1395、
1396、1448

初学文鉴 1949

楚充客 133、555

楚琥尔 51、57、59、65、95、99、
130、223、534、549

楚勒特木 474、1756

楚伊金苏荣 1146

褚英 493

处罗可汗 1732

川陕总督庆复 963

吹斯噶巴迪彦齐呼图克图 455、
1930

醇亲王 582

绰尔河 89、425、1405、1841、
1992

绰尔济召 1923

绰尔满 540、551

绰克大赉 20、1993、2000、2001

慈寿寺 456、1482、1491、1499、
1502、1509、1517

慈禧太后 381、394、608、615、
673、776、1917

嵯岗 435、1442

D

达布苏图河 110

达布特乃佐领 1843

达布逊诺尔盐池 283、292、1395

达承哈达 1119

达承台吉哈卜塔盖 1091

达尔罕贝勒旗 136、223、1144、
1186、1439、1472

达尔罕亲王 194、668、1144、1151

达尔罕王旗 784、785、887

达尔汉巴图鲁 45、53、58、66、
79、84、101、135、506、516、

534、538、547、877

达尔汉戴青栋 566

达尔汉额尔德尼浑台吉 1506

达尔汉和硕齐 79、88、114、558

达尔汉郡王 60、108、224、527

达尔汉诺颜 89、121、545、546、560

达尔汉图美卫征诺颜 880

达尔汉卓礼克图郡王 547

达尔汗台吉 542、643

达尔扈特 120、401、486、994、1048、1049、1050

达尔诺尔 107

达噶木拉 994

达古尔哈丹巴图尔 87

达呼尔 154、169、220、1741、1746、1811、1812、1841、1845、1851、1852、1853、1883

达呼尔克勒珠尔根 540、551

达辉河 156

达克丹朋素克 119

达克浅 1800

达拉齐庙 153

达来汗 1490

达来诺尔 1762

达赉楚瑚尔 103、109

达赉济农 570

达赉宰桑 1745

达赖贝子 1761

达赖楚呼尔 57、128、535、537、538、539、540、541、542、550、551、552

达赖达尔汉 543、544、553

达赖杜棱 102

达赖洪诺颜 561

达赖珲台吉 570

达赖喇嘛 4、29、354、450、451、452、453、454、456、457、458、459、477、1451、1459、1465、1518、1739、1740、1781、1852、1875、1912、1913、1915、1916、1917、1918、1919、1920、1921、1926、1927、1928、1931、1932、1992

达赖诺颜喇瑚里 127

达赖台吉 500、501

达赖王旗 1503

达浪古特 157

达里冈爱牛羊群牧厂 151、152

达里冈爱驼马厂 151

达里冈崖 300、1283、1284

达摩三谟陀罗 479

达木 105、108、119、120、129、137、289、340、341、820、825、977、1005、1121、1158、1167、1376、1558、1560、1740、1778、1786、1967

达木丁苏荣 1950

达纳巴拉 473

达瓦齐 84、97、130、134、1851、

1900

达维多克丹郡王 371

达翰尔 5、75、79、154、155、
169、213、333、361、540、551、
1273、1347、1415、1423、1426、
1436、1746、1750、1751、1753、
1757、1758、1759、1769、1779、
1782、1790、1791、1792、1793、
1794、1795、1796、1797、1798、
1799、1800、1801、1802、1803、
1804、1805、1806、1807、1808、
1811、1812、1813、1814、1826、
1828、1830、1831、1832、1834、
1836、1837、1840、1841、1842、
1843、1844、1845、1846、1847、
1848、1849、1859、1867、1871、
1872、1877、1878、1879、1880、
1881、1882、1883、1884

达西达日扎楞庙 1784

达雅齐 59、64、65、128、131、
543、553

达延汗 53、62、63、67、78、92、
93、94、100、101、102、107、
115、121、140、144、472、479、
492、499、505、510、512、513、
514、515、516、517、520、558、
1056、1646、1737、1738、1934

打来孙库登汗 113、513

大板 252、266、412、1341、1863

大贝勒 57、64、72、127、520、

525、535、536、537、538、539、
549、551

大布苏淖尔 296、1401

大草滩 59、145、529、877

大策零敦多卜 1465

大成台吉 1738

大城子 823、824、841

大德拉西扎木素及诸辈传记 1930

大都 5、7、73、92、128、167、
213、250、294、388、472、477、
543、553、733、844、918、937、
1036、1043、1063、1083、1319、
1320、1330、1334、1343、1348、
1411、1452、1460、1482、1676、
1731、1743、1770、1815、1854、
1911、1955、1986

大佛寺 1892

大公府 251

大沽口保卫战 184

大哈屯吉格伦 79

大黄史 477

大吉祥怖畏起始道次第 1918

大金川 1874

大金国 525

大库伦 209、275、1169、1315、
1474、1477、1485、1488、1489、
1490、1492、1493、1494、1497、
1504、1508、1990

大赉厅 89、245、321、716、717、
816、830、889

大凌河牧厂 150

大凌河之役 83

大马群 150、152

大宁路 860

大青山后绥远八旗牧场 300

大佘太 247、361、911、944、1447

大盛魁 204、213、315、322、979、
1310、1313、1316、1319、1328、
1330、1331、1333、1334、1336、
1337、1355、1362、1516、1653、
1654、1656

大同 24、43、70、71、72、81、
82、84、86、88、89、94、95、
96、106、109、110、111、129、
130、131、134、135、142、143、
145、146、147、148、149、160、
161、162、163、167、168、193、
235、261、284、289、302、313、
334、336、397、410、448、531、
532、553、563、592、600、620、
694、700、701、704、909、979、
1054、1131、1196、1202、1288、
1289、1302、1311、1312、1313、
1326、1328、1330、1334、1360、
1361、1373、1374、1446、1450、
1529、1531、1594、1626、1647、
1649、1652、1653、1658、1659、
1663、1664、1896、1897

大同总兵 289、979、1131、1373

大土尔根河 703

大斡特克山 568

大兴安岭 43、56、61、66、111、
116、127、262、282、418、423、
435、513、514、519、524、532、
534、537、540、546、548、550、
551、563、1403、1404、1405、
1442、1724、1750、1794、1871

大杨树煤矿 285、427、1390

大元盛世青史演义 1939、1948

大扎穆苏 69

大召 208、253、450、456、460、
933、982、1228、1347、1477、
1482、1491、1495、1497、1501、
1502、1508、1515、1518、1658、
1920、1922、1924、1928、1931、
1956

代达尔汉 500、502、505、547、
877、880

代善 48、101、127、500、520、
527、536、549、1470

代州 592、1337、1345、1347

岱青杜棱 107

戴恩寺 458、482

丹巴巴图鲁 1851

丹巴达尔扎寺 1489

丹达尔拉兰巴 471

丹噶尔寺 1341

丹济喇 1761

丹津 117、694、695、1194、1202、
1208、1225、1520、1593、1622、

1649

丹津阿喇布丹 157

丹津车凌 118

丹津达克巴 471

丹津俄木布 1761

丹津喇嘛 558、571、1060

丹丕勒 1999、2000

丹衷 140

丹珠尔经 473、1502

当喇噶尔 92

当剌儿罕 92、1737

党阿赖 496、497

党三窑子 212、971、1004、1019

刀什尔战役 758

道布河 977

道次第导引建立录 1935

道劳哈喇占 1087

得胜堡 131、531、553、1054

德参济旺 566

德公牧厂 154

德惠 91、247、266、412、718、
719、721、723、790、791、815、
816、829

德惠寺 252

德力格尔 883、894、1084、1085、
1120、1122、1158、1164、1165、
1725、1741、1744、1749、1990

德木楚克苏隆 111、341

德木楚克扎布 109

德木齐克达噶瓦 1184

德寿寺 1453

磴口 134、171、284、334、338、
347、468、470、1053、1061、
1064、1083、1101、1102、1138、
1397、1400、1406、1581、1606、
1607、1938、2004、2005

迪化 268、1447

弟子规 1604

第八世达赖喇嘛 1916

第巴桑杰 1912、1928

第二次鸦片战争 184、260、332、
357、358、359、360、433、731、
950、1362、1443、1545、1549、
1554、1941、1942

第二次雅克萨之战 1871

第六世达赖喇嘛 1913

第三世达赖喇嘛索南嘉措 1919

第四世额尔德尼迪彦齐呼图克图
456、1931

第一次鸦片战争 330、731、899、
1545、1554、1940、1943

第一次雅克萨之战 1871

雕鹗堡 73

丁科尔扎布 472

丁戊奇灾 773

定北将军 1900

定边左副将军 659、1468、1657、
1884

定西将军 1874

定县 974、1659

定远营　171、207、252、284、293、336、339、459、1318、1330、1397、1398、1399、1477、1478、1496、1607

定咱喇什　121、125、1056

东布特哈　1794、1813、1883

东昌　101、819、1880

东戴青　132、542、544、554

东公旗　133、136、555、556、1263、1955、1956

东科尔呼图克图　1465、1474

东喇嘛洞召　456、1931

东清铁路　170、239、246、262、264、268、285、295、321、350、351、356、422、426、427、428、434、435、436、798、1297、1320、1441、1770、1894、1895、1984、1985

东三省总督锡良　428、429、1390、1981

东三省总督徐世昌　188、396、427、433、615、1141、1390、1440、1985、2001

东胜　7、102、397、418、619、747、924、958、974、1001、1002、1039、1358、1595、1620

东胜厅　191、248、390、714、716、748、911、1001、1202

东室哈屯哈喇尼敦　79、88、89

东素海台　255、1217、1910

东土默特部　50、59、60、65、92、93、94、95、98、99、533

东土默特塔布囊　51、65

东乡族　171

东元宝山　285、431、1394

东总布胡同　1967

冬霍尔　128、539、540、551

董鄂部　492

栋果尔　60、79、86、87、224、877

洞科尔班第达　456、1280、1931

洞阔尔曼珠师利呼图克图　1484

都博浅　1794、1796

都尔本浅　1800

都尔鼻城　55、524

都尔卫格尔浅　1799

都噶尔岱青　121、125

都喇勒诺颜　79、100、101

都兰喀喇山　1767

都棱庙　540

都令小歹青　522

都仁扎那　472

都思噶尔　63

都思噶尔巴图尔济农　115、118

督办蒙旗垦务大臣　6、247、382、383、384、406、617、743、1185、1616、1906、1911

独贵龙运动　362、363、407、408

独石口　8、22、106、117、119、120、150、153、211、215、216、218、230、232、275、393、492、

619、658、702、714、715、722、723、728、730、1282、1283、1314、1343、1360、1414、1417、1419、1430、1431、1433、1447、1457、1468、1898

独石口直隶厅 149、193

杜度 525

杜尔伯特 21、59、60、61、77、78、79、80、81、89、90、92、157、179、215、220、224、246、296、351、376、380、388、391、435、438、453、461、496、497、605、607、625、658、659、714、716、771、796、797、798、801、805、806、830、888、1000、1001、1286、1365、1399、1402、1418、1422、1426、1436、1442、1446、1449、1483、1490、1506、1758、1838、1985、2001

杜锦堂 1607

杜喇尔屯 1834

杜棱汗 104

杜楞郡王 868

杜稜济农 544、554

杜木大都藤格里克 128、543

杜思噶尔济农 57、535、549

对阿旺璘真的训谕 1937

敦煌 582

多铎 68、75、557、564、565、567、568、569、570、691、1632

多尔衮 4、59、61、67、69、74、75、117、129、133、530、531、547、555、560、561、565、878、1632

多尔济车臣济农 113、115、116

多尔济哈坦巴图鲁 56、524

多尔济济克默特那木济勒 116

多尔济帕拉木 106、110

多尔济萨木鲁布 106

多尔济思喀布 562、563

多尔济台吉 566、567、568

多格浅 1800

多金城 1834、1836

多克新 562、563

多隆阿 1876、1885、1886、1889、1890、1891、1892

多伦诺尔 8、148、177、193、203、204、205、207、212、217、250、259、267、270、271、272、274、275、277、278、281、282、303、313、314、315、317、321、322、454、461、619、647、664、665、713、722、723、729、733、736、867、868、903、906、980、1169、1227、1246、1263、1283、1287、1293、1294、1313、1314、1315、1319、1320、1326、1328、1330、1331、1332、1340、1341、1344、1347、1389、1424、1441、1445、1447、1451、1452、1453、

1454、1456、1458、1459、1460、
1461、1462、1466、1467、1468、
1469、1470、1473、1477、1478、
1483、1496、1504、1505、1509、
1513、1514、1773、1913、1914、
1915、1916、1917、1927、1935、
1936、2002、2003

多伦诺尔会盟 81、150、249、255、
1364、1417

多伦诺尔厅 22、213、258、714、
715、716、728、730、732、735、
789、1348、1596、1600

多伦诺尔直隶厅 148、193

多罗安郡王岳洛 158、693

多罗巴图鲁郡王 60、84、878

多罗承泽郡王 564

多罗达尔汉戴青 60、544

多罗达尔汉郡王 60、108

多罗达尔汉卓礼克图 60

多罗额尔德尼贝勒色棱 116

多罗额驸 97、99、108、110、175、
1063

多罗墨尔根郡王 546、560

多罗特 56、144、294、361、414、
440、515、524、558、638、1398

多罗特色楞 294、361、440、1398

多罗土蛮 94、1738、1739、1782

多罗信郡王 71

多罗卓哩克图郡王 119、1151

多尼库鲁克 529

朵儿边部 80

朵罗干 93

朵颜卫 93、94、860

朵颜兀良哈 52

朵因温都儿兀良哈千户所 93

E

俄尔寨台吉 559

俄国十月革命 263

俄罗斯 4、13、30、76、156、221、
222、232、259、262、263、272、
274、275、392、426、480、481、
581、584、623、658、659、668、
1142、1218、1310、1316、1327、
1337、1340、1438、1478、1482、
1609、1653、1748、1751、1753、
1754、1755、1759、1760、1762、
1766、1774、1809、1814、1878、
1893、1974

俄木布 60、131、141、253、553

俄木布楚琥尔 59、223

俄木布洪台吉 690、1926

额伯尔坤都伦河 81、85、543

额布格岱洪巴图尔 105

额布根喇嘛 137

额布根台吉 58、131、553

额参委正 522

额尔比和 537、541、550、552

额尔德呢绰克图 123

额尔德尼阿旺巴拉丹 1935

额尔德尼班第达呼图克图 661、1473、1480、1484、1486、1488、1490、1491

额尔德尼毕力衮达赖 479

额尔德尼察罕迪彦齐呼图克图 457、1932

额尔德尼绰尔济 137

额尔德尼迪彦齐呼图克图 456、1931

额尔德尼都西庙蓝册 1937

额尔德尼和硕齐 129

额尔德尼珲台吉 113、570

额尔德尼济农 570

额尔德尼莫日根洞科尔班第达呼图克图 456、1931

额尔德尼默尔根栋阔尔班第达 1472、1506

额尔德尼囊素喇嘛 61

额尔德尼台吉 570

额尔德尼图门 115

额尔德尼召 87、255、475、1489、1755、1887、1888、1917

额尔德尼召之役 1850

额尔古纳河 78、170、221、262、264、274、429、874、1370、1409、1410、1423、1438、1736、1751、1752、1796、1809、1811、1848、1860、1894

额尔古纳右旗 217

额尔济格 48

额尔克 230、299、775、793、833

额尔克巴图鲁 1874

额尔克台吉车布登 1747、1754

额尔密克 562、563

额尔腾河 249、250

额固特 150

额赫礼 1419

额吉淖尔 283、1395

额济纳 179、216、226、227、337、398、659、660、661、1290、1420、1672、1673

额济纳河 139、140、1059

额济纳旧土尔扈特 139、140、579

额林臣岱青 529

额林臣台吉 571

额鲁特 15、126、127、129、134、135、136、139、140、156、157、158、179、183、185、216、335、361、459、461、547、555、556、559、661、705、1396、1420、1426、1750、1757、1759、1774、1913

额鲁特三旗 659

额莫气召 1501

额齐格喇嘛 136

额齐格诺颜 63、115、119、545、546、547、559、560

额森 86

额森伟徵诺颜 517

额哲额尔克孔果尔 59、69、543

厄鲁特蒙古 162、1059、1315、1451、1460、1465、1526、1647

厄图克山 568

谔班 132、133、554、555、1054

鄂栋氏 1901

鄂尔多斯部 43、59、61、62、120、121、189、190、463、467、477、519、532、561、579、959、960、983、1047、1054、1056、1060、1074、1105、1138、1421

鄂尔多斯部诺颜多尔济 69

鄂尔多斯多罗贝勒松阿喇布 960

鄂尔多斯济农 62、546

鄂尔多斯万户 121、450、451、478、1057、1737

鄂尔多斯右翼后旗 7、62、120、122、125、716、961、1052、1056、1057

鄂尔多斯右翼前末旗 120、125、248、910、961、1056

鄂尔多斯右翼前旗 62、120、122、124、961、1056

鄂尔多斯右翼中旗 62、120、123、231、960、961、1056、1060

鄂尔多斯左翼后旗 62、120、124、961、1056

鄂尔多斯左翼前旗 62、120、122、123、143、144、961、1056、1421

鄂尔多斯左翼中旗 62、120、122、143、193、248、714、716、961、1056

鄂尔衮察佐领 1843

鄂尔坤河 1411

鄂尔泰 153、1467、1468、1742、1748、1749、1753、1850

鄂肯诺尔 285

鄂勒巴图尔宰桑 1760

鄂勒呼奴 221、1437

鄂伦春 5、76、154、155、213、285、427、429、1330、1390、1426、1753、1759、1770、1771、1779、1790、1794、1804、1806、1807、1808、1809、1810、1811、1812、1813、1814、1815、1816、1817、1818、1819、1820、1822、1823、1824、1825、1826、1827、1828、1829、1830、1831、1832、1833、1836、1841、1845、1846、1847、1848、1859、1867、1871、1876、1877

鄂伦春绷库塔佐领 1843

鄂伦春喀雅楚佐领 1842

鄂伦春科尔伯勒图佐领 1843

鄂伦春讷棱车佐领 1843

鄂伦春桑古勒图佐领 1842

鄂伦岱 1898

鄂木布 58、61、62、67、95、98、126、128、129、131、132、534、538、544、545、547、548、550、

553、554、1053、1054

鄂木布楚琥尔 51、65、99

鄂木布达尔汉卓礼克图 547

鄂木布台吉 50、537

鄂嫩哈拉 1796、1799、1800

鄂嫩河 78、126、135、144、155、
874

鄂齐尔 70、88、108、109、110、
111、134、189、517、527、1926

鄂齐尔博罗特 514

鄂齐尔桑 106

鄂齐尔图 116、558、561

鄂齐尔图车臣汗 139

鄂齐尔图汗 139、1059、1647

鄂奇特 220、1437

鄂容安 84

鄂硕 1895

鄂特欢诺颜 79

鄂托克旗 123、170、231、255、
294、295、334、339、348、360、
362、363、386、460、468、469、
480、744、746、960、962、963、
975、982、986、1000、1027、
1030、1044、1056、1111、1121、
1350、1400、1407、1548、1551、
1552、1554、1556、1557、1560、
1561、1562、1572、1607、1907、
1998、2004、2006

鄂温克 5、76、154、155、183、
213、361、1273、1330、1426、

1751、1752、1757、1769、1771、
1782、1790、1791、1794、1795、
1803、1804、1807、1808、1809、
1811、1812、1813、1814、1815、
1826、1830、1831、1832、1833、
1834、1835、1836、1837、1845、
1846、1847、1848、1849、1850、
1851、1852、1853、1854、1855、
1856、1857、1858、1859、1860、
1861、1862、1863、1864、1865、
1866、1867、1871、1872、1873、
1875、1876、1880、1881

鄂札 71

恩都噜勒汗的故事 473

恩格德尔 45、48、49、520、521、
537

二十家子 143、234、255、843、
844、869、885、886

二十四顷地 38、347、348、349、
360、468、1548、1550、1559、
1568、1570、1573、1579、1581、
1591、1606、1607、1884、2004、
2005、2006、2007

二十一卷本辞典 472

二世内齐托因呼图克图 1926

二世席力图呼图克图那旺罗布桑札
木苏 1920

二世章嘉呼图克图罗赖毕多尔吉
1914

F

法国传教士郭尔毕良 812

法国遣使会 345、1545、1546、1585、
1605、2002、2005

法库 85、87、137、188、217、
240、241、243、361、714、726、
738、784、794、805、815、833、
1426、1440、1977、2001

法库厅 86、210、246、716、733、
737、777、785、793、830

法式善 184、473

法禧寺 460、1478

法源寺 1913

飞牙喀 1807、1832

费二阿訇 1540

费公祠 1576、1897

费司铎 2004

费扬古 159、162、232、255、693、
704、705、1481、1648、1649、
1790、1895、1896、1897、1921

丰宁县 149、193、236、237、718、
719、736、829、851

丰升额 1980

丰镇 148、149、151、152、153、
167、168、189、193、203、210、
211、212、214、233、235、236、
248、302、315、316、327、361、
378、390、393、397、421、437、
448、449、469、591、619、664、

714、715、716、717、723、732、
761、762、909、911、915、919、
920、926、936、938、941、942、
947、949、1022、1202、1283、
1287、1298、1301、1302、1319、
1330、1347、1348、1445、1446、
1447、1529、1534、1540、1565、
1570、1581、1586、1588、1594、
1595、1600、1604、1652、1749、
1911

丰州 1593

封神演义 476

冯瑷 543、875、876

凤凰山 285、370、431、1395、
1953、1954

凤阳城 1905

奉化 85、239、240、266、376、
390、718、719、721、723、731、
732、733、735、736、737、738、
794、795、805、816、830、834

奉天 7、19、20、21、24、86、88、
187、193、226、230、239、240、
241、244、245、246、247、268、
269、273、275、317、321、341、
346、351、353、356、368、383、
391、392、395、396、422、423、
432、435、438、446、467、468、
469、470、483、562、564、599、
604、605、606、619、628、686、
720、721、726、730、732、733、

734、736、737、738、754、769、
801、816、879、889、891、893、
907、912、1204、1440、1442、
1446、1448、1449、1544、1546、
1551、1556、1570、1634、1635、
1742、1744、1888、1951、1952、
1953、1976、1984、1985、1986、
1987、1989、1994、1997

奉天巡抚唐绍仪　396

佛阿拉　44、492

佛师诗词　1935

佛说贤愚经　1918

佛诵桑岱经　1922

鄜州　1890

伏波将军　1873

伏尔加河　139、140、561

伏龙泉　266、412、798、815

福德堂　1012、1016

福会寺　251、1968

福康安　1852、1853、1875

福临　67、74、531、560

福全　159、693、1457

福因寺　459、1934

福余卫　875、876

福缘寺　138

抚顺　492

府谷　189、190、211、961、964、
965、967、968、971、978、981、
991、992、1002、1028、1090、
1346、1358

府兴营　159

阜德胜　425

阜海　353、354、425、1406、1990、
1991、1992、1993、1994、1995

阜新　100、109、139、242、243、
252、266、268、282、390、430、
431、482、718、719、721、723、
727、803、804、829、844、
1318、1366、1369、1393、1394、
1395

傅家寺　1530、1650

富海　1990

富俊　188、599、790、1853

富明阿　1882、1952

富裕仓　811

富斋宝　1966

G

嘎尔玛黄台吉　57、539、551

嘎海图　884、886

嘎仙洞　1810

嘎锥　1539

噶布尔河　1562

噶达浑　69

噶尔拜瀚海　1059、1060

噶尔察克山　68、565、567、568

噶尔丹　81、84、86、87、90、97、
108、110、122、123、124、125、
129、133、135、136、139、140、
155、157、158、159、160、162、

198、216、232、255、692、693、694、702、704、705、960、979、1059、1176、1313、1343、1421、1429、1451、1452、1460、1461、1526、1527、1647、1648、1649、1651、1653、1742、1743、1745、1747、1748、1749、1759、1760、1761、1872、1895、1896、1913、1921、1928

噶尔丹策零　1465、1877

噶尔马台吉　58、131、553

噶尔马伊尔登　536、550

噶尔玛　54、104、110、516、704

噶尔玛色旺　63、114、117

噶尔玛什第　106

噶尔苏台河　243

噶尔图　87、94

噶尔珠塞特尔　66、131、552

噶海　128、539、544、551、553

噶海沟　813、814、840

噶海齐　1491

噶海沙地　540

噶亥　117

噶克察漠多　49、494

噶拉丹锡勒图呼图克图　1517

噶拉桑　373、374、1183、1476、1499

噶拉桑济克嘧特多尔济　126

噶老台鄂模　568

噶勒丹席垆图洛桑丹毕尼玛　1935

噶鲁台鄂模　568

噶齐克图站　106

干兔　94、95

甘丹寺　1781、1912、1915

甘河　285、423、427、429、1390、1801

甘南　1859

甘肃　125、145、166、170、171、268、271、272、275、284、293、294、333、335、338、352、392、433、602、615、654、684、958、972、974、987、1033、1035、1038、1040、1076、1098、1100、1204、1291、1316、1318、1319、1359、1361、1397、1398、1399、1408、1412、1441、1524、1529、1531、1542、1660、1662、1665、1739、1740、1782、1875、1876、1888、1903、1914、1915、1916、1955、1959、2002、2003、2005

甘绥清真礼拜堂　1529

甘州　139、1060

甘珠尔　452、864、1456、1457、1458、1459、1461、1466、1476、1478、1486、1499、1500、1503、1507、1509、1784、1918、1920、1940、1949

甘珠尔庙　204、338、420、1341、1772、1773、1774、1783、1784、1803、1804、1805、1806、1859

甘珠尔墨尔根诺们罕喇嘛　1227

甘珠尔瓦呼图克图　1483

甘珠尔瓦诺们汗　456、1931

甘珠尔扎布　894

冈干塞特尔黑孤树地　49

缸房营子教堂　2007

高木布耶夫　1967

高士奇　1059

戈尔戈台河　106

哥罗德阔夫　1984、1991

割圆密律捷法　480

革兰台　93、94

格尔必齐河　1796、1848

格根戴青　58、102、131、553

格根汗　546、1576

格根汗庙　1576

格勒珠尔根城　79

格力格扎拉森　474

格埒博罗特　53、93、96、515

格埒森哲　115

格隆津巴因苏默　1077、1080、1082

格罗德科夫　353

格罗莫夫　353、1984

格萨尔王传　472

葛根庙　458、1986、1994

根敦　123、694、1622

根敦达尔扎　107

根敦帕拉吉德　883

根河　99、539、1410

庚戌之变　94

庚子赔款　302、408、470、674、
893、1359、1362、1551、1581、
1602

庚子事变　349、353、382、440、
1564

耿格尔　59、60、223

公古里河　529

公尼召　1950、1951

公诺尔泡　1767

公爷府镇　251

公益源　1130

公主府　159、231、1528、1653

公主岭　738

龚自珍　910、1363

贡桑诺尔布　251、291、355、414、
424、429、439、440、441、442、
443、444、483、631、632、633、
634、636、638、872、1308、
1368、1392、1447、1450、1601、
1604、1963、1964、1981

孤山口　991

沽源县　150、151、152、1550

古柏礼　157、158、1774、1775、
1777、1778、1893、1894

古北口　94、106、107、110、111、
116、203、215、217、218、230、
232、258、275、299、590、658、
702、722、726、729、773、776、
777、778、1107、1314、1321、
1341、1343、1360、1413、1417、

1418、1419、1424、1429、1430、
1431、1451、1459、1460、1470、
1648、1953

古伯察 25、233、234、274、282、
345、346、2002、2003、2004

古城子 1653、1654

古德赫 1841

古尔班插罕 91

古尔班格尔 884、886

古尔班哈喇拖罗海 1472

古尔班图勒噶山 108

古尔班托罗海山 1284

古尔本苏海 171

古丰书院 437、761、1596、1597、
1904

古拉兰萨 1947

古垱山之役 79

古噜思希布 65

古鲁思辖布 59、60

古禄格 62、141、253、546、547、
1926

古禄格楚呼尔 1926

古木思辖布 58、131、552

古榆城子 238

固尔比泉水 1754

固鲁斯希布 1058

固伦额驸 60、106、107、175、195、
527、1977

固伦公主 69、107、145、175、527

固始汗 139、1473、1740

固阳 135、142、191、555、556、
949、1358、1583、1668、1672

固原 333、334、1660

故事之海 1997

顾颉刚 946、1024、1551、1563

瓜尔佳 1779

卦尔察 44、78、79、520、1845

关东地区 1984

关东都督府 238、258、269、278、
316、321、327、328、356、733

观音寺 460、1479

官井梁清真寺 1533、1541

光绪皇帝 381、608、1894、1917、
1977

广德昌 727

广东巡抚张兆栋 580

广福寺 406、460、1168、1169、
1171、1172、1173、1181、1184、
1476、1517、1976

广化寺 252、455、460、1482、
1502、1517、1930

广慧寺 460、461、1472、1875

广济 1886、1890、2005

广觉寺 456、460、1014、1931

广灵寺 1472

广宁 43、45、46、47、49、53、
54、55、93、101、114、152、
289、460、492、494、509、515、
516、519、520、524、532、
1284、1373

广宁之战　495

广善库　1456、1457

广寿寺　460、1921

广宗寺　459、1483、1487、1489、
1496、1501、1506、1507、1508、
1509、1516、1517

归化城　6、43、62、67、128、129、
133、134、135、144、159、160、
161、162、163、165、168、184、
189、191、193、198、203、204、
205、207、208、209、212、213、
252、253、254、256、257、267、
270、271、272、274、275、281、
282、284、294、299、304、307、
310、314、315、316、317、318、
320、324、326、328、338、343、
344、398、410、417、421、422、
423、432、448、475、519、529、
532、542、545、547、559、589、
594、621、674、690、691、693、
694、695、697、700、704、705、
706、709、722、723、728、735、
737、739、740、741、744、754、
761、766、767、768、823、847、
908、910、924、926、941、943、
952、953、982、1138、1169、
1191、1194、1196、1200、1209、
1216、1222、1223、1224、1225、
1226、1229、1263、1268、1269、
1282、1287、1288、1289、1290、
1291、1292、1298、1299、1307、
1308、1310、1313、1314、1316、
1317、1318、1319、1320、1328、
1329、1331、1333、1334、1338、
1340、1341、1343、1344、1345、
1347、1350、1352、1353、1354、
1360、1361、1374、1376、1384、
1403、1415、1419、1445、1446、
1450、1481、1493、1495、1497、
1519、1524、1525、1527、1556、
1565、1573、1575、1585、1586、
1587、1590、1596、1612、1613、
1621、1622、1623、1629、1636、
1643、1648、1649、1650、1651、
1652、1653、1657、1658、1660、
1662、1663、1665、1666、1672、
1689、1691、1877、1885、1896、
1897、1899、1900、1903、1908、
1909、1915、1921、1954、1981、
2000、2002、2004、2005

归化城副都统丹津　1593

归化城副都统奎成　692、1256、
1592

归化城副都统文瑞　692

归化城副都统文哲珲　387、746、
1911

归化城厅　143、211、248、305、
306、308、323、701、713、715、
716、726、734、909、911、915、
942、944、945、947、948、

1190、1214、1215、1221、1228、1244、1254、1255、1270、1594、1595、1661、1884

归化城土默特 7、8、15、19、28、61、99、120、126、132、136、140、141、142、148、158、182、187、189、190、201、211、216、217、220、225、227、228、230、231、233、234、235、255、259、268、289、298、300、302、303、305、307、309、311、312、313、319、331、332、333、334、345、347、348、358、359、376、377、437、438、439、446、468、471、483、546、554、555、561、591、596、607、659、661、703、713、714、715、725、726、727、730、734、763、909、911、912、914、917、921、958、990、1001、1009、1031、1036、1042、1051、1144、1145、1146、1188、1197、1198、1201、1202、1203、1204、1205、1206、1207、1208、1211、1213、1215、1217、1218、1219、1220、1221、1224、1225、1226、1227、1228、1230、1231、1232、1233、1234、1236、1237、1238、1239、1240、1241、1242、1243、1244、1245、1246、1248、1249、1250、1251、1254、1255、1256、

1257、1260、1261、1262、1265、1266、1271、1349、1373、1377、1385、1388、1404、1407、1409、1420、1421、1504、1505、1514、1555、1594、1602、1907、2003

归绥道 23、26、143、144、149、164、191、193、230、234、235、236、255、260、266、298、305、310、324、390、397、423、437、591、592、594、619、701、722、723、728、733、740、761、764、765、766、909、910、911、945、989、1070、1148、1194、1197、1202、1217、1225、1237、1238、1245、1246、1252、1255、1308、1373、1524、1592、1596、1597、1600、1603、1614、1651、1884、1885、1911

归绥中学 437、439、446、761、762、765、1597、1598、1620、1904

贵勒尔河 81、82

桂良 1942

衮必里克墨尔根 1056

衮布喇什 124、126、1000

衮布旺济勒 84

衮布伊勒登 104、112、136、1144

衮布扎布 88、105、110、119、472、478

衮出斯巴图鲁 60、517、530

衮楚克云端 1175

衮楚克扎布 105、119

衮噶鲁台 68、565、566、567、568

衮格丹丕尔 1174

衮呼都克 1472

衮济斯扎布 99

滚必力格莫日根济农 1057

滚布什希 69

滚鄂模 568

滚古日扎布 1126

棍楚克苏隆 414、439、440、441、442、443、444、631、636、638、1969、1978

郭博勒哈拉 1796、1800、1878、1884

郭尔毕布拉克 222、1438

郭尔罗斯后旗 21、24、90、91、92、217、241、245、278、351、352、353、354、355、376、388、418、424、432、435、461、605、607、659、714、716、797、798、801、805、806、830、880、888、1286、1418、1425、1426、1440、1442、1446、1982、1992

郭尔罗斯前旗 82、83、85、89、90、91、193、210、217、229、230、238、241、246、247、285、296、311、356、371、372、376、388、411、412、418、424、605、659、714、716、718、719、774、784、785、789、790、791、792、798、801、805、806、815、816、829、833、834、881、887、888、1286、1401、1418、1988、2001

郭和苏台河 119、120

郭勒特格 222、1438

郭隆寺 249、1912、1913、1914、1916

崞县 974

果比托里布拉克 1227

果弼尔图都棱 101

果万察佐领 1842

H

哈巴罗夫 373、1792、1793

哈布齐河 220、1437

哈布图哈撒儿 126、130、534、548、1053

哈赤温 57、126、534、536、549

哈达公主 527

哈达斤 68、569、570、571、1740

哈达门口 133、555

哈丹巴图尔 91、1781、1782

哈尔滨 80、268、351、352、353、354、373、426、427、435、436、461、738、1389、1440、1442、1449、1974、1980、1984、1991、1993

哈尔霍呢图庙 1067

哈尔纪河 242

哈尔占 543、553

哈格楚德 1785

哈古勒河 81、105、543

哈海河 1406、1993

哈克鄂模 1424

哈拉敖包 1147

哈拉哈河 156、1756、1882、1894

哈拉海坨子 889

哈拉火烧 890、1993

哈拉蟒耐盐池 284

哈拉乌苏 245

哈喇车里克 104、542

哈喇浩特 94、861、1066

哈喇努特 100

哈喇沁 220、859、1437

哈喇宿亥 1064

哈剌赤 92

哈剌图温都尔山 1146、1147

哈老徒 568

哈勒哈河 157

哈勒津 283、286、426、1366

哈伦阿尔善 1882

哈密 577、585、588、1647、1825、
1853、1892、1896

哈尼斯青台吉 58、126、131、548、
553、1053

哈尼泰冰图台吉 58、126、131、
548、553、1053

哈斯宝 474、1945、1946

哈坦巴图鲁固穆 79

海参崴 262、1893

海拉尔河 78、157、239、262、
1410、1411、1752、1754、1756、
1781、1787、1788、1874、1883

海拉苏台 220、1436

海赖 66、131、552

海兰察 1852、1853、1874、1875、
1883

海兰泡 738

海流图河 152

海萨巴图鲁 58、131、552、553

海色台吉 571

海山 37、96、99、105、112、120、
147、926、1974、1975

海西女真 44、100、520、1808

海子堰 1072

韩默理 38、360、1546、1559、
1884、2005、2006

韩义阿訇 1540

罕笃 110、1741、1745

汉军正红旗都统 1905、1906

汗—哈郎贵 472

汗庙 458

汗山 68、130、548、568、1755

瀚海 56、67、104、126、514、
525、534、558、599、1145、
1452、1461

杭爱山 99、568、570、1465

杭古 62、546、547

杭锦旗 125、191、201、247、255、

284、338、348、386、401、404、
407、408、409、469、600、606、
607、744、745、746、753、754、
961、975、982、999、1000、
1005、1023、1024、1026、1027、
1028、1033、1039、1052、1053、
1054、1055、1056、1057、1058、
1059、1061、1062、1063、1064、
1065、1066、1067、1068、1073、
1074、1077、1078、1079、1080、
1081、1083、1084、1085、1086、
1087、1088、1089、1090、1091、
1092、1095、1097、1098、1099、
1100、1101、1102、1103、1104、
1106、1107、1108、1109、1110、
1111、1112、1113、1114、1115、
1116、1117、1118、1119、1120、
1121、1122、1123、1124、1125、
1126、1127、1128、1129、1130、
1131、1132、1134、1135、1136、
1138、1139、1140、1358、1471、
1472、1554、1556、1561、1907、
1910、1957、2006

豪格　75、525、530、1632

豪赖沟　1209

豪勒宝清真寺　171

好陈察罕儿　113、499

浩齐特　56、61、71、112、113、
114、116、117、179、459、513、
514、517、525、867、868、

1419、1934

浩齐特右翼旗　1419

浩齐特左翼旗　1419、1425

浩沁塔宾格尔　1418

合卜合纳思　1735

合赤温　103、104

合剌温山　104

合撒儿　491、519

何秋涛　15、26、1424、1834、1836、
1849

和卜多　1761

和鄂尔勒克　561

和合源　1130

和敬公主　84

和林格尔厅　143、211、234、323、
324、701、715、740、909、915、
1190、1224、1594、1600

和啰理　133、139、140

和亲王牧厂　154

和硕达尔汉巴图鲁亲王　84

和硕德豫亲王　564、565、567、
569、571

和硕端柔公主　87

和硕额驸　67、71、79、97、98、
99、109、111、117、140、157、
175、357、527、572

和硕格格　777

和硕公主　84、175

和硕恪靖公主　162、1211、1528

和硕礼亲王　527

和硕墨尔根代青贝勒 530

和硕肃亲王 75

和硕特部 139、171、252、459、
660、1506、1740、1920

和硕卓礼克图亲王 60、565、878

和阗 1901

和通 51、93、243、362、712、
720、1442、1777

和屯盐池 284、1399

和托果尔昂哈 102

和英 479

河东道 1202

河间 74、773、818、832、846、
1590、1960

河口镇 164、 165、 203、 302、
1358、1407、1409、1529、1532、
1600、1654、1659、1664

河曲 189、190、211、961、967、
968、969、971、974、978、981、
982、 987、 994、 1002、 1018、
1028、1029、1346、1358、1406、
1661

河套 8、26、32、33、39、43、49、
59、 62、 100、 121、 135、 145、
162、170、179、212、231、232、
260、261、347、348、349、360、
378、383、417、418、464、468、
469、492、519、532、533、556、
597、598、600、602、613、626、
911、918、919、922、924、926、
937、 938、 939、 940、 943、 944、
945、 946、 956、 957、 958、 959、
963、 964、 965、 969、 970、 971、
972、 973、 978、 979、 986、 993、
996、 1000、 1004、 1009、 1010、
1011、 1012、 1014、 1016、 1017、
1018、 1019、 1020、 1021、 1023、
1024、 1027、 1034、 1037、 1038、
1039、 1040、 1047、 1048、 1054、
1056、 1057、 1059、 1060、 1073、
1074、 1076、 1091、 1095、 1099、
1102、 1103、 1104、 1124、 1128、
1133、 1318、 1329、 1407、 1447、
1472、 1551、 1552、 1554、 1556、
1557、 1561、 1562、 1563、 1564、
1567、 1571、 1572、 1573、 1582、
1584、 1589、 1590、 1606、 1647、
1950、1955、1958、2006

河西走廊 162、337、1647

河原操子 355、1966、1967

贺尔禾代 502、877

贺兰山 69、139、140、252、282、
334、1053、1059、1060、1958

贺什格巴图 1949、1950

赫图阿拉 642

赫哲 1426、1807、1808、1811、
1812、1813、1814、1826、1830、
1831、1832、1927

黑城子 100、150、1067

黑河 234、299、432、700、738、

946、1201、1449、1848

黑林镇 737

黑龙江 15、17、21、24、75、80、
88、89、90、92、154、155、
156、157、169、170、179、183、
185、192、222、226、232、239、
245、246、264、265、266、278、
284、296、301、315、317、321、
336、351、352、354、373、387、
391、393、395、396、397、412、
423、425、427、428、429、432、
433、438、461、483、522、526、
531、584、605、606、615、616、
626、659、660、686、690、717、
722、730、733、737、738、796、
802、889、890、912、1278、
1343、1366、1370、1390、1391、
1400、1402、1404、1405、1406、
1409、1410、1411、1418、1422、
1423、1424、1425、1426、1428、
1429、1433、1438、1440、1446、
1448、1449、1631、1632、1634、
1635、1741、1746、1747、1748、
1752、1753、1754、1757、1758、
1762、1764、1766、1767、1768、
1770、1776、1779、1780、1790、
1791、1792、1793、1794、1795、
1796、1797、1800、1801、1802、
1803、1804、1806、1807、1808、
1809、1810、1811、1812、1813、

1830、1831、1832、1834、1835、
1836、1837、1839、1840、1841、
1843、1844、1845、1846、1847、
1848、1849、1850、1851、1853、
1854、1856、1857、1865、1871、
1872、1873、1875、1876、1878、
1879、1880、1882、1883、1884、
1888、1892、1893、1894、1896、
1942、1953、1977、1987、1991、
1992、1993、1994、1995、2000、
2001

黑龙江将军恩泽 400、604、617、
742、797

黑龙江将军增祺 380、607、797、
798

黑牛沟 300、1209、1372

黑山沟煤窑 431、1393

黑山头 217、1410

黑石炭 102、514、523

黑水 843、844、1797、1894、2002

黑水部 1809

黑水川 345

恒河之流 478、513、534、549

弘吉喇特 47、48、49、101、533

红城子 153

红花沟 282、286、287、426、1366、
1367

红楼梦 473、474、1881、1945、
1946、1948

红庙子 1654、1660

红旗营 215

红山口 179、460、555

红颜泪 1948

宏庆寺 1338、1482、1501、1517

洪果尔敖包 1472

侯塞尼 1539

后二十家子 886

后套 29、39、134、170、190、
191、201、202、212、336、361、
417、418、419、448、701、961、
971、975、979、1005、1041、
1050、1051、1052、1053、1055、
1056、1057、1058、1059、1061、
1062、1063、1064、1067、1068、
1073、1074、1076、1077、1079、
1080、1081、1082、1083、1086、
1088、1091、1092、1094、1097、
1098、1099、1100、1101、1102、
1103、1104、1106、1108、1112、
1117、1118、1123、1128、1129、
1130、1131、1132、1133、1134、
1135、1140、1141、1143、1318、
1358、1563、1567、1573、1589、
1590、1602、1955、1956、1957、
1958、1959、1960、1961

后套缠金地方 597

呼布图奈曼查干 1054

呼都克阿贵庙 1475

呼尔拉特氏 1741、1885

呼和多博寺 1784

呼和淖尔 1055、1078、1079

呼和陶劳盖 1084

呼和乌孙伊玛图 869

呼亨呼图克图 1484、1493

呼吉尔恩格尔 1148

呼兰 604、606、607、1425、1429、
1440、1609、1746、1747、1748、
1768、1794、1812

呼兰镶蓝旗 1889

呼伦贝尔"独立" 1370、1994

呼伦贝尔八旗 20、182、183、716、
1751、1757、1796、1845、1873

呼伦贝尔办事大臣 1879、1880

呼伦贝尔城 156、158、217、218、
438、1423、1424、1429、1780、
1888

呼伦贝尔额鲁特部 157

呼伦贝尔副都统 5、20、156、157、
183、184、185、212、218、221、
295、422、428、461、659、661、
1297、1391、1399、1410、1429、
1433、1438、1595、1754、1756、
1758、1759、1764、1768、1769、
1770、1780、1783、1784、1813、
1876、1881、1882、1894

呼伦贝尔五翼总管旗 156、157、
158

呼伦贝尔镶红旗 1891

呼伦贝尔总管 183、1878

呼伦贝尔左翼总管 1878

呼伦兵备道 391、722

呼伦湖 78、157、262、1728、1733、1752、1756、1762、1773

呼伦厅 239、391、422、715、716、723、1748、1768

呼伦直隶厅 239、722

呼玛尔卡伦 1848

呼玛河 1836

呼图克太彻辰洪台吉 477

呼图克图阿旺札木场 137

呼图克图额尔德尼阿旺索德纳木 1935

呼图克图汗 43、533

呼图克图喇嘛 309、658、666

呼雨里河 90

忽布图乃满查干 130、548

忽济尔图 130

胡恩光 754、755、757、758

胡孚宸 423、437、761、762、765、767、1307、1597

胡吉尔诺尔敖包记 1883

胡喇虎 543、553

胡鲁苏台 544、553

胡聘之 134、189、378、379、402、404、405、597、598、599、600、601、602、607、952、1141

胡图灵额 1642

胡裕尔河 90

湖南巡抚王文韶 583

湖南巡抚赵尔巽 608

湖滩河朔 124、1407、1409

葫芦岛 1440

葫芦素台 841

瑚图灵阿 97

虎墩兔 56、524

虎距关 1874

虎喇哈赤 78、100、101、499、520、874

户部尚书马齐 703

扈伦四部 44、492、493、519

扈瑞阿訇 1540

花当 93、94

花里亚荪 372、373、374

花连 111、373、374、1995、1996、1997

花灵阿 1883

花马池 123、125、203、334、335、338、960、1138、1341

花沙纳 1940

花陶劳盖哈吞 1087

化马池 123

桦榆沟 185

怀安 148

怀德 85、91、188、239、240、266、376、717、718、719、721、723、730、732、733、734、735、737、738、791、795、805、815、816、830、1022、1448

怀来 149、216、1419

怀宁所 235

怀庆 1902

怀远 125、149、189、193、211、714、961、964、965、967、968

淮河 1888

獾子洞 777、785、794、815

荒花旦 92、1737

皇太极 4、45、47、54、55、57、58、59、60、61、66、69、72、73、74、79、81、91、95、101、102、103、104、115、127、131、132、137、140、142、158、175、183、253、458、488、491、493、500、503、504、506、507、508、509、510、514、515、520、521、523、524、525、526、527、528、529、530、531、535、536、537、538、539、540、541、542、544、545、546、549、550、551、552、553、554、556、558、559、560、561、578、642、643、644、690、693、877、1054、1313、1505、1631、1632、1790、1836、1839

黄河 43、59、62、120、121、124、125、130、134、142、145、170、189、190、212、222、231、232、234、255、259、260、268、275、284、325、334、335、336、383、402、407、417、424、464、519、532、548、600、602、616、691、702、773、936、943、945、946、958、959、961、971、972、974、975、977、979、982、1009、1016、1019、1029、1052、1053、1054、1055、1056、1058、1059、1060、1061、1062、1064、1065、1066、1068、1069、1070、1071、1072、1077、1079、1080、1081、1083、1084、1087、1090、1091、1095、1098、1099、1100、1101、1103、1104、1118、1119、1124、1127、1128、1133、1139、1141、1142、1200、1214、1251、1254、1320、1383、1397、1400、1406、1407、1408、1409、1439、1472、1532、1533、1551、1557、1558、1559、1562、1563、1567、1581、1589、1661、1739、1888、1903、1938、1950、1957、1959、1981、2003、2004

黄金家族 51、52、53、59、78、94、114、131、478、479、510、536、542、553、559、661、1151、1934

黄金史 512、557、1928、1934

黄金史册 479

黄金史纲 53、478、516、534、549

黄金数珠 478

黄寺 1465

黄羊滩教堂 1572

潢河 543、803、804、872

恍忽大　78

晃豁坦　557

灰腾梁　248

灰图苏莫　900、901、902

珲春　1893

辉发　44、79、520

辉河　1754、1767

辉千　1860

辉特部　660、1874

辉特二旗　659

回回麻家菜园　164

回疆　163、174、479、577、578、
　582、1648、1878

回民坟地　165、1523、1528、1537、
　1647、1650

回民果园　164、1652

回民军　334、336、337、338、1002、
　1876

回民起义　130、134、166、227、
　234、260、301、333、334、335、
　337、338、339、362、584、673、
　1479、1524、1525、1528、1656、
　1661、1663、1888、1890、1891、
　1892、1955

回子营　1527、1691

回族　161、162、164、165、166、
　167、168、169、170、171、335、
　448、1138、1483、1519、1520、
　1521、1522、1523、1524、1525、
　1526、1528、1529、1531、1532、

　1533、1534、1535、1536、1537、
　1593、1598、1630、1646、1647、
　1648、1649、1650、1651、1652、
　1653、1654、1655、1656、1657、
　1658、1659、1660、1661、1662、
　1663、1664、1665、1666、1667、
　1669、1674、1676、1677、1678、
　1679、1680、1681、1682、1683、
　1684、1685、1686、1687、1688、
　1689、1690、1691、1692、1693、
　1694、1695、1696、1697、1698、
　1699、1700、1701、1702、1703、
　1704、1705、1706、1707、1708、
　1710、1711、1712、1713、1715、
　1716、1717、1718、1719、1723、
　1875、1892、1956

汇宗寺　204、　213、　249、　903、
　1348、1451、1452、1453、1454、
　1456、1457、1458、1459、1460、
　1461、1462、1464、1469、1470、
　1478、1496、1504、1513、1913、
　1914、1916、1935

会州　94

荟安寺　460、1929

惠亲王　331

惠亲王绵愉　1940

惠远城　1609、1845

惠远庙　1915

慧林寺　1472

浑春庙　901

浑河　44、127、136、493、1145、1808

浑河部　492

浑津村　703

浑通　157

浑源　974、1334

混同江　78、876

豁里秃马惕　1735、1736

豁罗剌思　80、81

火儿赤　77

火经　1951

火里　485、487、1735、1816

火鲁剌思　80

火落赤台吉　1782

火筛　93、94、959

霍集占　1851、1877

霍林河　870

霍斯库鲁克　1851

霍托克部　1842

J

鸡冠山　282、429、430、1368

基督教　32、345、348、361、467、469、470、931、949、955、1544、1564、1565、1566、1567、1569、1570、1571、1572、1573、1574、1575、1576、1577、1578、1579、1580、1581、1584、1585、1586、1588、1589、1590、1592、1607、1608、1609、2003

基督新教　1257

吉当阿　1211、1212

吉格木得嘉措　1176、1178

吉格木德多尔济　994

吉拉林河　1370

吉兰泰盐池　284、293、1397

吉林　7、16、17、21、24、77、91、155、169、179、192、193、210、220、226、238、239、241、269、275、296、321、323、336、351、352、354、371、372、388、391、392、395、397、412、424、481、543、596、599、605、606、628、637、659、686、690、717、719、721、722、724、730、732、733、737、738、791、792、793、794、798、799、815、833、889、891、896、897、903、907、912、1400、1401、1402、1411、1423、1425、1426、1428、1429、1436、1440、1446、1448、1449、1609、1764、1766、1779、1803、1808、1812、1846、1853、1876、1893、1906、1940、1951、1952、1953、1954、1955、1976、1977、1989、1994

吉林将军秀林　379、411、785、790、888、1022

吉林乌拉　827、1422、1742、1745、1746、1845

吉林巡抚朱家宝　396

吉林伊通边门　790

吉隆呼图克图　1484

吉米彦　1922

吉庆寺　1170

吉祥天母传　472

吉祥天女神庙　138

吉祥智慧本尊六臂法王　1918

极乐世界庄严说净土功德彰明慧鉴
　1937

集宁　148、168、347、418、458、
　936、1301、1529、1540、1551、
　1572、1581、1588

济尔噶朗图山　1482

济尔哈朗　75、87、116、220、500、
　525、531、560、1436

济拉玛　93

济拉嘛泰河　239、1753

济沁阿巴　1841、1843、1873

济沁千　1860

济特库山　1374

济席哈　1791

济雅齐　472

祭火仪轨欢乐之源　1937

蓟州　74、96、132、554、1054

加拉姆台千　1860

嘉卜寺　1447

嘉木延噶尔布　474

嘉峪关　140、432、588

简论苏玛地沙拉西里巴达喇圣全集
　1937

建昌　97、168、192、210、229、
　237、270、286、340、341、342、
　371、415、638、718、719、721、
　723、729、732、736、739、781、
　788、803、804、815、829、839、
　851、 852、 853、 858、 861、
　1294、1308、1366、1367、1393、
　1951、1953、1955

建平　96、108、168、242、266、
　282、286、287、345、390、430、
　518、718、719、721、723、727、
　803、804、829、839、843、853、
　1366、1367、1368、1369、1448

建威将军补熙　1612

建威将军王昌　695、 697、 1623、
　1897

建州女真　43、44、48、491、492、
　493、518、533、876、1808

建州卫　43、533

涧河口　1942

江都之盟　72

江华岛　73

江宁　70、72、75、146、385、690、
　706、1609、1637、1885、1902

江宗　1915

姜瓖　289、1373

将军富俊　188、790

将军特普钦　604、1813

将军窑子　1014、1557、1607

将军奕山　604

蒋兆奎　305、1217

杰书　158、693

洁鉴　1949

解家窝棚　243、245

解元集　1945

介赛　499、501

今古奇观　1946

金川　1851、1852、1874、1877

金丹道暴动　227、286、340、379、
　729、738、809、844、858、1366

金刚长寿白塔　1923

金国　491、535

金河　111、238、1430、1859

金积堡　333、334、335、1075、
　1076、1661、1955

金家屯　736、737

金鉴　1949

金克日　1797

金轮千辐　53、78、87、100、103、
　113、114、478、499、513、520、
　534、549、874、876、879、880、
　882

金顺　134、336、1893

金泰　366、367、368、499

金五阿訇　1529

金玉斋　1968

金运昌　134、338、1075、1076

金州　891、1743、1744

金珠尔　473

津巴道尔济　479

锦州　55、73、74、82、86、88、
　89、90、95、96、99、100、105、
　106、107、108、128、132、152、
　213、237、251、252、267、268、
　288、368、370、432、433、522、
　524、531、545、554、738、816、
　847、878、1054、1284、1371、
　1440、1441、1952、1980

晋王　121

经棚　24、106、107、169、203、
　257、258、259、267、268、270、
　271、316、327、421、716、730、
　737、789、819、1287、1295、
　1296、1306、1310、1315、1318、
　1320、1330、1341、1601

精阿尔典佐领　1842

精奇里江　1790、1792、1796、1797、
　1811、1812、1834、1836、1839、
　1840、1876

景德禄阿訇　1540

景教　345、467

景廉　583、1615、1892

景寿　1977

敬斋公　471、472

靖安县　81、244、245、675、719、
　733、734、800、805、816、830、
　1986、1994、2001

靖边　123、189、211、961、963、
　964、967、968、982、1059、

1466、2005

靖远大将军 75

靖远营 700、1652

静慧寺 1472

镜花缘 1948

九部联军之战 519

九宫山 75

九世席力图呼图克图 1923

酒的弊端 1937

旧额鲁特 158

旧买卖营 249、250

旧庙 249、1182

旧土尔扈特 140、440

居庸关 216、1419

巨流河 1422、1425

聚宝庄 1208、1235、1236、1244、
1259、1266

军机大臣文祥 583、586

K

喀尔喀 15、29、46、47、49、54、
55、56、57、59、61、63、64、
66、67、68、69、75、78、99、
105、106、108、115、123、124、
126、128、130、132、135、142、
144、146、159、162、198、204、
213、220、221、222、232、248、
249、250、255、268、274、275、
311、334、336、355、416、426、
441、454、455、456、457、478、

492、493、494、495、499、501、
502、503、504、505、506、507、
508、513、514、515、516、517、
518、519、522、523、526、528、
530、534、535、537、545、546、
549、554、557、558、559、560、
562、565、567、568、570、572、
573、579、589、609、625、629、
643、645、646、647、658、661、
662、693、694、697、714、716、
783、804、824、828、829、849、
875、958、996、1054、1055、
1059、1136、1138、1151、1154、
1157、1160、1161、1162、1167、
1169、1171、1172、1191、1200、
1223、1227、1283、1315、1320、
1326、1347、1355、1423、1426、
1431、1433、1436、1437、1439、
1451、1452、1459、1460、1461、
1465、1466、1468、1469、1470、
1472、1473、1475、1477、1481、
1482、1483、1484、1485、1487、
1488、1490、1493、1504、1505、
1506、1507、1508、1516、1518、
1603、1621、1629、1649、1739、
1741、1742、1744、1746、1748、
1749、1750、1752、1754、1759、
1760、1761、1762、1763、1765、
1769、1773、1774、1775、1776、
1782、1850、1886、1888、1895、

1912、1917、1918、1921、1922、1924、1927、1931、1959、1990

喀尔喀阿尔萨阑戴青　703

喀尔喀车臣汗部　62、110、113、114、116、117、118、119、120、155、156、525、561、564、571、1276、1486、1755、1756、1887

喀尔喀丹津喇嘛　1060

喀尔喀二楚虎尔　133、547、555

喀尔喀法典　670、672、1489

喀尔喀固穆台吉　566

喀尔喀河　80、100、101、129、157、217、1424、1753、1764、1873

喀尔喀莫日根王旗　1145、1148、1149、1150

喀尔喀硕垒汗　569、1740

喀尔喀土谢图汗　68、70、84、118、127、136、159、331、555、569、570、571、660、669、691、1144、1150、1452、1465、1743、1903

喀尔喀万户　80、100、101、1737

喀尔喀五部　45、48、520、521、525

喀尔喀右翼旗　70、72、127、136、216、406、555、556、910、1144、1145、1146、1147、1148、1149、1150、1151、1152、1153、1154、1155、1156、1157、1158、1159、1160、1161、1162、1163、1164、1165、1166、1167、1168、1169、1170、1171、1181、1182、1183、1184、1185、1186、1187、1280、1420、1512

喀尔喀左翼旗　104、109、112、136、137、179、215、463、713、715、718、719、771、803、1418

喀尔占　128、540、545、1060

喀海拖罗海山　112

喀拉绰特　88

喀拉乌苏　82

喀喇把尔噶孙　529

喀喇车里克　57、59、61、126、127、532、534、539、549、551

喀喇鄂博　131、553

喀喇和屯　185、851

喀喇木伦河　106

喀喇沁　5、23、30、39、47、49、58、60、61、71、72、74、82、83、85、86、88、89、92、115、137、138、145、179、183、191、201、215、220、223、224、237、242、251、271、272、281、287、308、316、321、327、340、342、370、372、430、452、479、492、504、506、508、515、517、530、531、542、543、621、625、642、643、658、715、718、719、726、728、771、773、774、775、777、778、779、786、788、799、810、

开鲁　105、110、145、192、242、243、266、268、270、391、418、718、720、723、724、802、806、829、1318、1448、1450、2002

开原　24、47、78、83、100、101、107、187、230、246、369、492、494、497、500、503、521、543、738、784、785、794、875、876、887、939、1744

堪布诺门汗呼图克图　1490

康保县　147、152

康干河　1726

康家屯　86、88、188、240、719

康喀尔拜虎　45、494

康平县　86、88、188、210、240、241、268、719、732、733、735、736、777、793、795、805、816、830、834、1983

康亲王崇安　159、693

康亲王杰书　158、693

康熙六年增定蒙古律书　646

靠山屯　721、887、1951、1954

科布多　15、16、157、324、344、392、396、397、398、432、585、587、588、589、617、618、619、630、658、659、660、661、673、674、757、1218、1310、1315、1316、1318、1319、1326、1328、1329、1331、1343、1344、1347、1355、1362、1431、1490、1648、1653、1893、1974

科布尔泉　119

科尔沁宾图郡王　636

科尔沁部　27、43、44、45、46、47、48、49、53、57、60、66、69、77、78、79、80、81、82、83、84、85、86、87、88、89、90、100、103、109、128、131、132、201、243、452、453、463、491、493、494、495、496、497、501、506、507、508、515、519、520、522、528、530、532、533、538、539、540、541、542、550、551、552、642、796、873、874、875、876、877、878、1053、1138、1751、1921、1925、1926、1927、1934

科尔沁郡王棍楚克苏隆　414、631

科尔沁亲王阿穆尔灵圭　414、631、638

科尔沁亲王僧格林沁　589

科尔沁土谢图汗　45、494、529、643

科尔沁土谢图亲王·568

科尔沁兀鲁思　78

科尔沁右翼后旗　82、83、84、89、91、199、245、247、388、675、719、796、799、800、802、873、874、878、879、880、881、882、883、884、885、886、887、888、

889、890、891、892、893、894、895、896、897、898、899、900、901、902、903、904、905、906、907、908、1286、1418、1475、1929、1980、1986

科尔沁右翼前旗　79、81、82、83、91、92、244、245、353、372、388、458、675、718、719、721、799、800、801、834、878、881、885、1286、1405、1418、1929、1980、1984、1987、1995

科尔沁右翼中旗　77、81、82、85、105、132、194、246、247、372、373、388、393、464、543、544、554、621、718、719、796、800、802、878、1286、1418、1925、1929、1930、1951、1974、1996、1997

科尔沁左翼后旗　85、86、87、88、145、194、230、238、240、246、299、330、357、369、424、440、461、714、716、737、775、784、793、795、801、819、820、829、834、878、888、1286、1418、1601、1603、1604、1939、1941、1954、1975、1977、1980、1981、1983

科尔沁左翼前旗　85、86、87、88、112、137、152、229、244、370、440、458、461、716、718、720、

784、785、793、794、795、796、806、815、878、887、1284、1286、1418、1978

科尔沁左翼中旗　30、81、84、85、86、87、91、105、132、194、230、240、241、388、458、461、482、543、544、554、675、717、718、719、720、784、794、795、801、802、806、815、834、843、878、887、1279、1286、1400、1418、1952、1980

可可五素川　1346

可可以力更　248、267、716、768、1241、1247、1259、1268、1389

克卜尔滩　171

克尔莫图　1468

克尔萨喀勒　1843

克公牧厂　154

克里叶哈达　543、553

克里叶河　1472

克勤郡王牧厂　154

克失旦　102

克什克腾部　62、102、145、452

客列木臣　1735

恪靖公主　159、1903

恪慎郡王岳希　159、693

肯特山　465、564、1473

空格尔河　107

孔果尔老人　505、537、550

孔果尔诺颜　506

口北道 149、378、722、723

口北三厅 17、22、95、149、150、151、152、153、193、211、213、249、250、292、300、301、377、378、392、714、715、728、729、803、918、1277、1286、1320、1330、1348、1396、1463、1470

口外七厅 235、377、378、382、590、591、592、593、594、595、597、732、766、858、909、910、914、915、955、1202、1547、1582、1594、1602

库布苏库勒湖 1473

库布苏库虾台吉 567

库察山银矿 283、286、426、1366

库都尔河 156、1754

库尔缠 46、495、507

库尔喀喇乌苏 1343

库尔图罗海 220、1436

库痕哈喇合邵 544、553

库库和屯 50、61、94、142、145、213、252、253、450、451、533、908、1198、1312

库昆河 99、112

库赖 109、1842

库勒都尔河 222、1438、1767

库里雅图 111

库鲁克 221、565、566、567、1437

库伦 15、17、77、92、99、109、136、137、138、139、145、169、181、184、203、204、205、207、233、250、267、268、281、292、344、350、351、352、354、361、369、370、397、416、420、421、424、432、433、434、442、452、457、461、463、589、590、608、613、616、618、619、632、658、659、661、675、713、715、718、719、730、753、783、784、804、819、824、828、829、849、879、898、1287、1290、1294、1297、1310、1314、1315、1316、1318、1319、1326、1328、1329、1330、1331、1332、1333、1337、1341、1343、1344、1347、1350、1354、1355、1362、1396、1431、1440、1444、1446、1447、1449、1461、1465、1466、1468、1477、1485、1486、1487、1489、1493、1503、1505、1536、1537、1603、1653、1654、1903、1926、1931、1932、1952、1954、1973、1974、1980、1981、1982、1986、1987、1990、1991、1992

库伦办事大臣丰升阿 398、629

库伦办事大臣延祉 396、1441

库伦办事大臣张廷岳 382、615

库伦伯勒齐尔会盟 249

库伦布哈屯 774

库玛尔 1793、1806、1813、1814

库热浅 1800

库如勒齐山 220、1437

库苏尔哈达 774、784

库耶 1832

库页岛 708

宽城子 91、193、238、714、716、
723

宽温仁圣皇帝 51、60、877

宽巷子 164、1652

奎力浅 1800

奎猛克塔斯哈喇 78、80、81、82、
83、103

奎苏布拉克 215

奎腾布拉克 216、1419

葵公牧厂 154

昆都棱额尔德尼车臣楚瑚尔 113、
114、116

昆都仑乌巴什 561

昆都仑召 475

昆都伦博硕克图衮布 129、133

昆都伦撤辰汗 48

昆都伦戴青 101、103

昆都伦汗 504

廓尔喀 677、1852、1853、1875、
1877、1879

廓索维茨 25、428、1391

L

拉布杰扎兰章京 1926

拉布杰召 1926

拉布楞 1501、1509、1934

拉布赞巴柴东罗布 1172

拉布赞巴根登尼玛 1172

拉布真巴绰里德木 1178、1179

拉布真巴绰里德木敖德斯尔 1180

拉布真巴绰里德木巴拉吉尔 1178

拉布真巴拉西色楞 1175

拉哈千 1860

拉力浅 1800

拉玛甸 736

拉莫胡尔鄂博 1150

拉齐山 250

拉萨 140、451、468、868、1474、
1505、1575、1912、1915、1916、
1920、1934、2003、2004

拉僧庙 1070、1071

拉斯辖布汗 53

喇嘛丹毕尼玛 1096

喇嘛丹达日 1126

喇嘛洞 455、456、460、1924、
1930、1931、1999

喇嘛年班 662

喇嘛旗 77、92、99、109、136、
137、138、139、177、181、204、
224、350、369、370、420、421、
432、452、457、461、463、661、
665、718、719、1155、1446、
1480、1487、1503、1926、1931、
1932

喇嘛什希 79、83、873、878、880、

881、882、883、907

喇嘛扎布 141、879、880、881

喇特那巴咱尔 117

喇特纳锡第 95

喇西朋素克 479

来宝沟 1744

来家地 168、1535

赖玛尔台 1539

赖文光 1891、1944

兰甲把庙 1098、1099

兰占巴阿旺却木丕勒 137

兰占巴达木却润如布 137

兰占巴晋巴扎木苏 137

兰占巴札木彦丹森扎木苏 137

兰州 352、421、433、468、1406、
  1408、1409、1441

郎台吉 53、515

狼河 540、543

狼居胥山口 1053

狼山 1052、1053、1054、1072、
  1075、1076、1957

老把都 92、93

老哈河 43、96、108、109、111、
  112、144、168、242、243、532、
  542、543、803、838、870、872

老河口 1981

老君庙 431、1393

老萨 493、520、1820、1822、1862

老幼众人的谈论话要 473

老彰 118、153

乐善 184、309、359、1194、1943

乐亭 1963

勒得洪 1807

勒拿河 1833、1834、1835

雷履泰 314

冷湖 1016

冷口 230

梨树县 717、794、795、1448

礼亲王 154

李国珍 340、341、342

李瀚臣 431、1394

李鸿章 236、283、286、288、377、
  379、380、381、434、580、581、
  582、583、584、586、588、613、
  650、728、729、738、740、858、
  943、944、1367、1369、1370、
  1371、1372、1441、1891

李开芳 332、1941

李恕祥 1581

李唐 1778、1893

李自成 62、69、75、128、129、
  531、545、547、560、561、572、
  1056

李倧 73、546

理藩部 13、17、226、389、394、
  633、635、649、651、675、676、
  677、678、679、680、681、682、
  683、685、686、687、688、689、
  765、766、769、783、784、788、
  793、827、834、852、857、912、

1929、1930、1931、1932、1984

理藩院尚书班第 963、989

理藩院尚书那延泰 848、849

理藩院尚书特古特 963

理藩院侍郎阿喇尼 962

理藩院侍郎拉笃祜 1060

理藩院侍郎那音泰 1055

醴泉 81、82、188、243、246、247、266、390、718、719、721、723、736、737、805、816、830、1989

连魁 396

连顺 398、629、1991

连五本 1539

连镇 332、1885、1940、1941

良乡 530、1852

凉州 433、1441、1609、1901、1914

梁启超 1969

亮鉴 1949

辽东经略 516

辽宁省 7、44、45、145、179、192、291、347、426、431、518、719、736、776、785、790、796、839、847、1392、1393、1394、1744、1953

辽阳 44、49、55、350、492、533、736、1744

辽源 21、85、188、240、241、244、246、268、390、391、421、

422、432、433、438、675、719、720、721、723、730、733、735、736、737、738、805、816、830、1294、1440、1446、1448、1449

林丹汗 4、43、44、45、46、47、49、53、54、55、56、57、58、59、60、61、62、63、64、66、67、69、72、79、82、83、93、95、101、102、103、113、114、115、121、122、128、131、140、144、145、158、253、452、478、479、492、493、494、495、496、497、498、501、502、503、504、506、507、508、509、513、514、515、516、517、519、520、521、522、523、524、525、526、529、530、533、534、535、541、542、543、544、546、549、553、556、558、559、690、693、876、877、1056、1739、1740

林西 7、106、107、169、192、242、243、266、268、270、272、391、418、425、718、719、720、723、724、731、802、806、1287、1294、1295、1296、1304、1306、1318、1425、1448、1990

临河 135、170、556、917、929、936、939、940、957、1001、1036、1039、1057、1072、1074、1075、1076、1077、1087、1091、

1103、1318、1358、1589、1590、
1606、1960

临洺关 1940

麟庆 364、365、367、368、371

灵石县 1524、1525

灵台 1892

灵武 334

灵悦寺 251、1475

灵照寺 460、1482、1517

灵州 334、335、1731

凌源 168、186、291、719、739、
776、812、851、1294、1295、
1304、1305、1306、1392、1393

刘常林阿訇 1540

刘德孚阿訇 1540

刘金发阿訇 1540

刘锦棠 587、1893

刘铭传 1906

刘永宽阿訇 1540

刘永孝阿訇 1540

刘月起阿訇 1540

柳条边 85、86、87、90、97、99、
100、177、192、220、228、237、
244、246、771、775、793、805、
806、816、837、839、847、
1436、1979

六世内齐托因呼图克图 1929

六世席力图呼图克图 1922

龙江县 89、717

龙门 149、1447

龙兴寺 251

隆盛庄 165、167、168、266、316、
327、953、1330、1447、1528、
1534、1535、1540、1663

隆寿寺 1338、1482、1501、1517

隆务寺 1475

隆兴长 247、273、716、768、
1103、1104、1132、1134、1956、
1957、1958、1959

隆裕皇太后 1980

陇川县 1874

陇右 585、587、1521

陇州 124

卢伯航 878、879、887、888、899、
904、905、906

卢都布 1183

卢沟桥 133

卢家营 248

卢占魁 1960

芦台 1942

泸滨 263、391、422、428、429、
436、720、721、722、723、
1391、1448、1449

吕留良 574

吕祖庙 261、1576、1604

旅蒙商 204、322、328、329、343、
344、362、363、417、421、979、
980、1052、1160、1291、1309、
1310、1311、1312、1313、1314、
1315、1316、1317、1318、1319、

1321、1322、1323、1324、1325、
1326、1327、1328、1329、1330、
1331、1332、1333、1334、1335、
1336、1337、1338、1339、1340、
1341、1342、1343、1344、1345、
1346、1347、1348、1350、1351、
1352、1353、1354、1355、1359、
1360、1361、1362、1363、1364、
1365、1515、1654、1656、1666、
1673、1773、1774

旅顺 354、356、435、436、738、
1442、1449、1984

律历渊源 480

栾荣玉 291、1393

滦河 803、1451、1459、1460

滦州 530

罗博瓦山大捷 1874

罗卜藏 70、71、111、112、124

罗卜藏楚勒图木 473、1935、1936、
1937

罗卜藏丹碧扎勒森 479

罗卜藏丹津 478、512

罗卜藏多尔济 459、1063

罗卜藏台吉 99

罗卜藏锡喇布 88

罗卜桑巴勒丹 1486

罗马公教 1544

罗马教廷 345、346、347、1545、
1546、1552、1605、2003、2004

罗密 52、53、479

罗刹天王经 1924

罗文峪 230、702

骆驼河 89

M

马阿訇 167

马厂村 844

马厂地 763、1563、1910

马成阿訇 1527、1540

马恩阿訇 1531

马福祥 1521、1530、1531、1960

马格尔台吉 1027

马化龙 165、168、170、171、335、
339、1655、1656、1660、1661、
1662、1663、1955

马济 527

马家屯 1601

马兰屯 439

马蓝渠 153

马莲滩 163、164、1338、1523、
1649、1650、1652、1656、1691

马奶献祭 1937

马尼图爱勒 884

马世恒阿訇 1540

马王庙煤矿 285

马西敖包 1124

马营河 704

玛公旗 98

玛哈巴拉 98、120、1061、1063、
1937

玛哈撒玛谛车臣汗　562

玛麟　1615

玛尼宝训　1918

玛涅格尔　1803、1804、1807

吗呢坝　151

吗呢图　151

嘛哈噶喇佛像　510

迈罕图　222、1438

麦德尔姑娘开天辟地　472

麦力艮　1056

蛮会　418、1551、1558、1563

满都古勒汗　472

满都海彻臣哈屯　515

满都海彻辰　472、1934

满都海彻辰哈屯的故事

满都鲁汗　93、510、512

满官嗔—土默特　51、93、94、99

满俩　1539

满蒙汉三合便览　471

满瑠西吉德　1936

满洲　3、29、44、45、46、50、51、
　52、54、57、60、61、64、65、
　70、75、81、82、83、84、85、
　87、88、90、91、93、95、128、
　132、137、159、175、184、212、
　228、246、300、330、345、356、
　462、480、482、493、494、495、
　496、497、498、499、500、501、
　502、503、504、505、506、516、
　520、531、532、535、537、538、
539、540、541、542、544、550、
551、552、554、560、573、575、
576、578、640、641、642、648、
661、662、666、668、669、690、
693、697、702、703、704、705、
706、707、708、710、714、777、
787、798、799、800、801、844、
846、852、853、859、860、863、
866、872、881、922、971、973、
984、986、996、1000、1010、
1011、1012、1016、1017、1018、
1019、1020、1021、1034、1036、
1065、1282、1313、1347、1411、
1417、1422、1426、1433、1485、
1486、1487、1545、1593、1594、
1609、1610、1611、1612、1613、
1614、1619、1621、1622、1623、
1625、1626、1627、1629、1630、
1631、1632、1634、1635、1636、
1637、1639、1640、1642、1643、
1644、1645、1744、1745、1746、
1757、1758、1759、1803、1807、
1808、1812、1839、1841、1842、
1843、1844、1845、1847、1851、
1856、1860、1872、1881、1894、
1895、1897、1898、1899、1901、
1904、1905、1906、1927、1939、
1940、1969、1977

满洲八旗　49、59、64、72、102、
　146、160、161、173、183、402、

528、 645、 698、 706、 740、 1271、1615、1624、1628、1651、 1741、1742、1743、1749、1753、 1755、1762、1766、1779、1782、 1873

满洲里 170、257、262、263、264、 267、275、285、316、317、321、 327、350、351、352、391、421、 422、 426、 435、 436、 723、 1287、1315、1390、1442、1443、 1444、1445、1448、1449、1980

满朱习礼 60、506、508、567、877

牤牛营子 786

忙兀 80

莽古岱 93、98

莽古尔泰 47、48、101、500、503、 521、525、527、538、551

莽古济 527

莽古思 44、45、491、493、559

毛改吐 890

毛害台吉 566、567、568

毛罕 61、62、67

毛乌素大沙漠 1356

茂盖图 1146、1147

茂海墨尔根 113

茂里海 116

茂明安 57、58、60、61、63、66、 78、103、126、127、129、130、 132、133、134、135、136、142、 146、159、179、189、206、216、

223、224、248、387、456、532、 534、548、549、554、555、556、 563、602、693、746、910、982、 1054、1144、1145、1146、1147、 1148、1263、1280、1290、1353、 1359、1389、1420、1439、1472、 1481、1494、1666、1672、1673、 1751、1752、1835、1907、1926、 1931

茂兴站 241、738、1423、1425

玫瑰营 347、1551

梅楞绰克大赉 1993

梅楞哈丰阿 1993

梅楞齐莫特 188

梅力根格根 473、479

梅日更格根医方 1933

美岱召 451、1482、2007

猛古歹 94

蒙藏事务局 621、880

蒙藏委员会 13、16、 992、1002、 1104、1111、1134、1139、1149、 1150、1160、1161、1163、1164、 1580

蒙楚格庙 482

蒙古八旗 51、59、60、61、64、 65、 73、 74、 75、160、161、 173、183、184、224、225、556、 697、 698、 707、1320、1610、 1624、1625、1628、1630、1636、 1757

蒙古博尔济吉忒氏族谱 479

蒙古地志 240、242、245、246、247、251、271、278、291、297、422、430、1295、1296、1297、1298、1303、1304、1305、1306、1307、1369、1392、1393、1401、1403、1443

蒙古尔山 604

蒙古风俗鉴 445、446、861、870、872

蒙古回回 171、470、1647

蒙古及蒙古人 25、30、150、221、236、250、255、258、270、271、274、277、281、303、327、344、434、783、789、819、851、871、923、927、933、952、953、1001、1038、1206、1218、1288、1291、1293、1294、1320、1437、1444、1472、1473、1475、1477、1479、1482、1483、1484、1488、1493、1496、1502、1503、1504、1507、1513、1515、1518、1547、1568、1576、1657、1661、1662、1663、1666

蒙古纪闻 288、291、446、811、860、872、1372、1392

蒙古勒津 1925

蒙古六万户 43、121、510、532

蒙古人之源流记 1949

蒙古—卫拉特法典 561、1740

蒙古镶红旗 53、1638

蒙古镶黄旗 184、1638、1900

蒙古衙门 59、60、64、74、176、657、1197

蒙古游牧记 15、16、17、26、112、116、117、118、119、120、122、123、126、543、804、874、881、999、1056、1145、1146、1147、1148、1149、1150、1155、1207、1277、1421、1745、1747、1761

蒙古源流 29、53、452、478、513、515、516、534、549、557、1737、1738、1781、1782、1997

蒙古正白旗 184

蒙古正黄旗 53、184、1638、1899

蒙古正蓝旗 53、183

蒙古志 26、213、258、269、278、316、321、327、328、356、733、922、1304、1332、1340、1348

蒙古左翼三万户 80

蒙衮达尔汉和硕齐 88

蒙汉合璧五方元音 1975

蒙克察罕诺颜 104

蒙旗荒务局 606

蒙事随笔 1337

蒙思明 970、979

蒙文启蒙注释正字苍天如意珠

蒙文全释 471

蒙文旨要 471

蒙务局 22、35、351、353、395

蒙药正典 480

蒙医金匮 480

孟古尔代 131、553

孟克乌达山 120

孟慕理 2002

孟讷佐领 1843

梦麟 473

弥河 1891

弥勒僧格 370、371、372、1951、
1952、1954、1955

米哈齐喇古特 100

米拉日巴传道歌广集 1918

密喇图河 540

密云 74、215、1418、1904、1940

免渡河 435、1442

民勤 284、1399

民政部 226、238、395、632、633、
635、682、914、1972

岷峨山人 1738、1765

闵玉清 349、1554、1559、1560、
1567、1568、1571、1572、1573、
1576、1580、1588、2006

敏珠尔多尔济 117、879、880、881

敏珠尔呼图克图 1473、1483、1484

名为风趣诗的金言训谕 1933

名为水泉的金言训谕 1933

名贤集 1604

明阿特部 158

明安 44、45、53、54、78、79、
86、87、151、388、491、493、

515、516、519、520、521、534、
566、660

明安达礼 566、567

明安图 184、480

明镜 473

明治维新 355

摩凌阿鄂伦春 1812、1877

摩伦汗 512

莫尔登哈拉 1880

莫尔根诺门汗 1483

莫尔根特木讷 1924

莫尔根召 459、1932、1933

莫合尔图千 1860

莫勒红冈子 89、243、245、714

莫里勒克卡伦 1424

莫伦木—托音传 1920

莫日勒格 221、1437

莫瑞哈拉 1128

莫斯科 1326、1337、1654、1974

漠北蒙古 4、375、647、659、
1337、1343、1344、1451、1459、
1460、1469、1900、1903

漠河 170、429、1369、1410、
1860、1894

漠南蒙古 3、4、37、43、47、49、
55、58、59、60、61、64、67、
69、70、72、73、77、79、95、
101、102、103、104、142、145、
173、174、175、176、198、202、
223、480、492、498、510、513、

514、516、518、520、521、524、
525、531、556、573、576、578、
579、591、599、641、642、645、
851、 852、 853、 854、 877、
1169、1273、1278、1311、1312、
1337、1343、1344、1347、1451、
1459、1460、1461、1466、1594、
1636、1646、1738、1739、1740

漠南四十九旗　633、1451

漠西卫拉特　518、579、1739、1895

墨尔根　155、220、427、428、738、
1390、1410、1422、1423、1428、
1436、1449、1609、1741、1746、
1747、1753、1766、1779、1794、
1797、1802、1806、1813、1814、
1844、1848、1849、1851

墨尔根巴图鲁温布　108

墨尔根绰尔济　137、 457、 1931、
1932

墨尔根村　220、1436

墨尔根多罗郡王　62、117

墨尔根和硕齐　126、534、541、552

墨尔根诺颜　107、514

墨尔根台吉　126、534、545、546、
558、559、560

默敦哈西雅图　221、1437

母亲湖　283、1395

木都尔湖　1033

木尔色大岭　1879

木兰围场　96、169、220、658、839、

1437、1849、1850、1879

沐惠　91

牧犍连报母恩记　1918

穆噶玛台　1539

穆罕默德　1014、 1674、 1677、
1681、1707、1710、1711、1715

穆合麦斯　1710

穆黑扎达盖　1124

穆昆　1641、1823

穆纳和硕　1055

穆纳山　695、1403、1404

穆什河　790

穆图善　1876

穆逊特纳山　1284

穆章　58、60、103、131、224、553

N

内大臣吴拜　566

内阁大学士　183、1900

内阁候补侍读汪荣宝　682

内阁学士　186、775、1107、1418、
1421、1906

内阁中书章启槐　398、620

内喀尔喀五部　43、44、45、47、
48、49、78、100、101、102、
183、492、494、499、504、519、
520、522、532、533、874、876

内蒙古高原　43、1395

内齐博音图诺颜　90、91

内齐汗　48、101、521

内齐旗　60

内齐托因呼图克图　1923、1924、
　1925、1926、1928、1929

内齐托音二世　28、479、1506、
　1518、1921

内齐托音一世传　479

内属蒙古　60、146、173、176、
　178、182、183、187、194、225、
　348、385、403、572、593、595、
　607、661、1271

内属总管旗　173

那尔苏贝勒　1981

那木济勒　106、107、116、118、
　341、346、362、789、1506、
　1929

那仁呼图克图　1484

那乌那基尔氏族　1861

那彦成　1067

那彦泰　861

那彦图　355、424、441、443、445、
　1981、1983

纳尔罕蒙古　226

纳尔山　1843

纳噶台　543、553

纳哈拜扎尔汉山　220、1437

纳兰常安　1313、1361

纳林淖尔碱湖　294、295、1400

纳玛山　1615

纳默库　1899

纳穆赛　79、85、86、87、491

奈曼　46、47、53、54、55、56、
　59、60、61、65、72、73、74、
　83、102、103、131、132、144、
　179、186、220、224、340、402、
　492、495、499、504、506、508、
　509、510、513、515、516、517、
　521、522、523、524、525、526、
　527、528、529、530、531、532、
　534、537、542、543、544、545、
　553、554、558、625、642、643、
　658、719、726、773、775、824、
　828、829、832、849、870、898、
　907、1054、1107、1271、1426、
　1436、1475、1799、1925、1954

奈曼旗　70、85、100、105、108、
　109、112、137、145、201、210、
　215、251、341、342、356、482、
　518、713、715、718、771、783、
　803、804、814、1140、1418、
　1980、1981

南楚　530

南海子　166、260、266、268、
　1406、1407、1409、1532、1533

南怀仁　2005

南怀义　1546

南梁清真寺　171

南寺　163、172、1341、1530、1535、
　1536、1540、1541、1650、1661

南台子窑煤矿　285

囊家台　543、553

囊苏喇嘛 137、452

脑毛大 515

脑木齐套亥因敖包 1126

讷合屯 889

讷河市 1845、1878

讷莫尔河 1794、1840、1841

讷莫尔千 1859

讷莫尔扎兰 1841、1843

讷殷 44、79、520

嫩阿巴噶 78

嫩达干郭勒 835

嫩江 43、44、78、80、90、92、103、154、155、245、285、356、427、428、429、491、492、493、519、532、550、797、798、874、876、1390、1425、1449、1746、1751、1793、1794、1795、1797、1800、1801、1802、1804、1805、1806、1809、1812、1838、1840、1841、1846、1855、1871、1993

嫩科尔沁 44、78、80、81、82、83、88、89、90、101、102、103、453、491、492、493、497、501、502、506、519、521、533、537、539、540、542、550、551、874、875、876、877、878

嫩科尔沁部右翼 88、89、550

嫩科尔沁部左翼 90、550

尼泊尔 1852、1875

尼布楚 63、76、78、126、135、262、1337、1751、1752、1755、1759、1760、1761、1793、1795、1835、1882

尼布齐喀佐领 1843

尼尔巴喇嘛 1492、1494、1495、1510、1518

尼尔格达佐领 1843

尼古河 1410

尼堪 59、64、566、878、1835、1838

捻军 332、333、336、584、673、1137、1630、1655、1795、1876、1880、1881、1883、1890、1891、1892、1903、1905、1906、1944、1945、1953、1975、1976

鸟居夫妇 867、868、871

涅尔琴斯克 1326

聂思脱里派 345

宁城县 341、839、845、860、861、1608

宁古塔 71、1632、1635、1812、1844

宁祺寺 1477、1482、1492、1495、1497、1499、1501、1502、1507、1513、1517

宁朔卫 149、193、235、714

宁夏 17、69、120、122、123、125、129、133、139、166、170、171、252、260、268、275、284、293、294、295、333、335、336、

339、392、459、468、616、618、658、690、753、850、947、958、959、961、979、982、983、984、986、987、1001、1041、1059、1060、1062、1065、1075、1102、1107、1108、1109、1136、1291、1311、1312、1318、1319、1359、1361、1397、1398、1400、1406、1407、1408、1529、1531、1533、1550、1575、1581、1593、1609、1660、1661、1662、1663、1673、1876、1888、1889、1890、1892、1903、1955、1958、1981、2003、2006

宁夏盐池 334

宁远 55、73、75、149、189、210、233、378、390、393、523、524、591、619、723、732、915、941、942、944、1447、1565、1586、1591、1595、1609

宁远厅 149、193、211、235、248、467、714、715、730、909、911、915、947、1202、1595、1600

牛尔河卡伦 1424

牛街 165、1655

牛满河 1797、1848

牛桥 162、163、164、204、304、326、1216、1221、1268、1341、1649、1652、1653、1658、1675

牛庄 273、432、1744

农安 91、240、247、266、279、280、412、718、721、723、834、1287、1305、1306、1307

农安塔 47、500、503

农安县 241、246、328、719、731、733、734、738、790、791、792、798、805、815、816

奴浑努鲁山 1060

奴木沁 92

努尔哈赤 4、43、44、45、46、47、48、54、66、79、83、87、101、452、491、492、493、494、495、496、497、498、499、500、501、502、503、504、507、509、516、518、519、520、521、533、578、642、876、877、1631、1790、1811

努古斯台苏木 821

努克黑忒河 118

女真 44、45、46、48、53、60、78、145、491、492、493、494、497、498、503、504、509、510、518、519、527、534、578、642、876、1632、1790、1808、1814、1835、1871

诺门汗 454、661、1478、1490、1914

诺扣达喇 873、874、878、907

诺扣达喇噶勒济库诺颜 876

诺们达赖 1933

诺密泰岱青 104

诺密特默克图 115、119

诺敏河 1794、1801、1802、1806、
1840、1841、1856、1859

诺木汗布日图 221、1437

诺木浑博罗山 153

诺木齐戴青 57、539、551

诺木图河 1473

诺颜苏莫 901

诺颜泰 126、534

诺颜泰鄂托根 103

O

欧特克山 566、567、568、570

P

帕勒塔 414、438、440、441、442、
443、444、631、635、636、638、
1981

泡子 1570、1801、1997

朋苏克召 1501

丕勒杰 1961、1962

偏头关 120、289、958、1373

平顶山 785、794、815

平金川之役 1852

平凉 333、334、1493、1542

平鲁县 1344

平罗口 339

平泉 96、98、168、192、210、
213、229、236、237、251、275、
277、282、283、286、287、288、
340、341、415、430、638、720、
721、723、727、728、732、736、
781、782、788、803、804、815、
829、839、851、852、853、858、
861、1287、1294、1295、1296、
1304、1348、1366、1367、1368、
1370、1371、1372、1953、1974

平壤之盟 72

平县 237、240、242、732、788、
829、834、839、851、1941

菩提道次第广論

蒲河口 1942

濮尔报 1021

普尔热瓦尔斯基 25、339、1444、
2003

普会寺 1922

普庆寺 1170

普佑寺 1500、1503、1516

溥仁寺 1503

Q

七泊 213

七家 813、869、1302、1424

七家岱沟 813

七老图岭 96

七年轻妇女的故事 1937

七世达赖喇嘛 456、458、1915、
1931

七世内齐托因呼图克图 1929

七世席力图呼图克图　1922

七苏木　168、1535、1588、1749

七台吉　542

七窑子　977

七洲书　1946

祁他特车尔贝　566

祁他特台吉　67

祁县乔家堡　1336

祁县营　974

祁韵士　11、15、26、27、140、
　528、529、530、878、879

齐木德宁布　894

齐木德色木丕勒　1988

齐木德旺布　882

齐讷克　1476

齐嫩河　540

齐普钦努力特氏　1894

齐齐尔汉河　153

齐齐哈尔　7、85、89、90、155、
　215、217、218、275、317、333、
　352、353、356、428、435、438、
　738、1390、1411、1423、1424、
　1425、1426、1428、1429、1440、
　1442、1446、1449、1746、1747、
　1751、1753、1758、1761、1766、
　1779、1780、1794、1795、1796、
　1802、1804、1805、1806、1831、
　1844、1845、1848、1849、1857、
　1859、1876、1878、1879、1894、
　1984、1989、1994、1995

齐齐哈尔副都统程德全　797

齐齐哈尔镶红旗　1890

齐齐哈尔镶蓝旗　1889

齐齐哈尔正白旗　1885、1892

齐齐灵花拖罗海山　105

齐日洪格尔敖包　1149

齐苏咙多尔济　117

奇凤明　1012

奇勒巴尔哈尔罕山　105

奇乾河　282、352、427、429、
　1369、1370、1894

奇乾河金矿　352、427、1370、1894

奇寿山　1012

奇塔特　96、104、113、114、116、
　117、126、135

奇台县　1653

奇文英　1012

奇希纳佐领　1842

棋盘岭　1891

琦善　184、1902、2003

启秀书院　437、761、1596、1598、
　1614、1615、1616、1643、1904、
　1908、1910

启运书院　437、763、1594、1596

泣红亭　473、1948

恰卜恰会谈　1917

恰克图　274、275、314、344、432、
　434、590、658、708、1218、
　1291、1310、1315、1316、1319、
　1326、1327、1328、1329、1332、

1334、1337、1343、1344、1350、
1362、1411、1424、1431、1433、
1444、1449、1493、1653、1654、
1751、1980、1986、1995

恰台吉脱脱 234

千字文 1552、1566、1604、1608

谦河 515

前二十家子 885、886

钱良择 189、230

乾安县 424

墙子岭 74

巧尔气召 1921

乩加思兰 93、510

怯绿连河 80、1735

怯薛 102、514

怯薛丹 102、514

秦神父 345、346、468

青城 94、213、530

青衮杂布 141

青海 14、15、25、59、94、136、
137、145、162、171、174、178、
249、252、275、339、345、450、
452、457、468、470、480、529、
542、561、577、578、579、617、
630、652、654、658、661、677、
684、877、1059、1169、1316、
1329、1336、1408、1444、1473、
1474、1475、1483、1505、1512、
1647、1728、1737、1738、1739、
1740、1741、1781、1782、1783、

1852、1876、1885、1903、1912、
1913、1914、1916、1917、1919、
1920、1921、1922、1923、1932、
1950

青海和硕特 660

青隆沟煤矿 285、431

青庙 249、870

青山关 74

青史演义 473、1939、1948、1997

青州 1609、1880

清河 700、730、1955

清末新政 18、19、31、36、184、
243、375、380、388、389、394、
418、423、425、432、436、446、
608、615、628、631、641、670、
674、675、676、689、717、730、
731、732、739、740、742、758、
766、767、1022、1250、1307、
1308、1441、1443、1448、1449、
1514、1865

清水河厅 143、211、235、307、
323、324、701、715、740、909、
915、942、944、945、947、
1190、1224、1594、1600、1604

清文鉴 472、1594

清心之阳光 472

清真大寺 162、163、164、1347、
1519、1520、1521、1522、1523、
1524、1525、1526、1527、1528、
1529、1530、1531、1534、1540、

1541、1542、1648、1649、1650、
1652、1658、1662、1691、1699

清真南大寺 169、1536

清真寺巷 166、1530、1534

清真西寺 164、1525、1527、1659、
1691

庆春 365

庆岱 216、1420

庆凯桥 162、164、1649、1652、
1658

庆宁寺 1473、1475、1477、1485、
1489、1493

庆祺 1941

庆亲王 381、1980

庆缘寺 456、460、1478、1482、
1517

庆云堡 78

庆云市 875

求恩经 1608

取舍四行诗 473

雀梅图 1948

R

热河 6、17、21、23、24、37、96、
98、107、111、139、179、184、
185、210、212、218、220、229、
236、237、238、239、242、251、
258、259、270、271、277、284、
287、288、291、292、298、299、
317、337、339、340、346、347、
364、365、367、368、371、379、
387、388、393、397、398、416、
426、430、481、543、618、619、
623、624、635、639、655、659、
662、674、675、677、684、686、
687、697、702、706、707、713、
715、721、722、723、725、726、
727、729、732、733、737、738、
773、778、781、782、783、787、
788、789、803、809、811、812、
815、826、828、831、832、836、
839、841、842、844、846、847、
848、850、851、852、853、858、
859、860、863、866、869、912、
1287、1304、1308、1347、1348、
1366、1367、1369、1371、1372、
1392、1393、1396、1413、1415、
1437、1447、1448、1449、1503、
1505、1551、1575、1609、1621、
1622、1623、1624、1627、1628、
1629、1636、1637、1849、1878、
1880、1893、1943、1951、1954、
1955、1969、1974、1976、2002、
2004

热河都统春佑 366、1953

热河都统廷杰 396、615、620、
629、802

热河都统锡良 415、429、638、
1368

热河都统延煦 856

热河直隶厅 192、712、822、823、829

人道喜宴 1935

人与经的喜宴 1935

仁佑寺 313、1227、1246、1263、1264、1502

日俄战争 263、274、295、321、355、356、392、419、436、609、611、621、632、738、1399、1440、1445、1449、1992、2001

荣禄 381、740、1642

荣祥 6、31、163、439、765、1203、1624、1650

荣轩 1894

如意宝的箴言 1937

如意宝光 1935

如意宝树 480

如意鬘 1918

汝阳 1944

瑞澂 1981

瑞廉 1615

瑞良 191、746

瑞麟 359、366、367、1603、1941

瑞苓 1990

瑞洵 398、630

瑞应寺 207、208、457、480、482、811、1474、1475、1477、1493、1495、1932

睿郡王 878

睿亲王 129、154、560

S

撒阿里客额列 568

撒八海沟 813、814、840

撒拉族 171

撒玛查台吉 572

萨布森寺 1916

萨布素 232、1779、1812、1832、1844、1849、1896

萨察华山 784

萨尔浒 48、509

萨尔浒大捷 44、533

萨尔门绰克 128、539、540

萨尔图勒 157

萨哈尔察 500、877、1790

萨哈勒庙 1087

萨哈连部 1790

萨哈廉台吉 500

萨迦诺们汗 1926

萨拉齐 167、189、190、193、235、255、260、301、304、305、308、318、334、347、397、432、448、469、591、619、700、714、723、730、732、737、745、765、768、923、933、941、942、943、974、982、1031、1090、1092、1093、1094、1095、1098、1131、1195、1196、1202、1216、1228、1257、1268、1287、1292、1293、1336、1447、1523、1524、1527、1528、

1532、1533、1559、1562、1565、1566、1567、1569、1575、1580、1583、1584、1588、1590、1595、1655

萨拉齐厅 124、143、165、166、211、233、234、247、259、260、268、307、323、325、360、446、701、715、716、740、909、911、915、920、947、1058、1096、1190、1224、1251、1252、1255、1318、1548、1560、1564、1594、1599、1606、1651、1654、1884、2006

萨里川 568

萨满教 451、452、453、462、463、464、465、466、467、642、1036、1470、1718、1727、1728、1782、1783、1785、1786、1787、1789、1810、1815、1818、1819、1820、1824、1925、1933

萨木鲁家族 136、137、452、457、1932

萨木什喀 1791

萨木腾 1174、1176、1178、1183

萨木腾嘉措 1173、1174

萨囊彻辰 478

萨扬墨尔根 104

萨英额 1428、1746

塞臣济农 559

塞冷 60、71、131、132、553、554、559、569

塞冷阿巴海 541

塞冷格地方 569

塞特尔 49、66、131、505、506、552

赛里木湖 146

赛尚阿 1615

赛音诺颜部 441、555、1981

三百五十伙盘 964、1346

三岔河 100、101

三道岗子 1992

三道河 349、1554、1570、1572、1579、2004、2005、2006

三道梁 736

三多 184、398、416、433、437、621、764、1981、1982

三藩之乱 70、75、145、146、702、1415、1429

三股水 841

三官庙 262、460、1345、1576

三官营 841

三国演义 473、1881、1946、1948、1997

三合便览 472

三合村 1570、2004

三合庙 1103

三合切音 1594

三湖湾 134、189、383、402、597、599

三家子 812、886

三里府 1892

三陵牧养地 86、152、796、834、1284

三木丕勒 1476

三娘子 94、253

三旗牛羊群牧处 151

三盛公 347、348、349、360、418、468、469、1548、1550、1551、1552、1581、1606、2004、2005、2006、2007

三盛元 1014、1557

三十二牌 964、1346

三十家子 341、844、869

三世达赖传 1782

三世莫尔根格根 1932、1933、1934

三世内齐托因呼图克图 1928

三世土观却吉尼玛 1930

三世席力图呼图克图 1921

三世章嘉呼图克图若必多吉 249

三台子 246、785

三娃子 1087

三贤庙 324、1190、1196、1269、1270、1576

三星观铺子 1067

三义栈 431、1394

三字经 1298、1552、1566、1574、1604、1607、1608

三座塔理事司员 658、823、824

三座塔厅 139、237、715、719、816、829、851

桑阿尔斋洪果尔 126、135

桑噶尔寨青巴图尔 87

桑杰巴拉仓 1165

桑杰嘉措 1175

桑杰扎布 1929

桑图 150、505、507、508、538

色本 46、48、49、101、104、105、1615

色本莫尔根 88

色伯格扎布努图克庙 901

色布敦庙 243

色布腾 49、105、106、1067

色布腾巴勒珠尔 84

色臣诺颜 547

色儿必河 569

色尔登沟 1209

色尔吞佐领 1842

色格勒齐布拉克 222、1438

色堪达巴汉色钦 220、1436

色楞 188、1760

色楞格河 68、569、570、571

色特尔扎布传 473

僧格 57、58、63、94、126、128、130、534、538、539、549、551、552、566

僧格和硕齐 57、128、538、539、540、542、550、551

僧格洪台吉 94

僧格林沁 34、36、87、194、330、331、332、333、334、357、358、

359、364、441、793、1603、
1876、1880、1883、1885、1890、
1891、1892、1902、1939、1940、
1941、1942、1943、1944、1945、
1953、1975、1977、1980

僧格墨尔根和硕齐 541、552

僧格四兄弟 57、130、534、549

僧色格格 546、560、568

杀虎口 8、162、203、210、215、
217、218、231、235、255、300、
301、304、306、308、344、387、
658、700、703、704、705、709、
710、728、730、745、746、747、
982、1014、1216、1223、1224、
1314、1315、1320、1341、1343、
1347、1350、1360、1403、1404、
1413、1414、1417、1420、1421、
1430、1431、1433、1434、1446、
1649、1653、1896、1907

沙巴格台鄂博 1148、1149

沙圪堵 982

沙河 67、1103、1134、1406、1589、
1944、1956

沙河堡 67

沙家涧 124

沙津 71、81、86、90、1383、
1491、1506、1842

沙津佐领 1842

沙拉达瓦庙 1070、1071、1108

沙拉召赞 1997

沙勒达瓦庙 1069

沙嘴子沟 285

山东巡抚丁宝桢 580、583、584

山海关 61、73、74、75、93、128、
129、217、357、369、432、545、
547、560、561、738、773、776、
778、1314、1422、1425、1426、
1603、1880、1890、1940、1942

山海关副都统 1890

山咀子 430、1369

山田武彦 1011、1012、1016、1022

山湾子 1551

山西布政使奎斌 594

山西省归绥道 591

山西朔平府 149、193、1202、1613

山西巡抚鲍源深 582

山西巡抚岑春煊 382、383、404、
405、614、629、674、742、744、
776、888、912、1185、1577、
1587

山西巡抚恩寿 396

山西巡抚刚毅 190、597、952、
1141

山西巡抚胡聘之 134、189、378、
597、598、600、602、952

山西巡抚升寅 947

山西巡抚杨国桢 950、951

山西巡抚曾国荃 942

山西巡抚张煦 942、944

山西巡抚张曾敭 701

山西巡抚张之洞 405、701、1256、1344、1594

山西右卫将军 141

山阳万户 43、532

珊瑚璎珞 1950

闪电河 150、1451、1460

陕坝 170、418、1551、1563

陕甘回民起义 227、333、337、338、339、362、584

陕甘总督升允 396、630

陕甘总督左宗棠 583、584

陕西巡抚曹鸿勋 396

善岱 165、166、167、260、730、1202、1527、1532、1651、1654、1655

善坤 1963、1966

善耆 386、393、443、611、621、631、1447、1969

善庆 1905、1906

善说蒙文原理语饰 471

善通寺 251

善因寺 213、249、250、454、903、1459、1460、1461、1463、1464、1465、1466、1467、1468、1469、1470、1478、1496、1504、1505、1513、1917

善因寺碑文 1462

善语宝藏 1937

善语宝藏诠释如意钥 1937

骟马厂 153

商都 147、151、152、153、154、331、461、469、867、1278、1283、1284、1990

商都盐淖 150

商卓特巴 181

上都 20、35、49、80、92、152、154、270、290、470、579、619、679、938、965、1083、1125、1265、1282、1378、1435、1733、1771、1866、1983

上都达布逊淖尔牧厂 150、151

上都河 150、153

上驷院 149、150、151、199、1283

尚嘉布 104、566

尚书通智 311、694、695、1225、1227、1622

尚义 147、153、154、347、468、1546、1961

少年之宴 477

绍祺 190、325、382、615、1251

绍兴 811、860

绍忠亲王僧格林沁 589

佘太 134、247、1668

舍伯兔 102

舍喇母林 102

舍楞沟 841

舍力图召 1479

舍奴郎 92、1737

摄政王 68、117、129、133、547、555、561、562、564、565、571、

1632、1980

神木　24、122、124、176、189、211、231、284、294、301、618、658、677、686、850、961、962、963、964、965、966、967、968、971、973、978、979、982、984、985、986、987、988、990、991、992、1001、1002、1049、1069、1070、1071、1083、1085、1086、1087、1090、1091、1092、1093、1094、1095、1096、1098、1108、1109、1110、1112、1113、1114、1115、1116、1123、1124、1126、1131、1346、1347、1358

沈阳　44、47、49、350、353、435、446、492、497、503、506、508、528、529、533、690、877、1054、1440、1442、1449、1535、1536、1744、1920、1925、1953、1980

升允　1569

生乐寺　251

胜保　332、333、359、1615、1902、1905、1940、1941、1953

胜乐金刚修持仪轨　1918

圣般若波罗蜜多能断金刚大乘经　1918

圣彼得堡　352、1310、1326、1337、1993

圣方济会　1605

圣教宝灯　480

圣睿汗　60

圣勇金刚经　1922

圣祖成吉思汗桑　1933

盛京　17、18、19、50、61、62、67、70、75、77、79、95、101、102、103、104、107、137、138、145、155、158、179、193、220、222、232、273、350、361、365、367、374、394、453、454、481、483、525、556、561、604、642、686、690、726、730、773、780、827、833、877、1054、1218、1283、1284、1411、1422、1425、1426、1427、1428、1429、1436、1437、1438、1440、1461、1503、1609、1742、1743、1744、1745、1746、1779、1804、1837、1844、1846、1851、1888、1914、1920、1925、1954、1977

盛京将军　7、71、152、187、188、244、368、369、371、388、391、395、396、605、608、659、784、795、796、887、888、1448、1449、1892、1952、1953、1978、1991

盛壎　134

失巴古沁　92

失保嗔　92

诗镜论　474

十八台　133、547、555、1420

十大分煤矿　285、291、1392

十道营　841

十二苏木　977、978、1935

十六苏木　168、1139、1535

十善福经白史　477

十世席力图呼图克图吉格米德尼玛
　1923

十四世阿噶旺罗布桑却拉丹巴拉森
　波　453、1912

十四世章嘉呼图克图　453、454、
　1912

十王庙　1576

十五沟地　1208、1209、1210、1227、
　1231

什八儿台河　151

什巴尔台　129、151、215

什拉乌素壕　1580

什日噶河　977

石峰堡　1875

石拐沟　1668、1958

石拐沟煤矿　285

石河口　1942

石家庄　163

石喇祁他特　67

石勒喀河　155、1736、1752、1803、
　1812

石山站　1952

石塘岭　95

实胜寺　137

使马鄂温克部　1834

侍郎拉都浑　963

侍郎罗布桑　848、850

侍郎尼堪　566

侍郎志锐　836

书库尔岱青　140

舒尔哈齐　45、500

舒明　1899、1900

舒通额　333

署归化城副都统三多　398、621

署黑龙江巡抚程德全　396、397

署山东巡抚漕运总督文彬　580

帅林聂威赤　354

双墩儿边墙　964、1346

双和尔山　87

双流镇　243、244、245、721、723

双泡子村　1570

双山镇　243

水浒传　473、1946、1947、1948

水涧沟煤矿　285

水窖沟　964、1346

水经　1951、1960

水晶珠　104、479、513

水磨沟　1209

水渠巷　164、1565、1652

水泉沟　286、1366

税收大臣唐喀禄　825

税务大臣玛尔洪阿　824

顺贝勒牧厂　154

顺德府　1102、1668、1673、1955

顺天府　96、818、832

朔平府　24、143、193、235、299、695、909、1344、1403、1614

朔州　91、104、974、1383

硕垒乌把什珲台吉　112

硕塞　564

硕托　500、525

斯钦绰尔济云丹桑布　137

四贝勒　59、101、500、537、1453

四部医典　1997

四川总督赵尔巽　396

四方井子　809

四平　192、737、1448

四旗直隶厅　149、193

四十家子　809、843

四世班禅罗桑却吉　1912

四世内齐托因呼图克图　1929

四世席力图呼图克图　1921

四世章嘉呼图克图　1916

四台吉　127、536、541、552、998、1162

四体合璧清文鉴　472

四万卫拉特　478

四子部　57、58、59、60、63、68、74、118、122、126、127、128、129、130、131、132、133、135、136、142、148、179、216、222、223、224、248、456、457、532、534、536、537、538、539、540、541、542、543、544、545、546、547、548、549、550、551、552、553、554、555、556、562、563、910、1054、1140、1144、1145、1150、1156、1186、1271、1280、1389、1419、1420

松阿喇布　960、962

松阿礼　986

松布尔河　1124

松布尔台吉　1920

松公牧厂　154

松恒　1881

松花江　78、79、90、92、200、210、241、245、356、540、551、738、805、876、1422、1425、1793

松吉纳图山　775、784

松筠　183、479、786、787、1146、1923、1946

松喇布　123、124、231

松嫩平原　90、92、805

松山　81、105、106、107、108、109、128、132、169、347、545、554、1054、1536、2002

松山锦州大捷　74

松寿　415、638、826

松威　365

松原　351

松云葛根　1974

嵩祝寺　454、1914、1916

宋家嶂子　841

宋景诗　333

宋小濂　20、352、420、427、428、
　　1389、1391、1410、1773、1994

宋站　435、1442

叟吉　217、1420

叟塞　62、111、114、118、545、
　　546、559、560

苏泊海子　1998

苏布日嘎因塔拉　1085

苏鄂公旗　83、881、907

苏格营子　887、900

苏亥图　1058、1077、1078、1082

苏虎街　164、1652

苏吉河　977

苏金坡　1529

苏克　128、544、868、1456、1501、
　　1558、1560、1561、1747

苏克苏浒部　492

苏克特依　221、1424、1438、1752、
　　1795

苏朗　1148

苏朗山敖包　1149

苏勒吉叶河　1472

苏勒图村　1528、1660

苏勒图清真寺　1528、1541、1542

苏里土鄂博梁　977

苏鲁克旗　226、411、898、1989

苏伦保　1890、1892

苏门峰　147

苏门哈达　147

苏米亚　1126

苏墨尔戴青　102

苏那穆策麟　295、1399、1780、1894、
　　1895

苏尼特部　56、62、67、68、81、
　　82、108、114、117、128、129、
　　525、545、546、557、558、559、
　　560、562、563、564、567、570、
　　571、572

苏尼特右旗　62、118、126、147、
　　150、1035、1359

苏尼特左旗　62、117、118、119、
　　147、1359

苏泰太后　4、59、145、559

苏子河　44、492

俗世喜宴　1935

肃亲王　22、154、386、393、410、
　　443、611、621、631、632、634、
　　745、1186、1447、1632、1963、
　　1969

肃州　134、337、477、582、1341

速把亥　101

算学明鉴、随月计算新法　480

绥东县　109、112、139、420、718、
　　719、804、829

绥芬河　435、1442

绥化　1748、1768

绥远城　6、8、19、126、130、134、
　　141、142、158、159、160、161、
　　164、179、182、184、185、189、

190、212、213、218、221、223、
231、255、256、257、259、289、
298、305、311、317、324、331、
334、335、336、338、349、359、
360、383、386、392、396、397、
401、402、404、405、406、407、
408、409、410、423、437、460、
481、483、596、600、601、603、
607、614、618、619、620、629、
639、659、674、687、690、691、
693、695、696、697、698、699、
700、705、706、707、708、709、
710、737、740、741、743、745、
746、748、751、753、754、755、
756、758、761、762、763、764、
765、766、767、768、769、909、
910、913、914、932、943、980、
1022、1028、1030、1092、1095、
1113、1138、1185、1186、1195、
1197、1198、1201、1203、1207、
1209、1214、1215、1216、1225、
1227、1230、1239、1246、1247、
1252、1253、1257、1263、1269、
1287、1299、1341、1347、1376、
1404、1421、1434、1437、1439、
1446、1512、1515、1533、1556、
1559、1560、1563、1582、1586、
1593、1594、1595、1596、1597、
1598、1599、1609、1613、1614、
1615、1616、1617、1618、1620、

1621、1622、1625、1626、1627、
1628、1629、1630、1635、1636、
1637、1638、1639、1640、1642、
1643、1644、1645、1651、1652、
1657、1900、1901、1902、1903、
1904、1905、1906、1907、1908、
1911、1923、1999、2003、2005

绥远城建威将军　312、1200、1612、
1623、1624、1897、1898、1899

绥远城将军丰绅　594

绥远城将军升寅　967

绥远城将军信恪　384、385、400、
744、750、1562、1619、1909

绥远城将军永德　348、692、1256、
1591、1592、1884、1885

绥远城厅　143、193

绥远城协领荣昌　752

绥远中学堂　437、761、762、763、
765、1596、1598、1617、1620、
1904、1908、1909、1911

隋唐故事　476

孙岛　543、553

孙杜棱　57、58、60、128、131、
537、538、539、540、541、542、
544、550、551、552、1752

孙树勋　429、1368

唆鲁禾帖尼别吉　144

索得那木嘉措　1173

索德纳木朋苏克　84

索伦　81、83、89、112、116、154、

太布精　67

太福晋　67

太谷　302、315、323、1337、1339、1345

太平岭　1744

太平天国运动　673、731、1902

太平召　164、1482、1596

太平庄　890

太仆寺旗　147、150、152、172、1282、1504、1513

太仆寺右翼牧厂　147、152、153、1283

太行山　246

太原　129、161、336、383、384、390、695、743、860、917、920、1302、1352、1374、1375、1446、1450、1529、1570、1600、1609、1626、1647、1652、1653

泰赉　1318

泰宁　1915

谭廷襄　1941

汤兀戉台吉　569、570、1740

唐古戉喀尔喀　99

唐古戉旺扎拉　1093

唐古特学　482、658、1609

唐努乌梁海　392、659、1315

唐绍仪　396

唐松年　428、1391

塘沽　359

洮安　280、734、890、1305、1448

洮儿河　82、83、192、244、245、247、356、372、425、540、551、799、800、805、806、888、889、890、892、893、896、901、1405、1406、1993

洮南　7、21、188、244、245、247、266、267、268、275、277、279、281、317、321、372、390、391、398、411、418、421、422、432、433、438、675、718、720、721、722、723、724、730、731、736、737、738、800、805、816、830、834、889、890、891、892、1287、1294、1295、1296、1304、1305、1306、1307、1318、1349、1401、1440、1448、1449、1985、1986、1989、1993、1994、2001

陶克陶呼　1988

陶赖图　1084

陶林厅　149、248、716、717、911、1202、1595、1600

讨思浩　1404

套西厄鲁特　133

特古斯巴雅斯古郎图庙　900、901

特楞古特　1843

特莫图山　153

特睦格图　1967

特尼河　1859

特叶勒图佐领　1842

腾机思　75、81、82、84、88、96、

99、106、108、114、117、127、128、132、135、545、547、554、558、559、560、561、563、565、566、567、568、569、570、1740

腾机思事件 62、67、68、129、546、555、556、557、562、564、571、572、1741

腾机特 67、68、114、117、545、559、561、562、565、566、567、568、569、570、572

腾吉里克山 775、784

提督孙思克 1060

天德城 1646

天德元 1130

天方典礼 1683、1696、1703

天方典礼译注 1701

天和长 1130

天吉泰 1128

天经 1539、1771

天宁寺 1917

天山 199、492、613、1343、1646、1647、1652、1850、1878、1893、1896、1901

天顺泰 1130、1653

天义德 204、213、1319、1331、1355、1654、1656

天主教 32、37、38、340、341、345、346、347、348、349、351、418、448、467、468、469、470、949、1257、1350、1544、1545、

1546、1547、1548、1549、1550、1552、1554、1556、1557、1559、1561、1562、1564、1565、1567、1568、1569、1570、1571、1572、1575、1576、1578、1579、1580、1581、1582、1583、1585、1586、1588、1589、1590、1606、1607、1608、1884、1885、1998、2002、2003、2004、2005、2006

天主经 1608

天祝藏族自治县 145

铁岭 24、48、100、101、187、230、492、494、521、784、876、887

帖里干站道 1419

通察汉诺尔 285

通道街 162、164、1523、1529、1648、1649、1650、1652、1656、1660

通辽 7、145、169、192、268、421、718、735、1287、1294、1295、1296、1304、1306、1307、1316、1340、1536、1537、1603

通州 357、359、530、593、722、724、738、1898、1943

同湖盐池 284、1398、1399

同江厅 737

同州 858、1892

佟国纲 1898

秃马惕 1735

秃章都喇儿　103、107、517

突泉　7、719、736、1986

图巴　60、126、131、132、133、548、553、554、555、1053、1054

图巴济农　529

图巴色棱　95

图胡莫起义　353

图克敦阿巴　1851

图克济扎布　116

图拉河　68、129

图兰　104

图勒库卡伦　1848

图隆恰　1793

图噜博罗特　514、517、558

图美卫征　874、876、877、878、880、881

图美扎雅哈齐　78

图门巴雅尔　1158

图门达尔汉　58、131、552、553

图门吉日嘎朗图寺　1476

图松阿佐领　1842

涂克敦阿巴　1841、1843

涂树德　1864

土巴济农　49

土城子　169、236、237、469、713、715、719、1744

土尔根河　99、703

土尔扈特部　139、140、660、661、1924

土尔扈特郡王帕勒塔　414、438、631、1981

土喇河　557、566、567、568、569、570

土喇兔台吉　94

土力把兔台吉　94

土默特　6、7、8、15、19、23、26、28、34、43、47、49、50、52、53、58、59、60、61、62、65、67、68、69、70、71、72、73、74、78、82、83、85、86、88、89、92、95、97、98、100、108、109、112、115、120、126、132、133、136、137、142、143、145、148、152、158、162、163、164、165、179、182、185、186、187、189、190、192、200、201、206、207、208、209、210、211、215、216、217、220、221、222、223、225、226、227、228、230、231、232、233、234、235、237、242、243、244、252、253、255、257、259、260、268、285、289、290、291、298、300、302、303、304、305、306、307、308、309、311、312、313、319、324、325、326、327、331、332、333、334、336、340、341、342、345、347、348、351、356、358、359、364、365、366、368、369、370、371、372、

1595、1596、1599、1602、1606、
1612、1624、1648、1649、1651、
1652、1654、1658、1664、1738、
1739、1759、1781、1897、1907、
1909、1911、1919、1920、1921、
1924、1925、1926、1930、1931、
1932、1938、1945、1946、1947、
1951、1952、1953、1954、1955、
1962、2003、2004、2007

土默特贝子旗 229、780、782、787、
817、824、848、849

土默特地亩总局 745

土默特副都统 254、1216

土默特木城子 843

土默特万户 51、93、94、99、140、
478、1737、1782

土默特左翼都统 141、1202

土谢图额驸 57、128、506、537、
538、539、550、551、877

土谢图汗 45、47、68、71、79、
81、82、84、86、126、127、
135、136、151、159、249、392、
453、454、494、502、504、505、
506、528、529、533、537、539、
540、541、542、550、551、552、
555、558、561、569、570、571、
573、589、643、669、691、877、
1144、1150、1162、1451、1452、
1460、1465、1466、1761、1912、
1925

土谢图汗部 104、118、150、216、
232、334、659、1149、1211、
1326、1344、1420、1430、1473、
1503、1504、1746、1760、1895

土谢图济农 66、79、81、131、552、
644、877

土谢图亲王 60、69、81、84、86、
88、89、175、188、194、224、
373、565、569、878、1506

土谢图王旗 81、878、1925

土族 2002

吐布登 1174

吐何莫 372

吐鲁番 577、1647、1660

推河 157、1888

屯垦局 599、1993

托博克 141

托克托厅 211、234、260、309、
323、701、715、909、915、942、
1012、1027、1029、1034、1190、
1573、1587、1591、1592、1594、
1600、1654、1659、1661、1664、
1884、2005

托里布拉克仁佑寺 1246、1263、
1264

托里图 59、121、529、530

托忒学 482、658

托西勒图佐领 1843

拖雷 144、464、512、557

脱古思帖木儿汗 510

脱罗干　510

脱木河卫　1790

脱脱　234

脱脱不花汗　516

驼桥街　163、1649、1658

W

瓦尔喀　72、73、82、90、91、108、
109、132、531、532、554、878

瓦红台吉　95

瓦津达喇　119

瓦剌　516、1646、1737、1738

瓦窑沟清真寺　1533、1534、1541、
1542

外喀尔喀七部　492

外喀尔喀左翼　556、558

外务部右承曹汝霖　682

外兴安岭　708、1790、1809、1811、
1833、1834、1835、1846、1848、
1871

完工　160、361、435、697、707、
1170、1442、1454、1623、1651

万丹伟徵　93、97

万合成　1130

万和公　1130

万贺堂地　1012

万家沟煤矿　285

万全　148、443、565、605、1338

万荣堂地　1012

万寿宫　696

万顺长　1130

万泰公　1130

万有孚　289、1373

汪长春　1967

汪国钧　288、291、446、811、860、
872、1372、1392、1966

汪良辅　1966

汪睿昌　1308、1967

汪子瑞　1967

亡汉　837

王爱召　386、744、746、1907

王柏龄　369

王昌　160、695、697、706、707、
1404、1623、1624、1636、1897、
1898

王常　506、1201、1623、1624、
1897、1980

王成　818、1900、1981

王楚克　1035

王德荣　745

王辅臣　70、75、122、123、129、
135、146

王阁村　1890、1891、1892

王古特沟　813、814、840

王果良　370、1952

王虎臣　448

王焕章　1537

王继先阿訇　1529

王建革　39、1008、1011、1020、
1032、1035

王建屏　446、448

王茂盛阿訇　1540

王绍林　430、1368、1369

王世恩阿訇　1528

王同春　418、946、1024、1025、
　1075、1076、1101、1102、1103、
　1104、1132、1133、1134、1563、
　1589、1590、1955、1956、1957、
　1958、1959、1960、1961

王循诗　1319、1650

王爷庙　1985

王英　1960

王在晋　516

王增祥　1130

王喆　1563

王祯阿訇　1540

罔流　104

旺楚克　106、116、118、331、346、
　406、601、789、1146、1150、
　1152、1153、1154、1167、1186、
　1383

旺楚克喇布坦　107

旺丹　458、474、879、1183、1184、
　1248、1934、1935

旺钦巴勒　1938、1939、1947、1948

旺舒克　99、104、110、111、120、
　125、1755

旺扎勒　84、110、119、1747、1760

旺扎勒车布登多尔济　126

旺扎勒多尔济　84

威远堡边门　246

韦纥　1730

围场　100、107、111、150、185、
　220、271、282、371、377、397、
　430、442、543、591、632、663、
　777、778、839、845、1320、
　1369、1437、1448、1450、1464、
　1553、1849、1878、1968、1973

维吾尔　4、171、335、472、1646、
　1647、1652、1660、1873

维新运动　380、741

伟达尔玛诺颜　121

卫藏　588、1740、1853

卫道真境　1539

卫聚贤　1355

卫拉特蒙古　29、94、132、482、
　554、1473、1490、1505、1636、
　1924、1935

卫征宰桑　1934

渭水　1892

蔚蓝色的天空　1949

蔚州　148、323、729

魏焕　513、958、959

魏源　1742、1757、1853

温都尔敖包　1146、1147

温都尔郡王　194、295、1400

文布奇村　1864

文昌庙　1348、1384、1576

文登县　811、860

文书台　152、153

文祥　17、24、586、1976

文绪　1615、1813

文哲珲　407、409、437、763

翁阿岱　87、519

翁贡淖尔　151

翁古岱呼拉齐洪巴图尔　78

翁衮都喇尔　113、115、116、514、558

翁衮岭　303、1209、1210、1218、1219、1220、1234、1241、1259、1374、1377

翁衮山　82

翁滚达巴　220、1437

翁果岱　44、491、493

翁金河　1430

翁牛特　57、58、59、60、61、65、70、71、74、83、103、114、126、127、128、131、132、179、192、193、201、215、220、224、327、346、347、453、492、517、532、534、535、536、537、538、539、540、541、542、543、544、545、549、550、551、552、553、554、625、658、713、719、724、726、732、771、773、777、778、779、803、812、828、832、842、848、849、867、868、870、872、898、907、1271、1272、1275、1418、1436、1749、1752、1925

翁牛特右旗　7、96、104、107、108、110、111、112、238、282、285、286、287、426、431、728、783、804、808、824、825、839、1140、1366、1367、1394、1395

翁牛特左旗　100、106、107、108、109、110、111、267、341、342、809、1140、2002

瓮阿岱　78、79、83

倭朵尔台　128、543

窝阔台　512、1411

我折黄台吉　100

卧博图　1847

卧佛寺　732、843

斡赤斤　80、534、549

斡耳朵　92、93、120、121、647

斡歌列扯儿必　557

斡勒忽讷惕　80

斡难河　80、569

斡齐尔博罗特　102、107

斡齐尔台吉　1506

乌巴海　58、63、127、135

乌巴什达赖诺颜　561

乌巴什卫征　100

乌班代达尔汉巴图鲁　547

乌布尔乌拉克沁驿站　1473

乌布日布拉格庙　1784

乌丹　106、112、168、266、267、270、272、281、328、341、425、733、809、870、872、1295、1296、1318、1320、1448、1601

乌丹塔拉 820

乌第河 1796

乌尔巴勒岱佐领 1843

乌尔德格爱勒 884、895

乌尔呼拖罗海山 120

乌尔会河 116

乌尔庆佐领 1843

乌尔散河 1424

乌尔图绰农河 106

乌尔图沟教堂 348、360

乌尔逊河 157、1410、1756

乌尔占 106、1475

乌格木尔敖包 1078

乌济耶凯扎尔固齐 499

乌济叶特 47、101、499、502、521、533

乌加河 134、212、1072

乌克善 79、84、85、508、537、538、540、550、551、568

乌库尔城 1791、1834

乌拉额赫穆站 1428

乌拉尔山 1751、1792

乌拉壕 1063、1066

乌拉河 212、383、402

乌拉斯台 886

乌拉孙河 977

乌拉笋阿木 1058

乌拉特 131、132、133、135、247、255、334、384、403、455、456、457、459、471、473、479、556、563、565、606、693、716、717、910、958、1001、1015、1053、1054、1055、1056、1057、1058、1075、1079、1080、1084、1088、1090、1098、1099、1100、1101、1120、1123、1126、1132、1141、1149、1185、1223、1272、1273、1280、1320、1439、1472、1481、1494、1662、1663、1751、1752、1907、1926、1928、1929、1930、1931、1932、1933、1934、1959

乌拉特三公旗 130、134、383、402、416、548、555、597、602、639、746、978、1052、1145、1147、1148、1343、1420、1421、1666、1672、1673、1957

乌拉之珠尔齐特 540、551

乌喇忒部 534、541、544、548、549、552、553、554、555

乌兰敖道苏木 821

乌兰布和沙漠 1053、1064

乌兰布通之战 81、95、702、1526、1647

乌兰察布 126、130、147、148、167、168、185、267、334、358、377、378、379、382、384、393、400、404、437、461、483、591、598、600、604、606、607、617、618、619、659、742、1007、1010、1024、1029、1030、1036、

1145、1170、1338、1420、1472、
1534、1535、1547、1602、1673、
1751、1776、1906、1908、2004

乌兰察布盟　8、104、112、126、
127、130、134、135、136、141、
142、179、189、201、206、216、
217、226、247、248、255、268、
275、301、335、337、338、347、
383、385、386、387、390、402、
405、406、410、416、459、460、
532、548、555、597、601、602、
639、660、674、714、716、727、
740、745、746、909、910、912、
917、943、961、982、996、
1001、1015、1035、1040、1054、
1138、1144、1146、1148、1149、
1150、1154、1156、1157、1158、
1160、1161、1162、1163、1164、
1166、1171、1182、1185、1186、
1187、1191、1272、1277、1283、
1286、1341、1421、1481、1512、
1688、1749、1907、1932

乌兰厄尔几　68、568

乌兰鄂尔吉坡　130

乌兰哈达厅　237、715、719、829、
851、1595

乌兰哈通阿木　1059

乌兰哈吞　1055、1064、1065、1066、
1077、1079、1080、1081、1084、
1085

乌兰木伦河　122

乌勒瑚玛梁　848

乌勒扎河　133

乌里雅苏台　14、15、130、157、
220、268、324、336、337、338、
344、352、397、432、585、587、
588、589、618、619、629、673、
688、690、884、886、1149、
1201、1218、1246、1269、1315、
1316、1318、1319、1326、1328、
1331、1332、1341、1343、1344、
1347、1355、1362、1414、1421、
1431、1432、1433、1434、1437、
1473、1493、1653、1775、1873、
1887、1888、1889、1903、1991

乌里雅苏台兵差司员　658

乌里雅苏台定边左副将军　659、
1884

乌里雅苏台将军连顺　398

乌里雅苏台将军马亮　396

乌里雅台河　568、569

乌力吉敖其尔　1601

乌力吉布仁　1119、1120

乌力吉吉日格拉　1158

乌力吉木伦河　870

乌力吉图　511、835、1170、1788、
1834

乌力楞　1810、1818、1820、1827、
1829、1830

乌良罕　68

乌梁海　589、659、860、867、868、
　1283、1843

乌梁海唐努山　613

乌梁素海　1957

乌隆古土尔扈特二旗　659

乌鲁木齐　146、432、433、581、
　582、586、588、663、1319、
　1326、1327、1329、1343、1344、
　1441、1447、1654、1660、1892

乌鲁斯博罗特　513

乌纳博罗特王　1934

乌讷博罗特王　78、515

乌讷恩素珠克图土尔扈特　660

乌讷格图莽喀　544、553

乌日德恩苏莫　900、901、902

乌日都哈日乌苏　820

乌日图套海　981

乌森图鲁　736

乌审召　204、338、1997

乌什哈　1615

乌什哈达　1852

乌松珠拉战役　692

乌苏里河　1871

乌素图河　1921

乌泰　37、188、351、352、353、
　354、372、373、374、799、879、
　1405、1406、1980、1984、1985、
　1986、1987、1991、1992、1993、
　1994、1995、1997

乌瓦尔塔佐领　1842

乌雨勒赫齐卡伦　1424

乌云达赉　1752

乌珠穆沁　56、61、62、63、67、
　68、71、92、105、106、107、
　110、112、113、114、115、116、
　117、179、215、217、218、268、
　271、275、283、292、311、393、
　412、424、440、442、443、457、
　471、476、478、499、513、514、
　517、525、534、540、618、621、
　632、634、728、867、868、898、
　907、953、1276、1343、1395、
　1396、1418、1424、1425、1447、
　1970、1971、1973、1982、1990、
　2001

乌孜别克　171

无垢普成王子传　1918

无量寺　460、1338、1477、1482、
　1501、1517

吴巴海达尔汉巴图鲁　66

吴班札尔固齐　67

吴达禅　1742

吴达海　566

吴尔库尼　1632

吴俊升　1986、1994

吴克善　45、60、66、131、494、
　505、552、877、878

吴廷斌　134、189

吴兴祚　704

蜈蚣坝沟　1209

五当沟煤矿 285

五当召 206、223、456、475、482、
1280、1439、1472、1474、1481、
1488、1494、1496、1506、1508、
1509、1515、1518、1931

五加河 979、1075、1103

五十家子站 255

五世达赖喇嘛罗桑嘉措 1920、
1926

五世内齐托因呼图克图 1929

五世席力图呼图克图 1921、1922

五世章嘉呼图克图罗布桑丹森扎拉
桑 1917

五塔寺 1475、1477

五台乔尔吉庙 1014

五台山 178、282、430、454、486、
929、1014、1169、1369、1461、
1914、1915、1916、1917、1929、
1934、1987

五体清文鉴 472

五投下 53、80、515

五原厅 124、134、189、247、248、
273、716、717、733、748、911、
920、946、1001、1037、1600

伍廷芳 683、685、1254

武昌起义 1441、1583、1982、1983

武川厅 130、248、716、733、748、
911、1187、1548

武汉 343、1318、1980

兀爱营 94

兀儿速惕 1735

兀蓝诺尔 571

兀良哈部 65、93、1311、1963

兀良哈三卫 43、93、532

兀良哈万户 81

兀鲁灰河 104

兀鲁斯博罗特 514、515、517

兀鲁特部 49、53、54、64、515、
516、534、558

兀鲁兀 53、80、515

戊戌变法 440、1610、1655

X

西巴尔布喇克 221、1438

西白河 96、111

西包头镇 1268

西北回民大起义 165、168、170、
1533、1535、1656、1661、1663、
1664

西伯利亚 392、434、623、1142、
1297、1336、1350、1444、1653、
1654、1735、1736、1833

西伯利亚铁路 262、352、434、
1441、1980

西藏 4、13、14、15、25、29、38、
140、174、178、184、209、233、
234、274、282、345、346、352、
354、395、397、450、451、452、
453、455、456、458、459、465、
468、473、476、479、480、573、

锡保 1466

锡伯 44、78、79、500、520、877、898、1004、1426、1757、1779、1782、1814、1844、1845、1927

锡伯尔布拉克卡伦 1424

锡伯河 250、251、1963

锡伯沁 1483

锡伯山 1754

锡迪图嘎布楚 1917、1919、1920

锡古锡台巴图尔王 78

锡恒 396

锡喇布里多诺尔 123

锡喇汗 58、135

锡喇努特 92

锡喇奇塔特 126、135

锡勒图达尔汗绰尔济 137

锡良 16、21、396、415、429、433、615、637、638、639、677、727、859、943、949、1368、1440

锡埒图库伦 181、361、661、713、715、718、829、849、1477

锡埒图库伦喇嘛旗 92、99、109、350、369、432、719、1446、1487

锡林郭勒 23、43、115、119、168、267、268、393、434、476、618、621、623、1010、1326、1418、1419、1420、1441、1444、1449、1453

锡林郭勒盟 77、100、105、107、112、113、116、118、126、147、150、172、179、185、215、216、217、218、226、232、258、259、275、283、292、301、302、331、336、338、347、358、361、388、412、443、458、461、464、546、555、619、624、625、632、659、660、728、1035、1272、1277、1282、1286、1341、1343、1395、1396、1447、1451、1460、1749、1982、1990、2001

锡麟 1615

锡麟阿 1615

锡尼河 1754

熙麟 1886

习惯语新义 1999

席巴尔台 133、547、555

席力图呼图克图 206、208、1280、1482、1483、1493、1512、1919、1920、1921、1922、1923、1928、1929

席力图召 208、1472、1477、1482、1483、1492、1493、1495、1501、1507、1509、1510、1515、1919、1920、1921、1922、1923、1928

席埒图活佛 1936

席日召 480

席特库 1791

洗马林口 1898

喜峰口 81、82、83、85、86、87、

89、90、91、92、96、97、98、99、100、104、105、109、112、136、213、214、215、218、232、255、258、275、517、658、702、773、776、778、881、1144、1314、1343、1360、1414、1417、1418、1425、1426、1430、1431

先锋军统领阿思翰　566

贤者生成源　472

香火地　207、298、347、603、744、746、905、1014、1182、1251、1474、1475、1477、1495、1515、1587、1591

镶红旗庙　1784

镶黄旗庙　1784

镶黄旗牧厂　153

镶蓝旗牧厂　153

象教寺　138

萧大亨　959、960、1042、1043

小巴拉盖公学院　1606

小把都儿　874

小策零敦多卜　1465

小格思贵拉布赞巴根登尼玛　1172

小哈拉沁　843

小金川战事　1874

小喀尔占　540

小库伦　139、203、205、207、267、268、281、433、719、1287、1315、1446

小淖尔教堂　349

小桥畔教堂　360、1582、1588、1592、1998、2006

小矢的王　78

小札木素　125、1056、1057

小召　451、455、460、1014、1087、1099、1100、1169、1347、1482、1491、1497、1501、1502、1921、1922、1923、1926、1927、1928

孝端文皇后　85

孝惠章皇后　85、1927

孝庄文皇后　11、70、85、1927

谢魁元　764

谢肇淛　1354

忻州营　974

辛爱　94

辛达什　499

辛亥革命　8、10、16、28、32、184、344、400、423、424、438、439、446、448、449、689、768、926、937、1391、1443、1584、1599、1608、1620、1644、1645、1655、1911、1960、1979、1980、1983、1985、1993

新安渡之战　1890

新安关　78、876

新安镇　412、469、719、791、798、815、1079、1084

新巴尔虎　156、157、183、185、264、285、659、661、1276、1399、1424、1724、1730、1745、

1750、1754、1755、1756、1757、
1758、1759、1760、1762、1766、
1767、1768、1769、1770、1772、
1778、1779、1780、1782、1783、
1784、1785、1786、1788、1789、
1803、1804、1886、1887、1889、
1893、1894、1948

新巴尔虎八旗 156、461、1724、
1727、1753、1754、1757、1758、
1762、1763、1768

新城清真寺 164、1530、1652

新疆巡抚联魁 396

新开河 244、805、1990

新立屯 238、790、1536

新庙 249、886、900、901、903、
905、1169

新民厅 796、1953

新台边门 99、782

新州 415、639、1885、1889

兴安城总管衙门 155、1813

兴安岭 57、66、79、81、82、83、
89、93、103、104、105、106、
107、110、112、116、127、131、
133、154、202、258、275、419、
491、492、499、509、519、528、
529、532、534、537、541、546、
548、550、555、738、866、867、
868、881、1297、1403、1423、
1746、1747、1762、1809、1810、
1811、1812、1813、1814、1822、

1833、1834、1846、2001

兴和 147、149、151、152、153、
168、248、266、316、390、418、
467、619、714、716、717、765、
925、927、1001、1202、1318、
1447、1531、1535、1579、1583、
1620

兴和厅 149、248、716、717、911、
1595、1600

兴化书院 1596、1600

兴化镇 249、730

兴顺 327、431、1393

兴源寺 138

邢宜庭 1966

邢永连阿訇 1540

熊廷弼 509、516

熊岳 1744

秀水甸子 356

岫岩 1744

徐润 286、287、427、1367

徐世昌 20、227、263、264、265、
295、321、373、374、395、411、
412、427、429、432、433、604、
719、720、722、731、732、733、
736、737、738、777、784、790、
792、794、795、797、801、888、
889、891、895、1141、1279、
1286、1331、1349、1389、1390、
1399、1405、1446、1449、1985、
1993、2001

宣府 70、71、72、75、84、92、93、94、129、145、146、232、529、1337

宣化 22、24、146、147、148、216、397、459、590、620、722、729、730、1312、1313、1360、1361、1419、1447、1523、1567、1577、1647、1897、1898

薛家营 165、1655

薛灵哥河 1724

巡查哈拉哈河的祭词 1894

逊杜棱 104、110、111

Y

压虎寨 169、1536

押剌伊而 80

鸦片战争 18、27、28、184、307、317、330、333、343、357、375、580、673、676、908、910、950、1141、1230、1234、1240、1243、1244、1248、1250、1251、1257、1324、1605、1607、1655、1795、1939、1941、2002

鸭绿江部 492

牙克甫来夫 1895

牙克石 435、1442

雅布赖 294、1059、1060

雅布赖盐池 284、1399

雅尔河 89

雅发罕鄂伦春 1812、1833

雅克萨 76、1422、1424、1745、1791、1792、1793、1834、1836、1837、1849

雅克萨之战 1871

雅拉阿巴 1851

雅鲁阿巴 1841、1843

雅鲁千 1859、1860

烟筒山 288、1371

延博霍托 1424

延楚布多尔济 156、1754

延福寺 252、461、1478、1493、1495、1496

延庆 73、149

延寿寺 460、1244、1266、1482、1501、1517、1921、1929

延绥总兵 122

延禧寺 460、1921

延榆绥道 600、966、987、1560

延祉 398

闫欣优 818

严复 1969

阎寨坡 1944

兖州 74

兖州营游击 1901

雁门道 1202

雁行 710、809、810、812、817、840、918、939、958、959、961、963、964、968、969、983、1007、1134、1332、1356、1602

燕京 530、531、1047、1743、1762、

1763、1773

央噶尔察克山 68

扬古岱卓哩克图 119

扬固海都凌 58、135

扬州 75、1888、1902

阳高 235、1441

阳曲县 1243

阳石木河 530

杨回回 1084、1086

杨景春 1532

杨司铎 2004

杨天奎 1660

杨湾子金矿 430

杨悦春 286、340、342、343、1366、
1367

洋务运动 440、445、583、741、
1257、1972

仰华寺 1738、1781、1782

养生滴注疏—宝饰 1937

养息牧 112、137、243、244、390、
541、552、796、834、2001

姚锡光 22、284、292、308、392、
393、394、413、615、621、622、
623、626、627、628、631、634、
803、804、806、817、854、871、
931、932、952、953、1141、
1142、1253、1395、1396、1447、
1448、1969

姚学镜 745、1024、1028

业普春 1883

业普铿 1883、1884

叶柏寿 342、843、844

叶伯肯 1468

叶城 1878

叶尔登 559

叶尔羌 169、1647、1853、1878、
1901

叶赫 44、59、79、493、494、519、
520、1641、1904

叶赫纳喇 1641

叶雷 1834、1835

叶林沟 1013

叶婉贞 1967

叶志超 286、343、1367

一层楼 473、1948

一世额尔德尼察罕迪彦齐呼图克图
桑坦桑布 457、1932

一世额尔德尼莫日根洞科尔班第达
呼图克图罗卜桑扎拉桑 456、
1931

一世莫尔根迪彦齐 459、1932

一世内齐托因阿毕达 1924

一世章嘉呼图克图阿噶旺罗布桑却
拉丹巴拉森波 1912

伊拜 537、550、565、566

伊达木扎布 119、825

伊儿都齐 540、551

伊尔毕斯台吉 571

伊尔库次克 1315

伊尔札木台吉 127、536、549

伊哈亚尤尔鲁门底尼 1539

伊罕克勒河山 220、1437

伊胡塔镇 820

伊金霍洛 120、170、486、1047、
1048、1078、1356、1950

伊柯明安公游牧 660

伊克库里叶 1474、1484、1490、
1508

伊克明安 78

伊克明安旗 226、1426

伊克土绵万户 113、114、115

伊克岳里泊 86

伊克昭盟 29、33、34、36、37、
120、122、123、126、135、170、
171、179、190、191、192、201、
202、212、217、226、231、232、
247、248、255、268、275、284、
285、294、295、301、334、335、
337、338、339、346、349、360、
361、362、363、379、384、385、
386、387、390、401、402、403、
404、405、406、407、408、409、
410、417、418、419、460、463、
464、467、468、469、475、486、
529、555、556、597、600、601、
602、603、604、607、660、674、
740、746、748、909、910、911、
912、917、929、942、943、958、
960、961、964、965、966、967、
969、971、972、973、975、976、
982、992、993、994、996、997、
999、1000、1001、1002、1003、
1005、1006、1007、1010、1011、
1012、1015、1016、1017、1018、
1019、1020、1021、1023、1024、
1027、1030、1031、1034、1038、
1039、1040、1041、1049、1050、
1056、1067、1069、1070、1078、
1080、1092、1094、1095、1096、
1111、1134、1136、1138、1139、
1141、1185、1400、1421、1471、
1472、1474、1506、1546、1547、
1548、1554、1557、1558、1560、
1561、1563、1580、1607、1661、
1672、1673、1688、1907、1949、
1950、1961、1997、1998、1999、
2000、2004、2005、2006

伊拉古克三呼图克图 1473、1484、
1486

伊兰敖宝 1859

伊勒登 79、87、88、90、100、
101、113、121

伊勒登土谢图 113、570

伊勒都齐栋果尔 877

伊勒纳图佐领 1842

伊勒慎 1624

伊犁 146、183、184、190、336、
396、432、433、581、582、583、
585、587、588、590、606、613、
616、618、660、663、673、690、

1315、1326、1329、1343、1344、
1411、1441、1654、1794、1845、
1851、1853、1854、1879、1893、
1900、2005

伊犁河　1845、1877

伊玛河口卡伦　1848

伊敏河　158、239、1297、1410、
1754、1801

伊敏千　1860

伊思希特台吉　571

伊斯兰教　163、171、335、470、
471、1347、1520、1521、1522、
1523、1525、1526、1531、1537、
1538、1539、1541、1646、1648、
1652、1655、1656、1663、1665、
1676、1677、1680、1681、1682、
1683、1684、1689、1690、1692、
1694、1695、1696、1699、1701、
1704、1707、1708、1709、1710、
1711、1712、1713、1714

伊苏特　57、104、126、127、146、
532、534、536、542、549、550

伊孙苏力德腾格里音桑　1933

伊藤柳太郎　355、1602、1966

伊通河　210、238、241、790、805、
815、833、1422

伊图罕七家子　869

伊西巴勒珠尔　480

伊西丹津旺济拉　473、480

伊希巴拉珠尔　1120

伊亚铁夫　1766、1814

依达木　1778

依尔盖图　222、1438

依克明安部　388

依克唐阿　605、1813

依灵阿　1881

依玛格特　1763

沂州　74、1880

宜罕阿林城　493

怡亲王　154

贻谷　6、17、19、23、130、134、
143、148、190、191、230、231、
247、256、317、382、383、384、
385、386、387、390、396、397、
400、402、403、404、405、406、
407、408、409、410、411、416、
418、437、483、606、614、617、
620、629、634、639、674、692、
743、744、745、746、748、750、
751、752、753、754、755、756、
757、758、761、762、763、764、
767、768、769、776、913、943、
953、978、1002、1007、1008、
1022、1023、1024、1025、1026、
1027、1028、1029、1030、1032、
1033、1185、1186、1187、1198、
1201、1253、1257、1547、1561、
1562、1563、1564、1598、1599、
1614、1616、1617、1618、1619、
1620、1643、1904、1906、1907、

1908、1909、1910、1999、2000

贻谷弹劾案 1911

义和团运动 38、348、349、360、
380、408、440、469、608、673、
739、749、759、776、1547、
1556、1561、1590、1655、1884、
1965、1988、1998、2005、2006

义和巷 164、1652

义盛源 843、845

义县 69、99、145、153、782、
816、832、847、1952

义州 69、72、82、84、88、89、
90、91、103、145、370、514、
518、522、543、878、1951、
1952、1953

亦思马因 93、510

易孔昭 1662

易沙穆 496、497、499

驿马河 210、805、815

奕劻 381、677、740

益西巴勒丹 177、479、900

益西班觉 1934、1935

阴山 96、97、99、107、127、129、
133、192、232、253、260、282、
532、546、547、548、555、932、
1052、1053、1054、1292、1353、
1362、1403、1933

银川 334、827、982、1312、1328、
1330、1606

尹湛纳希 36、473、474、1938、

1939、1947、1948

尹正阿訇 1540

饮马河 153、247

应绍不部 121

英金河 111、238

英亲王 69、75

婴报 1967

鹦鹉之训 473

鹰手营子 813、814

营噶尔察克山 565、567、568

营口 241、268、273、279、738、
1318、1394

雍和宫 454、665、903、906、
1504、1916、1917、1935

永安寺 460、1921

永德 348、423、692、1256、1290、
1319、1581、1591、1592、1653、
1884、1885

永福 460、1843

永宁寺 1454、1455、1456、1461

永平 530、809、832

永庆寺 1169、1171、1181、1182、
1183、1184、1512

永邵卜部 1740

永谢布 155、157、510、519、1646、
1737、1781、1782

永谢布万户 92、93、451、452、
1737、1782

由根 864

由屯 1877、1878

游牧察哈尔八旗 185、659

右卫城 703、704、705、1148、1636、1638

右卫副都统 1899

右卫建威将军 695、1897

右卫将军岱林卜 694

右卫将军希福 704

右玉 159、161、167、694、703、1201、1326、1334、1361、1446、1636、1647、1659、1664

右玉八旗牧厂 300

右玉县 159、694、703、1636

佑宁寺 249、1912

佑顺寺 811、816

榆次 315、1325、1360、1375

榆林 124、126、211、231、700、959、960、961、963、964、965、966、967、968、973、978、979、982、983、984、987、990、991、1002、1022、1041、1124、1312、1346、1349

玉门 582

玉泉营 139、1060

育民甘露 1937

育民甘露注解如意宝饰 1937

裕谦 184

裕亲王 159、693

毓正女子学堂 355、439、483

豫亲王 68、75、154、557、564、565、567、568、569、570、572、

1632

元宝山煤矿 285、431、1394

元代东道诸王 78、114

元代五投下 53、515

元盛德 204、213、1319、1654、1656

袁世凯 381、396、415、433、638、858、1441、1965、1969、1970、1974、1975、1980、1981、1982、1983、1987、1994

岳怀 1479

岳家沟 431、1394

岳乐 1895

岳托 61、62、67、74、525、530、1632

岳希 159、693

岳洋河 99

岳钟琪 252、574

云丹嘉措 451、1920

云端旺楚克 406、601、1146、1150、1152、1153、1154、1167、1186

云贵总督岑毓英 615

云亨 439、446、448

云耀 1084

允礼 1915

Z

宰赛 48、49、101、521

载沣 1980

载泽 394、677

载振 395

咱雅班第达呼图克图 455、456、1482、1487、1488、1490、1505、1506

赞巴勒诺尔布 111

曾国藩 333、581、586、1891

增祺 188、244、374、605、1833、1991

扎巴里寺 1912

扎布堪 129

扎仓 480、482、1489、1490、1494、1508、1509、1510、1922、1928

扎顿河 1754

扎噶尔 106、355、356

扎噶苏台 543、553

扎噶苏台音达巴 1473

扎干都棱土谢图 113、114、117

扎格丹 1756、1887

扎格斯台淖日 147

扎哈齐特 100

扎哈沁 659

扎哈苏台泊 147

扎济布拉克 692

扎拉丰阿 97、861、1642

扎拉坎萨呼图克图 1484

扎拉木台河 1752

扎剌亦儿 80、1733、1734

扎赉诺尔 351、1389、1390、1391

扎赉特 21、57、59、61、66、77、78、79、80、81、82、83、88、89、90、92、131、179、201、215、217、220、224、241、245、296、331、353、354、358、376、388、391、400、411、412、425、438、453、461、500、541、542、552、605、607、617、625、659、714、716、771、797、801、805、806、816、830、876、881、885、888、889、890、891、896、897、901、1343、1417、1418、1436、1475、1758、1991、1992、1993、1995、2000、2001

扎赉特达尔汗和硕齐旗 60

扎兰萨炳阿 368

扎兰陶布塞 836

扎兰屯 170、435、436、1442、1444、1445、1751、1805、1991

扎兰营子 285、431、865、1395、1955

扎勒桑尼玛 1174

扎鲁特部 46、48、49、60、100、101、104、507、508、521、530、538、542、550

扎木河 977、1009

扎木延嘉措 1173

扎穆苏 69、1162

扎皮岛 72

扎什伦布寺 1915、1924

扎雅班第达呼图克图 1474、1484、1493

札尔固齐 1127

札格达山 1809

札兰营子 843、865

札勒杭阿 986

札木山 70、71、72

札奇斯钦 512、854、1006

斋桑河 1476

翟林窑子 1012、1027、1029、1034、
　1562

寨桑达尔汉 536、550

寨桑吴巴什 58、131、552

詹达固密 136、1144、1152

占赤瓮阿歹虎喇赤 876

张长命阿訇 1540

张格尔之乱 586

张家口 6、8、22、25、104、118、
　119、120、146、149、152、153、
　154、162、172、182、185、199、
　203、204、211、215、216、217、
　218、230、258、259、275、292、
　294、300、302、303、314、321、
　322、335、343、344、347、352、
　358、361、384、393、424、432、
　433、434、442、492、529、589、
　616、619、632、658、659、664、
　702、712、713、714、715、722、
　723、730、768、773、776、823、
　847、867、868、917、1011、
　1022、1107、1138、1145、1218、
　1282、1284、1287、1291、1293、

1294、1311、1312、1313、1314、
1315、1316、1317、1318、1320、
1326、1328、1329、1330、1331、
1333、1334、1337、1338、1340、
1341、1343、1344、1347、1360、
1374、1396、1407、1414、1417、
1419、1420、1421、1425、1430、
1431、1432、1433、1441、1444、
1446、1447、1449、1459、1468、
1470、1493、1526、1527、1647、
1648、1653、1662、1672、1691、
1743、1745、1773、1898、1906、
1973、1979、1981

张家口直隶厅 148、193

张家湾 359

张林阿訇 169

张穆 15、26、112、116、118、
　119、120、122、123、126、543、
　804、874、1056、1145、1146、
　1155、1207、1277、1761

张鹏翮 189、232、1340

张廷玉 12

张锡銮 1994

张心田 800、888

张曾 23、204、213、231、304、
　305、306、694、701、728、730、
　1037、1200、1216、1217、1223、
　1241、1320、1515、1577、1657

张占魁 448

张之洞 377、378、381、382、390、

587、588、589、590、591、592、593、594、595、596、597、598、606、615、619、621、740、759、1141、1344

张作霖 412、1989、1993、2001、2002

章嘉村 1912

章嘉国师若必多吉传 1937

章嘉国师若毕多吉 1935

章嘉呼图克图 177、249、453、454、466、1293、1458、1459、1461、1462、1465、1466、1467、1469、1472、1483、1484、1912、1913、1914、1915、1916、1917

彰吉伦 87

彰武台 109、152、244、246、1284

獐河 96、111、543

昭化寺 294、1399

昭化寺盐池 284、1399

昭君坟 336、1533

昭莫多之战 705、1896

昭乌达 23、27、70、77、85、92、100、104、105、111、112、168、179、185、186、192、193、201、202、210、215、216、217、220、226、228、229、233、238、242、257、258、268、275、282、285、286、287、292、323、331、337、339、340、342、343、345、346、347、357、360、366、372、387、

388、391、393、397、412、418、419、431、458、461、467、472、618、619、621、623、625、659、660、686、713、715、717、724、730、771、778、783、786、788、802、803、804、806、812、819、828、829、842、853、856、897、907、990、1285、1287、1294、1326、1343、1366、1368、1394、1396、1418、1419、1436、1440、1446、1447、1448、1449、1926、1952、1953、1955、1969、1990、2001、2002

召儿必太台吉 95

召河 1331、1332

兆惠 1877、1901

兆坚 984

兆图 99

赵尔巽 10、134、188、189、390、391、392、628、629、800、1141、1592、1978、1986、1994

赵王城 1891

赵尉文 291、1392

肇东 92、435、717、1442

肇源县 432

肇州厅 92、245、716、717、805、830

哲蚌寺 451、1920、1934

哲布尊丹巴传 28、479、1505

哲布尊丹巴呼图克图 209、250、

453、454、661、662、665、669、714、1459、1460、1461、1463、1465、1466、1467、1468、1469、1470、1473、1484、1485、1486、1488、1489、1490、1492、1493、1494、1497、1505、1507、1518、1917

哲陈部 492

哲里木盟 20、21、77、81、82、83、84、85、86、87、88、89、90、91、92、108、112、152、169、179、192、193、200、201、202、210、215、217、220、226、229、230、238、243、266、275、285、296、343、351、353、356、359、369、372、373、380、387、388、395、412、414、415、417、418、419、422、423、435、438、439、440、446、458、461、463、464、483、605、624、625、639、659、660、664、669、686、714、730、771、784、789、797、801、804、805、806、815、816、821、828、829、873、874、878、879、880、881、887、892、897、900、907、1285、1286、1287、1343、1399、1400、1401、1402、1405、1406、1418、1436、1440、1442、1446、1448、1449、1536、1924、1929、1951、1952、1953、1954、1978、1979、1982、1984、1985、1986、1987、1990、1995、1996、2000、2001

哲里木盟长吉克丹旺固尔 796

哲里木盟盟长拉旺 411、888

者儿得 79、874、875、876

者勒篾 1963

珍珠璎珞 1950

真境花园 1539

真武庙梁 1534、1542

榛子岭 92

诊脉概要 1936

镇北堡 47、500、503

镇东县 83、247、719、733、805、816、830、888、889、890、891、892、897、901、1986、1994

镇番口 139

镇国将军僧格 566

镇国将军瓦克达 566、567

镇赍 1994

镇宁 101、149、193、235、256、695、714

镇武 101

镇远 101、243

正白旗汉军都统 1876、1901

正白旗领侍卫内大臣 1939、1977

正白旗蒙古副都统 1878

正白旗庙 1784

正法白莲花大乘经 1918

正红旗汉军副都统 1881

正红旗蒙古都统 1874、1886

正红旗庙 1784

正黄旗庙 1784

正黄旗牧厂 153、1284

正蓝旗牧厂 153

郑家屯 85、188、241、267、268、271、275、277、281、295、321、327、719、720、722、723、724、795、1287、1294、1295、1296、1304、1305、1349、1400、1426、1440、1448、1977、1986

郑亲王 154、560

郑万福 294、295、1400

郑文钦 1592、1884、1885

郑晓 513

芝田 1881

直隶总督陈大秀 825

直隶总督李鸿章 283、286、377、379、580、581、858、1367、1370

直隶总督袁世凯 396、415、638、858、1965

智者语饰—藏文字词概述 1935

中东铁路 262、278、352、421、434、435、738、1287、1389、1391、1399、1404、1439、1440、1441、1442、1444、1445、1448、1449、1806

中法战争 1876

中公旗 133、134、479、555、556、1015

中国第一历史档案馆 4、5、9、29、102、103、111、147、155、350、367、368、370、371、372、377、378、380、392、397、399、415、416、501、546、547、562、564、565、569、572、590、594、597、604、620、628、630、639、646、667、674、780、782、783、784、787、802、858、967、1454、1455、1456、1457、1458、1461、1462、1463、1464、1465、1466、1467、1468、1469、1740、1754、1806、1832、1833、1842、1844、1845

中牟 1671、1796、1902

中日甲午战争 350、355、380、597、1795

钟根哈敦 1918

钟嫩 48、49、520、1840

重修山西会馆碑 1337

重修诸神庙并开渠筑堤碑 959、1073

周尼斯事件 1884、1885

朱尔海 155

朱尔锵格 1876

朱尔特依 1424

朱勒扎嘎 1093

朱龙 124

朱启钤 20、22、351、353、393、398、414、620、634、1440、

1970、1972、1974、1985

珠宝集　1949

珠舍哩　79

诸蒙古始祖记　157、158、1774、1777、1894

主亦特　78

庄浪　1609

庄农杂字　1604

庄亲王　154、1282

庄兔　113

准对　112

准噶尔汗国　155、157、216、232、645、648、1411、1474、1484、1485、1490

准格尔旗　29、39、123、170、190、191、201、212、334、346、348、360、363、377、379、385、386、401、405、409、410、468、591、600、601、602、607、617、744、745、964、965、966、967、970、971、973、974、975、976、978、981、982、983、987、988、989、991、992、993、994、995、996、997、998、999、1000、1002、1003、1005、1006、1008、1009、1010、1011、1012、1013、1014、1015、1016、1017、1018、1019、1020、1021、1023、1024、1025、1026、1027、1028、1029、1030、1032、1033、1034、1039、1040、1041、1042、1043、1056、1107、1113、1135、1139、1251、1356、1471、1481、1506、1556、1557、1558、1559、1560、1561、1562、1607、1661、1907、1999、2004

卓布拉库摩尔根虾　567

卓尔毕泰台吉　95

卓尔郭勒大妃济格仑　876

卓尔郭勒诺颜　78

卓礼克图洪巴图鲁　521

卓礼克图亲王旗　60

卓礼克图台吉吴克善　66、131、552、877

卓索河　85、87、99、111

卓索图　23、27、179、185、216、229、242、268、282、285、286、287、292、337、345、372、387、393、396、617、619、621、659、686、715、717、853、856、897、907、1287、1294、1366、1368、1394、1396、1419、1440、1446

卓索图盟　70、77、82、85、86、88、89、92、95、96、97、98、99、100、137、139、152、186、192、201、207、208、213、215、226、227、228、229、233、275、283、291、308、331、339、340、342、347、358、364、366、367、388、390、431、440、457、461、467、473、625、631、660、713、

718、726、771、775、778、779、
780、782、783、786、788、802、
803、804、806、810、812、816、
828、829、838、839、843、854、
859、862、871、990、1285、
1343、1369、1392、1393、1394、
1418、1447、1474、1493、1495、
1932、1938、1945、1946、1947、
1952、1953、1954、1955、1962、
1963、1969、1989、1990、1998、
2001

卓索图山　1145

卓特巴　482、559

卓特氏敬斋　471

卓资山　133、547、555

宗喀巴　453、1781、1912、1936、
1937

宗喀巴传　1936、1937

宗喀巴传记易知善乐之源　1937

宗室德沛　1626

总督庆复　987、989

总管旗　182、194、220、461、659、
661、1271、1435、1437、1504、
1757

钻石鬘　1933

遵化　83、86、89、90、95、106、
215、530、1418

左绍佐　393、396、615、912

左云　24、1334、1446

左宗棠　261、336、392、421、583、
584、585、586、587、588、628、
629、1075、1660、1876、1890

第六卷　索引

A

阿巴嘎旗　319

阿巴嘎右旗　460、1277

阿巴嘎左旗　460、1302

阿巴哈纳尔右旗　460

阿巴哈纳尔左旗　460

阿尔山　148、149、199、228、280、
287、557、566、676、771、858、
1077、1169、1181

阿尔宾巴雅尔　397、398、1349、
1866、1350

阿尔宾巴雅尔（王悦丰）　133、
329

阿拉登特古斯　263、716

阿拉庙　103、188、1310

阿拉善厄鲁特旗　479、483、1040

阿拉善旗　12、20、37、110、114、
133、136、137、140、158、183、
191、192、194、195、341、343、
344、349、350、358、376、381、
383、389、390、393、395、408、
417、430、436、442、446、480、

483、523、693、766、929、986、
1040、1144、1149、1150、1197、
1222、1223、1240、1274、1284、
1285、1287、1303、1310、1312、
1314、1318、1339、1346、1354、
1365、1376、1378、1382、1384、
1390、1403

阿拉善右旗　1160

阿拉善左旗　12、341、383、1160、
1346

阿拉坦敖其尔　98、187、720

阿拉坦鄂齐尔　127、421、422、524

阿里河　224、671

阿鲁科尔沁旗　6、70、150、275、
283、118、320、457、458、459、
463、542、546、563、569、
1034、1057、1058、1061、1063、
1177、1298、1299、1302、1312

阿木嘎耶夫　106

阿穆尔灵圭　56、57、58、74、396、
399、401

阿荣旗　223、224、450、453、533、
670、671、672、891、1086、1334

阿思根　244、245、248、273、280、281、284、285、288、296、301、315、316、319、322、711、724、729、730、731、737、745、746、756、757、759、1389、1390

阿尤尔扎那　86、1366、1367

阿育勒乌贵　1317

爱新庙　1058

安北　177、178、181、205、207、208、418、473、474、477、478、555、556、605、622、633、634、635、636、924、940、942、945、1064、1138、1140、1143、1144、1219、1254、1283、1344

安本浩特　866、1047

安边　131、646、700

安德鲁斯　1156

安达县　993、1007

安广　68、281、773、774、1021、1299

安祥　52、55、88、89

敖汉旗　6、145、198、317、368、465、466、467、535、536、591、751、1079、1299、1333

敖汉右旗　366、367、457、464、535、1080、1081

敖汉左旗　464、467、535

敖包山　148、558、1042

奥齐罗夫　99、100、687

B

八岱滩　809、812、817、821

八路军大青山支队　209、210、214、215、477、658、659、660、666、981、1395、1399

八仙筒　200、201、595、596

巴宝多尔济　127、419、421

巴布扎布　13、18、48、61、83、491、492、497、502、957、958、965、966、1361、1362

巴特玛拉布坦　504、505、506、530、562、564、565、567、1298

巴尔虎　33、46、61、84、255、687、856、857、860、882、967、1320

新巴尔虎左翼旗　451、534、1051、1062、1063、1299

新巴尔虎右翼旗　21、27、28

巴拉根仓　374

巴林右旗　56、73、243、283、367、457、458、459、488、489、494、502、510、534、541、546、859、1043、1081、1100、1178、1299

巴林左旗　243、282、283、290、307、457、458、463、534、546、563、853、1034、1056、1057、1063、1177、1216、1299、1333、1345

巴图巴根　300

巴彦县 160、163、473、475、476、548、556

巴彦浩特 341、484、1240

巴彦和硕 1177

巴彦库仁 451

巴彦旗 21、450、452、453、533、534、1101、1330、1334

巴彦塔拉盟 7、20、28、159、161、163、252、266、267、368、473、475、476、477、478、482、483、526、551、555、556、557、574、575、578、587、588、647、719、721、722、894、935、936、939、1084、1111、1112、1123、1169、1275、1398

巴云英 1401、1402

巴文峻 89、127、128、237、341、342、343、344、349、350、422、606、767

巴增秀 705

巴总窑子 209、660、978

扒子补隆 181、478、622、822、1254、1339

白炳勋 230、987

白成铭 214、661、668、669

白城 68、149、226、257、280、282、546、557、852、983、1021、1075、1076、1299

白海风 92、93、100、106、135、175、176、185、204、341、343、344、349、350、606、609、619、621、632、655、656、686、696、766、767、1374、1375、1376

白鸟库吉 1269

白如冰 214、654、661、668

白音布鲁格 282、316

白音太来 82、456、457、1075

白永伦 106、135、696

白云鄂博 1168、1169

白云航 267、272、273、294、317、725、727、729、731、735

白云梯 98、99、100、102、104、105、106、107、237、238、249、336、340、341、342、408、409、410、685、686、687、689、690、692、694、696、697、1373、1376、1377、1378、1379、1381、1393

百川堡 178、207、633、638、639、809、811、813、814、817、821、822、824

百灵庙 17、23、27、62、120、121、123、125、127、128、129、156、158、159、166、175、183、202、203、204、239、362、412、413、419、420、422、428、429、430、443、469、471、479、480、482、484、512、513、518、521、522、524、525、555、572、580、581、606、607、608、609、610、

611、613、619、620、924、925、927、929、930、931、987、1132、1164、1168、1193、1210、1267、1268、1275、1300、1304、1308、1310、1350、1373、1374、1381、1392、1402

班禅额尔德尼 377、771、1292、1352

板垣征四郎 496、501、502、520、521、524、545、609、610、617

包头 10、51、52、53、54、55、86、88、90、93、95、104、113、133、158、160、166、173、174、175、179、180、183、186、188、195、205、207、210、226、230、233、240、280、325、333、345、347、348、349、358、360、361、362、364、366、368、373、376、381、382、395、407、412、415、416、435、436、444、479、480、494、521、524、526、548、555、572、573、574、576、577、578、579、581、582、583、600、603、609、610、619、621、624、628、629、630、633、634、637、638、639、641、644、647、654、659、674、675、679、680、684、691、692、693、694、695、709、756、762、763、771、797、799、806、807、808、809、810、812、814、

823、824、826、830、832、833、834、837、840、841、843、844、845、851、854、893、904、911、918、924、927、928、929、933、939、962、963、964、968、973、974、987、991、994、998、1000、1003、1005、1008、1010、1017、1068、1071、1075、1080、1124、1126、1132、1139、1145、1153、1155、1160、1163、1169、1172、1176、1184、1186、1191、1218、1223、1235、1237、1241、1248、1267、1271、1279、1307、1312、1314、1327、1332、1338、1342、1355、1357、1363、1365、1367、1373、1378、1385、1391、1400、1402

包头设治局 473、481、1048、1049

包头市 159、163、165、166、232、278、327、473、475、476、477、478、527、551、556、557、579、581、622、643、678、879、820、851、923、935、936、938、941、946、1049、1069、1111、1122、1149、1175、1198、1249

包头县 163、473、475、476、527、643、644、808、810、812、1008、1043、1063、1237、1248、1338

包头镇 382、473、475、480、481、

1343

包悦卿　98、99、100、103、104、107、121、125、507、516、686、687、689、694、697、930、931、1365、1377、1379、1380、1381

宝昌　80、156、202、268、317、322、324、394、406、471、515、555、556、597、615、760、854、1062、1067、1161、1214、1218、1375、1397

宝昌设治局　462、463、469、470

宝昌县　201、261、461、469、470、471、556、597、1062、1162

宝昌镇　261、470、714

宝昌州　470

宝源　268、324、461、469、471、556、714、722、904

北票　200、317、362、466、595、596、982

贝子庙　81、268、288、292、324、368、459、460、555、588、692、720、722、723

本庄繁　143、151、499、500、502、504、508、545

毕克齐　97、128、230、234、239、240、327、381、608、678、1170、1339、1355

毕力格巴图尔　132、135、279、987

博迪苏　57、58、399

博王旗　456

博彦满都　43、229、244、245、246、247、249、270、271、273、275、284、289、290、295、296、505、506、507、677、711、712、727、728、729、732、736、738、1021、1102、1205、1256、1298、1371、1384、1388

卜和克什克　372、1189、1257、1258、1371

补达巴拉　289

补英达赉　251、252、253、517、711、714

布里亚特旗　322、451、1214、534

布特哈旗　256、369、450、452、453、534、546、671、890、1060、1063、1084、1088、1334

布西　369、394、449、450、452、534、546、565、891、1084、1100、1101、1219

布西设治局　449、450、452、534

边荒条例　78、79、357、405、407、1037

C

蔡成勋　79、89、406、912、913、973

查干宝格都　279

查干宝鲁特　87、1362、1363

查干浩特　459、1057

察境蒙政会　443

察哈尔盟 126、157、159、161、
162、168、239、250、251、260、
261、266、267、279、288、304、
307、310、311、319、320、322、
324、353、356、368、369、443、
445、447、460、461、469、470、
516、518、526、549、551、555、
588、615、674、711、713、719、
720、723、742、747、750、756、
759、760、854、894、901、985、
1025、1028、1084、1085、1104、
1105、1111、1119、1125、1171、
1183、1216、1268、1277、1290、
1373、1391

察哈尔盟立师范学校 1085

察哈尔蒙古图书编译馆 372、1205、
1206

察哈尔省 110、112、113、119、
143、156、161、198、201、262、
263、376、417、420、429、434、
435、443、460、462、468、470、
483、512、514、518、528、551、
592、597、615、623、717、720、
854、931、1201、1205、1213、
1215、1221、1236、1255、1270、
1351、1372、1375、1383、138

察哈尔右翼前旗 280、1373

察哈尔特别行政区 366、391、460、
462、468、470、477、483、
1034、1080、1234

察哈尔民众抗日同盟军 198、201、
597、1373、1374、1383、1397

察克都尔色楞 13、85、397、1364、
1365

察南自治政府 159、444、470、472、
525、526、623、932、935、1353

察哈尔左翼镶黄旗 482

察哈尔左翼正白旗 463

察绥战役 324、326、327、333、
361、761、855

潮洛蒙 720

车和扎 63、64、84、967

车林齐密特 59

陈巴尔虎旗 27、63、255、300、
451、534、879

陈炳宇 253、265、266、267、289、
294、718、720、732、735

陈长捷 173、190、191、436、437、
617、707、708、1351、1352

陈独秀 91

陈镜湖 99、103、692、1375、1394

陈绍武 238、340

陈玉甲 17、414、436、977

成德 63

成吉思汗八白室 7、1349

成吉思汗镇 1265

成陵 10、707、1263、1321

成灵 188、189、190、437

承德 82、103、201、224、228、
249、267、269、271、274、289、

317、320、417、445、447、463、
465、494、512、597、598、672、
676、694、724、727、732、734、
854、974、1076、1297、1299、
1304、1383、1388

城川 329、330、331、332、704、
706、764、765、1177、1197

程德全 1052

程子华 242、267、291、733

赤峰 71、72、82、89、94、105、
200、225、228、229、243、267、
269、271、274、302、307、317、
320、360、362、364、368、373、
380、382、457、459、463、465、
467、488、535、572、673、676、
694、724、727、729、746、757、
833、836、838、841、843、845、
848、854、859、954、958、965、
970、982、1032、1036、1042、
1045、1057、1061、1064、1067、
1070、1073、1076、1156、1165、
1171、1174、1179、1216、1220、
1336、1344、1345、1361

赤峰市 466、468、1328、1333、
1378

赤峰县 11、366、368、466、467、
468、536、596、954、1042、
1067、1071、1239

赤峰直隶州 457、459、467、1042

崇礼设治局 461、463、469

崇礼县 1334

崇政学堂 1368

楚明善 189、238、249

川岛浪速 71、72、73、489、490、
491、497、965、1361

春德 560、561

D

达尔罕贝勒旗 469、479、1350

达尔罕旗 120、127、413、414、
421、428、456、479、480、659、
929、1029、1082、1308、1371

达拉特旗 80、86、87、125、139、
161、162、166、177、183、186、
187、332、334、407、474、480、
481、551、553、555、581、656、
695、699、703、723、765、766、
801、809、810、812、813、826、
828、831、930、1028、1049、
1052、1138、1145、1146、1149、
1155、1160、1229、1362、1365、
1366、1367

达赉湖 1162、1163

达里冈崖 69、78、392、1372

达里诺尔 572、1162

达理扎雅 158、192、194、341、
343、344、349、350、351、484、
524、766、767、1149、1310、
1318、1376

达密凌苏隆 252、279、711、1390、

1391

达密凌旺楚克　342

大板　369、459、1036、1045、1084、1100

大赉县　1299

大桥忠一　550

大佘太　177、180、186、206、207、395、477、622、630、633、635、637、644、991、994、1064、1139、1344

大佘太设治局　473、478、801、1008

大盛魁　360、363、364、575、843、961、1172、1359

大滩　209、659、662、1054

大同省　551

刀什尔　55

德古来　506、508

德化　158、163、164、369、461、471、520、522、523、556、588、616、1029、1085、1104、1105、1124、1125、1126、1130、1158、1301、1304

德勒格尔　131、132、69

德钦一心诺尔布　136、137

德穆楚克栋鲁普　45、116、119、237、419、427、443、1182、1352、1402

德王　120、121、128、156、158、160、165、204、231、237、242、251、253、262、279、338、340、342、344、349、351、420、427、443、484、506、512、515、517、519、521、522、524、527、548、550、554、578、580、582、606、609、612、615、523、625、645、647、655、657、681、704、709、711、766、900、931、986、1027、1029、1117、1129、1178、1182、1222、1281、1301、1303、1305、1308、1309、1311、1318、1350、1352、1376、1381、1382、1384、1390、1392、1400、1402

德王府　128、158、231、251、253、279、521、524、606、681、709、711、931、1353

邓宝珊　95、189、327、345、346、349、643

邓中夏　90、683

碛口　114、140、344、351、395、436、484、622、1149、1153、1160、1344、1346

迪鲁瓦　516、1302、1305

定边　131、133、330、700、703、706、804、1197

定远营　136、137、158、192、193、195、341、344、349、350、381、383、384、524、766、767、1036、1040、1149、1150、1151、1240、1284、1285、1314、1339、1346、1354

东布特哈　716、1323

东北民众救国军　199、593、594、595

东北抗日联军　223、257、670

东蒙王公会议　396、404

东蒙古人民自治政府　244、247、248、250、267、269、271、274、281、283、285、372、445、446、450、453、455、458、465、724、725、727、730、852、853、1200、1384、1389

东蒙古人民自治政府施政纲领　274

东蒙古人民自治军　248、281、283、284、315、316、712、724、757、1389

东蒙古人民自治法　247

东蒙书局　372、1096、1204、1205、1209、1370、1371

东公旗　479

东科中旗　456、547

东胜　174、186、329、373、474、555、637、564、765、991、994、1015、1036、1053、1196、1198、1236

东胜厅　481、1054、1062

东胜县　10、177、190、333、334、473、478、480、481、654、656、703、723、766、1062、1149、1240、1284

东乌珠穆沁旗　488、494、1310、1311

东新巴旗　451

董其武　172、203、208、345、346、348、472、610、615、625、628、631、632、634、640、763、1215、1386、1387

独贵龙　84、85、86、88、98、103、134、140、397、481、686、689、691、692、695、699、810、828、831、1310、1362、1363、1365、1367、1385

独石口　202、598、616、618、1050、1062

笃多博　238

杜尔伯特旗　27、68、146、257、396、455、529、535、538、542、1019、1021、1073、1299

段履庄　961、1172、1359、1360

段祺瑞　58、1369

多伦　61、62、102、103、167、198、201、231、239、318、322、358、360、362、364、402、461、468、469、488、513、515、555、572、588、592、609、615、616、617、689、697、833、838、841、843、847、854、859、893、904、965、966、968、973、974、977、984、1036、1042、1050、1051、1067、1070、1076、1077、1174、1211、1267、1287、1291、1292、

1297、1300、1304、1344、1361、
1375、1390、1397

多伦诺尔 163、382、461、462、
470、833、859、965、1036、
1042、1050、1051、1062、1067、
1070、1071、1076、1077、1174、
1211、1218、1287、1292、1300、
1301、1344、1361

多伦诺尔旗 163、462、1301

多伦诺尔厅 470、1062、1218、1222

多伦县 156、202、268、382、470、
511、597、598、1062、1216、
1236

多松年 92、93、100、105、379、
684、685、686、689、1190、
1316、1393

E

俄蒙协约 13、60、77、397、965

额尔古纳旗 452

额尔古纳右旗 228、449、452、677、
1153、1164

额尔古纳左旗 449、452、1169

额尔钦巴图 248、254、255、286、
287、300、731

额济纳旗 14、110、121、158、183、
191、192、193、195、294、337、
343、349、358、369、370、390、
393、417、430、442、443、445、
446、483、484、518、523、524、

735、767、1087、1144、1145、
1151、1152、1160、1194、1222、
1223、1232、1284、1285、1286、
1287、1403

额济纳土尔扈特特别旗 351、767

额鲁特旗 63、448、451、507、
509、534、559、856、857、967、
1372

厄鲁特旗 479、483、1040

鄂尔多斯右翼后旗 480

鄂尔多斯右翼前末旗 480、1054、
1351

鄂尔多斯右翼前旗 480

鄂尔多斯右翼中旗 480

鄂尔多斯左翼后旗 480

鄂尔多斯左翼前旗 480

鄂尔多斯左翼中旗 480、1053

鄂伦春 563、224、384、534、537、
671、672、856、857、1127、
1286、1287、1323、1325、1326

鄂托克旗 10、87、88、103、107、
114、133、185、188、329、331、
333、394、346、436、473、480、
555、654、691、695、700、704、
706、723、764、765、1145、
1146、1149、1177、1181、1194、
1229、1274、1284、1210、1344、
1363

鄂温克 5、63、84、228、254、
294、384、537、671、712、735、

857、967、1102、1286、1287、1323、1376、1379

鄂友三　643、979、986

恩克巴图　98、117、409、685、689、1380

恩克巴雅尔　104、106、135、692、693、694、696

恩琴　389

二连浩特　756

二连诺尔　1168

二十四顷地　1335、1336

F

方振武　95、201、597、598

方知达　243、270、287、292、317、745、757

丰凉县　217、663

丰宁县　1299

丰镇　51、52、54、109、159、167、212、231、232、233、236、239、275、327、328、348、360、361、391、469、471、472、473、474、479、482、483、524、556、620、643、645、666、668、679、761、832、833、834、835、839、843、845、848、850、851、854、855、893、918、927、928、936、937、940、946、947、960、974、976、978、991、992、994、997、998、1016、1017、1036、1041、1064、1068、1075、1167、1170、1172、1186、1189、1198、1240、1241、1250、1339

丰镇厅　53、1040、1041、1061、1218、1343

丰镇县　204、210、277、477、577、578、619、646、847、919、946、963、981、1006、1054、1061、1169、1234、1235、1236、1241、1250、1251、1407

冯玉祥　79、95、99、100、103、105、114、136、198、201、202、390、406、423、478、484、592、597、598、684、691、692、693、803、834、844、914、962、972、1000、1009、1016、1017、1173、1187、1221、1234、1235、1242、1356、1357、1363、1373、1374、1381、1382、1383、1394、1397

奉天　56、68、71、111、139、142、543、150、152、154、387、390、396、404、433、442、454、457、495、500、505、513、534、769、770、771、837、838、846、878、886、965、1016、1021、1036、1045、1058、1065、1068、1070、1073、1078、1085、1103、1154、1178、1201、1204、1220、1260、1265、1290、1299、1334、1345、1362、1368、1370、1380、1388

佛鼎 25、92、93、100、131、132、
  247、269、686、689

福岛安正 71、487

福明泰 98、99、100、106、134、
  137、139、366、686、689、692、
  694、696、1080、1377、1378、
  1379

府谷县 175、332、629、655

阜新 151、243、283、284、318、
  321、322、463、465、535、536、
  889、1023、1074、1361

傅增湘 631、969、1226

傅作义 113、125、127、158、172、
  178、185、190、202、206、220、
  226、240、276、287、322、330、
  337、340、345、349、415、521、
  435、514、521、576、599、606、
  610、612、614、616、618、621、
  625、628、630、631、633、635、
  638、640、642、645、648、656、
  666、675、678、680、712、759、
  763、799、802、804、807、823、
  835、917、929、933、943、949、
  976、1055、1139、1141、1197、
  1210、1213、1226、1241、1245、
  1248、1251、1281、1283、1304、
  1374、1383、1386、1400、1406

G

嘎达梅林 139、140、141、374、699、

1367、1368

甘珠尔庙 772、790、858、859、
  861、864、869、1146、1210、
  1299、1304

甘珠尔瓦 45、76、377、402、1291、
  1292、1300、1313

甘珠尔扎布 197、497、502、503、
  504、507、564、566、568、590、
  1264、1307

冈部直三郎 207、208、579、637、
  638

高布泽博 93、132、296、694、737、
  738、746、1395

高凤英 132、219、667、703、707、
  1395、1396、1408

高岗 131、133、286、292、311、
  706、753

高克林 214、227、230、328、347、
  669、670、706

高桥 224、672、673

高体乾 316、319

葛根庙 67、68、69、244、247、
  446、677、712、771、776、777、
  789、790、1075、1299、1302、
  1304

哥老会 54、87、88、94、215、
  221、694、961、963、980、
  1355、1382

根本博 679、680

贡桑诺尔布 45、56、57、71、72、

73、388、399、403、487、490、
1078、1080、1154、1307、1369

沽源 156、201、202、231、461、
468、470、515、555、597、598、
609、1062、1174、1397

古北口 487、1042

古尔忙哈 140、1368

古立板乌素 347

固阳 164、175、204、207、209、
216、230、345、381、394、473、
573、599、609、620、624、629、
634、636、641、659、662、674、
679、799、936、939、963、976、
987、991、999、1003、1036、
1063、1069、1098、1218

固阳设治局 477、478、480、1009、
1056

固阳县 173、210、217、477、555、
556、643、644、660、959、964、
994、995、996、1005、1008、
1009、1015、1254、1338、1343

国华书局 372、1203

拐子湖 351

关东军 131、142、147、150、154、
158、163、169、192、201、204、
223、226、420、427、444、469、
495、498、500、502、505、507、
510、513、515、518、520、530、
537、540、545、557、560、567、
572、580、588、590、594、597、

609、615、623、670、675、768、
797、883、887、890、896、902、
932、979、1090、1114、1121、
1256、1264、1294、1298、1302、
1307、1354、1372、1381、1402

关吉玉 410

关起义 265、268、273、704、719、
722、729、1402、1403

关于抗战中蒙古民族问题提纲
704、705

关于蒙古工作的指示信 656、702

关于内蒙工作计划大纲 129、130、
698

归化城 12、53、55、60、62、88、
362、363、366、381、390、392、
475、480、481、82、832、837、
839、841、842、843、844、937、
961、962、989、1010、1036、
1037、1038、1039、1048、1050、
1054、1061、1062、1065、1066、
1068、1071、1072、1075、1079、
1080、1152、11531162、1159、
1218、1233、1234、1235、1242、
1287、1297、1307、1311、1214、
1231、1232、1238、1255、1256、
1257、1391

归化城土默特旗 88、366、381、
480、481、1034、1038、1039、
1048、1061、1075、1079、1080、
1338、1356、1390

归化县　473、476

归流河　489、564、768、890、1075

归绥道　391、392、397、468、471、
472、476、477、479、482、861、
908、989、997、1014、1016、
1036、1233、1234、1247

归绥市　10、232、234、236、475、
476、614、679、248、946、
1038、1142、1166、1170、1173、
1175、1193、1198、1217、1247、
1248、1327、1335、1391

归绥县　10、12、94、97、98、128、
160、163、210、358、473、475、
476、482、548、556、607、643、
660、679、848、922、991、
1002、1005、1008、1009、1038、
1054、1061、1066、1067、1171、
1230、1236、1241、1248、1338、
1358、1397

归武县　209、216、217、660、662、
997

贵福　84、138、143、501、505、
507、508、559、967

棍布扎布　56、70、71

棍楚克苏隆　56、58、71、72、73、
487、1315

郭长清　643、679

郭道甫　30、98、99、100、102、
104、105、106、136、137、138、
139、366、503、686、687、689、

690、696、770、771、772、
1080、1171、1209、1227、1308、
1371、1376、1377、1378、1379、
1381

郭尔罗斯后旗　27、66、144、146、
257、396、454、455、529、535、
538、1019、1074、1080、1299

郭尔罗斯前旗　66、69、144、146、
257、259、454、507、509、529、
538、1019、1074、1256、1299

郭尔卓尔扎布　517、1104、1130

郭文林　228、505、566、568、677

郭文通　256、285、286、570

郭象仅　1358

崞县窑子　1410

H

哈毕日嘎　266、280、1216、1403

哈丹庙　1204

哈尔滨　63、73、199、256、285、
292、205、311、394、449、496、
592、712、731、749、752、865、
869、870、873、878、880、
1073、1074、1085、1103、1168、
1175、1201、1260、1330

哈丰阿　135、229、244、246、248、
269、270、273、275、284、288、
292、294、296、310、502、711、
727、729、732、735、737、743、
745、1388、1389

哈拉哈河 84、491、492、558、559、561、965、966、967、1361

哈拉哈庙 558、560

哈拉寨 176、629、633、655

哈诺墨拉、133

哈旺加卜 1096

海拉尔 63、84、137、148、198、226、228、243、254、285、300、317、360、364、369、383、392、446、450、487、491、496、501、505、510、535、546、557、560、566、570、593、675、712、757、771、790、832、836、841、846、854、856、858、861、863、865、869、871、877、881、889、966、1024、1046、1049、1062、1067、1070、1073、1076、1084、1098、1100、1153、1154、1162、1165、1170、1174、1179、1180、1211、1212、1239、1320、1330、1334、1345、1372、1377、1379

海拉尔自治公署 254、255

海山 42、47、61、1360

寒峰 267、280、289、315、656、721、732、757

韩麟符 94、99、683、1375、1394

韩伍 221、669

杭达多尔济 57、59、60

杭锦旗 87、174、187、333、334、342、397、412、416、474、480、481、633、655、658、695、703、765、766、801、828、1052、1062、1138、1145、1146、1149、1229、1349、1362、1374

杭锦寿 117

浩济特旗 555、965、1029、1361

豪利希亚 904、1025、1026、1027、1276、1384

何应钦 124、342、413、420、930、1353、1375

何兆麟 238、343、344、349、350、766、767

何宗莲 54、62

和林格尔 96、97、173、205、210、217、222、230、231、234、239、327、366、368、392、472、473、476、481、482、546、556、626、628、630、643、645、660、663、669、679、761、910、918、927、936、939、958、974、991、994、1009、1015、1018、1024、1036、1039、1057、1061、1221、1237、1253、1338、1396

和田清 1269

和子章 282、283、316

河原操子 42、487、1079

贺炳炎 206、631

贺龙 213、221、227、230、346、658、704、1351

黑城 630、1232

大黑河　204、621、622、628、974

黑河省　888

黑嫩省　295、736

黑沙图　62、125、924、925、930、931

红格尔图　158、202、203、279、522、609、610、611、616、1335、1390

厚和豪特市　159、472、473、475、483、527、1239、1247

呼伦贝尔盟　284、300、301、304、306、307、445、448、450、451、1158、1180、1239、1376

纳文慕仁盟　284、285、287、301、304、306、310、445、447、449、450、452、453、730、731、742、746、747、750、752、853、1199、1216

呼纳盟　287、445、448、450、452、453、1047

呼伦贝尔青年党　130、136、137、139、686、770、771、1308、1379

呼伦贝尔特别区域　393、448、857、866、1047

呼伦贝尔自治省　255、256、445、449、450、451、709、712

呼伦贝尔临时地方自治政府　256、285、286、445、450、731、882

呼伦贝尔地方自治政府　11、286、287、300、445、447、449、451、731、887

呼伦城　63、450、866、1046、1047、1171

呼伦道　138、393、448、450

呼伦厅　64、857

呼伦县　373、450、866、867、1047、1062、1234

胡秉权　243、248、270、281、283、296、316、726、938、1389、1405

胡尔嘎　1367

胡克巴图尔（胡凤山）　336、338、340

胡克巴图尔　229、677

胡图凌嘎　322、324、985、986

胡锡奎　267、271、726、733

胡昭衡　258、270、284、292、608、726

花楞　376

化德　110、156、157、159、202、203、324、418、420、443、460、461、469、470、515、518、519、520、555、609、610、616、619、756、760、854、1104、1161、1353

化德设治局　462、469、471、1064

化德县　471、556、1064、1130、1158、1161、1304

黄厚　660

黄静涛 253、265、272、727

黄克诚 242、271、726

黄绍竑 121、122、123、412、418、429、1353

汇宗寺 163、461、470、1050、1292、1301

J

吉冈安直 525、623

吉合 132

吉鸿昌 201、202、597、598、974、1242、1397

吉拉林 64、393、448、452、534、856、857、876、877、1036、1052、1063

吉兰太 1346

吉雅泰 25、92、94、100、135、288、292、296、300、301、686、693、694、697、732、738、745、746

集宁 90、159、164、166、167、204、209、212、226、231、233、239、260、275、277、280、287、327、328、358、360、362、376、380、469、471、474、483、556、572、581、583、609、610、616、619、620、621、622、624、627、643、645、659、666、674、675、678、679、713、756、760、761、843、847、854、855、893、918、

927、928、935、937、939、963、981、991、1001、1003、1005、1009、1036、1063、1064、1111、1174、1179、1198、1298、1222、1225、1250、1335、1336、1337

集宁设治局 1054

集宁县 109、376、394、417、469、471、473、477、479、923、977、993、996、999、1001、1063、1221、1236、1250

纪锦涛 257

纪松龄 92、106、128、134、135、606、608、609、655、656、694、696、1373、1374、1376、1390、1392

纪贞甫 336、606、607、609、1210

嘉卜寺 443、471、518

贾力更 93、97、132、482、694、697、707、1394、1395

建昌 145、464、465、466、535、536、1023、1074

建平 71、94、145、463、465、467、535、536、694、959、1023、1333

将军庙 859

蒋弼仁 270、726

蒋介石 105、106、114、118、119、124、173、174、190、203、206、208、231、234、237、248、250、291、293、296、319、339、341、

喀喇沁左旗 368、464、465、466、535、757、1082

开化县 454

开鲁 70、71、94、141、149、156、197、198、200、226、243、275、317、318、319、359、362、372、455、457、458、466、467、494、504、510、511、534、536、546、557、563、570、579、591、595、596、675、694、758、833、836、846、853、887、955、974、984、1024、1036、1043、1044、1058、1059、1061、1066、1086、1098、1099、1104、1156、1165、1174、1189、1205、1220、1257、1260、1257、1260、1299、1314、1329、1333、1345、1368、1382、1402

开鲁县 70、71、243、455、457、458、466、504、534、546、563、579、853、887、955、1043、1044、1061、1299、1314、1329、1333、1345

开鲁蒙文学会 372、1205

开平 417

开通 46、57、66、68、158、281、362、524、858、865、867、868、869、970、1038、1041、1049、1051、1054、1064、1075、1153、1173、1174、1203、1206、1299

开拓团 39、43、155、228、676、883、887、888、889、890

康保 80、198、201、318、322、324、394、406、461、471、555、592、597、615、616、760、1062、1064、1214、1374、1397

康保设治局 462、463、469

康平 135、198、320、321、591、1021、1074、1299、1402

亢仁 336、931

科布多 59、60、488、1360

科布尔 1041、1042、1062、1346

科尔沁右翼后旗 67、111、280、433、453、454、597、506、792、1033、1230、1299

镇国公旗 139、433、454、768、714、777、779、783、786、791、794

科尔沁右翼前旗 111、433、453、455、771、773、793、795、1033、1059、1063、1076、1299、1307

科尔沁右翼中旗 111、282、433、453、454、462、773、1033、1046、1061、1062、1100

科尔沁左翼后旗 401、454、456、487、502、1032、1074、1100、1154、1173、1260、1299、1380

科尔沁左翼前旗 282、456、487、489、1079、1100、1370、1384、1388

科尔沁左翼中旗 27、56、111、197、235、282、432、433、454、455、457、502、504、590、982、1032、1058、1062、1074、1173、1256、1299、1307、1367、1389

可可以力更 1054、1332

克力更 253、263、265、269、271、273、284、287、292、296、301、316、656、706、714、716、718、724、727、729、738、745、746

克鲁伦河 138、451

克什克腾旗 103、275、283、366、368、408、457、459、463、534、692、693、983、1034、1042、1062、1080、1209、1229、1299、1333、1361

克兴额 99、366、372、374、375、1080、1096、1201、1204、1205、1263、1370、1371

孔飞 267、269、317、704、706、724、725、731、757

口北道 109、417、469、470、1218

库楚河 224、672

库伦 8、13、16、57、59、60、61、63、64、66、67、69、72、73、76、77、361、389、398、487、491、691、832、833、859、963、1154、1158、1163、1172、1307、1349、1350、1358、1359、1361、1363、1372、1390

库伦旗 243、282、318、366、378、384、439、456、457、464、534、535、542、547、846、1046、1079、1080、1097、1154、1259、1293、1298、1299、1312、1314、1320、1322、1345

库朋斯基 65

宽城子 1173

奎璧 92、93、105、132、253、259、263、265、273、274、288、292、294、296、301、317、324、328、371、379、606、685、686、694、697、714、716、719、729、731、737、745、746、758、985、1190、1373、1393、1409

奎芳 59

堃岫 54

廓索维慈 59、61

垦辟蒙荒奖励办法 357、404

L

拉僧庙 828

拉希栋多克（席振铎） 338、740

喇嘛甸子 1011、1074

喇嘛湾 630

喇什敏珠尔 67、69、70、395

喇锡僧格 372、1092、1204、1370

狼山 125、177、181、207、362、418、474、478、633、634、637、639、797、800、808、987、

1064、1139、1140、1143、1144、1240

老哈河　1043

老爷岭　889

勒旺诺尔布　397、398、1349、1350

李大超　172、204、621、622、623、630、644、646、655

李大钊　36、91、92、94、98、99、100、105、371、683、685、687、693、1009、1187、1190、1373、1377、1391、1393、1394

李丹山　98、99、100、106、107、408、686、687、689、694、696、1381

李富春　242、281、290、292、1389

李海山　36、197、198、265、590、591、592、718、1374、1375

李井泉　209、211、214、227、230、346、658、659、660、704、1399

李鸣钟　75、406、914、973、974、1234、1235、1242、1355、1357

李培基　802、916、995、1011、1016

李森　132、133、219、230、273、277、280、288、317、328、667、729、758

李守信　141、156、157、165、166、201、202、204、234、237、242、251、262、317、318、343、344、351、511、513、516、518、519、520、523、527、548、549、551、565、578、579、581、583、597、598、609、610、615、617、622、645、646、648、679、900、954、956、971、979、983、1027、1368、1381

李文精　277、288、315、705、721

李新民　265、718

李琰耕　318

李永年　277

李永新　340

李裕智　92、93、94、100、104、105、106、379、686、692、694、697、1316、1392

李运昌　672

李兆麟　224、672

醴泉　68、454、455、1021、1046、1061、1062、129

莲沼蕃　572、573、581、624、625、1114

凉城　53、109、204、210、231、233、239、240、277、327、366、381、391、417、469、473、474、477、479、483、556、621、622、627、629、643、645、660、678、679、713、761、918、936、939、951、958、963、976、981、991、994、1003、1005、1041、1061、1064、1236、1238、1252、1339

辽吉省　236、243、295、304、448、

453、454、456、736、748、854、1062

辽沈战役 306、323、326、327、345、985

辽阳 1299、1396

辽源 56、68、111、198、281、433、455、506、509、591、724、769、1021、1058、1059、1072、1402

林彪 242、248、286、346

林东 110、268、274、275、282、283、285、290、394、418、458、459、463、465、534、563、725、729、854、1034、1036、1056、1057、1063、1100、1216、1219、1333

林枫 247、286、724

林西 61、83、94、103、228、243、275、290、359、362、368、373、459、463、465、467、492、494、534、536、546、565、566、676、692、733、848、854、887、957、965、966、974、1024、1036、1043、1057、1061、1066、1153、1156、1165、1174、1176、1178、1220、1236、1299、1333、1345、1361、1362

临河 95、110、113、174、175、178、181、207、376、395、436、478、555、633、637、638、639、640、644、655、799、800、808、809、811、812、817、820、821、828、830、831、843、924、927、936、948、975、991、995、1003、1007、1018、1036、1039、1140、1043、1044、1159、1192、1219、1238、1240、1253、1344、1382

临河设治局 473、478、480、801、1007、1055、1038

临河县 172、175、177、181、182、376、472、473、474、478、479、480、806、807、809、828、942、943、951、977、1056、1064、1138、1139、1196、1198、1240、1253

临时总理蒙古国务衙门 59

麟祥 97

凌升 84、505、508、509、531、532、559、560、561、966、1371

凌源 463、466、974、1174

刘昌 316

刘春 265、267、269、271、274、288、292、296、297、301、522、706、719、724、727、729、731、733、735、737、739、744、745、746、1404

刘桂棠 201、597、979

刘洪雄 574、575、576、666、1359、1397、1398

刘会文　89、974、975、977、1000

刘继广　579、616

刘景平　265、274、289、301、359、729、732、757

刘澜涛　263、264、716

刘汝明　204、615、616、617、618

刘万春　236、348、644

龙江道　449

龙江省　144、454、455、529、535、1046

龙胜县　276、277、479、1064

隆盛庄　53、78、204、236、240、619、645、847、963、972、781、1343、1407

卢占魁　911、953、959、962、964、968、969、970、972、973、977

胪滨府　64、65、393、448、451、856、868、1050

胪滨县　451、862、1063

胪朐河　451

鲁北　110、394、418、456、457、458、463、534、631、1057、1058、1063、1219

鲁志浩　348

吕明仁　285、316

吕正操　228、230、231、247、249、281、724、725、1389

罗布桑车珠　73

罗布桑丹金扎拉仓　1181

罗布桑道尔吉　1203

罗布桑却丹　1316

罗良鉴　250、409

M

马步芳　343、917

马福祥　79、80、86、87、115、376、406、407、409、410、796、825、913、914、949、962、967、973、977、1223、1355、1362、1363、1365、1382

马富纲　329、334、766

马鸿宾　174、175、192、193、633

马鸿逵　140、188、191、193、194、195、330、331、342、349、437、764、973、1150

马良诚　329、332

马腾蛟　175、193、632、634、637、973

马占山　138、174、175、183、199、204、205、234、240、592、593、594、609、621、622、626、627、629、632、643、655、712、771、975

玛尼巴达喇　247、249、273、275、507、1259、1264、1384

蛮汗山　204、210、212、222、660、669、981、1410

满泰　88、89、974、975、997、1000、1018、1356

满洲里　63、69、84、137、138、

198、200、228、254、256、362、
383、451、493、494、496、505、
535、545、546、558、560、561、
572、592、593、595、676、832、
836、837、841、843、846、856、
858、865、868、871、873、878、
879、882、1036、1049、1051、
1053、1060、1063、1067、1068、
1070、1071、1073、1075、1076、
1259、1330、1334、1340、1346、
1372、1378

满蒙问题解决方案　142、496、499
满蒙五铁路借款预约　494
毛依罕　374
毛泽东　91、98、130、133、203、
209、229、239、241、248、258、
295、297、346、347、349、350、
351、612、649、650、655、657、
658、683、684、699、700、704、
708、822、736、739、755、762、
763、766、767、1351、1376、
1385、1386、1401

茂明安旗　477、479、580、929、
1056、1063、1224、1322
玫瑰营子　280、380、1336
梅力更庙　104、126、693
美岱召　1356
面铺窑子　1395
门炳岳　173、174、203、205、206、
612、615、616、620、622、626、
630、632、634、824

门树槐　205、627、629、679
蒙地奉上　147、153、154、353、
358、532、536、541、542、544、
883、890、1020、1024、1258、
1260、1261

蒙民厚生会　150、154、1021、1085、
1086、1100、1101、1103、1257、
1259、1262、1263、1296、1381

蒙民裕生会　150、154、1023、1024、
1086、1257、1260、1262

蒙古地方自治政务委员会　124、
125、156、336、410、413、418、
420、430、443、461、479、480、
483、513、606、929、930、
1193、1310、1351、1372、1379、
1381、1384、1402

蒙政会　124、126、129、156、158、
175、184、190、336、340、410、
415、420、422、432、437、443、
461、469、471、479、480、484、
515、516、518、521、606、608、
929、930、932、1183、1193、
1210、1240、1267、1284、1309、
1351、1353、1373、1385、1392、
1400、1402

蒙古待遇条例　76、119、396、399、
400、402、403、441、1031

蒙古军政府　516、517、519、202、
420、443、460、469、471、515、

517、519、520、523、525、527、556、609、616、623、700、1104、1111、1114、1126、1130、1275、1351、1353、1381、1384

蒙古军幼年学校 167、369、581、583、1085、1111

蒙古军陆军军官学校 236、369、584

蒙古盟部旗组织法 114、115、237、423、424、426、427、430、431、482、1352、1384

蒙古青年革命党 251、259、260、709、711

蒙古青年联合会 260

蒙古青年同盟 338、343

蒙古联盟自治政府 159、161、164、416、444、460、470、473、476、479、482、526、548、551、554、556、574、580、585、587、623、624、639、836、901、932、936、1084、1105、1108、1111、1114、1121、1126、1130、1166、1195、1244、1247、1268、1272、1273、1275、1290、1295、1302、1351、1372、1381、1384

蒙古联合自治政府 160、162、163、166、168、170、444、460、470、475、478、480、549、550、552、556、578、582、585、588、625、638、893、895、898、901、903、

932、937、1026、1106、1107、1109、1110、1113、1116、1118、1120、1127、1132、1135、1136、1239、1271、1274、1280、1290、1295、1300、1311、1353、1373

蒙古自治邦政府 162、163、166、444、461、472、473、475、478、479、550、553、574、578、582、583、587、904、940、1024、1108、1116、1126、1135、1137、1264、1265、1268、1275、1290、1295、1297、1300、1301、1318、1382、1384

蒙古垦殖计划案 432、799

蒙古自治办法十一项 429

蒙古问题议决案 91、92、99、100、693

蒙疆政权 155、158、160、164、169、170、189、209、228、250、262、353、368、369、524、528、548、550、552、554、556、579、583、585、624、645、648、676、680、711、835、838、892、895、896、898、900、903、905、907、933、936、938、940、942、1083、1085、1104、1106、1111、1113、1116、1118、1121、1123、1125、1128、1129、1130、1133、1136、1270、1274、1276、1278、1282、1290、1301、1353、1391、

1404

蒙疆联合委员会 160、162、165、169、170、525、527、528、548、549、554、574、578、585、623、647、835、892、894、896、897、901、903、936、1105、1107、1109、1114、1117、1130、1133、1270、1279

蒙古自治政府 120、253、341、343、344、349、351、484、766、986、987、1354、1376、1382

蒙古人民代表会议 328、343

蒙古地方自治指导长官公署 413

蒙古各盟旗地方自治政务委员会 127、183、413、420、421、461、482、1351

蒙人服官内地办法 401

蒙古宣导团 238、710、1384

蒙古学院 265、267、369、717、722、1084、1104、1105、1119、1121、1124、1130、1131、1273

蒙汉联军 316、319、320、322、325、757、758、759

蒙旗师范学校 369、371、502、1081、1084、1099、1118、1190、1209、1215、1354、1371、1378

蒙旗宣抚团 238、336、710

蒙藏委员会 80、108、109、114、115、118、120、122、126、140、185、189、191、196、235、238、250、339、341、343、377、407、409、410、412、416、422、428、430、432、437、439、442、484、582、697、725、796、1081、1201、1204、1205、1215、1222、1224、1240、1284、1288、1292、1293、1308、1351、1379、1380、1383

蒙藏委员会组织法 108、122、408、409、428

蒙藏学校 89、92、93、367、371、379、606、683、685、1081、1190、1191、1316、1369、1375、1377、1379、1380、1383、1389、1391、1393、1394

蒙藏院 73、76、78、79、80、85、117、357、376、388、389、395、398、401、403、405、407、408、441、442、454、458、460、463、484、795、1031、1193、1201、1203、1288、1364、1369、1383

蒙文书社 372

米振标 62、71、83、974、1362

免渡河 286、592、889、1073、1074

明安旗 261、266、268、462、469、556、720、722、1205、1214

明安太右联合旗 462

莫杰 134、694

莫里斯 1168

莫力达瓦旗 223、224、256、452、
453、533、546、671、672、891、
1086、1100、1101、1330、1334

莫力庙 198、591、1307、1314

穆克登宝 252、262、309、320、
322、522、611、984、1028

N

内田康哉 71

内蒙古人民解放委员会 244、257、
711、852

内蒙古人民革命党 98、100、101、
102、103、105、106、107、132、
134、135、136、244、246、248、
249、250、257、269、271、272、
293、371、379、408、686、687、
688 691、693、695、696、698、
699、709、711、724、727、743、
744、770、1199、1310、1316、
1363、1373、1375、1377、1378、
1391、1393

内蒙古人民革命党东蒙本部 244、
245、246、247、269、274

内蒙古人民共和国临时政府 250、
252、253、259、261、445、446、
447、711、714、715

内蒙古人民革命军 104、105、107、
134、135、168、689、692、693、
1363、1373、1379、1381

内蒙古人民革命青年团 257、258、

259

内蒙古实业公司 268、722、723、
1403

内蒙古自治政府 262、289、90、
92、93、96、98、300、302、
304、306、312、314、315、339、
344、418、445、446、447、448、
450、453、454、456、460、462、
466、506、571、719、730、732、
734、736、738、739、740、742、
744、747、759、852、853、985、
1062、1180、1199、1206、1217、
1218、1290、1371、1388、1391、
1404

内蒙古自治政府施政纲领 292、
293、297、734、739、741

内蒙开垦大纲 406、769

内蒙古自治运动联合会 260、261、
262、264、266、267、280、285、
287、292、297、304、317、370、
372、445、447、456、458、460、
462、465、470、713、715、717、
720、724、724、730、734、738、
743、756、758、852、984、
1088、1199、1200、1215、1216、
1290、1319、1375、1384、1388、
1403、1404

内蒙古自治运动联合会目前工作方
针 717

内蒙古自治运动统一会议 272、

728

内蒙古人民自卫军　243、260、264、
　267、268、280、284、287、292、
　296、298、304、315、316、318、
　320、322、730、738、740、748、
　756、 757、 758、 984、 985、
　1200、1382、1389

内蒙古共产党工作委员会　301、
　302、305、310、311、314、328、
　742、745、746、748、751、752、
　755、759

那木济勒色楞　111、140、396、433、
　769、1368

那钦双合尔　135、246、282、283、
　316、321

那彦图　56、57、58、74、399、401

纳·赛音朝克图　374、1277

纳文慕仁盟　284、285、287、301、
　302、304、306、307、310、445、
　447、449、450、452、453、430、
　431、441、449、450、452、853、
　1199、1216

纳文慕仁省　248、285、450、452、
　453、731

奈曼旗　56、70、198、200、201、
　282、318、455、456、457、458、
　464、487、494、534、535、546、
　591、 595、 596、 1044、 1045、
　1299

南次郎　156

孤魂滩　97、915、1016、1395

南壕堑　612、616、1062

南屯　228、255、452、560、677、
　966、1189、1330

嫩江省　285、712

尼尔基　283、450、452

鸟居龙藏　42、488

聂荣臻　231、345、346、349

宁城　110、145、224、225、243、
　366、375、418、467、535、536、
　620、 672、 673、 674、 1023、
　1054、1063、1219、1220、1239、
　1255、1256、1333、1378、1396

宁城设治局　464、466、468

宁德青　574、666、1398

宁夏　79、86、87、107、109、110、
　114、118、125、130、136、140、
　164、175、177、188、191、194、
　207、344、350、352、364、380、
　393、416、423、429、436、442、
　446、480、484、525、572、624、
　632、638、640、695、697、700、
　729、766、797、808、815、832、
　896、910、914、920、929、933、
　943、949、958、967、970、973、
　975、 987、 1018、 1048、 1054、
　1075、1141、1149、1151、1175、
　1197、1335、1343、1362、1365、
　1373、1379、1381、1392、1403

宁远　53、391、472、473、477、

1041、1061

农安 312、1021、1299

诺拉嘎尔扎布 372、1204、1205、
1370

诺门罕战争 148、223、547、557、
558、559、562、563、670、1388

P

琶杰 374

帕勒塔 56、57、58、1316

潘德恭察布 127、421

潘矩楹 78、88、911、972、973、
976、1356

潘秀仁 176、347、348、643、695、
992、1016、1387

朋斯克 132、135、273、296、694、
729、737、738、745

彭德大 209、211、658、660、1407

偏关 206、222、230、480、626、
631、632、668、669、703、1410

平地泉 394、469、477、525、850、
904、947、1041、1054、1063、
1174

平津战役 323、345

平鲁 206、481、630、637、658

平泉 463、464、465、468、494、
1063、1218、1360

普惠寺 794、961

普热瓦尔斯基 1163、1176

溥仪 144、151、153、154、464、

507、512、519、520、529、535、
542、544、1021、1090、1265、
1372

Q

"七七"事变 159、173、175、180、
197、203、415、422、444、503、
524、595、604、614、625、655、
656、823、835、845、923、934、
979、980、1053、1121、1130、
1139、1145、1146、1267、1270、
1282、1290、1295、1351、1374、
1385、1395、1397、1400

齐默特色木丕勒 69、144、395、
396、401、507、508、529、542、
559、1102、1298

齐齐哈尔 63、64、69、84、199、
228、229、248、256、257、258、
283、285、290、369、450、506、
509、510、592、594、671、676、
690、712、733、746、853、858、
878、889、966、967、1034、
1068、1080、1084、1085、1103、
1174、1175、1216、1217、1330、
1379

齐永存 267、721

奇国贤 133、190、1352

奇俊山 280

奇俊峰 1400、1401

奇乾设治局 393、448、452

奇全禧　334

奇文英　187

奇涌泉　332

奇玉山　187、330、334、987

奇忠义　334、765、766

奇天祥　334、629

奇子俊　100、106、135、689、692、
　693、696、1146

祺诚武　56、389

旗下营　204、211、222、230、619、
　621、622、627、936

恰克图　491、832、1153、1307

乾安　26、394、455、1021、1299

乔巴山　244、246、296

巧尔气召　475

清格尔泰　1217、1218

清水河　96、205、206、210、222、
　231、234、276、327、358、376、
　392、472、473、474、475、481、
　556、600、626、627、628、630、
　631、643、660、669、678、679、
　703、761、833、910、927、935、
　936、939、960、961、964、991、
　994、1015、1036、1039、1061、
　1068、1221、1235、1251、1338、
　1406

全宁　110、418、463、464、467、
　468、1045、1063

R

热河道　78、392、456、457、459、
　463、468、1034、1220、1234

热河省　110、112、116、142、144、
　146、147、229、237、238、267、
　269、271、275、291、304、335、
　338、375、417、426、427、434、
　448、455、457、463、464、468、
　500、504、507、510、511、517、
　530、534、536、537、538、544、
　565、673、724、725、726、733、
　748、854、887、972、1022、
　1023、1033、1098、1099、1102、
　1176、1220、1229、1382

热河特别行政区　112、391、434、
　458、463、468、1034、1234

日俄密约　488、490

仁钦道尔吉　318、320、322、984、
　985、986

任秉钧　125、128、606、607

任志远　257

荣继珍　280

荣祥　184、187、189、237、337、
　346、376、416、422、1185、
　1221、1225、1392

荣勋　77、388

荣耀先　89、686、1375、1391

荣照　238

S

萨嘎拉扎布 245、273、275、283、285、729、731

萨冈彻辰 1258、1322

萨拉齐 55、96、128、164、186、205、207、210、216、217、240、327、345、358、360、381、392、472、473、480、607、622、625、629、637、659、662、666、679、799、801、832、833、843、910、918、927、928、936、939、941、945、954、957、959、960、962、964、968、973、975、978、981、987、991、993、995、997、999、1003、1005、1008、1011、1012、1015、1018、1036、1038、1048、1052、1061、1069、1075、1155、1160、1231、1235、1240、1249、1268、1356

萨拉齐厅 801、1048、1052、1061、1357

萨拉齐县 12、20、28、128、210、217、367、373、475、476、477、479、480、556、607、634、643、660、663、911、941、942、945、946、952、957、958、964、969、981、993、1006、1008、1009、1015、1061、1223、1231、1235、1236、1249、1250、1328、1338、1357

三多 59、67、1233、1358

三河 43、155、452、546、858、889、890、962、967、975、1153、1163、1164、1340

三盛公 362、1160

色布精额 84、966、967、1372

色布精太 254

色棱那木济勒旺保 56

色楞那木济勒 319

色楞旺宝 66、67

色旺多尔济 542、1021

杀虎口 9、410、1010

沙查诺夫 65

沙克都尔扎布 40、87、127、416、419、421、424、708、1147、1351、1362

沙王 116、157、183、185、188、189、190、421、427、437、519、708、1351、1352、1353

陕坝 172、173、176、178、179、182、185、207、231、233、278、362、415、444、472、473、478、479、634、638、639、642、647、648、655、678、809、822、854、943、1036、1053、1055、1140、1143、1144、1196、1240、1282、1284、1344、1374、1385、1387、1388

陕甘宁晋绥联防军 326、328、330、

331、332、765

善丹庙　930

善吉密图普　254、255

善耆　72、84、491

善因寺　163、461、470、1050、1293、1301

商都　78、80、159、174、202、203、212、228、231、239、240、253、279、317、324、366、381、392、394、406、461、463、468、471、555、609、612、619、668、676、677、680、714、760、1005、1064、1161、1171、1203、1204、1214、1218、1339、1340、1375、1390、

商都旗　266、319、462、469、556、720、1029

商都设治局　462、469

商都县　279、406、469、470、471、616、1062、1161、1236、1255

商震　96、97、695、801、834、915、927、949、969、975、997、1000、1016

上都　75、188、400

尚义　110、113、156、203、324、418、435、461、462、469、515、555、609、615、619、904、1062

舍伯图　197、198、504、562、563、591

神府　646、700

神木　176、234、987

胜福　63、64、65、84、856、766、767、1372

盛岛角房　513、521

石拐沟　630、1314、1393

石拐镇　209、659

石光真臣　492

石咀山　175、362、637、640、1310

石青阳　409

石友三　962、974、977、1355

石原莞尔　496、499

室韦县　393、394、448、449、452、534、857、877、1052、1063

师道学校　369、1085、1093、1094、1099、1103

寿明阿　139、247、505、507、509、529、792、793、1102、1209、1259

寿宁寺　859、861

守正武备学堂　1079

双辽　281、725、1299

水川伊夫　639

四平　82、83、198、282、321、493、494、591、889、966、1021、1024、1074、1077、1085、1103、1173、1201、1362

四三会议　44、272、275、285、445、447、465、467、728、730、734、756、1011

四子王旗　166、203、231、267、

279、319、358、397、474、479、
581、611、659、680、711、721、
1028、1126、1267、1349

松津旺楚克 262、265、289、296、
718、738、1026、1106、1107、
1128、1265、1276、1300、1311

松室孝良 512、1304

嵩祝寺 412

宋小濂 68、69

宋哲元 103、470、514、598、931、
976、1255、1375

苏鄂公旗 454

苏和巴特尔 318、324、984、985

苏剑啸 263、265、266、267、289、
716、720、732、985、1403

苏克勤 324

苏鲁克旗 502、712

苏蒙联军 223、228、229、231、
239、244、250、251、253、259、
265、446、670、676、680、681、
708、710、713

苏尼特右旗 119、251、252、253、
259、279、322、443、446、447、
460、677、681、709、711、714、
720、931、1104、1126、1130、
1178、1182、1279、1303、1308、
1352

苏尼特左旗 139、322、460、555、
1300、1302、1305

苏谦益 214、216、599、600、604、

663、669

苏雨生 137、960、962、964、973、
974、977、979、1355、1383

绥北战役 325、762

绥东县 200、456、457、595、974、
1046、1061

绥蒙军区 223、227、228、230、
234、236、239、241、261、275、
276、279、280、287、288、317、
325、326、328、347、445、670、
679、713、756、757、760、761、
1399、1402

绥境蒙政会 127、129、183、184、
185、190、340、410、414、415、
420、421、422、437、443、461、
479、480、483、518、606、
1240、1284、1385、1400

绥远省 110、113、114、124、128、
161、174、176、180、204、209、
214、234、328、337、340、348、
361、370、410、414、420、426、
435、446、471、475、479、515、
521、609、621、632、667、763、
799、802、831、920、925、930、
933、991、999、1144、1158、
1209、1215、1222、1390、1400、
1406、1409

绥远城 53、54、55、62、77、79、
88、365、391、397、405、471、
473、475、476、479、481、482、

909、995、1032、1038、1052、1061、1072、1079、1153、1233、1234、1331、1349、1356

绥远道 78、392、473、476、477、801、1006、1034

绥远民众教育馆 373、821、922

绥远省人民政府 328、347、477、483、944、945、946、986、1245、1387、1409

绥远特别行政区 389、392、471、473、475、477、482、483、801、911、1034、1080、1234、1242

绥远各界抗日救国会 576

绥远战役 236、240、279、280、446、474

绥区屯垦计划纲要 113、438、805、811

孙殿英 970、976

孙兰峰 172、202、203、208、231、233、248、349、610、615、618、625、632、634、638、640、641、678、679、680、825、976

孙烈臣 80、405、769、772、1032

孙志远 224、228、230、672

孙中山 55、58、98、99、387、395、403、686、687、689、741、837、1210、1356、1357、1377、1379、1380、1393

索伦 61、63、69、70、83、110、199、254、263、280、286、287、

300、318、319、394、433、448、449、450、533、534、546、560、594、671、687、786、773、774、776、781、782、786、789、851、856、879、880、889、1060、1063、1075、1077、1165、1187、1219、1287、1299、1232、1324、1325、1371、1376、1379

索伦旗 63、254、286、300、449、451、434、446、460、671、851、879、880、889、890、1189、1299

索伦设治局 449、450、768、773、776、786、788

索伦县 433、533、774、1063

索特纳木喇布坦 121、124、156

索王 156、157、515、518、519、1308、1352、1353

T

塔尔寺 193、341、1310

塔旺布鲁克甲喇 136、389、1203

塔旺嘉布 193、351、767、1151

太仆寺旗 216、280、470、714

太仆寺右旗 319、322、462、469、1025、1026、1277

太仆寺左旗 319、462、469、904、1025、1027、1214、1277

泰康 394、1021

泰来 281、394、505、506、508、

773、774、1021、1075、1299

汤恩伯　612、615、617

汤玉麟　426、507、510

唐古特喀尔喀旗　384、455、456、
464、534、535

唐努乌梁海　75、400

洮安　111、139、433、768、773、
774、776、778、779、781、783、
786、789、791、793、795、
1033、1034、1059、1075、1405

洮昂　773、789

洮北　280、983

洮昌道　454、456、457、1388

洮儿河　81、768、778、788、789、
1075

洮南　66、67、68、82、83、135、
141、149、226、282、360、362、
364、405、492、494、497、557、
675、769、773、774、783、789、
965、966、1021、1034、1046、
1072、1075、1077、1060、1299、
1361、1368

桃力民　175、176、177、186、190、
207、329、334、474、481、638、
654、656、703、723

陶卜齐　230、347

陶集县　277

陶乐设治局　114、436、481

陶乐县　79、344、406、481

陶林　53、109、203、204、209、

211、212、216、217、239、276、
279、280、327、358、391、417、
469、472、473、474、477、482、
556、609、616、619、620、622、
643、659、662、666、668、679、
756、761、939、963、973、980、
991、994、1041、1062、1198、
1252

陶思浩　209、217、659、1160、
1408

陶铸　316、346、757

特布信　284、296、730

特古斯朝克图　40、259、296、73

特古斯阿木古郎　103、104、105、
365

特克希卜彦（王宗洛）　252、253、
262、289、294、735、1135

特木尔巴根　92、93、131、132、
135、245、247、257、269、271、
273、275、284、287、288、292、
294、296、300、301、317、686、
694、711、712、727、729、730、
732、735、737、738、745、
1388、1389

特睦格图　372、375、1155、1171、
1203、1204、1369、1370

天山　110、320、418、458、459、
463、534、854、984、1034、
1036、1057、1063、1219

天镇　615、616、618

田中玖 517、518、512、516、519、520、521

田中隆吉 156、202、515、516、519、520、521、523、609、610

田中义一 495

通辽 80、82、89、141、149、197、198、226、228、243、285、287、316、320、360、364、369、373、382、394、405、455、456、457、494、502、504、510、514、534、546、557、562、564、566、569、590、596、675、676、731、751、758、769、771、833、836、839、841、846、854、890、983、1032、1036、1058、1062、1070、1075、1077、1097、1099、1100、1154、1159、1165、1170、1174、1177、1189、1219、1220、1235、1239、1255、1299、1314、1345、1368、1389、1402

同盟会 51、52、53、55、78、88、403、603、604、1185、1356、1357、1370、1380、1406、1407

突泉 66、83、229、281、373、454、455、492、494、536、773、774、853、884、966、983、1036、1046、1061、1062、1219、1235、1255、1329、1361、1362、1389

图克木庙 344

图什业图旗 433、454、774

土肥原贤二 505、513

土默特旗 52、54、55、88、127、132、162、163、184、187、214、217、219、277、337、343、346、353、366、368、371、381、392、394、414、416、421、471、472、475、479、482、512、518、526、536、553、606、609、667、694、704、707、834、940、963、972、977、980、1034、1038、1048、1061、1063、1075、1079、1082、1125、1147、1186、1189、1210、1218、1274、1275、1287、1309、1338、1350、1355、1357、1390、1395、1397

土默特右旗 56、145、464、465、535、536、1002、1004、1049、1299、1328、1381

土默特中旗 145、465、536

土默特左旗 56、318、463、464、465、482、491、535、544、961、962、965、980、993、1004、1298、1299

土木尔台 202、209、212、267、609、668、721

托克托 55、96、230、234、345、373、381、472、473、476、630、643、678、833、910、927、936、939、960、964、973、975、991、

994、999、1004、1036、1039、1048、1061、1068、1160、1161、1236、1239

托克托厅 908、1048、1061

托克托县 210、234、476、578、628、629、647、660、679、911、940、981、1001、1004、1061、1242、1338、1406

W

瓦房店 788、789

万家沟 89、211、219、667、1396、1408

万全 204、417、617、1174

汪国钧 375

汪精卫 98、99、105、123、124、429、940、1128、1352、1373、1380、1382

汪鹏程 334、766

汪睿昌 1203、1204、1369

王弼臣 787

王定圻 51、52、78、1185

王铎 288、289、301、317、704、732、738、745、746、758

王海山 229、280、281、296、677、737

王虎臣 52、53、54

王建功 214、668、1395、1008

王建屏 51、1356、1357

王靖国 113、126、435、436、618、

802、805、807、808、819、823、829、845、917、931、975、1385

王聚德 214、219、661、666、667、1408

王钧 223、670、671

王明贵 223、224、257、671

王瑞符 92、93、100、686、689、693、697、1363

王若飞 132、133、476、704、1392、1407

王同春 80、179、880、811、821、826、917、962、972、1014、1052、1053、1055、1160、1882

王爷府 225、674、1040

王爷庙 27、69、111、145、149、155、226、228、229、244、245、246、250、257、258、259、270、271、274、280、281、284、287、292、294、265、266、268、269、571、675、676、677、711、724、726、727、729、730、734、735、738、751、776、777、778、779、786、787、788、789、794、841、852、859、889、983、1024、1033、1034、1036、1059、1060、1075、1076、1077、1084、1086、1099、1100、1101、1104、1155、1165、1170、1176、1178、1182、1200、1216、1259、1260、1264、1265、1304、1307、1370、1383、

1390

王逸伦 25、29、27、985

王英 158、202、203、234、522、609、610、611、612、636、638、641、646、674、678、679、811、812、827、917、962、963、970、972、975、976、979、1000、1018、1382、1383、1390

王有功 643、979、980

王再天 285、296、301、322、324、325、731、737、745、759、985

旺楚克 253、265、296、718、720、731

旺丹尼玛 87、98、100、104、686、689、691、692、1362、1363、1365

围场 94、225、320、463、466、673、694、724、847、974、982、1156

围场县 598

文哲珲 54

翁格尔山 987

翁衮城 1054

翁牛特旗 243、466、467

翁牛特右旗 366、368、457、464、465、466、468、535、536、1042、4080、1167、1299

翁牛特左旗 457、458、463、464、465、467、468、534、535、536、544、1063、1299

翁文灏 1154、1167

沃野 110、418、480、481、805、928、1059、1219、1222、1236

沃野设治局 436、481、555

乌丹 103、145、464、465、466、468、488、535、536、692、848、982、1023、1036、1045、1063、1066

乌丹县 467、468、536、596、1045、1063

乌尔金 561、565

乌古廷 157、237、238、317、318、523、565、580、620

乌加河 208、629、634、638、640、641、642、812、821

乌拉旗前旗 126

乌拉山 58、173、194、206、207、622、633、634、637、644、674、1056、1163、1169

乌拉特后旗 191、477、479、1401、1402

乌拉特旗 800、1049、1056、1062、1063

乌拉特前旗 135、175、181、422、478、479、480、481、692、693、694、1138、1175、1300、1301、1363、1400

乌拉特中旗 125、135、479、480、929、930、1056

乌兰 263、265、267、269、273、

1200、1206、1216、1217、1241、
1331、1389、1390、1391

乌兰花 203、209、212、279、325、
377、345、611、613、659、1054

乌勒吉敖喜尔 92、93、106、135、
252、269、273、279、292、296、
315、317、322、324、680、694、
696、729、737、756、758、759

乌里雅苏台 59、488

乌力吉木伦河 459、1057

乌力吉那仁 252、263、265、269、
271、274、316、716、719、727、
729、731

乌力吉陶克陶 677

乌力图 247、248、281、282、285、
316

乌梁素海 173、180、208、574、
605、642、674、812、1139

乌龙楚尔河 488

乌日塔 984

乌萨蒂 63、64、65

乌审旗 84、85、86、103、104、
105、107、133、134、174、187、
190、191、235、329、330、331、
332、333、397、437、480、481、
686、691、692、695、696、700、
703、704、708、763、764、765、
987、1145、1146、1147、1229、
1320、1352、1363、1364、1365、
1366、1380

乌泰 66、67、68、69、70、76、
395、1307

乌云达赉 248、730

乌珠穆沁旗 84、156、965、966、
986、1302、1352

乌珠穆沁右旗 119、 307、512、
859、1351

乌珠穆沁左旗 460、 859、966、
1300、1361

吴鹤龄 117、118、123、237、238、
340、341、344、429、516、517、
518、 519、 520、 525、 527、
1028、1029、1107、1128、1129、
1136、1137、1276、1277、1278、
1383、1384

吴俊升 62、68、69、71、73、79、
80、403、490、768、769、966、
1032、1045、1058、1171、1227、
1361

吴洛吉伯彦 344

吴桐 1406

吴子征 100、105、106、689

蜈蚣坝 209、613、659、1332

五叉沟 148、149、226、228、557、
675、676、677、776、891

五原 51、95、96、113、132、133、
174、178、180、181、206、207、
208、436、472、477、478、479、
555、574、622、623、633、634、
636、637、639、640、641、642、

X

西公旗 113、125、126、135、435、479、630、696、831、1268、1310

西拉木伦河 112、243、317、359、434、458、464、465、510、534、1057、1058

西辽河 73、155、405、487、595、888、889、1032、1059

西盟王公会议 77、397、404

西山咀 622、633、637、640、641、642、674、1139

西湾子 380、1062、1334、1335、1336

希拉穆仁庙 480、482

锡伯河 1071

锡察军区 324、325、759、760、762

锡埒图库伦喇嘛旗 456、106

锡埒图库伦旗 378、384、439、534、535、542、1293、1314、1320

锡林郭勒 250、263、274、300、318、366、390、444、448、460、471、526、623、674、687、690、691、716、729、757、984、985、1080、1052、1163、1174、1178、1213、1307、1361、1403

锡林郭勒盟 44、45、61、70、80、83、110、112、118、119、143、155、156、161、168、239、252、261、268、279、288、307、309、310、311、318、322、324、356、358、368、369、382、392、398、406、407、417、432、443、445、447、459、460、468、469、470、479、489、491、493、501、506、511、512、513、520、549、551、555、586、615、680、692、694、709、713、720、721、722、750、760、799、854、871、872、901、966、968、985、1025、1042、1050、1076、1084、1104、1119、1122、1123、1125、1126、1130、1156、1158、1160、1165、1172、1174、1176、1203、1216、1222、1234、1267、1268、1277、1287、1308、1310、1319、1329、1344、1350、1351、1352、1390、1400

锡尼河 228、451、677、864

锡尼喇嘛 41、84、85、86、98、100、103、104、105、107、134、135、481、686、689、691、692、695、1364、1365、1366

席力图旗 163、480、482、1301

席力图召 95、163、482、694、1300、1301、1311、1312、1314

喜峰口 1042

喜扎嘎尔旗 280、318、319、450、453、455、533、571、890

夏辅仁 285、287、301、316、731、

746

夏恭 160、525、527、549、623

镶白旗 56、463、469、470、720、1176

镶红旗 482、721、760、1041

镶黄旗 56、266、319、381、462、469、471、482、720、1028、1029、1176、1339、1376、1390

镶蓝旗 56、260、261、482、760

小滨善 203、611

小城子 225、468、673、1063

小火烧 219、667、1408

小较场惨案 236

小库伦 1036、1046、1061、1074、1077

小召 996、1085

肖诚 985

协儒布僧格 247、282、285、316

谢觉哉 704

谢苗诺夫 1307、1360

忻口 625、1385

新安镇 181、478、633、1175

新巴尔虎 63、676、856、859、879、967

新巴尔虎旗 307、449

新巴尔虎右旗 228、300、451、452、560

新巴尔虎右翼旗 21、27、28、534、1299

新巴尔虎左旗 138、228、300、451、560、677

新巴尔虎左翼旗 451、534、1051、1062、1062、1299

新公中 207、208、638、640、641、809、811、812、822

新惠 145、465、466、467、537、536、1203

新街 184、185、191、333、334、422、437、481、766、866、1047、1071、1284、1285

新京 28、464、528、535、543、545、560、561、1020、1021、1085、1100、1101、1103、1195、1196、1231、1256、1260、1261、1263、1265、1267、1272、1290、1298、1299、1302、1353、1354、1355

新立屯 321、322、1345

新庙 68、329、333、1058、1328

新民 321、322、323、471、634、637、1074

新堂 240、629

兴安北分省 144、145、149、198、449、451、509、510、533、534、565、592、866、879、1047、1372

兴安北省 7、21、26、27、43、145、148、155、228、254、444、449、450、451、531、535、537、545、546、557、558、559、560、

561、570、571、671、676、677、
866、880、885、889、890、891、
1099、1157、1163、1165、1189、
1210、1211、1239、1302、1330、
1331、1372

兴安东分省 144、149、450、452、
509、510、533、534、565

兴安东省 21、155、450、452、
546、561、567、570、571、592、
670、889、890、891、1298、
1330、1334、1388

兴安盟 235、243、280、281、284、
292、294、297、301、302、304、
306、307、310、311、316、318、
445、446、447、453、454、455、
564、713、719、726、730、734、
738、742、746、747、748、749、
752、757、768、788、982、983、
985、1060、1062、1088、1176、
1182、1216、1217

兴安南分省 144、146、455、509、
510、533、538

兴安南省 20、21、27、28、145、
147、148、150、153、154、155、
369、375、450、454、455、456、
457、458、517、533、534、536、
539、540、541、542、546、547、
557、885、887、888、889、890、
891、1020、1021、1024、1060、
1084、1095、1097、1100、1102、

1165、1178、1220、1231、1239、
1259、1260、1302、1345、1371、
1384、1388

兴安军区 284、287、292、315、
316、317、318、319、730、756、
757、759、1180、1390

兴安军管区 149、562、563、565、
566、1354

兴安陆军军官学校 257、567、1354、
1370

兴安警备军 149、565、566

兴安省 6、21、40、43、44、143、
144、147、153、236、248、249、
284、285、286、287、290、292、
294、297、301、371、445、447、
450、453、455、501、508、509、
510、523、530、532、537、539、
541、709、711、730、733、734、
735、738、745、852、853、881、
890、1020、1024、1046、1083、
1097、1165、1194、1200、1239、
1384、1388、1389、1390

兴安屯垦公署 372、772、776、
784、785、787、793、794、1061

兴安西分省 144、145、146、458、
459、464、510、534、535、538、
570、1257

兴安西省 467、517、534、536、
541、542、546、562、563、567、
595、596、887、889、1021、

1045、1099、1165、1257、1302

兴安学院 257、369、1024、1101、1102

兴和 52、78、105、109、202、203、212、231、327、358、380、391、392、417、469、470、472、473、474、477、482、483、556、609、612、621、668、761、846、918、919、927、936、940、950、960、963、972、991、994、1005、1034、1041、1062、1170、1221、1251、1335

兴和道 78、392、464、470、483、1034、1221

兴和县 203、231、477、612、621、919、950、1062、1251

兴隆山 189

兴蒙委员会 168、550、901、1026、1028、1029、1106、1107、1110、1111、1118、1128、1136、1265、1274、1276、1300、1301、1311

兴蒙学院 267、369、722、1085、1111、1124、1130、1132、1135、1136、1137、1276

雄诺端都布 344

熊式辉 249、250、1384

熊希龄 18、73、391、1010

徐树铮 364、833

徐永昌 348、349、421、802、989、992、1000、1007、1016、1017

许公武 376、1224

许世英 409、990

宣化省 470、551

逊博尔巴图 86、87、398、1365、1366、1367

Y

牙克石 286、300、360、383、546、547、585、890、1035、1073、1159、1161

衙门营子 200、595

雅鲁 110、394、418、450、452、533、773、790

雅鲁河 790、1154

雅鲁设治局 450、452、1060、1063

雅鲁县 450、452、533、1060、1063

延安民族学院 267、280、706、721、1402

阎宝航 295、736

阎锡山 52、54、55、78、79、88、96、108、113、114、118、119、120、127、179、184、185、187、190、204、227、276、342、343、348、349、409、414、415、421、423、435、436、613、614、615、618、621、625、632、644、680、713、760、763、797、798、800、801、802、803、804、805、806、807、814、816、817、819、820、

823、824、825、829、830、831、834、844、845、915、917、918、919、926、927、963、1000、1006、1015、1016、1017、1053、1356、1357、1383

阎又文 346

晏江 181、418、474、478、1064、1139、1140、1143、1144、1240

雁北 211、214、222、227、234、327、631、661、668、669、703、854、1017

雁门道 512

雁门关 618、619、265、1005、1006

羊场壕 1053、1054

羊马河 765

阳高 317、616、618、645

阳高县 317、318

阳原 645、847、1056

阳原县 645

杨仓扎布 111、433、769

杨得志 350、351、766、767

杨国兴 599、600、663、1406、1407

杨令德 25、599、1187、1192

杨桑 549、1203

杨曙晓 97

杨万祯 962、963

杨叶澎 349、599、600、663

杨宇霆 80、405、769、1032

杨云阶 52、1357

杨植霖 25、214、216、227、231、279、327、328、347、600、604、662、663、669、670、703、1106、1395、1397、1398、1409

腰坝 350

姚长青 1214

姚锡光 388、395

姚喆 209、211、214、216、227、228、230、234、279、280、326、328、347、349、658、660、662、669、670、1391、1399、1409

野村登龟江 565

业喜海顺 76、507、509、1209

叶柏寿 1076、1375

伊和海尔罕 1339

伊金霍洛 188、189、190、329、437、481、707、764、1229、1351

伊金霍洛旗 329、481、764、1351

伊克明安 6、16、69、248、712、1286

伊克昭盟 7、8、10、13、16、17、20、25

伊盟 11、20、34、35、36、54、86、87、88、114、116、121、124、127、131、132、133、135、157、159、162、166、173、174、175、176、177、183、184、185、186、187、188、189、190、191、

205、206、207、232、235、279、329、330、331、332、333、334、337、367、370、376、397、414、415、416、419、421、422、427、436、437、444、480、519、524、525、526、551、552、554、555、574、582、583、622、629、632、633、637、638、639、640、643、645、649、654、655、656、677、678、691、703、704、706、707、708、709、723、756、763、764、765、766、812、987、988、1028、1081、1082、1087、1145、1146、1147、1148、1149、1158、1194、1197、1198、1222、1223、1228、1229、1240、1284、1285、1394、1351、1352、1353、1362、1363、1365、1373

伊盟事变 34、174、184、188、190、191、422、437、708、1148、1284、1352

伊盟蒙汉支队 331、332、765

伊敏河 671、858、866、1046、1047

伊希达克丹 126

依克明安 26、27、144、154、257、390、505、509、529、535、1021、1080、1299

依克明安旗 26、27、144、154、257、390、509、527、535、1021、1299

贻谷 45、54、810、909、910、1014、1037

义达嘎苏隆 272、273、274、285、296、727、729、738

毅军 62、71、960、974、1043、1362

驿马吐川 225、673

阴山 61、62、158、175、209、398、521、658、1036、1045、1047、1050、1152、1159、1198、1399

音德尔 229、454

殷汝耕 520

尹宝山 580、616

尹湛纳希 1258、1262、1281

勇夫 132、269、273、723、729

右玉 211、222、240、381、481、658、668、669、1341

于存灏 643

于德纯 239

于兰斋 100、106、107、408、696

于品卿 160、525、527、549、623

于天放 295、736

于佑任 964

俞楚杰 275

榆林 105、176、184、185、189、330、332、415、416、422、646、648、959、987、1055、1194、1196、1223、1228、1351、1366

榆树乡　203、612、815、1001、1002、1333

榆中县　189、1351

羽山喜郎　421、521、525、623

玉禄　88、960、962、974、977、1350、1355、1359

乐景涛　98、100、103、104、106、107、686、687、689、692、693、694、696、1377、1379

乐山　692

毓正女子学堂　1079

元宝山　959、1076、1276

袁庆荣　172、208、632、634、635、638、640

袁庆曾　176、177、178、204、621、1248

袁世凯　18、34、43、57、58、60、65、70、73、74、75、76、77、78、82、83、87、357、377、387、391、395、396、397、398、399、401、402、403、404、441、491、492、911、1031、1033、1223、1288、1291、1292、1308、1350、1356、1357、1359、1360、1363

云丹桑布　154、318、544、1022

云德胜　280

云端旺楚克　120、121、124、398、419、1308、1350、1352

云亨　51、52、55、78、88、89、1356、1357

云继先　119、128、175、606、607、608、1374、1392

云麟　280、315

云清　128、606

云润　93、106、132、696、1393

云世英　289、705、720

云曙碧　705

云蔚　128、606、607、609

云泽　92、93、263、270、271、273、274、289、292、293、295、301、304、310、606、685、715、718、726、728、729、732、736、743、744、745

云照光　705

Z

臧式毅　507

泽登巴尔　245、246

曾敬烦　316

扎噶尔　72、73、489、494、510、530、541、1256、1261、1298

扎赉诺尔　254、255、300、451、560、841、848、861、867、1036、1051、1073、1154、1155、1169、1170、1172、1175、1330、1340、1346

扎赉诺尔市　300

扎赉特旗　25、26、27、28、66、

67、68、69、111、229、244、283、396、433、453、454、455、504、505、506、533、542、547、564、768、773、774、776、790、792、794、853、854、890、1021、1033、1080、1299、1307、1354

扎兰屯 155、198、199、226、228、229、256、283、286、360、383、450、452、510、536、546、570、571、592、593、594、676、836、852、853、854、889、891、1024、1036、1060、1063、1074、1077、1098、1099、1154、1159、1173、1216、1265、1329、1330、1331、1333、1334、1346

扎鲁特旗 20、28、35、70、71、141、226、275、283、375、456、457、458、463、466、488、494、505、534、1034、1043、1057、1058、1061、1063、1220、1299

札萨克图旗 111、433、454、768、777、779、780、781、791、792、794、795、1059

扎奇斯钦 25、45、237、251、252、337、338、340、516、526、550、552、554、1027、1028、1029、1296、1300、1301、1302、1303、1304、1305、1309、1311

札青札布 166、583

札萨克旗 40、87、162、174、184、185、189、190、191、333、334、390、422、437、480、552、553、686、692、700、703、708、765、766、944、1054、1145、1147、1148、1196、1229、1240、1284、1285、1351、1352、1362、1363

张北 156、157、167、202、203、204、231、239、252、254、260、261、279、317、324、368、447、461、468、469、514、515、516、555、588、589、609、615、616、617、677、680、714、760、835、979、1062、1084、1085、1105、1111、1124、1125、1174、1214

张北县 157、166、268、461、469、516、556、581、589、714、1062、1172、1218

张策 258、270、284、292、726、745

张达志 211、214、227、228、230、231、660、670

张国焘 98

张海鹏 141、201、592、597、1368

张家口 9、17、25、46、54、61、90、94、95、100、102、104、105、119、159、160、161、162、163、164、166、167、168、169、170、198、201、202、203、204、207、226、227、228、230、231、

1167、1175、1176、1177、1181、
1194、1196、1197、1199、1222、
1223、1228、1229、1234、1240、
1265、1284、1287、1303、1304、
1307、1309、1310、1317、1320、
1344、1349、1351、1355、1362、
1366、1367、1373、1374、1376、
1380、1392、1393

昭乌达　16、248、263、274、303、
367、390、448、463、467、687、
690、694、710、712、713、716、
729、869、985、1034、1050、
1082、1157、1234、1307

昭乌达省　248、275、283、458、
465、731

召河　961、1312

召河庙　163、325、480、482、1301

赵秉钧　74

赵承绥　615、616、618、621、802、
917、975、1383

赵诚璧　185、239

赵尔巽　56、66、68、395、1054

赵丕廉　122、410、412、428、1353

赵石　243、282、285、316、319、
321

赵世炎　92、94、683

赵通儒　131、330

赵云驶　268、722

哲布尊丹巴　18、57、59、60、63、
64、66、67、70、72、73、74、

84、85、378、439、488、856、
963、965、1291、1293、1297、
1305、1307、1349、1360、1361、
1364

哲里木　6、16、46、72、248、263、
274、318、367、390、445、448、
456、457、537、687、690、694、
710、712、713、729、869、
1050、1089、1157、1307

哲里木盟　6、8、11、24、25、66、
68、69、70、71、76、77、80、
103、110、111、118、132、135、
139、140、141、142、144、145、
146、197、235、236、238、243、
247、248、259、282、283、284、
285、292、302、303、304、305、
306、307、316、318、319、320、
321、323、366、382、384、390、
394、395、396、417、432、433、
442、443、444、447、448、449、
453、454、455、456、457、458、
460、466、486、487、489、493、
499、504、507、509、533、537、
538、590、696、699、710、713、
730、731、747、748、750、757、
758、768、769、772、773、792、
793、838、846、853、854、855、
953、955、964、969、982、983、
1019、1021、1022、1032、1034、
1058、1074、1078、1079、1080、

1082、1155、1156、1167、1176、
1209、1234、1239、1307、1313、
1315、1320、1328、1329、1345、
1354、1367、1368、1370、1374、
1380、1381、1384、1388、1389、
1405

哲盟 61、66、70、73、238、247、
319、320、342、359、383、395、
396、401、407、490、758、984、
1199、1345

哲里木省 248、285、455、731

镇川堡 330

镇东 68、175、281、773、774、
1021、1329、1361

镇东县 68、791、1299

镇国公府 69、111、434、776、
790、1033

镇国公旗 111、139、433、454、
768、774、777、779、780、781、
783、784、785、786、791、792、
794

正白旗 266、310、462、463、469、
720、1339、1372、1379、1380

正红旗 53、261、482、696、721、
760

正黄旗 166、252、261、469、470、
482、581、610、721、760、
1062、1371、1373、1390

正蓝旗 32、137、266、310、320、
462、463、469、470、720、968、

984、1216、1339

正镶白联合旗 462、463

正珠尔扎布 25、197、228、502、
503、504、560、590、677

郑北辰 286

郑家屯 82、83、89、144、149、
226、227、287、317、320、369、
455、490、492、494、505、506、
507、508、509、565、567、570、
675、1034、1058、1075、1076、
1077、1084、1100、1173、1389

郑介民 249、1384

郑金生 963、973

郑丕烈 103、692

郑孝胥 151、545、1095

直隶 115、118、122、123、124、
184、387、388、389、395、412、
419、424、425、426、428、429、
441、443、454、456、459、462、
837、846、859、868、912、974、
1065、1069、1070、1160、1213、
1218、1358

直隶省 109、390、391、417、463、
468、469、470、1343、1394

直隶厅 393、394、441、442、448、
856

直隶州 394、441、442、457、459、
467、1042

植田谦吉 573、624、896、1114

中村震太郎 497

中岛万藏 511、513、514、1026、1029

中东路 773、789

中公旗 113、207、366、367、435、479、638、1080、1081、1083、1222

中滩 636、654、703

中卫 175、1047

周北峰 25、179、180、346

周恩来 24、346、1375

周仁山 332、334、765

周荣久 200、201、595、596

周树模 63

周颂尧 995、1001、1005、1008、1009、1010、1015、1185

周维藩 52

朱德 13、14、133、209、229、295、297、349、351、612、658、700、736、739、763、767、1401

朱继先 248、257、281

朱绍良 188、639

朱实夫 128、133、606、607、608、609、655、656、1391、1392

朱子休 283、316

锥子山 598

准格尔 10、185、481、555、583、654

准格尔旗 103、113、132、134、161、162、166、174、187、205、235、329、332、333、334、435、480、481、551、553、555、622、626、629、633、637、643、691、692、693、696、700、703、723、763、765、1082、1145、1146、1147、1229、1310、1317、1363

卓德巴 254、255

卓宏谋 376、390、1071、1072、1223、1224

卓力克图 282、339

卓索图盟 8、11、16、56、71、72、78、110、142、144、145、146、235、238、243、248、267、269、271、282、294、302、304、317、322、325、336、379、388、390、392、398、417、443、444、456、457、463、464、465、466、467、487、489、491、499、510、534、535、538、581、696、710、712、713、719、725、731、735、748、757、758、965、974、983、984、985、1022、1034、1074、1078、1170、1261、1286、1317、1328、1332、1345、1369、1375、1378、1381、1383、1394

卓索图 6、46、248、263、267、274、302、318、367、390、463、537、687、690、694、710、713、716、724、729、747、1034、1050、1082、1157、1234、1317

卓盟 165、238、318、320、342、

第七卷　索引

A

敖德斯尔　501、1111、1112、1633、
　1807、2245、2372、2373、2374、
　2377

敖汉旗　693、738、829、830、849、
　993、1020、1021、1022、1222、
　1292、1333、1499、1502、1503、
　1522、1605、1654、1747、1752、
　1754、1757、1758、1759、1831、
　1854、1919、1992、2052

阿巴嘎旗　518、681、840、1013、
　1015、1117、1126、1288、1636、
　1853、2047、2131、2154、2159、
　2188、2421、2423

阿巴哈纳尔旗　518、841、842、844、
　2154、2176、2374

阿尔山市　845、989

阿拉善旗　14、35、36、37、162、
　163、535、829、832、838、845、
　847、908、994、1115、1116、
　1783、1854、1965、2252、2253

阿拉善和硕特旗　1997、2252、2361

阿拉善旗和平起义　535、2252

阿拉善右旗　452、506、507、508、
　813、830、834、839、845、860、
　879、884、913、916、931、994、
　1018、1019、1020、1253、1293、
　1697、1783、2105、2135、2143

阿拉善左旗　452、473、501、506、
　507、508、514、830、834、838、
　845、847、860、879、884、913、
　916、931、994、1018、1019、
　1020、1438、1549、1641、1646、
　1762、1783、1786、1918、1919、
　2028、2105

阿拉善旗、额济纳旗划归内蒙古
　162

阿拉腾奥勒　803、1596、2388、2389

阿拉坦敖其尔　17、389、551、921、
　936、941、942、1087

阿荣旗　33、138、169、170、173、
　174、175、413、830、838、986、
　993、1011、1020、1021、1033、
　1034、1565、1790、2030、2039、
　2042、2052、2154、2430

安北　53、86、156、381、826、995

安北县　35、60、69、78、87、827、837、843、994

B

布赫　17、18、26、501、545、546、547、548、595、610、618、619、641、653、754、755、758、759、760、762、765、766、767、768、786、787、791、792、876、884、919、934、935、936、937、942、943、944、949、974、1051、1110、1112、1601、1602、1624、1638、1682、1856、2128、2136、2239、2240、2244、2246、2380、2392

巴·布林贝赫　501、800、1409、1410、1957、2342、2343、2379

巴·吉格木德　1939、1955、2324、2325、2326

包文发　554、922、950、958

包祥　1726、1949、2340、2341

暴彦巴图　442、471、499、556、557、973、976、977

宝音德力格尔　800、922、923、958、1495、1550、1552、1595、1596、1650、1686、1798、1830、2129、2389、2390

毕力格巴图尔　875、876、878、929、968、1006、2121、2226、2227

边建欣　2116、2145、2435、2436

博彦满都　445、471、967、968、2225

巴林右旗　33、357、830、838、849、993、1018、1019、1341、1499、1641、1644、1659、1752、1781、1964、1992、2038、2342、2363、2368、2372

巴林左旗　33、293、712、830、838、849、993、1018、1019、1164、1181、1294、1499、1505、1737、1741、1744、1746、1750、1752、1754、1992、2052

巴图巴根　17、432、442、471、499、551、5522、600、614、615、630、631、642、885、886、889、919、931、935、938、942、1058、2242

巴彦高勒市　848、994

巴彦浩特市　163、829、830、847、908、2138

巴彦淖尔盟　4、7、27、163、175、192、243、261、381、400、422、439、452、468、473、484、498、540、560、593、681、686、693、710、712、715、718、737、813、829、830、834、837、838、840、841、847、848、849、853、858、860、869、868、873、876、879、

880、895、908、913、915、994、
1042、1050、1052、1164、1166、
1170、1171、1186、1199、1214、
1223、1282、1295、1314、1317、
1333、1374、1379、1495、1501、
1542、1543、1546、1547、1564、
1565、1566、1631、1660、1661、
1680、1684、1687、1692、1694、
1739、1783、1801、1861、1862、
1875、1878、1918、1920、1924、
1952、1961、1963、1995、2012、
2028、2044、2045、2046、2065、
2066、2077、2090、2101、2103、
2105、2106、2107、2108、2111、
2124、2135、2150、2151、2153、
2154、2157、2158、2159、2160、
2162、2171、2172、2175、2176、
2177、2180、2181、2185、2190、
2242、2243、2252、2272、2319、
2363、2392、2411

巴特尔　896、906、1090、1600、
1612、1613、1617、1676、1851、
1852、1858、1942、1950、1951、
1953、1955、1957、1970、2193、
2382、2426、2427、2428

巴雅尔　1410、2344

巴彦浩特蒙古族自治州　162、163、
829、908、1783、2205

巴彦塔拉盟　2208

巴文峻　967、968

白海风　2203

百灵庙　52、58、162、827、845、
1042、1741、1891、2202、2203、
2217、2230、2250、2254

白恩培　892、895

白云鄂博　149、231、242、827、
836、851、1174、1175、1214、
1495、1739、1928、2262、2327、
2407、2439

宝昌　34、158、159、827、828、
843、903、985、994、995、
1221、1222、1507、1542、2102、
2103、2104、2204、2205、2228

宝昌县　828、843、995

宝日勒岱　454、471、540、550、
880、881、882、885、915、917、
930、932、2424、2425

包头　57、61、65、67、68、74、
80、84、85、86、103、105、
107、110、112、62、65、71

包头县　32、831、982、989

包头市　3、7、26、60、65、75、
78、80、81、83、84、103、105、
110、111、118、175、181、191、
192、194、279、439、452、468、
499、522、540、558、570、584、
593、617、632、643、669、680、
681、682、684、685、686、690、
693、704、747、777、827、834、
837、842、843、847、848、849、

1790、2026、2044、2222、2230、2243、2322、2371

察哈尔右翼后旗 156、160、381、826、827、836、837、842、845、995、1020、1021、1022、2397

察哈尔右翼前旗 156、381、400、826、827、836、837、842、845、995、1186、1568

察哈尔右翼中旗 156、381、826、827、836、837、842、843、995、1020、1021、1022、1653、1825

陈巴尔虎旗 33、170、171、174、356、725、83、838、986、993、1011、1018、1019、1031、1033、1117、1124、1130、1837、205、2149、2154、2421

赤峰 34、148、161、233、341、383、402、643、645、669、681、769、775、808、828、829、849、884、908、920、923、1000、1068、1176、1254、1271、1338、1346、1534、1648、1746、1756、1811、1827、1832、1849、1856、1864、1870、1886、1890、1977、1983、1991、2037、2038、2040、2108、2188、2205、2285

赤峰市 7、26、540、593、680、690、693、704、841、847、848、849、851、853、884、895、920、999、1013、1023、1035、1052、

1062、1210、1256、1305、1369、1442、1561、1664、1931、1985、1991、2018、2019、2030、2127、2129、2146

赤峰县 161、8330、847、849、993、1535、1781、1992

D

达尔罕贝勒旗 35、52

达尔罕茂明安联合旗 364、520、827、836、837、842、845、850、994、1018、1019、1225、1585

达拉特旗 35、51、58、69、86、92、99、520、711、827、836、842、983、1020、1021、1022、1293、1333、1374、1523、1563、1839、2039、2042、2071、2416、2417

达理扎雅 163、279、471、497、498、908、909、911、2120、2251、2252、2253

达斡尔学会 797

德德玛 1553、1596、1633、1634、2380、2392、2393

德穆楚克栋鲁普 2202、2250

邓存伦 454、540、880、881、882、915

邓承远 2331、2332

磴口县 163、829、838、848、908、994、1020、1021、1022、1199、

1222、2028、2052、2071、2177、2180、2181

丁新民 2411、2412、2413

定远营 37、163、2252

东乌珠穆沁旗 845、985、1018、1019、1223、1292、1369、1641、1663、1669、2160、2177、2182

东胜 35、402、680、827、836、983、1176、1216、1252、1257、1271、1458、2041、2186、2365

东胜市 849、1020、1252、2052

东胜县 35、51、58、86、92、520、827、836、849、2103

都贵玛 2429、2430

杜如薪 386、967、968、969、1890、2212、2213

杜文达 452、880、914、2183

多伦 34、158、159、413、520、827、828、837、903、985、995、1210、1220、1221、1222、1605、1736、1750、2030、2052、2205

E

鄂其尔呼雅克图 471、550、551、555、2255

额尔古纳市 654、850、993、1053、1292、1663、2052

额尔古纳右旗 830、845、850、2154

额尔古纳左旗 170、175、830、845、

850、1011、1033、1837

额济纳旗 7、14、35、36、37、162、163、194、452、473、501、506、507、508、535、829、830、832、834、838、839、860、879、884、908、913、916、931、994、1018、1019、1020、1115、1116、1222、1223、1224、1292、1438、1641、1670、1697、1737、1742、1750、1752、1753、1755、1758、1762、1783、1964、2052、2105、2222、2392

鄂伦春学会 797

《鄂伦春自治旗自治条例》 602

鄂托克旗 35、51、65、66、99、356、446、520、627、680、827、836、842、846、1018、1020、1131、1369、1641、1644、1645、1646、1651、1656、1854、1918、1960、1964、1965、2052、2152、2160、2164、2247、2324、2328

鄂托克前旗 846、1018、1019、1020、1293、1646、1656、1754、1839

鄂温克学会 797

鄂温克族自治旗 26、169、170、171、510、593、602、603、806、830、844、956、993、1011、1014、1018、1019、1029、1030、1031、1034、1659、1753、2154、

2386、2437

二连浩特 680、849、1003、1214、1220、1222、1257

二连浩特市 704、746、848、849、1252、1495、1697、1754、1960、2035、2236

"二〇六案件" 443

F

佛鼎 2201、2202、2208、2223、2225、2226、2230

傅作义 7、44、45、46、47、62、63、74、75、187、440、536、982、1878、1880、1891、2213、2250、2251、2253、2254、2255、2257

丰镇 34、35、46、47、58、78、83、84、86、155、158、159、381、826、832、836、837、866、983、995、1073、1196、1218、1249、1267、1334、1825、1865、1881、1974、1990、1994

丰镇市 849、1565、1566、1873、2052

丰镇县 35、78、82、83、84、267、827、836、849、1299、1333、1582、1584、1692、1926、1990、2143、2154、2163

G

高炳德 2317、2319

高布泽博 120、447、471、497、498、2201、2209、2221、2222

高凤英 2211、2226、2230、2399

高锦明 116、430、432、433、434、436、437、438、439、444、449、450、453、496、865、867、875、876、877、878、879、880、913、2121

高克林 7、45、46、47、55、60、61、62、63、75、78、866、982

高增培 17、101、115、118、124、175、177、216、239、240、550、864、867、868、870、874、910、928、931、984

葛健 2414、2415、2416

格日勒图 558、560、892、900、901、978、981、1410、1957

盖山林 560、643、981、1063、1588、1748、1750、1751、1755、1954、1965、2275、2276

古拿 2320、2321、2322

郭老虎 1791、2420、2421

根河 14、232、845、1176、1199、1257、1565、1837、1838

根河市 850、1837、2052

固阳 53、68、86、850、983、995、998、2044、2203、2212

固阳县 827

官布 2130、2322、2400、2401

归化城 1687、1736、1858、1860、1864、1867、1876、1878、1879、1885、1888、2201、2207、2209、2219、2221、2226、2229、2256、2345

归绥 34、46、47、57、58、60、63、66、72、74、77、80、81、84、85、86、87、103、104、105、110、112、115、116、148、149、150、151、157、158、181、824、827、905、982、984、987、995、1250、1251、1347、1371、1373、1426、1489、1534、1535、1536、1578、1579、1688、1690、1731、1767、1782、1785、1836、1878、1880、1890、1891、1895、1998、2042、2059、2063、2099、2118、2201、2202、2203、2207、2208、2209、2210、2211、2212、2213、2217、2220、2226、2229、2230、2241、2256、2257、2258

归绥市 35、40、58、59、74、75、78、81、82、83、84、85、110、115、116、118、120、824、825、827、832、842、866、867、868、898、903、906、1072、1073、1074、1092、1245、1251、1297、1300、1371、1506、1535、1536、1575、1576、1688、1689、1691、1780、1796、1811、1826、1827、1860、1888、1889、1990、1993、1996、1997、1998、2011、2012、2044、2205、2268

归绥县 35、836、842、1716、1879、1880

《关于解决绥远境内蒙古民族问题的方案》 51、836

《关于撤销行政村建制及建立乡建制的指示》 854

《关于结束绥中地区旗县并存的实施方案》 842

《绥远省关于蒙民划分阶级成分的补充办法》 89、94、95、1146

H

哈丰阿 17、41、115、116、120、126、156、187、188、248、279、374、413、442、443、445、471、497、498、865、904、907、908、909、926、928、1074、1279、1435、1771、1896、2120、2214、2215、2225

胡昭衡 20、124、126、177、356、360、420、873、874、875、876、1682、2242、2333、2355

胡钟达 424、551、555、936、941、971、1061、2263、2264、2265

哈扎布 800、1595、1650、1658、

1686、1798、1830、2380、2381、
2390、2391

和兴革 876

胡子寿 116、865

胡秉权 116、120、124、125、865、
984、986

胡和勒泰 187、1118、2421、2422

化德 158、159、827、903、1222、
1865、2205、2250

化德县 159、520、828、837、845、
985、995、1655、1659、2026、
2066

黄巨俊 176、177、555、869、874、
876、886、898、899、970

浩帆 27、876、1968

韩明 556、557、973

好特老 2425、2426

何凤山 881、885、991、2176、2180

郝秀山 17、468、499、551、897、
919、931、935、937、1861、
2136、2231、2232

郝维民 21、23、27、2207、2210、
2212、2214、2218、2221、2227、
2230、2265、2283、2285、2288、
2294、2298、2312、2322、2326、
2333、2334、2336、2337、2340、
2342、2343、2344、2347、2350、
2353、2355、2356、2357、2358、
2362、2365、2367、2386、2392、
2414、2416、2422

恢复内蒙古统一的民族区域自治
506、507、2207、2238

海勃湾 402、848、851、882、994、
1182、1215、1224、1295、1495、
1996、2045、2180、2244、2433

海勃湾市 438、848、915、1996、
2180、2190、2244

海拉尔 133、143、166、194、233、
342、400、402、773、775、808、
838、865、986、1000、1130、
1173、1176、1177、1182、1216、
1217、1219、1220、1222、1224、
1226、1245、1250、1251、1254、
1257、1271、1280、1299、1334、
1367、1376、1377、1378、1379、
1458、1470、1532、1564、1565、
1580、1581、1738、1758、1786、
1811、1812、1838、1932、1933、
1937、2041、2044、2045、2046、
2107、2168、2276、2277、2278

海拉尔市 33、169、685、747、830、
838、846、847、851、903、906、
986、993、1031、1062、1064、
1353、1506、1561、1562、1565、
1670、1730、1758、1796、1874、
2052、2059、2103、2105、2127、
2128、2146、2149、2154、2240、
2423

杭锦旗 35、51、86、99、520、
712、771、827、836、842、

1018、1020、1131、1523、1656、
1753、1854、1962、2107、2160、
2181、2186、2355、2390、2409、
2411

杭锦后旗 156、381、826、827、
837、838、842、843、994、
1199、1292、1334、1358、1499、
1566、1660、1661、1709、1781、
2028、2126、2143、2150

和林格尔 35、57、86、155、381、
798、805、826、827、836、995、
1749、1750、1751、1756

和林格尔县 35、827、836、842、
850、983、994、1741、1745、
1753、1754、1833、1962、2164、
2165

河套行政区 156、157、175、191、
192、206、261、381、826、827、
837、838、869、906、908、
1581、2045、2148

呼和浩特 26、148、149、157、163、
176、186、187、189、191、193、
227、233、243、278、279、292、
342、350、361、362、383、394、
395、400、401、402、411、416、
418、421、422、424、425、433、
434、435、436、437、441、452、
453、454、468、483、487、498、
508、511、513、522、528、558、
560、570、584、587、613、617、

643、645、653、669、678、680、
681、685、731、747、765、771、
773、775、777、797、802、806、
812、827、877、882、884、888、
891、906、908、919、920、923、
930、931、932、938、989、993、
994、995、996、997、999、
1003、1004、1044、1046、1050、
1051、1052、1057、1060、1062、
1064、1068、1078、1079、1081、
1082、1084、1102、1129、1133、
1154、1161、1176、1179、1180、
1181、1182、1186、1187、1190、
1216、1217、1219、1220、1222、
1224、1225、1226、1227、1236、
1239、1242、1248、1250、1252、
1253、1254、1263、1271、1280、
1289、1296、1299、1304、1305、
1306、1308、1309、1316、1321、
1359、1363、1367、1372、1373、
1377、1378、1379、1410、1416、
1418、1420、1423、1425、1427、
1461、1462、1467、1499、1506、
1511、1513、1514、1518、1523、
1530、1531、1536、1537、1540、
1542、1544、1546、1548、1551、
1553、1558、1560、1564、1565、
1579、1580、1581、1582、1583、
1584、1585、1586、1588、1597、
1604、1611、1618、1622、1624、

1087、1088、1089、1090、1091、
1092、1093、1094、1095、1096、
1097、1098、1099、1100、1101、
1102、1104、1105、1106、1109、
1110、1111、1112、1113、1168、
1177、1222、1223、1234、1237、
1245、1252、1253、1254、1256、
1281、1284、1290、1295、1296、
1298、1299、1300、1301、1302、
1305、1306、1307、1308、1310、
1314、1317、1319、1324、1327、
1328、1329、1330、1331、1332、
1334、1335、1337、1338、1339、
1340、1343、1344、1345、1347、
1348、1349、1350、1351、1352、
1353、1354、1356、1358、1359、
1360、1361、1362、1363、1364、
1367、1368、1369、1376、1377、
1379、1400、1420、1425、1438、
1462、1464、1469、1477、1490、
1492、1494、1495、1496、1497、
1505、1506、1514、1515、1516、
1518、1526、1531、1536、1545、
1546、1547、1558、1559、1560、
1565、1579、1584、1585、1590、
1601、1602、1620、1641、1649、
1651、1665、1672、1673、1675、
1676、1678、1680、1682、1683、
1684、1685、1686、1682、1697、
1701、1704、1707、1710、1745、
1749、1750、1754、1760、1761、
1762、1780、1781、1783、1785、
1786、1796、1801、1804、1825、
1826、1834、1839、1853、1855、
1858、1860、1862、1867、1875、
1878、1889、1890、1896、1904、
1920、1929、1932、1937、1961、
1965、1967、1973、1976、1978、
1979、1981、1983、1985、1993、
1994、1998、2004、2012、2017、
2018、2024、2028、2035、2039、
2041、2042、2043、2044、2045、
2052、2060、2064、2073、2074、
2079、2092、2099、2100、2101、
2103、2104、2105、2106、2107、
2108、2109、2110、2120、2121、
2122、2123、2124、2126、2127、
2128、2129、2134、2135、2136、
2137、2138、2140、2142、2144、
2145、2146、2148、2149、2150、
2153、2154、2157、2158、2162、
2163、2164、2172、2176、2180、
2184、2185、2188、2190、2232、
2240、2242、2258、2271、2273、
2275、2290、2294、2315、2317、
2324、2331、2332、2356、2360、
2361、2364、2365、2368、2369、
2377、2397、2401、2412、2414、
2416、2417、2418、2426、2432、
2434

呼伦贝尔　4、7、15、125、166、170、172、413、422、598、599、603、654、681、824、840、877、879、884、888、891、906、908、916、919、920、923、993、995、997、1000、1029、1030、1050、1052、1053、1252、1373、1377、1379、1416、1438、1470、1477、1531、1534、1551、1558、1560、1562、1597、1598、1611、1657、1705、1706、1738、1744、1757、1758、1762、1763、1764、1796、1809、1833、1838、1839、1847、1868、1915、1921、1991、2004、2019、2030、2069、2071、2076、2078、2079、2081、2093、2108、2154、2204、2210、2224、2242、2266、2276、2281、2282、2288、2310、2386、2389、2390、2421、2430

呼伦贝尔盟　16、26、138、166、167、169、170、171、172、173、174、175、191、192、261、275、276、413、439、452、473、501、506、507、508、509、540、560、593、680、684、704、725、801、813、830、834、838、840、841、843、847、849、850、853、856、857、858、869、873、876、895、906、913、916、919、931、

1011、1012、1013、1023、1028、1029、1030、1031、1032、1033、1034、1042、1073、1117、1118、1121、1124、1125、1128、1167、1171、1177、1217、1299、1300、1317、1343、1373、1379、1416、1457、1470、1477、1506、1509、1513、1521、1538、1547、1551、1561、1565、1611、1650、1651、1655、1672、1679、1692、1729、1767、1783、1821、1823、1848、1855、1857、1873、1880、1886、1890、1891、1918、1952、1962、1973、1990、1991、2018、2019、2022、2027、2035、2039、2044、2045、2048、2086、2090、2100、2101、2103、2105、2106、2107、2129、2133、2135、2148、2149、2154、2157、2158、2193、2240、2242、2276、2277、2278、2282、2330、2374、2379、2380、2382、2386、2389、2421、2422、2423、2437

呼伦贝尔纳文慕仁盟　33、838、843、844、903、1028、2210、2242

霍林郭勒市　849、993、1218、1257、1292

J

吉雅泰　17、20、115、149、175、

177、189、190、192、385、386、430、447、471、497、498、501、865、870、874、876、910、911、928、929、964、965、966、967、968、969、2133、2201、2209、2210、2221、2226、2227、2229、2332、2333

纪松龄 2203

吉合 124、2202、2219

贾漫 2245、2374、2377、2378、2379

贾作光 1111、1598、1599、1602、1830、2393、2394、2395

姜习 550、930、2190

姜兴亚 2330

蒋毅 387、967、1072、1074、1076

金峰 1956、2360、2361、2362

金墨言 896、897

金启琮 2344

杰尔格勒 508、885、886、919、931、2389

集宁 34、57、60、78、82、85、86、118、125、155、156、157、158、159、233、342、383、400、443、772、826、836、837、842、866、867、905、906、982、983、987、995、1004、1044、1057、1068、1073、1176、1177、1182、1186、1188、1214、1217、1219、1222、1224、1227、1252、1257、1271、1281、1308、1317、1334、1343、1373、1377、1379、1458、1470、1472、1474、1475、1688、1745、1747、1748、1750、1764、1781、1786、1825、1867、1873、1906、1924、1964、1994、2045、2046、2165、2188、2232

集宁市 381、680、704、836、837、845、847、873、908、999、1064、1222、1292、1308、1369、1563、1565、1566、1584、1665、1781、1825、1932、1980、2103、2126、2128、2151

集宁县 35、87、827、836、837、845、847、2232

集宁专区 155、157、826、1994

郡王旗 35、51、99、827、836、845、2269、2270、2271

K

奎璧 17、46、88、89、93、96、108、115、116、118、120、156、175、176、177、181、187、279、430、471、517、555、825、869、926、928、929、971、2120、2136、2201、2207、2208、2209、2221、2230、2231、2235

孔飞 124、125、471、499、516、545、555、678、679、791、884、919、931、932、934、2119、

2121、2127、2136、2237、2238

克力更 17、115、116、126、386、430、471、550、555、865、876、896、897、931、967、969、970、1086、1104、2118、2208、2230、2231

康修民 433、437、877、878、880

康根诚 2202

喀喇沁旗 161、683、684、829、830、849、993、1013、1035、1222、1314、1741、1751、1752、1758、1826、1854、1855、1878、1880、1992、2030、2037、2038、2052、2170

喀喇沁中旗 2285

开鲁县 33、161、419、830、838、986、993、1020、1021、1022、1292、1293、1492、1501、1506、1566、1661、1709、1781、2052、2071、2100、2143、2423、2424

科尔沁右翼后旗 33、844、986、993、2340、2360、2425

科尔沁右翼前旗 33、452、473、507、508、509、830、838、844、848、850、852、913、919、993、1013、1020、1022、1035、1345、1641、1654、2059、2335、2359、2374、2384

科尔沁右翼中旗 33、509、830、838、919、986、993、1018、

1020、1777、2079、2240、2306

科尔沁左翼中旗 33、829、830、838、986、993、1018、1020、1888、2051、2214、2215、2224、2225、2237、2263、2337、2343、2383、2387、2400

克什克腾旗 33、830、838、849、993、1018、1019、1210、1283、1736、1744、1752、1880、1965、1992、2028、2030、2376

库伦旗 33、341、406、829、830、838、960、986、993、1020、1021、1022、1287、1353、1607、1608、1612、1650、1659、1758、1841、1842、1856、2052、2138、2262

L

蓝乾福 1066、1067、2268、2269

雷代夫 430、433、876、877、2175

李博 1403、1407、1408、1594、2288、2289、2290、2300

李森 471、555、971、2202、2229、2230

李迪 1407、1751、1955、1959、2303、2304、2305

李国安 691、2431、2432

李冠兴 2294、2295

李继侗 1372、1389、1403、1420、2279、2280、2281、2284、2288、

2300

李仕臣　560、981、2276、2277、2278

李树德　433、438、439、449、450、454、496、877、878、879、885、915

李世杰　385、386、555、966、967、968、969、970、2253、2254

李树元　522、556、557、642、645、973、976、1060、1061、2265、2266

李文　471、499、551、896、897、917、919、921、930、931、937、938、1052、1060、1741、1742、1940、2136、2208、2284、2335、2352

李文精　471、499、896、897、917、919、921、930、931、2208、2335

李维中　905

李振华　17、876

梁一鸣　555、898、904、907、909、971

林东鲁　2405、2406

林干　643、1410、1959、1960、2353、2354、2355

林蔚然　23、885、886、896、897、1178、1180、1189、1213、1217、1240、1251、1258、1271、1960、2228、2229

刘昌　124、437、499、550

刘春　115、116、120、148、370、371、2231

刘华香　125、433、555、927、970、986、991、1074、2118、2134、2175

刘洪雄　2211、2220

刘景平　177、388、430、442、540、550、874、875、876、878、882、885、910、911、915、917、928、929、930、1099、1100、1148、1150、1151、1173、1175、1184、1214、1215、1216、1232、1233、1969、2162、2172、2227、2228

刘明祖　26、542、554、891、892、893、894、895、950、958、1552、2236、2237

刘云山　679、889、892、1090、1548

刘作会　553、920、921、935、938、942、950、951

刘钟龄　1944、2295、2296、2297、2298、2300

刘震乙　552、553、556、943、950、973、974、2266、2267

留金锁　1954、1956、2356、2359

龙梅　364、389、1350、1351、1585、1791、2438、2439

龙胜县　836、844

陆家羲　2307、2308、2309

鲁志浩　190、910、911、933、964、965、967、968

罗辽复　1375、1407、1941、2284、2298、2299

罗锡恩　560、981、1070、2274

狼山　60、156、381、826、1922、2178、2181、2276

狼山县　35、69、73、74、827、837、843、994

临河　60、67、86、156、381、718、771、826、994、995、999、1214、1224、1257、1295、1333、1358、1458、1553、1561、1564、1867、1924、2107、2178、2181、2411

临河市　849、994、1295、1333、1376、1495、1546、1564、1565、1566、1660、1670、1680、1728、2028、2052、2065、2126

临河县　35、67、827、837、838、849、994、1299、1995、2011、2150、2163、2177、2181、2219

辽北省　824、2205、2283

林东　161、826、829、838、842、906、908、986、993、1221、1305、1376、1461、1464、1742、1825、2063、2218、2368

林东县　2330

林西　34、65、66、133、161、761、826、842、986、993、1198、1221、1222、1497、1738、1741

林西县　33、830、838、849、1020、1021、1292、1294、1493、1497、1499、1651、1744、1751、1752、1760、1992、2039、2040、2042、2052、2066、2070、2143

凉城　34、78、86、155、158、159、381、826、836、983、995、1865、2420、2421

凉城县　35、520、827、836、842、1035、1199、1399、1750、1752、1753、1781、1962、1963、1981、2052、2171、2173、2315、2421

《喇嘛教制度改革意见17条》　393、1043

"林牧为主，多种经营"　546、557、621、701、702、704、754、757、758、761、1137、2235、2236、2244

M

玛拉沁夫　501、1111、1627、2370、2371、2372

马毓泉　194、2283、2299、2300、2301、2310

马占山　2257

美丽其格　1594、1686、2383、2384、2385

孟纯　2201

孟绍　2364、2365

莫日格策 138、1791、2422、2423

莫德格玛 1584、1599、1602、2394、
2397、2398

毛依罕 410、1618、1619、1620、
1622、1623、1624、1650、1658、
1686、1830、2381、2399

墨志清 471、499、896、897

满洲里 33、242、587、680、746、
771、772、802、849、1003、
1214、1221、1250、1251、1252、
1257、1280、1580、1802、1805、
1811、1838、2035、2044、2045、
2046

满洲里市 33、135、704、747、830、
838、846、847、849、857、903、
906、993、1254、1282、1292、
1343、1352、1565、1745、1754、
1759、2035、2041、2052、2070、
2236

茂明安旗 35、52、99、845

美岱召 2230、2256

蒙古国学会 797

蒙古族经济史学会 797

米仓县 35、837、842、994

民族区域自治的良好榜样 165

民族团结表彰活动月 618、619

莫力达瓦达斡尔族自治旗 26、172、
173、175、508、510、593、602、
603、604、830、844、956、962、
993、1011、1014、1020、1021、
1031、1032、1292、1641、1644、
1659、1967、2154、2379

《莫力达瓦达斡尔族自治旗自治条
例》 173、602、603、1967

N

纳·赛音朝克图 800、1110、2370、
2371

那钦双和尔 120、555、556、2118、
2121、2262、2263

能乃扎布 2306、2307

倪子文 454、880、915、2175、
2176、2180、2188、2190

内蒙古自治区人民政府 119、120、
121、122、123、124、129、131、
132、133、138、139、140、141、
142、144、145、155、156、157、
159、167、172、179、187、188、
190、198、206、216、226、227、
413、470、472、504、509、515、
516、539、545、546、547、548、
549、559、562、563、564、567、
570、573、574、578、579、596、
612、613、615、618、645、649、
650、653、654、658、678、679、
699、717、728、729、730、736、
737、744、784、792、824、825、
826、827、828、831、832、833、
835、836、837、838、839、841、
846、847、853、854、857、859、

2249、2253、2258、2272、2285、
2291、2332、2333、2336、2354、
2355、2356、2374、2423、2424、
2425、2428、2434

内蒙古自治区人大常委会　5、189、
206、210、216、218、282、284、
285、286、348、509、546、547、
548、549、550、551、552、553、
554、600、604、624、630、631、
634、833、835、888、936、937、
938、939、940、941、942、944、
946、947、948、949、950、951、
952、954、955、957、959、
1248、1697、1708、1710、2231、
2243、2247、2296、2362、2390、
2425

内蒙古政协　6、37、45、48、57、
61、62、63、67、69、76、77、
192、193、194、195、311、384、
385、386、393、498、558、559、
561、637、638、963、964、965、
966、967、968、969、970、971、
972、973、972、974、975、976、
977、978、979、980、981、
1057、1103、1602、2258、2259、
2284、2305、2306、2354、2360、
2376、2424、2439

内蒙古自治区革委会　12、14、437、
438、439、442、443、444、452、
453、454、472、478、512、513、

515、516、545、550、562、791、
834、835、840、841、846、976、
877、878、879、880、899、907、
912、917、918、919、925、930、
970、1036、1071、1085、1092、
1283、1544、1767、2053、2061

内蒙古军区　65、68、116、124、
125、433、435、436、437、438、
444、446、450、458、468、485、
487、499、500、501、509、550、
617、834、877、930、982、984、
985、986、987、988、989、990、
993、995、996、997、998、999、
1000、1001、1005、1007、1074、
1111、1536、1632、1826、1989、
2004、2043、2098、2118、2119、
2120、2121、2123、2134、2175、
2176、2179、2182、2193、2204、
2205、2213、2216、2223、2227、
2228、2233、2237、2238、2240、
2245、2248、2263、2373、2387、
2426、2431

内蒙古统一的民族区域自治　11、
22、35、40、41、42、43、114、
146、147、149、150、151、153、
155、157、159、161、163、164、
165、167、169、171、173、175、
177、179、181、183、185、187、
189、191、193、195、198、367、
452、454、467、469、472、506、

507、823、824、830、837、870、1072、1689、2204、2205、2207、2238

内蒙古牧区社会主义教育　359
内蒙古农村社会主义教育　268
内蒙古牧区工作会议　213、215、217、218、221、222、237、239、305、306、307、356、390、730、1018、1040、1121、1125、1127、1129、1442

内蒙古民族工作会议　367、369、370、371、373、377、378、380、543、590、610、622、890、967、1043、2206、2207

内蒙古人民公社化运动　7、22、24、222、223、286、288、289、290、291、295、296、297、298、299、301、302、307、309、310、311、337、366、369、372、391、394、396、372、391、394、396、398、407、420、473、851、859、1042、1126、1127、1154、1155、1199、1234、1436、1691、2234

内蒙古人民革命党　442、443、445、446、447、879、2202、2203、2208、2210、2214、2223、2225、2255、2262、2263、2356

内蒙古生产建设兵团　458、997、2124、2147、2160、2165、2169、2175、2176、2177、2178、2179、

2180、2182、2184、2185、2187、2188、2189、2190、2191、2193、2194、2273、2411

内蒙古牧区经济体制改革　18、713、714、717、722、724、725、727、729、731、735、736

内蒙古农村经济体制改革　521、708、709、710、711、712、714、715、716、720、721、722、757、758、760

内蒙古经济发展"五大战略"　705、706、751、1900、2237

内蒙古考古博物馆学会　1756、2276

内蒙古自治区归国华侨联合会　671、672

内蒙古历史学会　423、424、796、1106、1902、1953、2284、2333、2351、2359

内蒙古自治区妇女联合会　126、387、390、459、665、966、1092、1094、1095、1096、1097、1098、2248

内蒙古自治区佛教协会　653、655、1049、1051、2271

内蒙古民族理论学会　797
内蒙古民族贸易学会　797
内蒙古自治区工商业联合会　190、191、387、388、668、965、966、1098、1099、1100、1101、1102

内蒙古语文学会 797

内蒙古自治区红十字会 673、1113、1365、2247、2271

内蒙古自治区台湾同胞联谊会 672

内蒙古自治区天主教爱国会 395、532、1046、1052

内蒙古自治区文学艺术联合会 126、671

内蒙古自治区总工会 363、387、459、660、1070、1071、1072、1073、1076、1077、1078、1079、1080、1081、1082、1083、1084、1490

"念草木经,兴畜牧业" 542、702、703、887、2235

纳文慕仁盟 33、838、843、844、903、1028、1991、2044、2210、2222、2231、2242

P

琶杰 1619、1622、1623、1624、1658、1850、2382

潘纪文 46、118、175、867、868

裴周玉 45、46、866

彭梦庚 886、897、917、931

朋斯克 120

平地泉行政区 155、156、157、175、191、192、206、273、381、826、827、836、837、840、842、847、869、906、908、1890、1980

平地泉镇 83、155、827、836、847、995

Q

奇峻山 550、896、897、932

齐日迈 2326

奇英成 560、981、1059、2275

齐永存 125、555、971、1107、1904、2239

奇忠义 557、558、976、978、2269、2270

千奋勇 558、560、601、653、885、886、889、892、978、980、1051、1058、2244

乔吉 1955、1956、1960、2363、2364

乔玉芳 2437、2438

秦淑珍 881、885、1095

清格尔泰 1410、1437、1948、1949、1950、1951、2285、2286、2287、2288

确精扎布 1107、1410、1949、1950、1951、1952、2337、2338、2338、2339、2340

权星垣 175、177、234、356、360、430、432、433、437、438、439、450、496、865、870、873、874、875、876、877

前门饭店会议 149、428、430、432、433、441、442、446、454、496、

877

清水河　35、82、86、155、381、826、827、836、995、2243

清水河县　35、520、680、827、836、842、850、994、1225、1294、1753、1754、1962、2016、2243、878、879、2121、2175

R

荣祥　46、191、1603、1876、2256、2257、2258、2364

热河　34、36、38、39、40、41、115、158、160、161、966、1783

热河省　33、34、36、160、161、191、824、828、829、908、1221、1222、1245、1347、1740、1783、1992、1993、2011、2205

"人畜两旺"　124、140、144、145、170、213、239、330、375、412、414、415、592、1373、2037

S

孙兰峰　46、47、88、116、155、156、187、188、189、190、191、192、279、385、386、413、550、551、825、905、907、908、909、911、926、928、929、932、936、964、965、967、968、969、970、982、1489、2120、2121、2134、2250、2251

苏谦益　17、46、71、72、87、88、108、109、110、115、116、118、125、148、149、155、156、175、177、187、188、232、279、825、864、865、866、867、868、869、871、873、905、907、908、909、926、928、963、983、986、992、1073、1890、2155、2212、2213

苏荣扎布　1938、2073、2322、2323、2324

斯力更　1407、1940、2305、2306

斯琴塔日哈　1112、1113、1599、1602、1686、2394、2396

石光华　442、884、886、889、900、919、931、2136

石汝麟　125、883、896、897、899、2190

石生荣　17、499、556、557、883、885、886、899、972、974、975、2243

史筠　20、21、424、2284、2332、2333、2334、2355、2358

史建强　2432、2433

三得胜　2202

色拉西　1110、1584、1658、1686、1830、2383、2384、2388、2390、2399

色音巴雅尔　550、551、552、932、936、937、942

莎仁格日乐　2368

邵金旺　2315、2316、2317

沈新发　176、354、433、454、550、
869、875、876、877、880、881、
885、896、897、899、911、915、
917、929、930、931、2171、
2172、2190

绥蒙政府　14、36、853、2203、
2211、2218、2220

绥蒙军区　125、982、986、1880、
2213、2230、2243

绥远　7、8、11、12、21、35、36、
37、38、40、41、44、45、46、
47、48、49、51、52、53、54、
55、56、57、58、59、60、61、
62、63、64、65、66、67、68、
69、70、71、72、73、74、75、
76、77、78、79、80、81、82、
83、84、85、86、87、88、89、
90、91、92、93、94、95、96、
97、98、99、101、103、105、
106、107、108、109、110、111、
113、115、116、117、120、129、
131、148、149、150、151、153、
154、155、157、158、181、212、
213、423、535、536、824、825、
826、832、833、836、842、867、
898、803、903、964、982、983、
984、986、987、1039、1086、
1534、1535、1575、1578、1688、
1727、1749、1767、1768、1776、

1780、1789、1835、1852、1853、
1855、1858、1859、1867、1868、
1879、1880、1890、2201、2202、
2205、2208、2209、2210、2211、
2212、2213、2219、2220、2221、
2227、2230、2237、2243、2250、
2251、2252、2250、2251、2252、
2253、2254、2255、2256、2257、
2258、2259、2268、2270、2272、
2285、2345、2346

绥远省　3、7、8、11、12、14、33、
34、35、36、38、44、45、46、
47、48、51、52、53、54、55、
56、57、58、59、60、62、63、
64、65、67、68、69、70、72、
74、75、78、79、80、81、82、
83、84、86、87、88、89、90、
91、92、93、94、95、96、98、
99、100、101、102、103、104、
105、106、107、108、109、110、
111、112、113、116、117、118、
119、120、125、131、137、140、
141、146、147、148、149、150、
151、152、153、154、155、156、
157、158、159、161、175、179、
180、181、184、186、189、190、
204、536、824、825、826、827、
831、832、833、836、837、842、
847、853、854、859、866、867、
898、903、904、905、906、963、

964、982、987、1001、1005、
2039、1071、1072、1073、1074、
1084、1085、1086、1092、1093、
1098、1108、1115、1116、1118、
1119、1146、1147、1148、1222、
1245、1251、1269、1280、1297、
1326、1335、1338、1339、1359、
1373、1425、1459、1461、1488、
1489、1490、1506、1515、1535、
1536、1575、1576、1578、1579、
1611、1651、1681、1688、1689、
1690、1715、1716、1743、1744、
1766、1767、1780、1782、1783、
1789、1796、1811、1825、1826、
1827、1880、1891、1895、1901、
1906、1910、1921、1922、1971、
1974、1989、1990、1993、1995、
1996、1997、1998、2011、2012、
2018、2043、2059、2077、2098、
2099、2118、2205、2209、2211、
2212、2213、2217、2220、2230、
2232、2251、2253、2254、2255、
2257、2258、2259、2268、2270、
2272、2275、2315、2317、2364、
2365、2366、2378、2420

绥远省军政委员会　54、831、832、
833、836、963、2251

《绥远省蒙旗土地改革实施办法》
89、92、94、95、96、1039、
1146

《绥远省新区减租条例》　72

萨拉齐　35、61、82、86、155、
381、826、827、836、843、845、
983、995、1376、1378、1805、
1867、1881、1906

萨拉齐县　35、60、66、78、104、
827、836、842、843、994、
1825、2018、2256

陕坝镇　156、381、827、837

陕坝专区　73、75、156、157、826

陕甘宁边区蒙古文化促进会　2217

商都　33、34、158、159、160、
827、828、845、985、995、
1853、1963、2322

商都县　160、828、837、1299、
1754、1865、2070、2071

商都镶黄旗　845

石拐沟矿区　827、842、850、1042

四子王旗　52、520、827、836、837、
842、843、1018、1020、1042、
1825、1854、1861、1981、1982、
1994、2065、2160、2429

苏尼特右旗　33、158、410、520、
1018、1019、1253、1295、1581、
1582、1636、1637、1638、1639、
1640、1641、1644、1667、1826、
1918、1960、2028、2160、2181、
2203、2208、2231、2250、2370

苏尼特左旗　33、158、520、1018、
1019、1293、1641、2160、2276

索伦旗 33、169、170、171、838、844、986、993、1030、1854、2386

"三不两利" 6、216、220、221、222

"三千孤儿" 810

T

廷懋 17、124、471、499、517、540、550、569、600、678、932、933、1111、1517、2193、2222、2223、2426

特木尔巴根 17、115、116、120、177、187、190、386、442、443、445、447、471、497、865、874、909、910、911、926、928、929、965、969、1958、2202、2214、2223、2224、2225、2226、2262、2263

佟天夫 2314

突克 557、876

塔拉 170、453、471、499、725、738、771、799、800、1034、1130、1217、1222、1224、1560、1566、1655、1659、1749、1751、1752、1753、1758、1805、2164、2181、2208、2218、2239、2240、2282、2387

谭振雄 555、970、2261、2262

特布信 424、2334、2335、2336、2337、2355、2357

滕海清 437、438、439、440、441、442、444、445、449、450、451、452、453、454、877、878、879、880、912、913、914、990、2175

田聪明 886、889

铁兆义 2418、2419

廷·巴特尔 2426、2427、2428

通福 1594、1595、1627、2386

妥木斯 1112、1113、2402

通辽 133、292、340、400、402、645、766、769、771、772、773、775、808、812、814、923、986、993、1000、1064、1154、1176、1196、1215、1216、1217、1219、1220、1221、1222、1224、1226、1236、1245、1251、1252、1257、1271、1280、1324、1334、1369、1373、1374、1376、1378、1428、1461、1462、1469、1473、1580、1581、1590、1620、1692、1730、1768、1780、1781、1782、1785、1786、1811、1827、1850、1864、1867、1868、1929、1932、1985、2038、2041、2045、2071、2108、2225

通辽市 3、7、593、681、683、704、720、830、838、841、847、849、851、861、863、903、906、923、961、986、993、1013、

1022、1023、1062、1217、1252、
1255、1256、1280、1293、1376、
1458、1469、1497、1501、1503、
1506、1562、1564、1565、1566、
1597、1601、1608、1654、1659、
1664、1665、1685、1692、1709、
1729、1730、1763、1765、1786、
1841、1849、1851、1855、1856、
1857、1868、1873、1874、1875、
1886、1991、1992、2030、2038、
2039、2042、2052、2063、2070、
2071、2078、2079、2103、2128、
2138、2143、2146、2150、2405

通辽县 33、133、135、136、830、
838、 847、 849、 986、 993、
1299、1492、1498、1506、1992、
2020、2059、2061

土默特旗 35、53、57、58、83、
86、 92、 96、 98、 118、 155、
175、181、273、280、381、431、
826、827、836、842、843、845、
848、866、867、868、869、983、
994、1298、1308、1727、1825、
1855、1876、1877、1879、1881、
1889、2201、2202、2207、2208、
2209、2211、2219、2221、2226、
2229、2230、2231、2239、2241、
2244、2246、2247、2256、2257、
2258、2305、2364、2365、2398、
2402、2411

土默特右旗 845、848、994、995、
1284、1293、1310、1584、1658、
1833、1839、1904、1982、2018、
2028、2371

土默特左旗 693、845、848、994、
995、1168、1306、1584、1831、
1839、1879、1889、1973、2018、
2028、2039、2042、2052、2070、
2326

土默特左翼旗 2320

塔布赛村 2201、2239、2244、2247

太仆寺旗 413、520、 837、 843、
995、1020、1021、1022、1692、
1854、1827、1873、2030、2106

突泉县 33、422、452、473、507、
508、509、830、838、845、913、
919、 986、 993、1020、1021、
1022、1500、1651、1659、1670、
1867、2039、2052、2143

托克托县 35、77、83、 84、 104、
710、827、836、842、848、856、
994、1306、1534、1744、1753、
1754、1759、1760、1801、1879、
1883、1884、1889、2018、2039、
2042、2052、2066、2107、2212

陶林 34、35、78、86、158、159、
826、 842、 983、 995、 1073、
1929

陶林县 35、156、157、826、836、
837、842

W

乌兰夫 4、5、6、7、17、40、41、46、47、48、89、94、99、101、102、115、116、117、118、119、120、122、123、124、125、126、127、128、129、131、132、133、134、135、136、139、141、142、144、145、148、149、150、151、152、153、154、155、156、164、165、175、176、177、186、187、188、190、191、199、200、204、206、209、210、212、213、214、216、217、218、219、220、221、222、223、226、227、231、239、241、254、256、257、258、263、265、266、271、278、279、281、282、284、285、286、290、297、301、302、304、313、317、324、341、342、348、350、351、352、353、356、357、358、359、360、364、367、369、370373、379、380、381、386、387、390、413、420、421、422、429、430、431、432、433、437、438、439、440、441、442、443、444、445、446、447、448、449、451、453、454、460、462、467、470、471、472、473、474、477、485、486、493、494、495、496、499、500、507、522、594、797、801、824、825、828、831、860、864、867、868、869、870、871、872、873、874、875、877、878、879、904、905、907、908、909、911、926、927、928、929、965、967、968、969、982、984、986、990、1005、1038、1040、1071、1076、1094、1101、1128、1132、1175、1350、1372、1374、1408、1409、1420、1435、1538、1576、1577、1585、1618、1625、1627、1628、1633、1636、1643、1768、1772、1808、1821、1822、1895、1896、1952、2015、2026、2120、2121、2123、2134、2136、2194、2201、2202、2203、2204、2205、2206、2207、2208、2211、2216、2219、2223、2225、2230、2231、2239、2246、2247、2248、2281、2282、2286、2288、2292、2294、2299、2307、2333、2334、2355、2357、2358、2359、2364、2380、2388、2394、2398、2401、2424、2439

乌力吉 26、120、452、471、548、756、760、769、789、793、830、892、895、913、920、921、922、950、9511、958、1086、1087、1443、1613、1618、1638、1724、1726、1727、1858、1900、1905、

1932、1955、1956、2240、2241

乌伦赛 558、978

乌热尔图 800、1112、1113、2379

乌兰 187、557、558、560、1024、
1051、1091、1093、1095、1535、
1637、2248、2249、2271

乌云其木格 17、548、549、771、
794、892、895、923、924、947、
962、963、1095、1096、1550、
1552、1596、1900、1908

文浩 501、2398、2399、2400

吴涛 433、437、438、439、449、
450、453、454、471、496、540、
877、878、879、881、912、913、
2172、2189、2190

吴祥林 2327

万继生 896、953

王弼臣 68、881、885、990、992

王崇仁 557、558、975、978、2268

王铎 17、22、25、34、40、115、
116、120、148、149、160、161、
167、175、177、187、221、222、
224、229、230、273、279、284、
297、307、354、358、360、385、
412、417、429、430、432、433、
436、437、438、442、490、491、
496、508、509、540、550、600、
636、677、678、824、865、869、
871、875、877、896、897、898、
930、967、1072、1106、1110、

1174、1178、1180、1184、1190、
1191、1192、1193、1195、1199、
1200、1216、1229、1241、1242、
1262、1271、1272、1653、1904、
1959、2119、2120、2121、2124、
2172、2217、2218

王海山 120、124、555、971、1005

王杰 364、389、1340、1346、2430、
2431

王建功 78、80、81、82、83、85、
555、970、971、2211、2219、
2220、2221

王克俊 46、983

王林祥 2407、2408、2409

王林中 897、921、935

王群 541、542、553、888、890、
891、951、2236

王若飞 389、411、805、1633、
2202、2211、2220、2230、2334、
2399

王文达 118、175、188、866、867、
868、870、873、876、928、967

王文焕 2423、2424

王逸伦 115、116、118、156、161、
163、175、177、187、188、279、
297、433、436、437、438、442、
496、508、550、864、865、867、
868、870、873、874、875、876、
878、883、885、886、899、907、
908、909、911、917、926、928、

929、931、2120、2136、2218、
2219

王爷庙 846、852、963、1042、
1269、1811、1993、1999、2077、
2204、2214、2219、2225、2226、
2263、2335、2371

王蕴忠 2328、2329

王亚卓政治冤案 2187

王占 2189

王再天 115、118、120、124、125、
134、156、175、177、180、187、
188、189、272、279、356、430、
433、441、471、555、864、867、
868、870、873、875、876、878、
898、904、907、908、909、911、
926、928、929、964、967、970、
971、984、986、1005、1101、
2150、2215、2216、2217

文精 942、1904

武达平 386、555、969、970、971、
1104、2247

翁牛特 34、161、908、2205

翁牛特蒙古族自治旗 829

翁牛特旗 446、829、830、843、
849、993、1018、1020、1210、
1222、1305、1499、1581、1637、
1638、1640、1641、1645、1646、
1757、1758、1825、1930、1961、
1992、2030、2052、2076、2107、
2218、2329

武川 35、60、68、82、86、155、
273、381、826、836、995、
1825、1879、2232

武川县 35、53、60、70、520、
827、836、842、843、850、994、
1225、1293、1833、1861、1879、
1965、2066、2232

武东县 83、827、836、842、843

乌丹 34、161、829、843、908、
1222、1464、2107、2205

乌丹县 161、843、993

乌达市 848、915

乌海 520、617、643、669、767、
882、884、888、891、917、919、
920、923、994、1060、1064、
1068、1252、1253、1263、1289、
1297、1316、1511、1661、1708、
1792、1805、1972、1977、1979、
2041、2178、2181、2412、2429

乌海市 3、7、27、468、540、593、
681、686、704、747、848、851、
856、857、858、882、895、915、
937、945、952、960、994、
1003、1023、1057、1062、1217、
1226、1248、1252、1257、1295、
1353、1462、1495、1547、1561、
1565、1602、1661、1665、1672、
1708、1784、1786、1792、1925、
1931、1972、1996、2004、2017、
2028、2045、2066、2070、2108、

2111、2126、2146、2190、2243、
2433

乌兰巴托　241、242、804、1213、
1214、1219、1220、1222、1609、
1623、1836、2202、2208、2210、
2224、2226、2310、2337、2370

乌兰察布盟　4、7、26、35、52、
57、58、78、83、99、118、155、
156、160、162、175、191、192、
206、233、364、381、438、443、
446、452、468、499、540、593、
619、680、710、712、715、747、
801、813、824、825、826、827、
828、834、835、836、837、838、
840、841、842、848、849、850、
851、853、856、858、862、866、
867、869、873、876、879、880、
895、905、906、908、913、915、
983、1035、1042、1052、1068、
1164、1169、1171、1178、1199、
1222、1226、1290、1307、1308、
1317、1337、1338、1369、1374、
1376、1377、1379、1470、1477、
1542、1543、1547、1563、1565、
1566、1578、1585、1598、1631、
1636、1653、1655、1672、1680、
1692、1693、1694、1709、1747、
1825、1855、1865、1866、1872、
1873、1875、1878、1924、1937、
1961、1963、1972、1973、1990、

1994、2004、2016、2018、2044、
2045、2446、2056、2065、2071、
2077、2090、2100、2101、2103、
2105、2106、2107、2108、2109、
2124、2135、2143、2148、2151、
2154、2157、2158、2160、2162、
2163、2164、2165、2171、2176、
2190、2202、2208、2227、2229、
2232、2243、2335、2387、2389、
2397、2420、2421、2429、2438

"乌兰夫反党叛国集团"冤案　429、
441、442、446、460、485、493、
495、496、499、1374、2207

乌兰夫研究会　5、17、797、2359

乌兰嘎拉僧海日布丹毕尼玛　2271

乌兰浩特　33、40、115、133、135、
136、138、194、342、383、509、
747、771、824、831、838、839、
846、847、848、849、851、852、
864、865、903、906、919、963、
984、986、987、993、1027、
1064、1071、1072、1085、1092、
1093、1176、1182、1218、1219、
1220、1221、1222、1226、1245、
1251、1257、1266、1269、1271、
1300、1326、1334、1366、1367、
1371、1423、1458、1469、1489、
1495、1500、1536、1549、1562、
1565、1575、1580、1618、1622、
1665、1689、1780、1782、1786、

1790、1795、1796、1811、1867、1874、1875、1972、1974、1990、1993、1999、2043、2044、2052、2059、2061、2063、2064、2067、2077、2088、2098、2099、2100、2106、2118、2119、2120、2129、2205、2214、2225、2229、2321、2335、2340、2381、2394、2421

乌兰浩特市 33、115、135、136、138、509、747、824、838、846、847、848、849、851、852、903、906、919、963、986、993、1027、1072、1085、1092、1093、1226、1300、1458、1469、1489、1495、1500、1562、1565、1665、1689、1780、1786、1811、1874、1875、1972、1993、2043、2044、2052、2059、2061、2063、2064、2098、2100、2106、2119、2120、2129、2321、2381、2394

乌审旗 35、51、65、66、99、520、560、827、836、1018、1020、1210、1527、1600、1646、1651、1669、1687、1754、1961、1963、2030、2052、2066、2152、2160、2424、2425、2436

乌拉特后旗 35、92、99、520、844、845、994、1018、1020、1598、2028、2160

乌拉特前旗 35、69、92、98、99、520、693、827、836、837、838、843、844、848、994、1020、1021、1022、1564、1566、1598、1748、2028、2052、2071、2164、2177、2178、2180、2181、2184、2185、2272

乌拉特中旗 35、69、99、520、844、845、994、1018、1020、1598、1753、2028、2052、2150、2156

乌拉特中后联合旗 357、827、836、837、838、844、845、908、994、1131、2160

"五一"大会 806、2216

五原 35、60、67、85、86、156、381、453、826、995、1176、1303、1995、2251

五原县 35、78、710、771、827、837、838、845、994、1164、1310、1492、1535、1536、1566、1781、2028、2071、2150、2160、2181

"挖肃"运动 439、440、441、442、446、447、449、451、476、486、493、1438

"稳、宽、长" 6、216、221、222

X

邢宝玉 958、2193

许柏年 559、560、978、979、981、1062、1969、1970、2273、2274

许令妊 886、889、939、942、1104、1105、1908、1976

旭日干 1403、1408、1448、1944、2291、2292、2293、2294

徐信 454、540、880、881

夏辅仁 116、865、898

肖应棠 433、449、876、991

锡林郭勒盟 4、7、26、33、34、35、114、116、118、140、158、175、183、191、192、242、381、390、410、413、438、447、452、468、499、540、560、593、683、686、715、813、834、937、839、840、841、844、845、848、849、853、856、858、864、866、867、869、873、876、879、880、895、903、908、913、915、1023、1041、1042、1068、1124、112、1126、1128、1210、1214、2121、1223、1286、1324、1345、1362、1369、1374、1457、1461、1477、1495、1506、1542、1543、1547、1549、1562、1565、1566、1581、1598、1631、1636、1637、1651、1653、1667、1692、1694、1759、1762、1790、1820、1826、1855、1857、1858、1872、1873、1897、1917、1918、1963、1978、1979、1980、1991、1995、1999、2026、2027、2028、2030、2044、2045、2046、2072、2074、2077、2079、2100、2102、2130、2105、2106、2107、2108、2109、2120、2124、2135、2137、2150、2152、2153、2154、2155、2157、2158、2160、2164、2165、2176、2177、2179、2181、2188、2190、2203、2208、2231、2232、2241、2266、2267、2276、2296、2312、2322、2324、2329、2370、2380、2426

锡林浩特 143、233、381、402、771、812、814、845、873、938、985、1068、1176、1177、1213、1216、1217、1219、1222、1224、1257、1271、1334、1367、1481、1543、1544、1549、1563、1564、1580、1869、2041、2106、2188

锡林浩特市 849、1018、1019、1224、1292、1563、1789、1995、2052、2126、2127、2138、2179

西乌珠穆沁旗 845、985、1018、1019、1041、1128、1292、1345、1641、1858、2152、2153、2155、2160、2165、2179、2181、2182

喜桂图旗 166、169、830、838、843、844、849、986、993

镶红旗 35、99、983

镶黄旗 160、520、771、837、845、1018、1019、1042、1286、1293、1333、1492、1493、1499、1503、

1641、1755、1759、1853、1854、
1965、1982、2066、2160、2322、
2324

镶红镶蓝联合旗 156、826、837

新巴尔虎右旗 33、142、830、993、
1018、1019、1646、2154、2193、
2195、2240

新巴尔虎左旗 33、830、993、1018、
1019、1918、2154、2389、2421

"新内人党"冤案 429、439、442、
471、1132

兴安盟 4、7、26、33、114、116、
138、508、509、540、560、593、
680、686、693、695、715、757、
838、841、848、850、853、856、
858、863、865、884、895、903、
906、919、1013、1023、1028、
1035、1042、1073、1118、1171、
1300、1345、1369、1460、1467、
1477、1492、1500、1547、1549、
1562、1565、1566、1597、1631、
1659、1665、1666、1684、1697、
1710、1763、1765、1855、1868、
1873、1886、1890、1891、1925、
1931、1965、1972、1973、1976、
1977、1984、1990、1991、1993、
2019、2030、2039、2041、2044、
2046、2059、2071、2078、2079、
2106、2107、2108、2111、2129、
2143、2193、2204、2229、2242、

2263、2321、2335、2340、2341、
2394、2423

兴安省 1001、2043、2203、2215、
2225、2226、2231

兴安总省 2214

兴和 34、35、78、155、158、159、
342、381、826、836、837、983、
995、1073

兴和县 35、160、400、628、827、
836、845、862、1182、1499、
1566、1577、2107

Y

阎肃 2258

杨达赖 471、499、917、919、921、
922、935、942

杨恩博 889、892、991

杨晶 896

杨令德 523、555、556、642、645、
964、968、970、973、1057、
1879、2252、2259

杨维 2404、2405

杨啸 2375、2376

杨叶澎 46、70、71、982、983

杨植霖 17、45、46、57、58、88、
108、115、116、118、148、149、
155、156、175、177、187、188、
189、190、191、193、206、229、
230、274、279、282、284、310、
385、420、501、825、864、865、

866、867、868、869、871、873、
904、905、907、908、909、926、
928、963、964、965、966、967、
1074、2120、2134、2210、2211、
2212、2220

姚喆 45、46、59、60、75、88、
116、866、898、963、982、2211

伊锦文 2365、2366、2367

亦邻真 424、1953、1956、2333、
2347、2348、2349、2350

殷玉珍 2436

勇夫 20、471、498、2247、2332

永儒布 1594、1596、2387

尤太忠 454、468、486、493、494、
517、540、545、550、555、880、
881、882、883、884、885、915、
917、930、970、990、1077、
2163、2172、2188、2233

于北辰 20、433、498、1104、1107、
1904、2283、2284、2332、2333

玉荣 364、1350、1585、1791、2438、
2439

元上都 800、1736、1740、1741、
1750、1752、1755、1954

云北峰 500、876

云布龙 26、548、735、772、773、
774、775、776、778、781、782、
785、794、801、802、803、804、
809、810、811、812、814、816、
817、895、901、922、923、944、

950、953、958、959、1059、
1552、2241

云公民 923、951、958

云浦 22、47

云清 2203

云曙碧 471、897、1093、2239、
2244、2246、2247

云曙芬 390、471、557、1095、
2247

云曙光 2239

云世英 509、550、876、885、886、
917、919、930、931、935

云一立 499、896、990、992、2247

云泽 864、2201

照光 17、471、556、557、800、
973、974、975、1110、1111、
1112、1602、1629、1630、1653、
2244、2245、2246、2374、2377、
2379

牙克石 142、232、233、342、567、
771、844、852、993、1064、
1173、1174、1176、1177、1182、
1199、1241、1254、1257、1266、
1353、1377、1531、1561、1562、
1565、1580、1581、1838、2041、
2089、2106、2128

牙克石市 849、852、993、1031、
1293、1561、1709、1874、2052

延安精神研究会 797、2246、2356、
2376

晏江县　35、69、837、842、994

伊金霍洛旗　341、392、520、680、681、845、984、1020、1021、1022、1041、1293、1577、1646、1746、1750、1753、1981、2038、2039、2042、2052、2066、2270、2412

伊克昭盟　16、35、51、57、58、63、65、78、86、99、109、118、125、155、156、162、175、191、192、206、233、341、392、400、425、439、446、452、468、499、540、558、560、593、619、680、681、686、710、711、712、715、801、813、824、825、826、827、834、835、836、840、841、842、845、846、848、849、853、856、858、866、867、869、873、876、879、880、895、905、906、913、915、940、983、984、1041、1042、1125、1164、1178、1186、1210、1267、1334、1362、1369、1374、1461、1477、1506、1509、1518、1522、1523、1542、1543、1547、1563、1564、1566、1577、1578、1583、1608、1609、1610、1631、1656、1657、1667、1669、1680、1683、1684、1687、1692、1694、1724、1729、1731、1744、1746、1917、1918、1936、1961、1962、1963、1964、1990、1996、2019、2026、2044、2045、2046、2073、2100、2101、2103、2105、2106、2107、2111、2124、2135、2138、2152、2157、2160、2164、2177、2181、2186、2190、2194、2203、2217、2224、2242、2244、2245、2247、2248、2255、2256、2257、2267、2269、2270、2271、2275、2312、2318、2324、2328、2329、2330、2352、2355、2365、2366、2390、2407、2409、2410、2411、2412、2416、2424、2425、2436

Z

张晨鼎　1931、2312、2313

张长弓　2245、2374、2377、2378、2379

张二毛　2428、2429

张河　817、2114、2131、2434、2435

张鹏图　550、876、885、886、896、897、911、917、930、2136、2190

张如岗　37、67、69、70、354、550、898、909、910、911、913、932、1005

张荣臻　550、555、932、967、968、970、1393、1934、2259、2260、2261

张曙光　541、702、887、888、889、
　　2235、2244

张双旺　2409、2410、2411

张顺臻　557、558、975、977、978、
　　2272

张正光　452、880、914、2189

赵诚　120、2201、2203、2209、2221

赵军　550、930

赵俊臣　2203

赵永亮　2416、2417、2418

赵云驶　17、120、555、904、970、
　　971、1071、1075

赵展山　555、970、971

赵紫阳　454、540、880、881、882、
　　915、944

周北峰　46、187、551、555、919、
　　931、936、970、1525、1530、
　　1630、2254、2255

周惠　496、508、509、540、541、
　　614、617、619、678、679、883、
　　884、887、888、2136、2234、
　　2235

周吉　883、896、897、899

周清澍　35、57、159、424、1410、
　　1953、1960、2284、2333、2349、
　　2350、2351、2352、2353

朱实夫　2202、2203

扎拉嘎胡　501、800、2374、2375

扎兰屯　168、1173、1174、1176、
　　1199、1218、1224、1245、1257、

1271、1373、1427、1461、1464、
　　1500、1536、1537、1538、1542、
　　1553、1561、1564、1565、1659、
　　1825、1874、1895、2021、2044、
　　2335、2374、2386

扎鲁特旗　33、133、161、185、830、
　　838、986、993、1018、1020、
　　1222、1566、1623、1624、1687、
　　2052、2066、2182、2381、2382、
　　2417

扎赉特旗　33、138、509、560、695、
　　830、838、844、860、863、919、
　　986、993、1021、1022、1210、
　　2030、2071、2143、2335、2396、
　　2422、2423

扎兰屯市　170、174、175、684、
　　849、993、1011、1020、1021、
　　1031、1033、1034、1561、1562、
　　2030、2052、2107

札萨克旗　51、99、827、836、842、
　　845、984、2255、2256

正红旗　35、99、156、826、837、
　　842

正黄旗　35、99、156、826、837、
　　842

正蓝旗　33、515、520、612、837、
　　843、845、985、995、1018、
　　1019、1023、1598、1636、1641、
　　1750、1752、1754、1755、1854、
　　1855、2052、2370、2371

正镶白旗 520、837、843、845、995、1018、1019、1292、1636、1641、1697、1755、2026、2085、2160

哲里木盟 26、33、114、116、138、161、175、191、192、261、341、439、452、473、501、506、507、508、509、540、560、645、680、681、683、686、712、725、737、747、813、824、829、830、834、838、840、841、847、849、853、856、858、861、865、869、873、876、895、903、906、913、916、919、923、931、986、1042、1073、1129、1138、1139、1164、1166、1170、1171、1217、1221、1222、1287、1299、1317、1332、1333、1351、1353、1354、1356、1358、1359、1360、1362、1363、1368、1369、1379、1429、1461、1469、1477、1497、1506、1518、1522、1542、1544、1547、1562、1566、1607、1620、1631、1650、1653、1661、1665、1679、1683、1685、1687、1731、1767、1783、1821、1823、1857、1880、1888、1890、1937、1963、1973、1990、1991、1992、2017、2018、2019、2020、2041、2044、2046、2051、2059、2077、2093、2100、2101、2103、2104、2105、2106、2107、2109、2111、2135、2138、2150、2157、2158、2182、2205、2214、2215、2223、2225、2237、2240、2247、2262、2291、2306、2309、2335、2337、2340、2343、2359、2360、2371、2374、2381、2382、2383、2384、2387、2388、2395、2400、2405、2422、2423、2425、2426

昭乌达盟 33、34、114、116、160、161、162、175、191、192、233、413、439、446、452、473、498、501、506、507、508、540、824、829、830、834、838、840、841、843、847、848、849、856、865、869、873、876、884、903、906、908、913、916、920、931、985、1042、1073、1117、1118、1164、1178、1181、1217、1221、1222、1299、1305、1329、1330、1344、1354、1359、1361、1363、1364、1365、1367、1368、1369、1376、1469、1477、1521、1522、1538、1542、1543、1544、1576、1581、1631、1637、1638、1650、1744、1746、1747、1767、1783、1812、1821、1825、1827、1922、1933、1990、1992、1993、2016、2038、2044、2077、2090、2100、2101、

2102、2103、2105、2109、2111、2119、2120、2151、2157、2158、2205、2218、2285、2342、2363、2368、2372、2376、2382

中国共产主义青年团内蒙古自治区委员会 387、498、662、1084、1087、1088、1089、1090、1091

中国农工民主党内蒙古自治区委员会 642、1065、1066、1067

中国国民党革命委员会内蒙古自治区委员会 522、556、557、558、559、641、642、972、975、977、980、1056、1057、1058、1059、2259、2268、2275

中国民主建国会内蒙古自治区委员会 1064、1065

中国蒙古史学会 797、2276、2337、2345、2347、2352、2354、2356、2359、2364

中国蒙古语文学会 511、797、2285、2287、2288、2337

中国蒙古文学学会 797、2342、2343、2375

中国民主促进会内蒙古自治区委员会 642、1062、1063

中国民主同盟内蒙古自治区委员会 641、642、1059、1060、1061、1062

中国人民保卫世界和平委员会内蒙古分会 126、191、2215

中共内蒙古党史学会 797

《中共内蒙古自治区委员会工作条例》

《中共中央国务院关于恢复内蒙古自治区原行政区划的决定》

《中共中央关于处理内蒙古自治区问题的决定》

《中共中央关于对内蒙古自治区实行分区全面军管的决定》

《中共中央华北局关于内蒙和绥远工作关系问题的四项解决办法》

准格尔旗 35、51、86、92、99、446、520、772、827、836、1020、1021、1022、1496、1659、1746、1750、1753、1754、1833、1839、1854、1855、1962、2052、2066、2071、2244、2275、2409、2417

卓索图盟 34、160、161、162、829、1339、2225、2238、2249、2320、2326、2371

卓资 86、155、273、381、826、836、837、844、983、995、1565、1825、1865

卓资县 156、520、557、710、747、826、827、836、837、842、843、844、1164、1179、1310、1369、1700、1754、2143

张家口 40、41、115、116、119、120、126、129、135、136、143、

第八卷　索引

A

阿巴嘎熔岩台地　38、283、303、421

阿拉善　14、16、36

阿拉善高原　29、38、41、46、51、59、411

阿拉善荒漠　18、24、42、43、61、63、70、246、259、269、285、286、358、366、401、425、459、460、461、483

阿特塞勒　13、249

奥勃鲁切夫　15、254

安德芮　17、259

B

巴丹吉林沙漠　16、20、38、64、256、265、360、366、369、380、393、395、397、401、402、404、459、529

巴图　488

宝日勒岱　542、543、544

贝尔湖　38、283、289、444、447、451

北川政夫　16、257

《北蒙古植物区系资料》　15、253

《北魏至金代科尔沁沙地的变迁》　8

北山山系　37

本吉　13、248、249

本田正次　17、258

奔秋林　13、248

彼甫措夫　15、252

波尔伸尼尼柯夫　248

波塔宁　14、252、253、254

波兹德涅耶夫　4、15、108、119、255

白音锡勒牧场　24、269、270、509

白泽　16、257

《博克图附近的植物相》　16、257

布瑞特施耐德尔　252

布廷　15、251

C

《察绥植物目录》　17、258

《从活动论观点论中国大地构造分

区》 9、30

《从红柳河上的古城废墟看毛乌素沙区的变迁》 8

《草原帝国》 9

《草原生态系统研究》 25、270、276

《草原与田园——辽金时期西辽河流域农牧业与环境》 8

长白山 29、41、67、285

柴达木 31、62、64、250、366、403

陈昌笃 272、485

陈桢 500、503

崔友文 22、266、510

D

大别山 31

大青山 45、47、67、68、108、118、244、284、290、490、540

大兴安岭 14、15、16、20、26、29、37、39、40、42、43、44、47、48、54、56、65、66、67、68、69、71、99、122、127、131、133、227、232、253、257、264、277、285、289、328、346、420、483、495、540

《大兴安岭森林资源调查报告》 20、264

《大兴安岭纵断面调查》 16、257

达尔文 13、249、470

达维迪 13、249

《达维迪在中国采集的植物》 13、249

岱海 16、32、126、127、255、289

东居延海 358、362、383、385、388

东胜古陆 30

《东乌珠穆沁植物调查报告》 17

迪尔斯 17、258

董正钧 372、374、391、397

杜国垣 493

段金玉 506、534

德永重康 17

E

额尔古纳河 20、86、91、264、288、332、333、335、336、343、444

额济纳河 14、15、16、72、96、253、256、358、361、363、367、369、371、383、391、395、402、462

额济纳绿洲 358、359、360、365、368、371、372、376、381、383、388、393、399、461

额木纳河 358

鄂尔多斯高原 8、11、29、39、43、45、51、54、57、59、61、121、140、227、281、285、290、304、362、531

鄂尔多斯陆核 30

鄂尔多斯陆台 30

《鄂伦春族游猎、定居发展》 8

《20世纪末内蒙古生态环境遥感调查研究》 277

F

富特瑞 258

弗阮契 13、249

冯钟粒 18、260

G

嘎顺淖尔 358、362、370、371、383、385、397

《改良退化草地与建立人工草地的研究》 277

盖比伦 248

盖山林 7

《干旱区资源与环境》 10、278、540、545、547

高桥基生 17、258

高尔杰耶夫 257

格罗姆—格尔日迈洛 15

戈壁阿尔泰山 15

耿以礼 18、259、260

古居延海 397

古日乃湖 39、359、402

拐子谷 366、367、368、369

拐子湖 16、256、359、369、376、384、402、404、463

郭绍礼 276、493

《国际减轻自然灾害十年》 218

《国际减轻自然灾害十年国际行动纲领》 218

H

汉德-玛兹 17、258

海克尔 13、249

《海拉尔附近的植物相》 16、257

贺兰山 4、14、18、19、38、40、41、47、63、65、67、68、69、74、101、118、231、250、251、254、259、260、281、284、292、296、299、420、459、460、462、467、468、478

《贺兰山森林调查报告》 19、260

《贺兰山植物采集纪略》 18、259

《黑城出土文书》 7

《黑河流域地域系统的下游绿洲带资源环境安全》 11

黑河 116、358、359、361、362、363、377、381、383、387、388、389、390、393、394、396、461

黑河下游 358、359、377、382、387、388

《黑龙江流域综合考察学术报告》 20、264

河套平原 39、41、110、124、238、259、386、490、492、493、515

河西走廊 29、62、91、253、254、366、386、410、459

黄河中上游 124、125、131、139

黄河中游 20、121、262、264、265、297、482、506、507、528、534

黄淮陆核 30

黄旗海 126

黄土高原 15、29、35、41、46、57、58、88、140、232、249、254、262、281、284、291、292、296、297、298、300、304、309、420、474、482、506、534

侯德封 488

胡式之 272、401、410、414

呼伦贝尔草原 14、15、20、21、24、42、48、57、151、246、248、253、257、262、264、266、304、347、348、355、424、444、445、446、447、448、449、454、456、483、490、507、509、545

《呼伦贝尔盟东南部河谷甸子地的形成演化与发展趋势》 10

呼伦贝尔盆地 32

呼伦湖 15、38、253、283、289、447、450、457

《环境经济机制与政策研究》 11

浑善达克沙地 10、17、20、36、38、135、136、137、258、265、283、328、333、344、421、430

《浑善达克沙地全新世沉积特征与环境演变》 10

J

《静生生物调查所汇报》 18、259

居延海 39、358、359、360、374、375、380、384、385、388、395

《居延海》 372、373、375

贾慎修 20、263

江隆基 509

蒋有绪 511

冀北—辽东陆核 30

冀北山地 39、65、67、68、474、534

吉兰太盐池 39

基里洛夫 13、248

季米柯夫斯基 13、248

K

喀里纳克 253

喀奈 17

卡兹纳科夫 256

克鲁泡特金 14、250

柯马洛夫 14、16、253、257

科尔沁草原 11、29、130、133、134、135、151、288、303、350、353、420

《科尔沁草原土地沙漠化过程及整治》 11

科尔沁沙地 8、26、133、134、135、271、283、328、333、344、354、420、430

《科尔沁沙地历史变迁及其原因的初步研究》　8

科兹洛夫　16、253、255、256、257、368

库布齐沙漠　20、36、62、64、265、403

《库伦—张家口间蒙古草原植被概论》　15、253

库兹涅佐夫　248

L

狼山　30、38、40、63、124、250、284、392

狼心山　358、363、365、374、375、383、388、394、395

李博　11、263、471、510、511、525、526、528、530、531、532、549、550

李德平　511

李继侗　10、20、22、261、262、263、264、266、272、471、482、483、499、500、501、505、508、511、533、545、549

李世奎　276、493

李世英　19、263、516

李应海　488

《历史时期鄂尔多斯高原农牧业的交替及其对自然环境的影响》　8

《历史时期亚洲中部荒漠增长与耕地毁灭》　254

利普斯基　257

利特维诺夫　257

辽河平原　29、288、302

廖国藩　276、494

廖友桂　471、510

刘慎谔　18、22、259、266、510

刘钟龄　7、11、143、160、276、442、471、494、510、545、546、547、549

刘锺龄　263

龙首山　15、37、38、65、69、254、359

娄成后　511

吕梁山　29、41、285、507、534

《绿色之路》　8

滦河上游　122、332、336

《论清末政府对内蒙古的"移民实边"政策》　9

峦汉山　126

罗温斯基　15、252

洛佐夫　13、248

M

马长炯　276、493

马克西莫夫　500、513

马克西莫维奇　13、14、249

马溶之　488、507

马毓泉　10、22、60、262、263、276、473、485、501、506、507、510、511、533、534、536、541

马鬃山 38、63、359、377、392、393、402、404、405、412、459

蒙古国 50、54、58、63、73、77、79、80、96、123、222、293、298、444、459

蒙古高原 12、14、29、37、40、41、45、50、57、58、87、90、92、96、99、129、246、248、249、252、275、281、283、284、288、294、298、528、541

《蒙古和喀姆》 16、256

《蒙古和唐古特地区》 14、251

《蒙古及蒙古人》 4、108

《蒙古农业计划案》 318

《蒙古人民共和国植被基本特点》 10、262、504

《蒙古游牧社会变迁》 8

《蒙古与中国北部考察简报》 15

《蒙古—中国游记》 13、248

《蒙古族的传统生态观与可持续发展论》 7、442

《蒙古族游牧文化的生态属性》 7、439

《蒙疆浑善达克沙地调查报告》 17、258

《蒙疆牧野调查报告》 17、258

《漠南蒙古地志》 5

《满蒙牧草植物调查》 16、257

《满蒙植物目录》 17、258

《满蒙植物写真辑》 17、258

《满清治蒙政策之研究》 7、110

《满铁调查报告》 4、109

《满洲产野生饲料植物》 258

《满洲森林》 16、257

《满洲植物考》 16、257

《满洲植物志第2、3辑-禾本科、豆科》 17、258

密斯柯米特 248

毛乌素沙地 14、26、36、122、140、141、253、264、271、328、422、430、527、543、544

《毛乌素沙地荒漠化的发展阶段和成因》 11

《毛乌素沙地南缘历史演化》 8

《毛乌素沙区自然条件及其改良作用》 11

穆林河 358、371

N

《南满植物名录》 16、257

内流河水系 335、336

《内陆亚洲游牧民族社会研究》 8

《内蒙古草地资源》 276

《内蒙古草原区植被概貌》 21、265

《内蒙古的针茅草原》 21、265

《内蒙古动物志》 510、511

《内蒙古鄂尔多斯高原自然环境与治理的研究》 11

《内蒙古国土资源》 276

内蒙古高原 29、37、38、40、41、43、50、57、135、281、285、293、295、303、484、548

《内蒙古环境保护》 278

《内蒙古经济植物手册》 265、276、540

《内蒙古林业》 278

《内蒙古历史地理》 5

《内蒙古农牧交错带的生态环境治理与科技发展》 11

《内蒙古农牧业区划》 277

《内蒙古农牧业资源》 21、265、276、546

《内蒙古农业地理》 277

《内蒙古农业资源及利用》 276

《内蒙古森林》 22、277

《内蒙古生态环境预警与整治对策》 277

《内蒙古土壤志》 265

《内蒙古苔藓植物志》 276

《内蒙古—西部大开发的重要支点》 277

《内蒙古西部古居延–黑城地区历史时期环境的变化与沙化过程》 10

《内蒙古畜牧业》 277、495

《内蒙古畜牧业文献资料选编》 6

《内蒙古锡林郭勒盟草场概况及主要牧草介绍》 20、263、519

《内蒙古伊克昭盟草原调查报告》 20

《内蒙古植被》 10、276、482、494

《内蒙古植物志》 10、276、471、477

《内蒙古中南部原始文化的考古研究》 8

《内蒙古珍稀濒危动物图谱》 277

《内蒙古珍稀濒危植物图谱》 277

《内蒙古资源大辞典》 276

《内蒙古自然保护纲要》 9、11

《内蒙古自然保护区》 277

《内蒙古自然地理》 277

《内蒙古自治区草地资源系列地图》 22、267

《内蒙古自治区地理》 277

《内蒙古自治区及东北西部地区地貌》 276、493

《内蒙古自治区及东北西部地区林业》 277、495

《内蒙古自治区及东西部毗邻区气候与农牧业关系》 276、493

《内蒙古自治区及其东部毗邻地区水资源》 276、493

《内蒙古自治区及其东西部毗邻地区天然草场》 276、494

《内蒙古自治区林业区划》 277

《内蒙古自治区农牧林业气候资源》 276

《内蒙古自治区与东北西部地区土壤地理》 10、44、276、494

《内蒙古自治区志——畜牧志》 6

《内蒙古自治区志——农业志》 7

《内蒙古自治区主要气象灾害分析》 11

嫩江流域 20、86、124、130、131、133、264、287、308、332、448、510

嫩江右岸 333、335、343、347

鸟居龙藏 16、90、257

O

《欧洲人对中国植物早期研究》 252

《欧洲人在华的发现史》 252

P

帕里滨 253

彭拜勒 13、249

彭启乾 24、269、518、520、521

普亚塔 253

普热瓦尔斯基 14、250、252

Q

契尔诺夫 16、256、367

祁连山 16、29、63、67、242、250、254、296、299、358、381、459

曲仲湘 261

《全国生态环境保护纲要》 129、387

《全国生态环境建设规划》 129、426

《钦定热河志》 4、111、118、129

钱崇澍 500、505、514

秦岭 31

秦仁昌 18、259、473、475、485

《秦仁昌在蒙古南部所采的植物》 18、259

《清代东北蒙地开发述略》 7、114

《清末绥远的开垦》 4、109

《清末绥远垦务》 4、109

S

萨拉乌苏 85、86

三浦密城 17、258

上都河流域 136、332

神保 16、257

沈蔼如 505、509、510

沈长江 277、495

石家深 277、495

石玉林 276、494

矢部吉祯 16、257

《率领蒙古和西藏的探险考察》 256

斯科沃尔措夫 257

斯文·赫定 18、259

松辽平原 39、40、87、127、283、284、293、322、423、474、482

松嫩平原 29、39、57、131、294、301、508

苏古淖尔　358、360、362、365、
　　370、376、378、380、383、385、
　　388、397

苏卡乔夫　506

孙鸿良　549

索维布　17、258

T

太行山　29、41、285、533

塔里木　31、62、64、390、391、
　　397

天山　31、73、88、91、104、106、
　　251、254、296、297

仝治国　510

图尔钦尼诺夫　13、248

腾格里沙漠　14、20、24、38、62、
　　64、250、256、264、269、366、
　　410、459

W

《我国荒漠化灾害综述》　11

《我国晚白垩世和第三纪植物地理
　　区与生态环境的探讨》　10、32

《文明消失的现代启悟》　7

乌尔森　259

乌兰布和沙漠　20、24、38、62、
　　265、269、401、402、404、408、
　　459、460

乌兰察布草原　24、239、269、535

乌兰察布高原　38、42、58、59、

61、283、296

乌兰夫　6、263、508、509、510、
　　517、542

乌兰夫奖金　528

《乌兰夫论民族工作》　6

《乌兰夫论牧区工作》　6

《乌兰夫文选》　6

《乌审召的草库伦》　8

吴韫珍　502

吴征镒　73、261、473、479、485、
　　502、504、511、529、539

王栋　19、263、516、517、519

王义凤　494

X

许令妊　19、24、263、269、515、
　　516、517、518、520、522、523、
　　524、525

《兴安北省牧野调查》　16、257

兴（安）蒙（古）海槽　30

锡林郭勒草原　15、17、19、20、
　　21、24、43、57、159、168、
　　181、187、197、228、258、263、
　　269、304、338、516、517、519、
　　523、525、549、550

《锡林郭勒盟区系植物考察报告》
　　21、265

锡林河　135、288、336

锡林河流域　303

锡林河中游　143、144、164

西伯利亚　13、30、35、66、249、250、252、282、285、402

西伯利亚成分　48

西伯利亚高压　35、36

《西伯利亚植物志》　482

西居延海　256、358、362、383、385、394、397、461

《西辽河地区的文明起源》　8

西辽河流域　8、21、70、87、127、128、129、133、228、242、265、303、336、343、347、420

西辽河平原　39、50、57、72、238、333、343、420、490、492

西辽河水系　335

《西蒙古与乌里雅斯台边区》　254

喜马拉雅成分　67

喜马拉雅山　88、368

喜马拉雅运动　9、32、33、35

喜马拉雅植物区系　539

喜马拉雅种　251

小兴安岭　29、67

协山三弥　16、257

谢尔塔拉牧场　269、509

《现代生态学讲座》　275

Y

《亚洲中部、中国北部及祁连山》　15

阳含熙　272

殷宏章　511、512

阴山山脉　29、37、39、40、41、50、54、57、85、125、281、282、284、285、301、303、420

燕山　29、30、32、49、50、127、301、331、333、336

燕山运动　32、126

燕山期花岗岩　444

岩田悦行　17、258

伊·科兹洛夫　257

《18世纪以来欧美学者对我国西北区地理环境的考察研究》　10

《1862—1865年考察中国、蒙古的地质环境》　249

《1864年的中国东北旅行》　250

《1899年夏大兴安岭中部纪行》　15、253

莺落峡　361、362、363、388

雍世鹏　510、548、549、550

《游牧圈与游牧社会——以满铁资料为主的研究》　8

《游牧文明与生态文明》　7

《元明西域史地论考》　252

《元上都研究》　7

《原札萨克图旗清末土地放垦及其演变情况调查报告》　8

Z

《在满洲的一个自然科学家》　17

曾泗弟　549

札勒洛特奈　15、253

斋藤渡边　16、257

章祖同　24、276、520、521

张景钺　502、505、532、533

赵肯堂　376、510

正义峡　361、362、363、381、382、
388

《治沙研究》　21、265

《中国北部及西北部植物地理概论》
18、259

《中国北方农牧交错带全新世环境
演变及预测》　9、126、127、128

《中国草地》　278、526

《中国大兴安岭植被》　277

《中国的生物多样性现状及其保护
对策》　10

《中国的唐古特西域和蒙古中部》
14

《中国古生物地理》　14

《中国和蒙古植物区系导论》　16、
257

《中国生物多样性国情研究报告》
10

《中国西北纪行》　254

《中国自然地理—古地理》　9

《中国自然地理—植物地理》　10

中井猛之进　17、258

《中原农业民族与蒙古游牧民族之
间的贸易方式与战争》　8

仲崇信　261

周纪伦　272

朱宗元　10、11、391、478

桌子山　39、61、62、63、284、285

走廊北山　37、254、359、459

佐藤润平　17、258

佐滕佐吉　16、257